Nathan Schwartz-Salant

Die Borderline-Persönlichkeit

Vom Leben im Zwischenreich

Walter-Verlag
Olten und Freiburg im Breisgau

Die Originalausgabe: The Borderline-Personality. Vision and Healing.

Deutsch von Sabine Osvatic.

Satz: Jung SatzCentrum, Lahnau
Druck: Ebner Ulm
Einband: Walter-Verlag, Heitersheim
Printed in Germany
ISBN 3-530-80090-2

Inhalt

Danksagungen

Bei der Entwicklung meines Verständnisses der «schwierigen Patienten» der Psychologie waren Beiträge von vielen Personen von unschätzbarem Wert für mich. Es ist mir eine Freude, einigen von ihnen für ihre Hilfe, Unterstützung und für ihr Wissen danken zu können. Das Werk C. G. Jungs war mir eine ständige Quelle von Ideen und Inspiration. Bei allem, was man über Jungs Verständnisansatz zur Psyche sagen kann, muß man der Haltung, die er vertreten hat, eine besondere Wertschätzung zukommen lassen. Die Psyche ist nicht bloß eine persönliche Angelegenheit. Jungs Genius lag darin, daß er um die archetypischen Strukturbildungen inmitten alltäglicher Ereignisse wußte. Den Geist in der Materie entdecken zu können, ist bei der Behandlung von Borderline-Patienten von entscheidender Bedeutung.

Es ist mir eine Freude, meinem Freund Michael Eigen für seine Anregungen zu danken und seine Arbeiten an dieser Stelle zu würdigen. Seine Erkenntnisse über den Wahnsinn und das Selbst und seine Studien über Winnicott und Bion sind für mich sehr wichtig gewesen. Es gab andere, die mir eine große Hilfe waren. Die Arbeiten von Melanie Klein sind für jeden, der versucht, die Borderline-Persönlichkeit zu verstehen, unverzichtbar. Unter denen, die mir dabei geholfen haben, die Feinheiten der Kleinianischen Konzeption der depressiven Position zu verstehen, möchte ich insbesondere meinen Freund, den verstorbenen Henry Elkin, hervorheben. Ich danke diesem unge-

wöhnlichen Mann, der immer ein Außenseiter und Einzelgänger war, für Gespräche, die bezwingend und fruchtbar waren.
Im Zusammenhang mit dem Verständnis der frühen Kindheit möchte ich die Arbeiten von Michael Fordham und die Gespräche mit ihm auf der Ghost Ranch Conference 1984 dankend hervorheben. Auch andere Analytiker der Londoner Schule der Analytischen Psychologie sind eine Quelle der Reflexion und Inspiration für meine eigene Arbeit gewesen. Ich möchte die Bedeutung der Arbeiten von Rosemary Gordon und Judith Hubback hervorheben, und insbesondere Andrew Samuels für seine Arbeit und Freundschaft danken, der mir immer großzügig seine Zeit und sein Wissen zur Verfügung gestellt hat.
Eine wichtige und andauernde Quelle von Anregungen und der Reflexion sind für mich die jährlichen Ghost Ranch Conferences in Abiqui, New Mexico. Auf diesen Konferenzen habe ich verschiedene Vorträge gehalten, die alle in der Chiron Clinical Series veröffentlicht wurden, die die Konferenzbeiträge enthält. Diese Aufsätze wurden durch die Diskussionen auf diesen Konferenzen verbessert, und ich möchte den Teilnehmern für ihre wertvollen Anregungen danken. Alle diese Aufsätze wurden durch die Diskussionen mit Murray Stein, meinem Freund und Mitherausgeber der Chiron Clinical Series, vervollkommnet. Die Jahre meiner gemeinsamen Arbeit mit ihm sind mir eine Inspiration gewesen und haben dieses Buch stark beeinflußt. Ich möchte auch Lena Ross danken für ihre Hilfe beim *«Goldenen Esel»* von Apuleius und beim Mythos von Amor und Psyche.
Ich habe auf die Überarbeitung dieses Buches besondere Aufmerksamkeit verwandt, damit meine Gedanken klar und verständlich sind. Dabei haben mir zwei Lektorinnen geholfen. Ich bin Florence Falk äußerst dankbar für ihr Interesse an meiner Arbeit und für ihre beachtlichen Bemühungen, mich dazu zu bringen, das Durcheinander zu lichten, das in meinem unüberarbeiteten Text herrschte. Das Buch ging dann noch einmal durch die Redaktion, was ich für die Herstellung der

Druckvorlage hielt und was sich aber als eine vollständige zweite Überarbeitung herausstellte, diesmal durch Jeannine Bradley. Ihr redaktionelles Können, ihr Wissen und ihre Kenntnis meiner Arbeit waren für mich äußerst wichtig.
Ich habe fünf Jahre an diesem Buch geschrieben. Meine Frau Lydia hat mir in vielfältiger Weise geholfen und mit Ideen und Gefühlen beigetragen. Ich spreche ihr tiefen Dank für ihre liebevolle Unterstützung aus.
Ich bin Jane Smith zu Dank verpflichtet, die mir großzügig erlaubt hat, Jackson Pollocks Bild für den Umschlag dieses Buches zu verwenden. Pollocks Bild fängt das gespaltene Selbst in uns allen ein, aber besonders die strukturelle Spaltung, von der die Boderline-Persönlichkeit untergraben wird. Ich möchte auch Doug Ohlson meinen Dank dafür aussprechen, daß er mich mit Jane Smith bekannt gemacht hat und vorgeschlagen hat, den «doppelten Kopf» für den Umschlag dieses Buchs zu verwenden.
Zum Schluß nun meine wichtigste Danksagung: Dieses Buch hätte ohne die Hilfe vieler Patienten nicht geschrieben werden können. Mit «Hilfe» meine ich nicht nur die Verwendung ihres Materials, sondern, was viel wichtiger ist, das, was ich durch die Arbeit mit ihnen gelernt habe. Sie haben mir das, was ich über Borderline-Patienten weiß, beigebracht, und ich hoffe, daß dieses Buch ein Zeugnis ist für meine Achtung vor dem Geheimnis und der Tiefe ihres Leidens.

«Unwissenheit ist gewiß nie eine Empfehlung, aber auch das beste Wissen ist oft nicht genug. Es möge darum kein Tag vergehen, an dem der Psychotherapeut sich nicht demütig daran erinnere, daß er noch alles zu lernen hat.»

(C. G. Jung, GW 16, § 464)

Einleitung

«Die Neurose ist innigst mit dem Problem der Zeit verknüpft und stellt eigentlich einen mißglückten Versuch des Individuums dar, in sich selber das allgemeine Problem zu lösen.»
(Jung, GW 11, § 18)

Mit dem Begriff Borderline (border = Grenze; line = Linie) wird ein bestimmtes psychologisches Krankheitsbild beschrieben. Adolph Sterns 1938 erschienener Aufsatz *«Psychoanalytic Investigation of and Therapy in the Borderline Group of Neuroses»* wird allgemein als die Arbeit angesehen, mit der der Begriff Borderline in die psychoanalytische Literatur eingeführt wurde. In diesem Aufsatz beschreibt er eine Gruppe von Patienten, bei denen ein deutlicher Widerstand gegen psychoanalytische Behandlung auffällig war und die er als ausgesprochen narzißtisch erlebte. Sie litten, wie er es ausdrückte, an «psychischen Blutungen». Außerdem hatte ein psychisches Trauma bei diesen Patienten eine emotionale Lähmung bewirkt, denn sie zeigten eine geistige und körperliche Starre, waren zutiefst unsicher, oft masochistisch und litten unter tief verwurzelten Minderwertigkeitsgefühlen. Stern legte in seiner Arbeit eine Auffassung vom Borderline-Syndrom dar, die dieses weder als Neurose noch als Psychose versteht, sondern vielmehr als ein Krankheitsbild, das Merkmale beider Störungen aufweist. Im Bemühen um eine wissenschaftliche Erklärung wurden in der Folge noch andere Bezeichnungen für das Krankheitsbild dieser «schwierigen Patienten» vorgeschlagen, wie z. B.: «ambulatorische Schizophrenie» (G. Zilboorg, 1941), «latente Psychose» (Bychowski, 1953) und «pseudoneurotische Schizophrenie» (Hoch und Cattell, 1959).
In der psychoanalytischen Literatur (insbesondere der letzten

30 Jahre) gibt es zahlreiche Beschreibungen von Patienten, deren Symptomatik und Verhalten offensichtlich zwischen zwanghaften oder hysterischen Zuständen und psychotischen Ängsten und Abwehrformen schwanken, die aber auch unterschiedlich lange Perioden rationalen, «normalen» Verhaltens erleben. Tatsächlich scheinen derartige Zustände bei diesen Patienten so fließend ineinander überzugehen, daß der Begriff Borderline angreifbar ist, gerade weil er so einfach auf alle Personen angewendet werden kann, die nicht ohne weiteres in die herkömmlichen psychiatrischen Kategorien von Neurose und Psychose passen. Der laxe Gebrauch dieses Begriffs brachte Robert Knight (1953) dazu, die Bezeichnung Borderline als eine «Abfalleimerdiagnose» zu kritisieren. Und noch heute wird die Diagnose Borderline allzu oft dann gestellt, wenn sich alle anderen Möglichkeiten als unbrauchbar erwiesen haben. Dennoch ändern diese Schwierigkeiten natürlich nichts an der Tatsache, daß es eine solche Kategorie gibt; Patienten mit einer Borderline-Persönlichkeitsstörung zeigen zweifellos bestimmte Symptome und ein bestimmtes Verhalten, letzteres bezieht sich insbesondere auf die Art und Weise, mit der sie die Psyche des Therapeuten besonders stark berühren und belasten. Inzwischen ist der Begriff Borderline in der psychoanalytischen Literatur völlig anerkannt.

Die meisten Borderline-Patienten richten ihr Leben darauf aus, das starke und schmerzhafte Gefühl der Verlassenheit zu vermeiden, und zu diesem Zweck greifen sie zu psychotischen Mechanismen, wie defensive Idealisierung, Spaltung, Verleugnung und obsessiv-zwanghaftes Handeln bzw. dessen Gegenteil, Inertie. Diese psychotischen Mechanismen treten an die Stelle eines gut funktionierenden Selbst, das der grundlegende Organisator des psychischen Lebens ist.

Das Selbst ist die zentrale Regulationsinstanz der Psyche und bringt Gegensätze miteinander in Einklang, wie Ordnung – Unordnung, Verschmelzung – Trennung, Progression – Regression, Liebe – Haß, Geist – Körper. Jung schreibt:

«Es ist in der Tat eine verwirrende Fülle von Bestimmungen, welche das Unbewußte für diese dunkle Sache anführt und welche wir als Mandala oder «Selbst» bezeichnen. Beinahe möchte es scheinen, als ob wir uns mit dem Unbewußten anschickten, den säkularen Traum der Alchemie weiterzuträumen und neue Synonyme auf den Berg der alten zu häufen, um am Schluß ebensoviel oder ebensowenig darüber zu wissen wie die Alten. Ich will mich nicht darüber verbreiten, was der Lapis unsern Vorfahren, noch was das Mandala dem Lamaisten und Tantristen, dem Azteken und Puebloindianer, noch die «Goldpille» dem Taoisten und der «Goldkeim» dem Inder bedeutet. Wir kennen die Texte, die uns davon ein lebendiges Bild geben. Was bedeutet es aber, wenn das Unbewußte einem europäischen Kulturmenschen mit konstanter Hartnäckigkeit solch abstruse Symbolik vorführt? [...] Von diesem Standpunkt aus erscheint mir all jenes, was unter dem Allgemeinbegriff Mandala [d. h. Selbst] zusammengefaßt sein soll, der Inbegriff einer bestimmten Einstellung zu sein. Die bekannten Einstellungen des Bewußtseins haben angebbare Ziele und Absichten. Die Einstellung auf das Selbst ist aber die einzige, die kein angebbares Ziel und keine ersichtliche Absicht hat. Man kann natürlich «Selbst» sagen; aber was damit gesagt ist, bleibt in «metaphysisches» Dunkel gehüllt. Zwar definiere ich das «Selbst» als Totalität der bewußten und der unbewußten Psyche. Diese Ganzheit ist aber unübersehbar: ein wirklicher «lapis invisibilitatis». Denn insofern Unbewußtes existiert, ist es nicht angebbar; es ist existentiell bloßes Postulat, über dessen mögliche Inhalte überhaupt nichts ausgesagt werden kann. Die Ganzheit ist empirisch nur in ihren Teilen und insofern diese Inhalt des Bewußtseins sind [... Das Selbst] ist zwar eine empirisch sich beständig verdeutlichende Idee, wie unsere Träume dartun, ohne aber darum von ihrer Transzendenz einzubüßen. Da wir unmöglich um die Grenzen dessen, was wir nicht kennen, wissen können, sind wir auch außerstande, dem Selbst irgendwelche Grenzen zu setzen. [...] Man darf sich [...] also nicht im mindesten wundern, wenn die Empirie unbewußter Inhalte eben die Eigenschaft des Grenzenlosen, des in Raum und Zeit Unbestimmbaren aufweist. Diese Qualität ist numinos und darum erschreckend, am meisten für ein sorgfältiges Nachdenken, das den Wert genau abgegrenzter Begriffe kennt. [...] Was wir also heutzutage über das Mandalasymbol [d. h. also über die Symbolik des Selbst] ausmachen können, ist, daß es eine autonome psychische Tatsache darstellt, gekennzeichnet durch eine sich immer wiederholende und überall identische Phänomenologie. Es scheint eine Art von Kernatom zu sein, über dessen innerste Struktur und letzte Bedeutung wir nichts wissen» (GW 12, § 247 und 249).

Natürlich kann das Selbst nicht tot sein oder völlig fehlen, aber bei der Borderline-Persönlichkeit scheint das so zu sein. Dennoch können wir das tief unbewußte Wirken des Selbst erken-

nen: es zeigt sich z. B. in Träumen, die das Elend des Borderline-Patienten veranschaulichen und zugleich Wege der Heilung zeigen. Aber in seiner Immanenz, das heißt in seiner raum-zeitlichen Existenz im Leben des Ich, scheint die ordnende Kraft des Selbst von Machttrieben und Zwangszuständen, den dunklen Seiten der Existenz, überwältigt worden zu sein.

Das immanente Selbst der Borderline-Persönlichkeit ist in einen psychotischen Prozeß eingekapselt. *Es ist also unabdingbar, daß solch ein Mensch tiefsitzende Verlassenheitsängste durchleidet und sich nicht etwa materielle oder geistige Wege schafft, diese Ängste zu vermeiden.* Aus diesem Grund muß der Therapeut die psychotischen, realitätsverzerrenden Phantasien und Verhaltensmuster des Patienten aufspüren und bereit sein, sich ihnen auszusetzen.

Die Verbindung zwischen dem Selbst als einer positiven Kraft und den dunklen destruktiven Seiten der Psyche wirft eine wichtige Frage auf: Wenn nun also das Selbst in die dunklen Aspekte der Existenz eingekapselt oder von ihnen besessen ist, müssen wir dann diese dunklen Aspekte als Teile des Selbst ansehen? Die Antwort hierauf ist, daß es sogar wichtig ist, dies zu tun (Jung, GW 12, § 25), denn die *Einstellung* des Therapeuten *dem Selbst gegenüber* ist von entscheidender Bedeutung für dessen mögliche Erneuerung in einer positiven Form. Wenn wir die psychotischen Mechanismen des Borderline-Patienten unterbewerten und sie als etwas behandeln, das unterdrückt oder verändert werden soll, statt ihnen zu begegnen und sie angesichts vielfältiger Abwehrmechanismen, die den Schmerz verleugnen, aktiv zu erforschen, werden wir das Selbst verlieren und im besten Falle ein Ich gewinnen, das eine erhöhte Fähigkeit zur Verdrängung erworben hat. Hier spielt etwas Religiöses mit: Der Wille des Selbst, sichtbar in Träumen und Phantasien, ist zu schwach, um als raum-zeitliches Wirken Gestalt anzunehmen. Seitens des Therapeuten ist ein Akt des Glaubens nötig, wenn der Patient seinen Wahnsinn annehmen

soll, statt vor ihm zu fliehen, denn eine Borderline-Persönlichkeit kann sich immer nur die Schrecken einer Veränderung vorstellen und nicht deren Gewinn. Sie erlebt ein Sich-Ausliefern als einen Abstieg in die Leere oder den Wahnsinn, aus dem es keine Rückkehr gibt.
Zahlreiche spezifische Merkmale, die man bei Borderline-Persönlichkeiten beobachten kann, erwachsen aus dem Fehlen eines funktionierenden Selbst und aus dem psychotischen Prozeß, in den das Selbst eingeschlossen ist. Der Kliniker L. Grinberg schreibt z. B.:

«Unter den hervorstechendsten Merkmalen der Borderline-Patienten, wie sie in der psychoanalytischen Literatur beschrieben werden [...] habe ich persönlich die folgenden beobachtet: ein Überwiegen des psychotischen Persönlichkeitsanteils, Frustrationsintoleranz, ein Überwiegen aggressiver Impulse, Gebrauch pathologischer Spaltungsmechanismen, narzißtische Identifikation, Allmachts- und Allwissenheitsphantasien und Idealisierungen als zentrale Abwehrprozesse, Identitätsstörungen, Zustände diffuser Angst, gestörter Realitätskontakt allerdings ohne vollständigen Verlust der Beziehung zur Realität, zeitweiser Verlust der Triebkontrolle mit einer Tendenz zum Ausagieren, ein Vorherrschen primitiver Objektbeziehungen, Depressionen und extrem infantile Abhängigkeit von Objekten, ein Vorherrschen prägentialer Bedürfnisse und Wünsche und die Neigung, eine Übertragungspsychose zu entwickeln mit der Möglichkeit vorübergehender psychotischer Zusammenbrüche» (1977, p. 123).

Zwar habe auch ich diese Merkmale beobachtet, aber ich möchte einen anderen Sachverhalt betonen, der bei der Verwirklichung des Selbst entscheidend ist, in der psychoanalytischen Literatur jedoch meist nicht beachtet wird: Die Borderline-Persönlichkeit spaltet imaginale [=bildhafte] Wahrnehmungen ab und verleugnet sie – die Imagination ist dann entweder nicht mehr verfügbar oder sie wird zum Verfolger. Die zahlreichen klinischen Beispiele dieser Arbeit zeigen die verschiedenen Formen, in denen sich die besondere Art des *Sehens* des Borderline-Patienten offenbart, die von seinem Normalbewußtsein abgespalten ist. Mit diesem inneren Auge tastet

der Patient den Analytiker während der Therapiestunde ab und leidet zugleich darunter, daß es seinem Bewußtsein fehlt. Solch eine Art des Sehens speist sich aus der Kraft der Imagination, unbewußte Vorgänge genau wahrzunehmen, und für die Wiederherstellung der Funktionsfähigkeit des Selbst ist es unabdingbar, diese Fähigkeit des Sehens wiederzuerlangen. Auch die Fähigkeit des Therapeuten, den Patienten durch eine imaginale Linse zu *sehen* – z. B. das abgespaltene und verängstigte Kind wahrzunehmen, das hinter der Abwehr des Ich ist und seine Umgebung genau beobachtet –, erweist sich als ein Gefäß, das psychotisches Material, das sonst zu einer nicht mehr handhabbaren und wahnhaften Übertragung führen könnte, aufnimmt und hält.

Der imaginale Prozeß, durch den affektive Zustände oder Haltungen anderer Menschen genau wahrgenommen werden können, bildet einen konstituierenden Teil jedes Menschen und ist wahrscheinlich bei der Geburt bereits funktionsfähig. Er hat am seelischen und am körperlichen Leben teil und schöpft aus kinästhetischen Erfahrungen, Gefühlen und geistigen Aktivitäten. Bei dieser Art der Wahrnehmung werden eigene innere Bilder äußeren Formen aufgezwungen (Corbin, 1969, pp. 218ff.), und diese Wahrnehmung bietet auch die Möglichkeit, das zu entdecken, was man normalerweise lieber nicht wissen möchte. Außerdem zeigen klinische Beispiele eindeutig, daß der Patient die Fähigkeit hat, die bewußte und die unbewußte Haltung des Therapeuten unbewußt wahrzunehmen. Es wird z. B. weitgehend anerkannt, daß der Traum eines Patienten Verhaltensweisen des Analytikers und sogar Aspekte seiner unbewußten Phantasien über den Patienten genau porträtieren kann.

Ein Patient erinnerte Wahrnehmungen dieser Art aus seiner frühen Kindheit: «Ich sah meine Mutter, wie sie dastand und nachdachte, aber gleichzeitig sah ich noch einen anderen Teil in ihr, eine zurückgezogene Person, die voller Haß war. Als ich das gesehen hatte, wurde mir klar, daß die Mutter, die ich

kannte, wie eine Maschine war und eine Rolle spielte, die völlig losgelöst von ihr selbst war. Ich *sah* das und hatte Angst, weil ich wußte, daß ich es nicht hätte sehen sollen.» Die Vorstellungswelt des Kindes ist ein Universum von Visionen. Es ist eine Welt des Sehens, die in früheren Gesellschaften und schamanischen Praktiken hoch entwickelt war und die in der Kindheit lebendig ist, weil das Kind der Welt der Archetypen noch so nahe steht. Aber oft gibt das Kind diese erweiterte Art des Sehens lieber auf, als daß es die Erkenntnis akzeptieren könnte, wie sehr es für jede Bemühung um Individuation gehaßt wird. Dann wandelt sich die Gabe des Sehens in eine dämonische Wahrnehmungsform, die die positiven Seiten seiner Person und der Menschen, mit denen das Kind in Beziehung steht, angreift.

Der Therapeut, der sich auf das Abenteuer einläßt, die imaginale Sehweise des Patienten wiederzuerobern, kann es sich nicht leisten, die Realitätsverzerrungen zu übersehen, die eine Borderline-Persönlichkeit heimsuchen. (Hierfür und für ein allgemeines Verständnis der Borderline-Patienten sind u. a. die folgenden Werke der psychoanalytischen Literatur von unschätzbarem Wert: Frosch, 1964; Giovacchini, 1979; Green, 1975, 1977; Grinberg, 1977; Grotstein, 1979; Kernberg, 1990 a, 1990 b; Masterson, 1980, 1981; Meissner, 1984; Rinsley, 1982; Winnicott, 1974.) Nur wenn man mit der Welt des Borderline-Patienten als mit einer gespaltenen Welt umgeht (z. B. Spaltung in wahnhafte «gute» und «schlechte» Objekte), werden die Versuche, den Patienten wieder mit der imaginalen Wirklichkeit in Verbindung zu bringen, keine geheime Inflation hervorrufen und seinen wahnhaften Umgang mit der Realität verstärken.

Bei der Beschreibung der Borderline-Störung verwendet die psychoanalytische Literatur die Begriffe psychotischer und neurotischer Mechanismen, was insofern nützlich ist, als es uns auf die Notwendigkeit aufmerksam macht, dem hilflosen Persönlichkeitsanteil Beachtung zu schenken, der in die psychoti-

schen Prozesse verstrickt ist – egal wie kompetent die zwanghaften Mechanismen den Patienten auch erscheinen lassen. In dieser Arbeit vertrete ich allerdings den Standpunkt, daß Versuche, das Erscheinungsbild der Borderline-Persönlichkeit nur mit Begriffen psychotischer und/oder neurotischer Mechanismen zu definieren, nicht genügen, um diese Störung voll und ganz zu erfassen. Der französische Analytiker André Green hat vorgeschlagen, für die Borderline-Störung eine eigenständige Kategorie zu schaffen (1977, p. 17), und ist der Auffassung, daß hierfür ein Modell erforderlich ist, das nicht von einer Psychose oder Neurose ausgeht. Ich stimme völlig mit ihm überein.

Borderline-Zustände finden sich in einem Raum oder Interaktionsfeld [der wechselseitigen Beeinflussung], dessen einzigartige Eigenschaften leicht übersehen werden können. Dieses Feld hat Ähnlichkeit mit dem sogenannten *Schwellenzustand,* ein Begriff des Anthropologen Turner (1974), der damit rituelle Vorgänge beschreibt, bei denen der Neophyt eine Schwelle *(limen)* überschreitet und die normale Welt von Raum und Zeit verläßt, um in einen Raum von Erfahrungen einzutreten, die normalerweise verdrängt und dem Alltagsbewußtsein nicht zugänglich sind. Mit den Erfahrungen, die er durch den Eintritt in dieses zeitlose Reich gewonnen hat, kehrt er dann in die Zeitlichkeit (und zur Normalität) zurück. Den Schwellenzuständen wohnen äußerst mächtige archetypische Kräfte inne. Schwellenrituale drehen sich um primäre Schlüsselsymbole und symbolische Handlungen, die dafür da sind, «ein hohes Maß an Affekten auszulösen – sogar verbotene Affekte – allein zu dem Zweck, dieses Maß an Affekten, die ihrer moralischen Eigenschaften beraubt sind, in einer späteren Phase des großen Rituals erlaubten und legitimen Zielen und Werten zuzuteilen» (Turner, 1974, p. 157).

Wir können die Borderline-Persönlichkeit, die sich in einem liminalen Übergangsstadium befindet, in einem Zustand, den Turner *liminoid* nennt, so beschreiben, daß zwar ein ungeheu-

res Maß an Affekten freigesetzt wird, daß diese aber keine erneuernde Kraft haben – es kommt also nicht zu der Schaffung von «legitimen Zielen und Werten». Die erneuernde Qualität der Schwellenrituale erklärt sich aus der Tatsache, daß sie archetypischen Ursprungs sind. Bei einer Borderline-Dynamik vermischen sich die archetypischen Qualitäten der Erneuerung jedoch auf höchst verwirrende Weise mit persönlich erworbenen psychischen Strukturen. Es kommt zu dieser Verschmelzung, weil das Ich des Patienten zwischen den verschiedenen Teilen seines seelischen Materials hin- und herpendelt: 1. abgespaltenen Komplexen mit äußerst negativ besetzten Affekten; 2. Introjekten von unbewußten elterlichen Eigenschaften; 3. Gefühlszuständen von Abwesenheit, was auf ein Scheitern beim Übergang von einer Entwicklungsstufe zur nächsten zurückzuführen ist. Dieses Schwanken schafft eine Situation, in der Gefühle der Allmacht mit starken Minderwertigkeitsgefühlen abwechseln. Das Ziel einer Therapie mit Borderline-Patienten ist es, diese seelischen Befindlichkeiten nicht zu unterdrücken, sondern einen Zugang zu ihnen zu finden, der an dem erneuernden Potential der Archetypen, die dem psychischen Allgemeinzustand des Patienten zugrunde liegen, teilhat.

Wenn es dem Therapeuten gelingen soll, das erneuernde Potential innerhalb der Borderline-Bedingungen zu erfassen, muß die Beschaffenheit des Beziehungsfeldes, auf das wir bei der Behandlung von Borderline-Patienten treffen, besonders betont werden. Das Bemühen darum führt uns in den Bereich des alchemistischen Denkens, das durch C. G. Jungs bemerkenswerte Forschung wiederbelebt wurde, und zwar speziell in *«Die Psychologie der Übertragung»* (GW 16), die als Teil der Studien veröffentlicht wurde, die in seinem großen Werk *«Mysterium Coniunctionis»* (GW 14) gipfelten. Die symbolische Grundlage der Alchemie liefert uns ein Mittel, mit dessen Hilfe wir zu einem ersten Verständnis der Bedeutung und des Zwecks von Borderline-Erfahrungen gelangen können. Jungs Verständnisansatz zur alchemistischen Symbolik läßt sich auf

das Interaktionsfeld richten. Dieser fruchtbare Bereich, der nur durch das Auge der Imagination wahrnehmbar ist, konstelliert sich in der Übertragung–Gegenübertragung, und es ist ein wesentlicher Bestandteil meiner Arbeit, zu einer bildhaften Vorstellung davon zu kommen.

Von entscheidender Bedeutung ist die Frage nach dem *wo* dieser Energiefelder; die Unfähigkeit, sie innerhalb unserer normalen raum-zeitlichen Wahrnehmung zu lokalisieren, führt uns zu dem alten Begriff des sogenannten *feinstofflichen Körpers (subtle body)* zurück. Dieser Begriff ist eine Säule des alchemistischen Denkens und bezieht sich auf Erfahrungen, die weder als körperlich noch als geistig bezeichnet werden können, sondern beide Bereiche einbeziehen. Außerdem ist der Begriff des feinstofflichen Körpers untrennbar mit der alchemistischen Vorstellung von der Imagination (lat.: *imaginatio*) verbunden, die als etwas angesehen wurde, das sowohl psychischer als auch physischer Natur ist. Wir erfahren die Wirksamkeit der Imagination durch die projektive Identifizierung, jenen Vorgang, bei dem empfunden wird, wie die unbewußten Teile eines Menschen in einen anderen eindringen und auf ihn einwirken. Der feinstoffliche Körper ist ein Bereich, durch den die Projektionen hindurchgehen und sich wandeln; die in ihm stattfindenden Vorgänge können zwar von der Imagination wahrgenommen werden, aber der Rationalität sind sie normalerweise nicht zugänglich.

Der Begriff des feinstofflichen Körpers stimmt in wichtigen Punkten mit Winnicotts Vorstellung vom Übergangs- oder potentiellen Raum überein, aber er ist umfassender, insofern er ein Feld bezeichnet, das mit eigenständigen Vorgängen besetzt ist – ein Feld, das imaginal verfügbar ist, wenn der Übertragungs–Gegenübertragungsprozeß in vollem Gange ist. Durch diesen Prozeß wird gewissermaßen die Existenz eines Komplexes enthüllt, der das Unbewußte des Therapeuten und des Patienten beherrscht. Das Aufdecken unbewußter Faktoren in der Interaktion ist das Zentrum meines Ansatzes zur Umwand-

lung der Strukturen und Energien, auf die man bei Borderline-Zuständen trifft.

Da diese psychischen Energien so beunruhigend sein können, ist es nicht verwunderlich, daß viele Therapeuten, die mit Borderline-Patienten arbeiten, es mitunter vorziehen, sich in einen begrifflichen Rahmen zurückzuziehen, der ihnen die Sicherheit bieten soll, ihre Affekte kontrollieren zu können. Der Therapeut sucht sich gegen die starken Affekte von Haß, Wut, Hunger und Neid zu wappnen, statt sie freiwillig zu erleiden. Außerdem kommt es häufig vor, daß der Therapeut vor der Erfahrung des Chaos flieht und vor dem Schmerz, der vom Fehlen eines emotionalen Kontaktes zum Patienten herrührt. Wenn ein Kliniker bei einem Patienten die Diagnose «Borderline» stellt, ist das oft eine Art Wortzauber, ein apotropäisches Mittel, diesen «schwierigen Patienten» zu entmachten und zu unterwerfen.

Besonders in den letzten drei Jahrzehnten wurden in der ständig wachsenden Literatur über Borderline-Patienten zahlreiche Modelle der inneren Struktur und der Ursachen vorgestellt, die diese Persönlichkeitsstörung erklären sollen. Auch wenn sich die verschiedenen Annäherungsweisen stark voneinander unterscheiden (Meissner 1984), gibt es doch unter Therapeuten die Neigung, bei einer «wissenschaftlichen Haltung» zu bleiben, mit der versucht wird, Ordnung in das Phänomen, das wir Borderline nennen, zu bringen. Diese «wissenschaftliche Haltung» liefert einen rational-diskursiven Ansatz, bei dem die Borderline-Persönlichkeit als eine Summe von neurotischen und psychotischen Mechanismen verstanden wird, die sich durch eine Hemmung des Individuationsprozesses in der frühen Kindheit angesammelt haben. Viele Kliniker unterstützen beispielsweise Margaret Mahlers Konzeption der Individuation im Säuglingsalter und betrachten den Borderline-Zustand als das Ergebnis eines Scheiterns beim Durchlaufen der Trennungs-Wiederannäherungssubphase der Individuation, die ungefähr zwischen dem 15. und dem 22. Lebensmonat erfolgt

(Mahler, 1980). An Melanie Klein orientierte Therapeuten sehen die Ursache des Borderline-Zustandes in einem gescheiterten Versuch, die depressive Position zu erreichen und zu durchlaufen; sie sind der Ansicht, daß Menschen, die unter Borderline-Störungen leiden, dadurch den Verfolgungsängsten der paranoid-schizoiden Position ausgeliefert bleiben (Segal, 1974). Otto Kernberg (1990 a + b) verbindet den Kleinschen mit dem entwicklungspsychologischen Ansatz und berücksichtigt auch Edith Jacobsons (1978) Ausführungen zur Ichpsychologie. William Meissner, der vor der Beschränktheit jedes isoliert existierenden Modells der Borderline-Persönlichkeit warnt, verbindet Margaret Mahlers Konzeption mit anderen Überlegungen, z. B. familiären Beziehungsmustern, genetischen Faktoren und Verletzungen in der frühen Bindungsphase, die vor dem zweiten und dritten Lebensjahr auftreten (Meissner, 1984). Eine gründliche Vertrautheit mit den Auswirkungen früher Bindungsdefizite, auf die diese Kliniker aufmerksam machen, ist für ein Verständnis des Boderline-Zustandes äußerst wichtig; man muß immer auch Vorkommnisse ernsthaft in Betracht ziehen, die sich in den ersten Lebensmonaten ereignet haben. Auch wenn die oben erwähnten Ansätze gewürdigt und angewendet werden sollten, sind sie in ihren Möglichkeiten begrenzt. Ein anderer, komplementärer Ansatz ist unbedingt erforderlich – die rational-diskursiv so gut dargelegte Phänomenologie muß in ein archetypisches Verständnis eingebettet werden, das die symbolische Bedeutung des Begriffs «Borderline» selbst mit einschließt. «Das Symbol», so Jung, ist «die bestmögliche Bezeichnung [. . .] für einen relativ unbekannten [. . .] Tatbestand (GW 6, § 894).

«Ob etwas ein Symbol sei oder nicht, hängt zunächst von der Einstellung des betrachtenden Bewußtseins ab, eines Verstandes z. B., der den gegebenen Tatbestand nicht bloß als solchen sondern auch als Ausdruck von Unbekanntem ansieht. Es ist daher wohl möglich, daß jemand einen Tatbestand herstellt, der seiner Betrachtung keineswegs symbolisch erscheint, wohl aber einem andern Bewußtsein. Ebenso ist der umgekehrte Fall möglich» (GW 6, § 898).

Wenn Therapeuten vom Borderline-Zustand sprechen, so verwenden sie diesen Begriff oft zugleich als ein Symbol für bestimmte irrationale Seinszustände, die mit Begriffen von dem, was bewußt und bekannt ist, nicht umschrieben werden können. Durch ein gedankliches Verstehen der heftigen Übertragungsvorgänge, die Kliniker oft mit Borderline-Patienten erleben, kann die wirkliche Natur solcher Erfahrungen nicht ausreichend erfaßt werden. Die Übertragungs–Gegenübertragungsdynamik kann ohne genaue Kenntnis darüber, wie der feinstoffliche Körper im Interaktionsfeld erlebt werden kann, nicht verstanden werden. Der Therapeut muß in der Lage sein, subtile seelische Zustände zu erkennen, wobei nicht zwischen geistigen und körperlichen Befindlichkeiten unterschieden werden kann, denn offensichtlich sind beide Bereiche miteinander verbunden; das Erleben des feinstofflichen Körpers bildet den Kern der Borderline-Dynamik. Innerhalb des Beziehungsfeldes, das in der Psychotherapie konstelliert ist, können unterschiedliche Eigenschaften des feinstofflichen Körpers ausgemacht werden. Diese Eigenschaften, die ein besonderes Licht auf den Borderline-Zustand werfen, werden in Jungs Arbeiten zur alchemistischen Symbolik erklärt.

Der Begriff «Borderline» und seine Symbolik leiten sich von dem Sachverhalt her, daß bei der Behandlung der Borderline-Persönlichkeit psychische Befindlichkeiten mitspielen, die sich innerhalb oder in der Nähe einer Grenzzone bzw. auf einer Grenzlinie (= *borderline*) zwischen Persönlichem und Archetypischem ereignen, so daß Aspekte aus beiden Bereichen oft auf verwirrende Weise miteinander verwoben sind. Die Behandlungssituationen zwingen den Therapeuten also dazu, mit irrationalen Elementen umzugehen, die nicht nur im Patienten, sondern auch in ihm selbst vorhanden sind. Diese Zustände mögen aus den Komplexen des Patienten bzw. des Therapeuten erklärlich erscheinen, aber das ändert nichts daran, daß das Beziehungsfeld Zustände der Verschmelzung oder seelenloser Distanz bewirken kann, die ein empathisches Verste-

hen ausschließen. Andererseits kann es zu Vereinigungssituationen kommen, welche über den Gegensatz von Verschmelzung – Trennung hinausgehen. Keine dieser psychischen Befindlichkeiten ist unbedingt auf Persönliches beim Patienten oder Therapeuten zurückzuführen.

Dieses Pendeln zwischen persönlichen und archetypischen Ebenen ist problematisch: Die Borderline-Dynamik kann teilweise durch entwicklungspsychologische Theorien und Vorstellungen der inneren Struktur aus der Objektbeziehungstheorie erklärt werden. Es ist jedoch so, daß durch solche therapeutischen Verständnisansätze die psychischen Zustände, die innerhalb des interaktiven Feldes erlebt werden, niemals vollständig erfaßt werden können. Der Therapeut tritt hier in einen Bereich ein, der sich am besten einer symbolischen Einstellung erschließt. Die Psyche der Borderline-Persönlichkeit zwingt dazu, in Bereiche einzutreten, deren Existenz nicht ohne weiteres eingestanden wird und die gewöhnlich gemieden werden; es ist eine Welt des Chaos, ohne die es für keinen Menschen Erneuerung geben kann.

Die Grenze *(border)* gibt es in den Mythen vieler Kulturen. Sie ist jener Bereich in der Psyche, wo die Orientierung des Ichs zu versagen beginnt und sich mächtige Kräfte konstellieren, über die man mitunter wenig Kontrolle hat. Auf manchen alten Karten wird die bekannte Welt als ein Bereich gezeigt, der von chaotischen Regionen voller Nebel und Seeschlangen umgeben ist. Diese symbolischen Bilder sind gleichzeitig Ausdruck der Angst und der Scheu, die der Mensch empfindet, wenn er sich dem Unbekannten stellt, und es sind Versuche, das Bekannte einzugrenzen und zu definieren. Im alten Ägypten sah man Äthiopien als ein Grenzland an, das von Menschen bewohnt wurde, die über gefährliche Kräfte herrschten und Meister der Schwarzen Magie waren. Die Ägypter waren sich der Bedeutung des Dämonischen bewußt, das an den «Grenzen» tobte und Angst und Schrecken verbreitete. Sie initiierten an der Grenze sogar Kulthandlungen zur Erneuerung des Osiris, ob-

wohl gerade diese Prozesse auf der «Grenzlinie» die Lebens- und Ordnungsprinzipien zerstörten. Wie man bei einem Schwellenritus zum Zweck der Erneuerung den am meisten die Ordnung störenden und gefährlichsten Kräften begegnet, so versuchten die Ägypter, diese Kräfte in das Gefüge ihrer Mythologie aufzunehmen und bekannten sich also dazu, daß das Dämonische nicht vom Alltagsleben getrennt werden darf.

In der ägyptischen Mythologie umfaßt die zentrale Götterquaternio die positive Muttergottheit Isis, ihren Gemahl, den gütigen König Osiris, ihre Schwester Nephthys (die mit der äthiopischen Königin Aso in Verbindung gebracht wurde) und ihren Gemahl Seth, den Teufel und Gegenspieler des Osiris. Die ägyptische Mythologie gibt ein gutes Modell für Borderline-Zustände ab; die fast paranoid zu nennende Augengöttin durchstreift die Welt, die positive Große Mutter Isis wird im Kampf gegen ihren eigenen Sohn Horus zur Verbündeten des Erzdämonen Seth, bei den Kämpfen zwischen Horus und Seth reißt Horus dem Seth ein Auge aus, und Seth entmannt Horus. Man kann sagen, daß diese Schlacht symbolisch etwas widerspiegelt, das in Behandlungssituationen mit Borderline-Patienten oft geschieht: Wenn das Beziehungsfeld weitgehend von projektiver Identifikation bestimmt wird, vermindert das die Fähigkeit des Therapeuten zur imaginalen Sichtweise und insofern auch zu Empathie; das Ergebnis ist dann ein Angriff auf den Patienten, der kastriert wird, weil «er so negativ ist».

Die erhabenste Schöpfung Ägyptens, Osiris, ist ein toter Gott, aber er ist kein Gott der Toten. Hilflos und unbeweglich liegt er in der Unterwelt und erwartet seine Erlösung (Rundle Clark, 1959). An seinem masochistischen Zufluchtsort scheint Osiris geschützt zu sein; er liegt bewegungslos in den Windungen einer Schlange, die ihn angreift, wenn er es wagt, sich zu erheben. Dieses Bild spiegelt die Erfahrung des Borderline-Patienten wider, der bei jeder Bemühung um Individuation in seinem ganzen Sein angegriffen wird. Die äußerst starken Energien der altägyptischen Kulthandlungen zur Erlösung des Osiris,

eines neun Tage dauernden Leidenswegs, spiegeln die enormen Energien, die der Therapeut bei der Behandlung eines Borderline-Patienten aufbringt.

Aber die Ägypter schufen nicht etwa eine der dauerhaftesten und bemerkenswertesten Kulturen, die es jemals gegeben hat, weil sie eine Nation von Borderline-Persönlichkeiten waren. Sie besaßen vielmehr die Genialität, solche geistigen Grenzzustände in ihr kulturelles Bewußtsein aufzunehmen. Sie waren fähig zu erkennen, daß gerade die Bewußtseinszustände, die die destruktivsten zu sein scheinen, eine erneuernde Qualität besitzen. Bei der Behandlung von Borderline-Persönlichkeiten gewinnen wir den größten Teil unseres therapeutischen Einflusses aus Gegenübertragungsreaktionen – Reaktionen, von denen man über eine Grenze hinweg in vorher nicht aktivierte, chaotische Bereiche gestoßen wird. Voraussetzung einer Behandlung ist es jedoch, diese Zustände in einem weiteren Zusammenhang sehen zu können, nicht als Symptome gescheiterter Individuationsversuche, sondern als Fragmente einer psychischen und mythischen Struktur, die in ihrer Vollständigkeit noch nicht erkannt ist[1].

Jung sagt, daß die neurotische Persönlichkeit unter dem jeweiligen Grundproblem ihrer Zeit leide (GW 7, § 18). Es ist möglich, daß die Vereinigung von zwei Personen und die Prozesse, die sich bei einer solchen Vereinigung abspielen – in alchemistischer Sprache die *coniunctio* – Widerspiegelungen einer neuen archetypischen Form sind, die im kollektiven Unbewußten entsteht. Borderline-Patienten sind Menschen, die unter einer quälenden Unfähigkeit leiden, dieses Prinzip der Vereinigung zu verwirklichen. Das Leiden der Borderline-Persönlichkeit kann so verstanden werden, daß hier archetypische Prozesse zerstückelt werden; der Patient erlebt die dunklen, ungeordneten Seiten der Coniunctio unter Ausschluß ihrer ordnenden und lebensspendenden Eigenschaften.

Bei dem ägyptischen Sethfest kämpften, vertreten durch Seth und Horus, die Macht der Ordnung und die der Unordnung

gegeneinander, worauf dann der *hierosgamos,* die heilige Hochzeit, zwischen dem Pharao und seiner Königin erfolgte, was die Hochzeit zwischen Isis und Osiris symbolisierte. In ähnlicher Weise ist unter den scheinbar destruktiven Borderline-Strukturen eine neue Art von Ordnung verborgen; diese Ordnung steigt aus dem Chaos auf und nimmt die Form der Coniunctio an. Die Coniunctio kann im imaginalen Bereich des feinstofflichen Körpers erlebt werden. Solange die dunklen, Unordnung stiftenden Aspekte, welche die Coniunctio begleiten, den Borderline-Zustand und dessen Behandlung beherrschen, ist bei der Behandlung von Borderline-Patienten die therapeutische Einsicht entscheidend, daß hier ein größeres archetypisches Muster beteiligt ist. Die Unordnung stiftenden Aspekte der Angst, der Wut oder der Panik und die damit zusammenhängenden Zustände der geistigen Leere können dadurch überwunden werden, daß der Therapeut eine heroische Haltung einnimmt – eine Haltung, die zuweilen nötig ist, die aber ein Entdecken des Zwecks und Sinns im Leiden des Borderline-Patienten ausschließt. Eine Annäherung an das Verständnis des Borderline-Zustandes, der Körper, Imagination und Zustände der Vereinigung gleich oder sogar höher bewertet als rational-diskursive Herangehensweisen, kann in diesem Leiden einen Sinn erkennbar machen.

Wenn ich in dieser Arbeit den Begriff «Borderline» verwende, so akzeptiere ich dankbar vorhandene psychoanalytische Beiträge und bediene mich ihrer Modelle. Aber auch ein symbolisches Verständnis des Begriffs Borderline ist unumgänglich; ein solcher Ansatz reicht bis in Gebiete, die rational niemals völlig erfaßt werden können. Insofern sollte die in dieser Arbeit vorgestellte Borderline-Konzeption als eine Mischform aus rational-diskursivem Zugang und symbolischem Verständnis verstanden werden.

Archetypische Inhalte sind durch eine Eigenschaft gekennzeichnet, die Jung in Anlehnung an Rudolf Otto als numinos bezeichnet hat. Das *Numinose* stellt in seiner negativen wie

auch in seiner positiven Form eine außerordentlich große Schwierigkeit für den Borderline-Patienten dar. Es ist die Wurzel aller religiösen Erfahrung. Es ist durch göttliche und dämonische Eigenschaften charakterisiert und bezieht sich auf eine Dynamik, die jenseits der bewußten Kontrolle durch den Willen liegt. Man wird vom Numinosen ergriffen; und auch wenn wir noch so sehr auf alle möglichen rationalen Mittel angewiesen sind, um seine Auswirkung auf uns abzuschwächen, bleibt noch die Tatsache bestehen, daß es im Kern der innersten Erfahrungen des Menschen beheimatet ist. Religiöse Systeme haben, wie G. Scholem (1988) dargelegt hat, die Funktion, den Menschen vom Numinosen zu trennen, da dessen Energien oft als zu gefährlich angesehen werden, als daß sie ertragen werden könnten. Mit der psychoanalytischen Konzeption vom Primärprozeß gelingt es nicht, das wirkliche Wesen des Numinosen zu erfassen, das sich häufig durch emotionale Überflutung und eine archaische Bilderwelt manifestiert. Mit dieser Konzeption kann auch die Wandlungskraft des Numinosem nicht erkannt werden. Jung hingegen sagte, daß sich sein ganzes Verständnis von Heilung auf das Numinose gründe (Briefe I, p. 465, 28. August 1945). Damit meinte er, daß die Energien und Strukturen der Archetypen über eine starke erneuernde Kraft verfügen und daß, wenn diese «Götter» und «Göttinnen» imaginativ eingesetzt werden, Wege der Heilung eröffnet werden, die sonst kaum beschritten würden. Die Rolle des Numinosen in seiner positiven und negativen Form wird in dieser ganzen Arbeit erörtert. Die Borderline-Persönlichkeit ist von der Angst vor dem Numinosem besessen, und sie ist seiner überwältigenden Kraft schutzlos ausgesetzt.
Freud hat den Begriff «ozeanisches Gefühl» benutzt, um etwas über sehr frühe Verschmelzungszustände zwischen Mutter und Kind auszusagen (Eigen, 1987, p. 8, Anm. 10). Die Borderline-Persönlichkeit leidet unter dem Fehlen von Fürsorge und Halt durch diesen «Ozean». Aber häufig ist ihr ein mystischer Bereich bekannt, in dem der Ozean nicht die persönliche Mutter,

sondern das Numinose ist. Gerade bei der Borderline-Persönlichkeit verbindet sich das Numinose mit dem Irdischen. Die Behandlung einer Borderline-Persönlichkeit stößt den Analytiker oft in einen Bereich, der zwischen dem Normalbewußtsein und jenem einzigartigen, geheimnisvollen Bereich liegt, der bisher dem Mystizismus zugeordnet wurde.
Die Affekte des Borderline-Patienten, die während einer Behandlung auftreten, sind schwer zu beschreiben, da sie nicht ausschließlich persönlicher Natur sind und insofern nicht die spontane Empathie hervorrufen, die normalerweise aus den eigenen frühen Erlebnissen des Analytikers erwachsen. Denn der Borderline-Patient ist in seelische Schichten von außerordentlicher Intensität verstrickt, die in enger Beziehung zu vielen der großen archetypischen Themen der Geschichte stehen – zum Kampf zwischen Gott und Teufel und zwischen Leben und Tod; zur Wiedergeburt der Seele und ganz besonders zum großen Drama der Vereinigung, das durch den Archetyp der *coniunctio* ausgedrückt wird.

Im ersten Kapitel werden Erfahrungen erörtert, die bei der Behandlung von Borderline-Patienten häufig auftauchen. Im zweiten Kapitel wird eine Unterscheidung zwischen der Borderline- und der narzißtischen Persönlichkeit vorgenommen, und im dritten Kapitel werden die Realitätsverzerrungen der Borderline-Patienten besprochen. Im vierten Kapitel befasse ich mich mit der zentralen Bedeutung der projektiven Identifikation in der Behandlung, was im fünften Kapitel auf die Dynamik des feinstofflichen Körpers ausgeweitet wird. Außerdem wird in diesen beiden letztgenannten Kapiteln die Idee entwickelt, daß der Interaktionsraum zwischen Therapeut und Patient durch eine unbewußte Dyade [= Zweierbeziehung] strukturiert wird. Im sechsten Kapitel wird untersucht, wie der Borderline-Patient in normale neurotische und psychotische Persönlichkeitsanteile aufspaltet. Diese Dualität wird in Begriffen des Numinosen behandelt und außerdem auf die selt-

same Logik des Borderline-Patienten bezogen, die André Green so zutreffend beschrieben hat. Im siebten Kapitel wird das Märchen «Der Goldene Esel» von Apuleius als Medium für weitere Betrachtungen herangezogen – nämlich die Heilung von Borderline-Zuständen durch imaginale Bewußtheit und Körperbewußtheit, was zur Coniunctio führen kann.

Begegnung mit der Borderline-Persönlichkeit

«Erfahrungen befallen den Menschen sowohl von innen wie von außen, und es hat keinen Zweck, sie rational umzudeuten und damit apotropäisch abzuschwächen. Man gibt sich besser den Affekt zu und unterwirft sich seiner Gewalt, als daß man sich seiner durch allerhand intellektuelle Operationen oder durch gefühlsmäßige Fluchtbewegungen entledigt.»
(Jung, GW 11, § 562)

Einleitung

Der Begriff *Borderline* ist in der klinischen Praxis zu einem Modewort geworden. In Besprechungen bestätigen Therapeuten einander, «wie schwierig sie sind» – gemeint sind die Borderline-Patienten – und neigen dazu, sich gegenseitig zu bemitleiden. Einen Patienten als «Borderline» zu bezeichnen, kann auch ein Mittel sein, den Therapeuten von jeglichem schwerwiegenden Fehler freizusprechen. Dennoch gibt es die Borderline-Persönlichkeitsstörung, und sie schafft in einer Psychotherapie tatsächlich außergewöhnliche Probleme, von denen die starken negativen Reaktionen im Therapeuten keineswegs die geringsten sind.

In besonders schwierigen Zeiten einer Behandlung kann der Therapeut sogar das Kommen eines Borderline-Patienten fürchten und im voraus Angst empfinden oder eine gewisse Phobie vor dem Patienten entwickeln. Nicht selten fragt man sich: «Wie schlimm wird es diesmal werden?» oder: «Was wird er über meinen Patzer vom letzten Mal sagen?» Am schlimmsten ist die Erwartung, angegriffen zu werden, nicht durch das, was der Patient sagt, sondern durch eine dahinterliegende hassende Energie, die sich von nichts geringerem zu speisen scheint als von dem Wunsch nach der vollständigen Auflösung des Therapeuten.

Für den Therapeuten ist der Borderline-Patient ein eigenarti-

ger Wahrheitsträger. Aber es ist eine Wahrheit, die in einer destruktiven Gestalt lebt. In der ägyptischen Mythologie gibt es eine Augengöttin – ein Symbol des Archetyps der Großen Mutter im frühen Stadium der Welterschaffung –, die durch die Welt zog und alles, was in ihren Blick geriet, zerstörte. Man kann sagen, daß dieses Auge das imaginale Sehen in seiner destruktiven Form darstellt und der «Wahrheit» des Borderline-Patienten entspricht. Diese Art zu sehen ist im Borderline-Patienten abgespalten und unbewußt. In der Therapie begegnet man ihr in erster Linie als einer unausgesprochenen Forderung, einer Ausstrahlung, die den Therapeuten auf der Hut sein läßt; sie erzeugt Schuld, unangenehme Körperverspannungen und Atembeschwerden und fördert die Spaltung zwischen Geist und Körper. Das Gefühl, von dem unbewußten, inneren Auge des Patienten abgetastet zu werden, ist eine übliche Erfahrung.
Unter dem Druck der abgespaltenen Sicht des Borderline-Patienten entstehen oft bedeutungsschwere Pausen im Gespräch, Pausen, deren Bedeutung nur der Patient kennt; der Patient scheint sich in einer wartenden Position zu befinden, so als ob er bestimmte, innere Prozesse so lange ruhen ließe, bis es für den Therapeuten zu einer Offenbarung kommt. Solche Momente sind verblüffend, weil das Gewicht der Pausen nicht der Banalität des gesprochenen Satzes zu entsprechen scheint. So nehmen ganze Gespräche so etwas wie einen synkopischen Rhythmus an; der Therapeut hat dabei das Gefühl, begriffsstutzig zu sein, weil er einen entscheidenden Inhalt, der einem ziemlich alltäglichen Gespräch unterliegt, nicht mitbekommt. Ein Teil des Patienten beobachtet den Therapeuten in der verzweifelten Hoffnung, gesehen zu werden, jedoch stets bereit, ihn haßerfüllt anzugreifen, wenn er ignoriert wird.
Während der ganzen Behandlung eines Borderline-Patienten wird der Therapeut von dem unbewußten Auge des Patienten beobachtet und beurteilt. Dieses Auge mißt wachsam, wie sehr der Therapeut sich im Kampf zwischen den niedrigeren Ansprüchen der menschlichen Natur und den höheren Ansprü-

chen der Seele engagiert. Während sich der Therapeut durch die emotionalen Barrikaden hindurchkämpft, die errichtet worden sind, muß er sich also ständig fragen, ob die Seele überhaupt noch gesehen wird. Man muß in der Tat die Seele des Patienten besonders im Auge behalten, wenn man von den Banalitäten des Alltags überschwemmt wird, die sich in Problemen konkretisieren, die gelöst werden sollen. Denn diese «Banalitäten» sind das Medium, durch das diese Seele entdeckt und in einer echten Ich-Du-Beziehung gefunden werden muß. Jede stillschweigende Übereinkunft, daß es zwischen Therapeut und Patient eine Verbindung gibt – wenn der Therapeut Worte im wesentlichen dazu benutzt, eine unangenehme Spannung in der Interaktion zu unterdrücken –, kann für die Behandlung katastrophal sein. In diesem Drama spielt das unbewußte Auge die grimmige Rolle des Beschützers einer schwer verwundeten Seele, die durch ein lebenslanges Trauma von Haß und Lügen fast vernichtet worden ist und doch im Besitz des zentralsten und wichtigsten Sinns und des kostbarsten Guts im Leben dieses Menschen ist.

Bei manchen Borderline-Patienten ist das unbewußte Sehen fast als eine eigenständige Präsenz greifbar, die sich in die Interaktion zwischen Therapeut und Patient einschleicht und eine Beklommenheit hervorruft, die häufig bewirkt, daß beide die Erfahrung ihrer Beziehung abspalten. Auch wenn dies so häufig bestritten wird, versetzt diese Sichtweise, wenn sie eingesetzt wird, das Subjekt in Gefechtsbereitschaft für einen Kampf auf Leben und Tod zwischen Wahrheit und Unwahrheit – ein Kampf, der sich im allgemeinen auf die Authentizität der Verbindung zwischen Patient und Therapeut konzentriert. Bei anderen Borderline-Patienten scheint diese unbewußte Art zu sehen völlig zu fehlen. Im Verlauf der Behandlung zeigt sich jedoch, daß die anfängliche Wahrnehmung des Therapeuten unrichtig war. Es ist vielmehr so, daß dieses Organ für die unbewußte Wahrnehmung aus einem passiven und bewegungslosen Zustand heraus zu entstehen beginnt. Diese Patienten sind oft

willfährig und zeigen häufig masochistische und hysterische Charakterzüge. Im Verlauf des mühsamen Prozesses, diesen Patienten zu helfen, was mit stark negativ besetzten Affekten verbunden ist, entsteht jedoch in allen Fällen ein Bewußtsein für diesen unbewußten Vorgang des Abtasten.

Bei der therapeutischen Arbeit mit Borderline-Patienten ist es eine der Hauptaufgaben, diese imaginale Weise des Sehens zu entdecken, zu erfassen und zu verwandeln, was oft bedeutet, daß man sie erkennen und ihre Wut erleben muß, ohne daß man sich zurückzieht oder sie wegen des Schmerzes, den ihr Wahrheitsgehalt zufügt, bekämpft. Ob es sich nun um ein verfolgendes oder ein gutartiges Energiefeld handelt: der Patient teilt die imaginale Wahrnehmung seines Unbewußten mit; denn wie Jung sagt: «Der unbewußte Geist des Menschen *sieht* richtig, auch wenn der bewußte Verstand geblendet oder ohnmächtig ist» (Jung, GW 11, § 608; Hervorhebung N. S.).

Borderline-Patienten unterdrücken die Fähigkeit, emotionale Wahrheiten zu erkennen, sehr viel mehr als die meisten anderen Leute, weil sie diese Art des Sehens in ihren ersten, entscheidenden Jahren als überaus gefährlich erlebt haben. Gemeinhin hat der Patient mit einem Elternteil gemeinsame Sache gemacht, um nicht den Haß und die psychotischen Eigenschaften dieses Elternteils zu sehen. Durch die stillschweigende «Übereinkunft», sich so zu verhalten, als sei alles normal, ist eine innere «fünfte Kolonne» entstanden, ein dunkler Schatten aus Haß und Wut, der mit dem Anspruch verschmolzen ist, für die eigenen destruktiven Eigenschaften und auch für die anderer blind zu sein. Wenn es also dem Therapeuten nicht gelingt, eine imaginale Vision zu haben, die sieht, was andere lieber ungesehen lassen würden (und das schließt oft auch die Fehler des Therapeuten mit ein), wird sein Versagen zu einer Neuinszenierung der Geschichte des Patienten, die eigene Sicht zu verraten.

Psychologisch gesehen wird durch das Wiedererlangen der imaginalen Sicht Objektkonstanz gewonnen. Im ägyptischen

Mythos bezwingt Horus die quälenden und destruktiven Affekte der Augengöttin. Die verwandelte Augengöttin wird zur Beschützerin der Sonne, eines Symbols des rationalen Bewußtseins, und sie sichert das Fortbestehen ihrer Existenz durch ihren nächtlichen Abstieg zu Apopi, dem Dämon des Chaos. Aber dieser potentielle Wandlungsprozeß wird in der therapeutischen Arbeit of schlecht gehandhabt, weil sich häufig einfach die traurige Geschichte abspielt, daß der Therapeut mittels naiver Täuschungen vor der bewußten oder unbewußten Wut des Patienten flieht oder versucht, die Sicht des Patienten durch Verdrängung, Spaltung oder Verleugnung seiner eigenen Fehler zu vernichten.

Der Therapeut denkt vielleicht: «Wenn er doch bloß heute nicht käme. ... Aber dann hat er bestimmt irgendeine Erkenntnis, die zeigt, wie falsch ich mit ausgefallenen Stunden umgehe. Ich berechne ihm die Stunde. ... Das muß ich tun. ... Naja, vielleicht doch lieber nicht, vielleicht mache ich einfach gar nichts und vertraue ihm, daß er bezahlt. Nein, ich hoffe, daß er kommt. Ich bleibe einfach ruhig, zentriert und bereit, mich mit allem, was er bringt, auseinanderzusetzen.» Dieses Selbstgespräch ist zwar etwas karikiert, aber ich glaube, daß es vielen Therapeuten, die Borderline-Patienten behandeln, bekannt vorkommt. Jetzt ist der Therapeut selbst zum Borderline-Fall geworden. Der Patient wird gehaßt und ohne jegliche Anteilnahme behandelt. Der Therapeut wird gerissen, denn er will ja sein Honorar. Außerdem wird der Patient defensiv idealisiert, denn mit seinem listigen Entschluß, «offen, ruhig und zentriert» zu bleiben, spaltet der Therapeut seinen Haß gegen ihn noch weiter ab. Und die ganze Zeit hindurch baut sich beim Therapeuten als Reaktion darauf, daß er sich so feige und unfähig fühlt, Selbsthaß auf.

Das Erleben solcher Gefühle gibt dem Therapeuten einen Einblick in das, was die Borderline-Persönlichkeit fühlt: tiefen Selbsthaß und Verachtung für die Ohnmacht, die er erlebt, wenn er versucht, sein Leben positiv zu beeinflussen. Der Bor-

derline-Patient setzt seine Energie in einer «feigen» Art und Weise frei, um das innere Gefühl zu vermeiden, zu hassen und gehaßt zu werden. Durch diese Flucht werden aber sein Selbstekel und seine Verzweiflung nur noch verstärkt. Aber das ist noch nicht alles, denn die Reaktion des Therapeuten, sich zu entziehen oder sogar vor den Affekten des Patienten zu fliehen, bestärkt diesen noch in seiner Überzeugung, daß niemand wirklich bei ihm ist. Die Tendenz des Therapeuten, sich zu entziehen, warnt den Patienten vor der Verlassenheit, die er schon im voraus erwartet.
Borderline-Patienten werden tatsächlich häufig verlassen, zumindest in ihrer Phantasie, und sie sind sich dieser Tatsache oft auf schreckliche Weise bewußt. Sie rechnen mit der Leere und damit, daß es das sogenannte «gute Objekt» bestimmt nicht gibt. Tatsächlich müssen Patient und Therapeut einen solchen Zustand der *Abwesenheit* (absence) erfahren, wenn auch nur ein Stückchen Authentizität beim Patienten entstehen soll. Dieses echte Stückchen *Sein* findet man häufig in jene bittere Stimmung gemischt, die für Menschen, die lange Zeit eingesperrt sind, zur Gewohnheit wird. Aber dem verzweifelnden Patienten scheint es so, als läge seine einzige Hoffnung darin, «gut» zu sein, sich zu fügen, indem er sich so verhält, als würden er und der Therapeut in einer echten Beziehung zueinander stehen. Der Therapeut nimmt dann die Haltung ein, «offen und bereit» für den Patienten zu sein. Diese Scharade kann lange andauern, denn der Patient ist häufig «gut»; dem Therapeuten ist dies sehr lieb, und so hofft er die ganze Zeit, daß die «angenehme, schöne Stimmung» die Stunde hindurch erhalten bleibt. Der Therapeut arbeitet oft heimlich auf dieses Ziel hin, indem er den diskreten Hinweisen des Patienten auf «schlechte Gefühle» ausweicht.
Die Affekte, die den Therapeuten so leicht aus dem Gleichgewicht bringen, lösen in der inneren Welt des Borderline-Patienten natürlich ein Chaos aus. Infolgedessen kann der Patient durch Dinge, die als leichte Einfühlungsfehler des Therapeuten

erscheinen mögen, schrecklich verletzt werden. Eine typische Szene: Der Patient kommt mit Haß- und Rachegedanken. Im Verlauf der Sitzung entsteht beim Therapeuten vielleicht ein Gefühl von Langeweile, und er fühlt sich irgendwie abwesend; er empfindet sich eher als Außenstehenden denn als empathisches Gegenüber. Würde der Therapeut jetzt nachdenken, statt seinen Rückzug auszuagieren, könnte ein Gefühl von Falschheit spürbar werden, vielleicht das Gefühl, daß das, was der Patient sagt, nicht ernst genommen werden sollte. Bei weiterem Nachdenken könnte er darauf kommen, daß sich die Wut des Patienten eigentlich gegen ihn richtet. Aber die Affekte, unter denen die Borderline-Persönlichkeit leidet und die sie in denjenigen, mit denen sie zu tun hat, konstelliert, können so intensiv sein, daß der Therapeut es leicht versäumt, sein Denkvermögen und seine Vorstellungskraft einzusetzen, worin aber die einzige Möglichkeit läge, die ablaufende Interaktion zu bearbeiten. Dieses Versagen des Therapeuten bezeugt of insgeheim seine unbewußte Feindseligkeit dem Patienten gegenüber.

Ein Patient beschrieb einen Streit mit einem Freund; seine Selbstgerechtigkeit und sein Neid waren dabei geradezu erdrückend. Meine Fähigkeit zu reflektieren ging mir zeitweilig verloren, und ich fragte ihn, was denn *seine* Rolle in diesem Streit gewesen sei. In der nächsten Therapiestunde sagte er: «Alles, was ich brauchte, war, daß Sie ein bißchen Gefühl für mich zeigen, einfach, daß einmal in meinem Leben jemand für mich da ist.» Mit dieser Bemerkung manifestierte sich ein Energiefeld, dessen Kraft, ein Klima der Schuld zu erzeugen, erschreckend war. Diese Energie zerstörte mein Denkvermögen und machte mich unfähig, meine Vorstellungskraft und Phantasie einzusetzen. Ich fühlte mich, als sei nichts geringeres gewünscht als meine totale Demütigung und Niederlage. Dieses Wechselspiel trat in den folgenden Therapiesitzungen deutlich zutage, in denen der Patient sich so verhielt, als habe es mich nie gegeben: Die Kontinuität und Geschichte unserer Be-

ziehung waren ausgelöscht, und wir fühlten uns einander fremd. Unsere gesamte vorherige Arbeit schien sich in nichts aufgelöst zu haben. Wir brauchten einige Wochen, um aus unserer völligen Beziehungslosigkeit herauszukommen, und während dieser Zeit fiel es mir besonders schwer, mich darauf zu besinnen, daß der Patient ja von genau denselben Affekten verfolgt und angegriffen wurde, die er in mir ausgelöst hatte.

Das folgende Beispiel einer 30jährigen Frau, die mir überwiesen wurde, illustriert die Wirren der imaginalen Art zu sehen, zu denen es bei der Arbeit mit Borderline-Patienten kommen kann. Sie setzte sich und begann sofort zu sprechen:

«Ich hasse mich. Ich bin zu dick. Ich bringe nichts zu Ende. Ich habe viel Talent, aber ich nutze es nicht. Das sagen mir jedenfalls die anderen. Ich bin wie ein Blatt im Wind, ich habe keine Identität. Wenn man mir irgendwas erzählt, glaub ich das; erzählt man mir das Gegenteil, glaub ich's auch. Warum kann ich nicht normal sein? Ich werde alt. Das macht mir Angst. Ich denke an Selbstmord, aber ich weiß, das ist nur eine Flucht. Ich werd's nicht wirklich tun, jedenfalls jetzt nicht. Mein Vater war depressiv, unerreichbar für mich. Das ist bestimmt ein Problem für mich. Meine Mutter ist nie zurechtgekommen, sie war immer sehr ängstlich. Das hat's auch nicht besser gemacht. Ich bin immer ängstlich, ich bin's immer gewesen und ich habe immer versucht, allein damit fertig zu werden. Ich belästige nie jemand. Ich komme irgendwie klar. Ich verberge das. Vor fünf Jahren hatte ich Krebs. Sie sagen, das wäre jetzt ok. Ich arbeite nicht. Meine Mutter unterstützt mich. Sie weiß aber nicht, daß ich nicht arbeite, das würde sie nur noch ängstlicher machen, und dann wär's für mich noch schwerer, einen Job zu finden. In letzter Zeit probiere ich makrobiotische Ernährung aus. Ich hab's mit allen möglichen Arten von Ernährung versucht. Nichts scheint wirklich zu helfen. Ich weiß noch nicht mal, ob ich wirklich eine Sängerin sein möchte. Alle sagen, ich hätte Talent. Ich weiß, ich bin eine Katastrophe. Ich weiß, daß ich völlig durcheinander bin. Es tut mir leid, wenn ich

Sie so überschwemme, aber so bin ich nun mal. Etwas, das mich wirklich fertig macht, ist, daß ich nicht aufhören kann zu klauen. Wenn ich dabei erwischt würde, würde ich mich bestimmt umbringen. Aber ich kann einfach nicht aufhören. Alle versuchen mir zu helfen, alle meine Freunde machen sich Sorgen. Ich hab' einfach keine Identität. Ich hab' überhaupt kein Gefühl für mich selbst.»
Während sie sprach, konnte ich keinen Zugang zu ihr finden. Ich blickte sie an, aber sie ließ sich nur auf geringfügigen Blickkontakt ein. Ich wurde langsam überschwemmt, und es war, als würde die Luft dicker; der Boden unter mir wurde immer unsicherer. Dann fiel mir ein witziges Schild ein, das ich mal gesehen hatte: *«Wenn man bis zum Arsch in Krokodilen steckt, ist es schwer, daran zu denken, daß man eigentlich den Sumpf trokkenlegen wollte.»* Ich wollte etwas sagen, aber das einzige, was mir einfiel, waren Platitüden wie: «Da wird es schon irgendeinen Ausweg geben», oder: «Vielleicht werden Ihre Träume Ihnen helfen.» Zum Glück hielt ich mich zurück. Später, als mein innerer Druck etwas nachgelassen hatte, fragte ich die Frau, ob sie in letzter Zeit geträumt habe. Sie antwortete, daß sie zwar geträumt, den Inhalt der Träume aber vergessen habe. Ich saß da mit einer Ertrinkenden, die sich selbst absolut nicht helfen konnte. Und ich hatte auch keine Möglichkeit, ihr zu helfen. Mir fiel nichts Sinnvolles ein, und ich war am verzweifeln. Dann kam ich irgendwie darauf, sie einfach anzuschauen, und ich versuchte, sie imaginal zu sehen. Jetzt, wo ich mich darauf besonnen hatte, nicht zu wissen, sondern einfach da zu sein und zu sehen, fühlte ich mich auch stärker mit meinem Körper verbunden. Nach und nach entwickelte sich das Gefühl, *in ihm zu sein.* Ich fühlte mich von meinem Omnipotenzanspruch, der sich in dem Drang zu deuten geäußert hatte, befreit – und ich merkte auch erst dann, wie präsent dieser gewesen war. Ich begann das Spiel meiner Imagination zu erleben. Es war, als sähe ich im Wachzustand Traumbilder. Ich *sah* (und ich benutze diesen Begriff als einen Akt der Imagination), als wäre ich in einer

Traumwelt, die von Traumbildern beherrscht wird. Jemand, der hinter einer dichten Barriere stand, sprach von dort zu mir, und ich *sah,* daß diese Person sich versteckte, ja, daß sie voller Panik war.

Mit meinen Augen hatte ich eine außerordentlich intelligente Frau gesehen, die ihre hilflose Situation beschreibt. Mit den inneren Augen aber sah ich, wie noch etwas anderes aufleuchtete, die Vision einer mitleiderregenden Flucht und panischer Angst. Ich *meinte* zu *sehen,* wie diese Figur mich kurz anblickte und mich ohne die geringste Mühe *sah.* Ich konzentrierte mich auf diese Vermutung und fragte sie, ob sie das Gefühl habe, in Menschen hineinsehen zu können. «Ja, sicher», antwortete sie, «immer». Und dann sagte sie sehr vorsichtig, daß sie übersinnliche Kräfte habe. Ich fragte sie, ob sie diese Kräfte für sich selber nutze, ob sie also glauben könne, was sie sieht, und ob sie darauf vertraue, daß an ihren übersinnlichen Wahrnehmungen etwas Wahres sei. Sie antwortete:

«Ich wende das nur bei anderen an. Aber bei mir selbst vertraue ich nicht darauf. Manchmal überkommt es mich. Neulich habe ich an eine Zahl gedacht, 114, und ich wußte, daß sie eine besondere Bedeutung hatte. Dann habe ich gesehen, daß es die Hausnummer eines Restaurants war. Ich bin hingegangen und habe da einen Mann mit einem Mädchen gesehen. Ich war geradezu davon besessen, herauszubekommen, wer er war. Sie würden sich wundern, was ich alles gemacht habe, um ihn dann aufzuspüren. Schließlich habe ich ihn auch gefunden, und wir hatten eine kurze Affäre, aber wie das immer so ist mit Männern, er versuchte, mir gegenüber gewalttätig zu werden. Alle Männer, die ich kennenlerne, sind so. So ein übersinnliches Gefühl kann mich völlig ergreifen und ich bin dann geradezu davon besessen. Deswegen versuche ich, dem auszuweichen, wenn es sich auf mich selbst bezieht. Aber bei anderen funktioniert das bemerkenswert gut.»

Während dieses Monologs wurde sie präsenter, und wir hatten einen kurzen Augenblick emotionalen Kontakt – zwar nur flüch-

tig, aber unmißverständlich. Ansonsten blieb sie mir völlig unzugänglich, es gab kein Gefühl eines Kontaktes und ganz bestimmt keine gefühlsmäßige Berührung zwischen uns. Ein Selbstgefühl war nur ein einziges Mal spürbar, nämlich, als ich sie sah und sie mich. Ansonsten war sie von ihrer inneren Sicht abgeschnitten und vollständig damit beschäftigt, gegen eine Überwältigung durch ihr Unbewußtes anzukämpfen. Ich hatte jedoch das Gefühl, daß diese innere Wahrnehmungsfähigkeit, die bei ihr so bizarr funktionierte, potentiell positiv werden könnte. Mein eigenes, teilnahmsloses und sinkendes Selbstgefühl wurde durch die Rückkehr meiner inneren Sicht belebt und ich wußte, daß ich nur Verbindung mit ihr aufnehmen konnte, indem ich meine eigene Hilflosigkeit erlebte; das heißt, ich mußte meine omnipotente Haltung aufgeben, das Wagnis eingehen, nicht zu wissen und mich in meinem Körper spüren.

Borderline-Affekte und Jungs «Antwort auf Hiob»

Die archetypischen Energiestürme, die Borderline-Individuen und durch sie auch anderen so sehr zusetzen, werden im Mythos und in der Religion von jeher als die negative Seite Gottes dargestellt. Es liegt nahe, diese quälenden Erfahrungen einem Einfluß der Götter zuzuschreiben, denn sie sind monumental und immer um vieles größer als das Ich. Überwältigende Gemütszustände, einschließlich der entsetzlichen Verlassenheitsdepression und der Zerstückelung, werden im ägyptischen Mythos durch den Teufel Seth repräsentiert, den Feind der Ordnungsmacht. Ägyptische Kulthandlungen konzentrieren sich weitgehend darauf, durch die Bildsprache von Ordnungsprinzipien stabile Gegenpositionen zu gestalten, wie sie z. B. von Horus, Osiris oder Isis vertreten werden. In der Geschichte jeder Kultur gibt es zahlreiche negative Erscheinungsformen der Großen Mutter; das wichtigste Beispiel ist die furchteinflößende Hexe, die die Schrecken des Todes und des Verlassen-

werdens bringt und deren andere Seite, die verführerische, verlockende Hexe, Spaltung und wahnhaften Realitätsbildungen Vorschub leistet[2]. In unserer heutigen westlichen Kultur findet sich die offensichtlichste, dunkle Manifestation des Unbewußten in der biblischen Darstellung der negativen Eigenschaften des alttestamentlichen Jahwe. Jung untersuchte diesen Aspekt unseres westlichen jüdisch-christlichen Gottes in zahlreichen Schriften[3], am entschiedensten setzte er sich damit aber in seiner *«Antwort auf Hiob»* auseinander. Diese Arbeit ist eine wahre Fundgrube, voller Informationen über die übermächtigen Affekte, unter denen Borderline-Patienten leiden, und sie enthält eine gründliche Untersuchung des emotionalen Überflutetwerdens und der Verfolgungsängste. Jungs Überlegungen zu der psychologischen Bedeutung Jahwes, zu seinen Affekten und seinem Verhalten stellen eine zutreffende Beschreibung des Phänomens dar, das heute als Borderline-Persönlichkeitsstörung bekannt ist.

«Das Buch Hiob» zeigt das patriarchale Gottesbild in seiner negativsten Form. Das Phänomen Jahwe dieser späten alttestamentarischen Schrift hat Jung besonders gefesselt, und er betrachtete seine *«Antwort auf Hiob»* als die einzige seiner Arbeiten, in die die Weisheit seiner Seele in wirklich befriedigender Weise eingeflossen ist. «Wenn es etwas wie ein gewaltsames Erfaßtsein von einem Geiste gibt, so war es gewiß die Art und Weise, wie diese Schrift zustande gekommen ist» (Jung, Briefe II, p. 226f.). Obwohl sich in dieser Arbeit explizit wenig zur klinischen Praxis finden läßt, ist die *«Antwort auf Hiob»* sehr aufschlußreich für die Psychotherapie mit Borderline-Patienten, die in einer Psyche leben, die jederzeit von etwas, das wie eine Naturkatastrophe empfunden wird, verwüstet werden kann. Diese jahweartigen Affekte können weit außerhalb bewußter Kontrolle liegen. Der Heilungsprozeß kann erst beginnen, wenn dieses beängstigende Phänomen irgendwie gebändigt ist:

«Das *Buch Hiob* spielt nur die Rolle eines Paradigmas für die Art und Weise eines Gotteserlebnisses, das für unsere Zeit eine ganz besondere Bedeutung besitzt. Derartige Erfahrungen befallen den Menschen sowohl von innen wie von außen, und es hat keinen Zweck, sie rational umzudeuten und damit apotropäisch abzuschwächen. Man gibt sich besser den Affekt zu und unterwirft sich seiner Gewalt, als daß man sich seiner durch allerhand intellektuelle Operationen oder durch gefühlsmäßige Fluchtbewegungen entledigt. Obschon man durch den Affekt alle schlechten Eigenschaften der Gewalttat nachahmt und sich dadurch desselben Fehlers schuldig macht, so ist dies doch eben gerade der Zweck solchen Geschehens: es soll in den Menschen eindringen, und er soll dieser Wirkung unterliegen. Er muß daher affiziert sein, denn sonst hat die Wirkung ihn nicht erreicht. Er soll aber wissen oder vielmehr kennenlernen, was ihn affiziert hat, denn damit wandelt er die Blindheit der Gewalt einerseits und des Affektes andererseits in Erkenntnis» (Jung, GW 11, § 562).

Diese Affekte gehören zu den numinosen, archetypischen Inhalten, die Borderline-Patienten heimsuchen. Jung scheint zu einem Ausagieren der Übertragung zu raten, «durch den Affekt alle schlechten Eigenschaften der Gewalttat nachahmen». Jung besteht darauf, daß man die Affekte nur kennenlernen und umwandeln kann, wenn man von ihnen befallen wurde. Kann man sich eine eindeutigere Verordnung der «wilden Analyse» vorstellen, einer Analyse, bei der Technik und das Gefühl für ihren Ablauf aufgegeben werden zugunsten einer Konzentration auf alle starken Affekte und Intuitionen, die in der therapeutischen Begegnung auftauchen?

Wenn die Dinge nur so einfach lägen, sich so einfach auflösen ließen! Die Borderline-Persönlichkeit wird von den jahweartigen Affekten vergewaltigt, *aber sie lernt auch nicht aus dieser Erfahrung.* Diese Affekte verwüsten ihre Seele und zwingen sie, am Rande des Nichts und in einem ständigen Nebel der Verzweiflung zu leben. Dementsprechend ist ein solcher Mensch zu krassesten Formen der Verleugnung und der Abspaltung von inneren affektiven Zuständen fähig, so daß diese nicht in ausreichendem Maße erlebt werden. Deswegen wird der Borderline-Patient manchmal der «Als-ob»-Patient genannt. Und oft bleibt es dem Therapeuten überlassen, die

jahweartigen Affekte *für* den Patienten zu erleben und über sie nachzudenken. Man wird es nie ganz vermeiden können, sie in einem gewissen Maß auszuagieren. Selbst wenn man diese verwüstenden Affektfelder vorsichtig in sich bewahrt, wird der Patient zumindest *unbewußt sehen,* daß sie als Teil der inneren Einstellung des Therapeuten vorhanden sind. Weil er dies bewußt nicht registrieren kann, spaltet der Patient die Erfahrung, von starken, negativen Affekten angegriffen zu werden, ab. Dies geschieht in einer Art geheimen Absprache mit dem Therapeuten, denn niemand möchte diese Abgründe erleben, gleichgültig, ob die Affekte ausgelöst wurden oder aus den eigenen Borderline-Bereichen stammen.

Wenn dem Patienten geholfen wird, die Art des Sehens, die früher unbewußt ablief, wiederzugewinnen und bewußt einzusetzen, stellt sich oft heraus, daß der Therapeut schlecht daran getan hat, sich mit einer inneren verfolgenden Gewalt zu identifizieren. Es passiert oft, daß man diesen Affekten erliegt und sie ausagiert oder abspaltet, aber lernt man auch aus dieser Erfahrung? Das ist das entscheidende Problem, das Jung anspricht. Es ist überraschend, daß Borderline-Patienten – wie grausam sie auch sein mögen – häufig den Grad der imaginalen Wahrnehmung einschätzen können. Eine Borderline-Persönlichkeit kann in ihrer Konzentration auf die Fehler in der Empathie oder Einstellung des Therapeuten unerbittlich sein, die sich beispielsweise in unpassenden Interventionen oder Emotionen zeigen. Der Therapeut tut diese Hartnäckigkeit leicht als Ausdruck anhaltender Unbarmherzigkeit ab, statt in ihr eine unbewußte Strategie, tiefe Übereinstimmung zu erlangen, zu erkennen. Es verlangt schon ein großes Maß an Mut, so hartnäckig mit einem Therapeuten zu sein, der defensiv ist und gewöhnlich nicht versteht, worum es geht.

Man kann die Bedeutung von Jungs Arbeit für die klinische Praxis erkennen, wenn man sich die Begegnung zwischen Hiob und Jahwe als eine Dyade (= Zweierbeziehung) vorstellt, die den unbewußten Aspekt der Übertragung strukturiert. Kon-

stelliert sich diese Dyade, spielen Therapeut und Patient unbewußt leicht die Rollen von Hiob und Jahwe. Die Rollen wechseln dann oft mit unangenehmer Schnelligkeit.
Jahweartige Affekte können vernichtend sein, wenn sie durch den Patienten toben. Auch der Therapeut wird von ihnen durch projektive Identifikation befallen, die in Jungs Werken vornehmlich als «Participation mystique», «Induktion» usw. bekannt ist. Mit dieser Begrifflichkeit unterstreicht Jung, daß diese Affekte in Verbindung mit einer Einheit des Seins existieren. Durch projektive Identifikation sind sie dazu in der Lage, die Gesetze und Strukturen von Raum und Zeit zu überspannen und so die eine oder andere Psyche zu beeinflussen. Diese Affekte, die die Seele mitreißen, werfen ein schwerwiegendes moralisches Problem auf. Sind sie böse, oder ist diese Einschätzung nur ein Werturteil des Objekts, das ihre Gewalt erlebt? Welchen moralischen Standpunkt können wir hier beziehen? Und reicht ein moralischer Standpunkt aus? Wir müssen zuerst das Wesen des Angriffs, den wir erleben, erkennen. Er ist eine Mischung aus jahweartigen Affekten und einer Art Vision, die es dem Patienten gestattet, den Therapeuten in einer Art und Weise zu sehen, die sehr schmerzhaft sein kann. Irgendwie ist man immer für seine eindringende *imaginale Art zu sehen* anfällig, denn wie vernichtend diese Affektfelder auch sein mögen, sie enthalten immer eine Wahrheit bezüglich einer moralischen Schwäche. Diese Schwäche kann sich entweder als Rechtfertigung nach der Art Hiobs äußern, wenn der Therapeut von den anscheinend jahweartigen Affekten des Patienten gequält wird («Wer ich? Was habe ich denn falsch gemacht?»), oder aber als eine unbewußte Identifikation mit dem tyrannischen Jahweaspekt der unbewußten Dyade, hinter der sich eine versteckte Mißachtung des Patienten verbirgt. Die Borderline-Persönlichkeit kann wie durch ein rachsüchtiges Auge sehen, wie das geschieht.
Diese Vision beleuchtet nicht nur grobe Ungerechtigkeiten, sondern auch Einzelheiten, die nur für den Patienten eine Be-

deutung haben. Der Patient fixiert sich beispielsweise auf unbewußte Stimmungsschwankungen des Therapeuten, die sich in einer ungeschickten Redewendung oder einer gedankenlosen Handlung ausdrücken können. Ein Patient, der keine Borderline-Störung hat, kann solche Momente einfach vorübergehen lassen mit dem Erfolg, daß der Therapeut dann auch wieder auf ihn bezogen sein wird. Aber der Borderline-Patient empfindet solche Situationen mit dem Therapeuten als äußerst gefährlich. Spaltet der Patient diese Vision ab, wird er von dem innerlich verfolgt, was er – wenn auch in höchst dramatisierter und häufig verzerrter Form – sieht. So wird diese Vision zur Waffe, mit der der Patient angreift, und dabei nimmt er gar nicht wahr, was für schmerzliche Auswirkungen diese besondere Art des Sehens hat.

Die Seele des Therapeuten ist verletzlich und kann der vernichtenden Energie, die mit dem imaginalen *Eindringen* des Borderline-Patienten einhergeht, nicht gleichmütig standhalten. Wir können uns masochistisch unterwerfen, nur damit der Patient aufhört, uns anzugreifen, oder auf narzißtische von Macht bestimmte Abwehrmechanismen zurückgreifen, durch die wir das Wissen des Patienten an unserem eigenen messen können. Aber fast unweigerlich durchschaut der Patient diese klägliche Abwehr. Wir können aber auch um uns besorgt sein und den Kampf mit Gedanken beenden, wie: «Egal, wie schlecht ich bin, egal, was ich diesem Menschen in meinem Unbewußten angetan habe, egal, wie recht er hat, meine Seele wird jetzt angegriffen, und ich kann das nicht zulassen.»

Mit Borderline-Patienten werden Angriff und Gegenangriff oft endlos ausgespielt. Häufig wird vergessen – und es ist auch schwer, sich in einer so belasteten Situation daran zu erinnern –, die Kampfarena zu verlassen und die Verwundeten zu versorgen. Wir müssen uns vor Augen führen, daß sich das Kind in uns verängstigt und ungeschützt fühlt. Die Wahrnehmung seiner inneren Befindlichkeit kann es ermöglichen, daß wir uns mit ihm verbünden und Empathie für sein Gefühl des Verlas-

senseins empfinden. In einer solchen Imagination steht der Therapeut zu seiner Seele, und der Patient ist nicht länger sein Feind. Der Patient wird nicht mehr als ein Jahwe gesehen, der mit unerträglicher Wut loswettert, sondern als jemand erkannt, der von dem Archetypen besessen ist. Die Seele des Patienten, die durch die negativen Affekte verwüstet ist, hat schreckliche Angst davor, daß sich der Therapeut nicht um ihr Leiden kümmert und wütend wird, statt zu sehen.

Hiob ist der Vertreter einer Einstellung, für welche die Seele im Mittelpunkt steht. Er ist besorgt um die Befindlichkeit seines inneren Seins, gleichgültig wie mächtig die äußeren Kräfte, die ihn heimsuchen, auch sein und wie sehr sie auch im Recht sein mögen. Hier entwickelt sich eine moralische Haltung, die für die Seele eintritt – eine schützende Moral, die Unbarmherzigkeit als unannehmbar beurteilt, selbst wenn diese aus einer weisen und kraftvollen Quelle kommt oder sogar «richtig» ist, wie Jahwes Wissen um Hiobs Schattenseite, seine Selbstgerechtigkeit, es war (Raine, 1982, p. 274).

Aufgrund klinischer Erfahrungen wissen wir, daß unser Gefühl, überwältigt zu werden, häufig auf die Vorgänge im Innern des Patienten selbst zurückzuführen ist. Diese Erfahrung hilft dem Therapeuten dabei, für die Hilflosigkeit des Patienten Empathie zu empfinden, was angesichts des jahweartigen Verhaltens, das den Patienten mächtig erscheinen läßt, nämlich leicht vergessen werden kann. Nach Jungs Auffassung sollten wir uns des archetypischen Wesens der seelentötenden Qual immer bewußt bleiben – und ganz besonders der eigenen Machtlosigkeit ihm gegenüber –, ohne daß wir uns durch Identifikation mit genau derselben Tyrannei in die Illusion der Stärke flüchten. Im Mittelalter hielten die Menschen das Kreuz hoch, um den Teufel zu bezwingen; das bedeutete, daß der Satan allein durch die tiefe Verletzlichkeit überwunden werden konnte, die jemand erfuhr, der sich mit offenem Herzen an den Eros Christi wendete. Im offenen Kampf steht das Ich abseits, während zwei archetypische Kräfte gegeneinander kämpfen.

In diesem konfliktreichen Zustand erkennt und ergänzt der Therapeut ein Drittes, ein imaginales Erfassen einer quälenden Hiob-Jahwe-Dyade und eine tiefempfundene Sorge um die Seele. In Jungs Untersuchung macht die weitherzige Haltung, die Hiob präsentiert, ihn zu einem Vorläufer Christi. Aber wir können der seelentötenden Beschaffenheit der jahweartigen Affekte nicht gewahr werden, solange wir uns selbst oder den Patienten mit diesen Inhalten identifizieren. Wir werden diese Wahrnehmungsebene erst erreichen, wenn wir erkennen, daß diese archetypischen Affekte sowohl den Therapeuten als auch den Patienten verfolgen, denn diese Erkenntnis macht uns offen für die Liebe zur Seele. Hier ist ganz deutlich ein Akt des Glaubens beteiligt, denn wir können niemals sicher sein, daß das Dritte, nämlich der Eros, hinzutreten wird. Wir müssen vielmehr in dem unerschütterlichen Bewußtsein handeln, daß die Seele ohne Eros verloren ist und daß ohne ihn der Mensch auf Machttriebe reduziert ist, die vom Ich Besitz ergreifen und die Illusion von Kontrolle schaffen.

Bei dieser Arbeit können wir niemals sicher sein, daß wir die vernichtende dämonische Vision, die von der Jahwe-Hiob-Dyade ausgeht, mit einem unversehrten Selbst überleben. In seiner Studie über den Glauben in den Werken Winnicotts, Bions und Lacans schreibt Michael Eigen, daß «es der Schnittpunkt zwischen tiefer Verletzlichkeit und rettender Unzerstörbarkeit ist, der das Paradox des Glaubens auf eine neue Ebene hebt» (1981, p. 416). Er zitiert dann, was er Winnicotts «bemerkenswertesten Ausdruck des Glaubens» nennt:

«Das Subjekt sagt gewissermaßen zum Objekt: ‹Ich habe dich zerstört›, und das Objekt nimmt diese Aussage an. Von nun an sagt das Subjekt: ‹Hallo, Objekt! Ich habe dich zerstört! Ich liebe dich! Du bist für mich wertvoll, weil du überlebt hast, obwohl ich dich zerstört habe! Obwohl ich dich liebe, zerstöre ich dich in meiner (unbewußten) *Phantasie*›» (Winnicott, 1974, p. 105).

Das Objekt überlebt die Angriffe des Subjekts genauso, wie Hiob Jahwes Angriffe überlebt. Nach Jung muß man nicht nur

die Destruktivität eines anderen Menschen überleben, sondern auch die Destruktivität negativer, numinoser, archetypischer Energien. Man kann mit ihnen in apotropäischer Weise umgehen und sie auf Frustrationen aus einer Entwicklungsstufe zurückführen, in der der Patient unter dem Verlassenwerden durch die Mutter gelitten hat. Aber mit diesem Verständnisansatz würde man, auch wenn es wichtig ist, ihn als grundlegende Perspektive im Auge zu behalten, das enthaltene Numinose unterdrücken und verkleinern. «Jahwe ist ein *Phänomen*», wie Hiob sagt, «nicht ein Mensch» (Jung, GW 11, § 600).

Hiobs Unbewußtes hat «Jahwes Doppelnatur» (Jung, GW 11, § 600) *gesehen.* Aber es ist schwierig, bewußt zu dieser Art von Wahrnehmung zu stehen, weil sie oft von anderen Mächten verdunkelt und zurückgewiesen wird, wie z. B. von Hiobs «Tröstern», diesen inneren Stimmen, die uns dazu bringen wollen, uns auf unsere eigenen Fehler zu konzentrieren. Die Schattenseite eines patriarchalen Gottesbildes, die uns zum Sündenbock macht, drückt sich so aus: «Ich muß etwas Schlechtes getan haben, warum wäre ich sonst in solch einer Not?»

Jung wertet Hiobs Vision ab. Er sagt: «Klugerweise nimmt Hiob hier die aggressiven Worte Jahwes auf und legt sich damit unter dessen Füße, wie wenn er tatsächlich der besiegte Gegenspieler wäre» (GW 11, § 599). Und weiter: «Die therapeutische Maßnahme des widerstandslosen Akzeptierens hat sich wieder einmal bewährt» (GW 11, § 601). Für Jung ist Hiobs moralischer Sieg über die unmoralischen Affektfelder, die von Jahwe repräsentiert werden, der entscheidende Wandlungsfaktor, der zu der psychologischen Verwirklichung einer inneren Selbststruktur führt. Der Wert von Hiobs wiedergewonnener, bewußter, imaginaler Vision wird nicht erkannt.

William Blake betont, daß Hiob die imaginale Welt aktiv einsetzt; darüber gibt uns Kathleen Raine, im Gegensatz zu Jung, in ihrer Arbeit über den Hiob William Blakes Aufschluß. Hiob ist erst erlöst, als er Gott *sieht* (Raine, 1982, p. 289).

«Vom Hörensagen hatte ich von dir gehört;
nun aber hat dich mein Auge gesehen.
Darum widerrufe ich und bereue
in Staub und Asche» (Hiob 42, 6f.).

Erst nachdem Hiob die transzendenten Energien seines Gottes erfahren hatte, kann er die Unrichtigkeit seiner früheren «unweisen» Worte erkennen (Hiob 42, 3). Er wird seines Narzißmus gewahr und versteht, daß er gezwungen war, eine Unwahrheit zu bestreiten, die er längst eingesehen hatte. Aus der psychologischen Sicht des späten 20. Jahrhunderts mag es so scheinen, als hätte sich Hiob in eine masochistische Regression begeben, die sich aus schmerzhafter Demut speist: «In Staub und Asche bereue ich.» Aber diese Deutung übersieht den Hintergrund von Hiobs demütigen Gefühlen, nämlich die Freude, Gott gesehen zu haben. Durch seine Vision erwirbt Hiob das Recht, Jahwe Fragen zu stellen: «Jetzt ist es an mir, Fragen zu stellen, und an Dir, sie zu beantworten.» Das ist wohl kaum eine Regression.

Viele Borderline-Patienten haben transzendente Visionen, die sich als religiöse Erlebnisse ereignen oder als die Vision, den eigenen Körper verlassen zu haben oder auf dem Totenbett zu liegen, oder die Visionen können einfach deshalb erlebt werden, weil eine Neigung besteht, das Numinose zu erfahren, was aus der Verbindung eines höchst kreativen Unbewußten mit schwachen Ichgrenzen herrührt. Borderline-Patienten kennen oft auch die Ebene des transzendenten Selbst. Was sie nicht kennen, ist dessen Immanenz, denn es hat sich niemals verwirklicht[4]. Die Fähigkeit des Therapeuten, dieses Licht im Patienten zu sehen und sich dazu zu äußern (durch aktive Imagination in der Therapiesitzung) kann zu einem wichtigen Ergebnis führen. Wenn die ureigene, lang aufgegebene Vision des Patienten vom Numinosen wiedergewonnen werden kann, so hat das oft eine ebenso erneuernde Wirkung wie Hiobs Vision von Jahwe. Wie bei Hiob ist diese Vision auch ein Haupt-

faktor bei der Inkarnation des Numinosen. Die Vision bietet die Möglichkeit, das Ich mit dem Selbst zu verknüpfen – eine äußerst wichtige Größe bei der Heilung des Borderline-Patienten (Beebe, 1988).

Wir müssen uns darüber im klaren sein, daß viele Menschen diese Ebene kennen und abgespalten haben. Unsere Aufgabe ist es also, dem Borderline-Patienten zu helfen, die Gabe des Sehens wieder bewußt einsetzen zu können. Das heißt, die imaginale Art des Sehens muß von ihrer zwanghaften Tätigkeit, andere abzutasten, befreit werden; bei manchen Borderline-Patienten muß sie aus einem Zustand der Leere und der Unbeweglichkeit herausgeholt werden.

Fragmentierung, «Als-ob»-Verhalten, Verwirrtheitszustände, Spaltung

Der Geisteszustand bei Borderline-Störungen ist oft durch seelische Fragmentierung (Zersplitterung) gekennzeichnet. Der Therapeut hat dann damit zu tun, daß Ich und Objekt in nur gut und nur böse gespalten werden. Aber diese voneinander getrennten Zustände sind eigentlich eine Vielzahl von psychischen Zentren; jedes einzelne scheint das Elend des Patienten vollständig zu umfassen, bis der Patient plötzlich in ein anderes Zentrum hinüberwechselt und ein völlig anderes Bild entsteht. Jeder Therapeut, der mit einer Borderline-Persönlichkeit zu tun hat, kennt diese Erfahrung, die Harold Searles mit den Worten beschreibt: «Ich fühle mich von diesem anmaßenden Patienten nicht einfach nur verunsichert oder überrannt, sondern merkwürdigerweise und genauer gesagt *fühle ich mich ihm gegenüber in der Minderzahl*» (1977, p. 448).

Diese Vielzahl von Zentren im Patienten ist eine strukturelle Reaktion auf die überwältigenden Affekte und soll den Schmerz lindern. Aber sie dient auch noch anderen Zwecken. Eine Stunde, in der der Therapeut beispielsweise nicht erlebt,

wie heftig der Borderline-Patient leidet, kann von Fragmentierung beherrscht sein. Diese Fragmentierung hindert den Therapeuten daran, allzu optimistisch zu werden. Oder es kann sein, daß der Therapeut sich am Ende einer Stunde seines Verständnisses zu sicher fühlt und manche Einzelheiten und Gefühlszustände, die nicht in seine Deutung der Situation des Patienten passen, nur am Rande streift. Die Fragmentierung, die dann plötzlich auftauchen kann, bewirkt, daß sich nicht nur das, was schon verstanden wurde, sondern auch die Selbstzufriedenheit des Therapeuten in nichts auflöst.

Das folgende Beispiel beschreibt, wie es mit einem Patienten in einer Extrastunde lief, in der ich unfähig war, meine Vorstellungsfähigkeit wiederzugewinnen und stattdessen nur seinen Klagen zuhörte. Er fing an zu erzählen, wie furchtbar sein Leben sei, und sagte dann noch, daß seine Haare ausfielen und er sein gutes Aussehen verlieren würde. Ich folgte einem inneren Bedürfnis, etwas zu sagen, und stimmte ihm zu: «Ja, Sie verlieren ein paar Haare, aber ich finde nicht, daß sich Ihr Aussehen verändert hat. Aber ich denke, Sie müssen sehen, daß Sie zur Zeit sehr große Schwierigkeiten damit haben, mit dem Älterwerden fertig zu werden. Sie sind 40 Jahre alt und kein Teenager mehr. Viele Leute bewundern Sie sogar sehr wegen Ihres breiten Wissens und Ihrer großen Erfahrung.» Ich sprach dann über das Bild des *puer aeternus,* und mit «mythischer Autorität» beschrieb ich die Gefahren, denen seine Seele ausgesetzt sei; Tod oder sogar Selbstmord könnten ihm drohen, wenn er nicht mit seiner Adoleszenz zurechtkomme. Am Ende meiner Ausführungen war ich sehr zufrieden mit mir. Aber der Patient machte lediglich eine kurze Pause und fuhr dann fort, sich zu beklagen, daß er nicht genug Geld habe. Fassungslos darüber, daß er auf meine Klugheit und Gelehrsamkeit überhaupt nicht reagierte, empfand ich Haß gegen ihn, aber ich unterdrückte meine Haßgefühle und machte mich auf zum fröhlichen Jagen. «Sie haben mehr Geld denn je. Ihr Gefühl, kein Geld zu haben, ist ein symbolischer Ausdruck der Verlassenheitsdepression,

unter der Sie leiden.» Wieder gab es eine Gesprächspause, und dann tauchte scheinbar völlig zusammenhanglos ein neues Problem auf: «Ich weiß nicht, was ich in den Ferien machen soll», sagte der Patient, «ob ich meine geschiedene Frau treffen soll?» Und so ging es weiter. Die Botschaft, die darin lag, war unmißverständlich: «Versuch bloß nicht, daraus schlau zu werden. Es gibt keinen Sinn darin und es wird auch keinen geben.» Dies ist eine andere Version des Verzweiflungsmotivs: «Mein Leben ist furchtbar: Untersteh Dich, es irgendwie anders zu sehen.»

Ein anderer Patient sagte: «Ich traue dem Positiven nicht. Ich hasse Sie, wenn Sie davon sprechen. Sie sind ein Heuchler. Sie sehen mich überhaupt nicht, wenn Sie das tun. Sie sehen nicht, wie schrecklich ich mich fühle, wie mißtrauisch ich bin und wie wirklich diese Gefühle für mich sind. Ich habe schreckliche Angst vor allem Positiven. Wenn ich ihm nachgebe, werde ich getötet. Es ist sehr wichtig, daß Sie im Negativen verbleiben. Ich traue keiner Wendung zu irgendetwas Positiven.» Ich hatte versucht, diesem Patienten die positiven Seiten seines Lebens nahezubringen. Als das nicht klappte, beschloß ich, darauf einzugehen, wie schlecht alles sei und fühlte mich empathisch in seinen Schmerz ein. Seine Antwort darauf war: «Was soll ich denn nun machen, mich umbringen? Wenn es keine Hoffnung gibt, wozu soll ich überhaupt noch weitermachen?» Ich machte ihn dann darauf aufmerksam, daß er doch alles Positive und jede Hoffnung ablehnte. Daraufhin sagte der Patient (zu Recht), daß er sich angegriffen fühle und hoffnungsloser sei denn je. Am Ende hatte ich das Gefühl, daß nichts, was ich getan hatte, richtig war.

Meine «Empathie» war hier eine unaufrichtige Empathie, weil sie verteidigen sollte. Erst später wurde mir klar, daß meine Einwände Versuche waren, die Angriffe des Patienten auf mich abzuwehren, deren Ursache die qualvollen Gefühle für sein eigenes Leben waren. Ich griff nach Strohhalmen, um dem Schmerz zu entkommen, den der Prozeß mit sich brachte, in den ich verwickelt war. Fehler dieser Art treten zwar häufiger

bei Therapeuten auf, die mit der Behandlung von Borderline-Störungen nicht vertraut sind, aber alle Therapeuten neigen dazu, solche Fehler zu machen. Man wird niemals völlig verhindern können, sich auf so haarsträubende Weise zu verhalten, und der Patient erlebt dann die Unaufrichtigkeit des Therapeuten als gefährlich und verfolgend.

Was Helene Deutsch mit der Bezeichnung «Als-ob»-Patient beschreibt, trifft oft auf den Borderline-Patienten zu. Ganze Therapiesitzungen können leicht eine Als-ob-Qualität annehmen, da der Therapeut sich dagegen wehrt, Borderline-Affekte und deren Kraft zu erleben, die sein Denken und seine imaginalen Prozesse aus der Bahn werfen können. Im Zusammenhang mit einem Streit, den sie mit einer Freundin hatte, sagte eine Patientin: «Ich habe mich zurückgezogen. Ich werde mich ihr nicht mehr öffnen, ich bin *zu* wütend und *zu* enttäuscht.» Das Wort «zu» wurde mit der Autorität einer absoluten Wahrheit ausgesprochen, als hinge die Existenzberechtigung dieser Freundin von der Richtigkeit ihrer Beurteilung ab. Ich war emotional gelähmt und konnte nichts sagen. Ich war außerhalb eines selbst-beherrschten und geschlossenen Systems. Wenn ich sagen würde: «Ja, Ihre Freundin hat Sie furchtbar verletzt, und ich verstehe, wie Sie sich fühlen», würde ich lügen. Wenn ich gar nichts sagen würde, würde ich die Patientin sadistisch ihrem Unglück überlassen. Ich fühlte mich völlig ausgeschlossen von dem, was angeblich ein Austausch zwischen uns war. Aber ich war nicht durch einen schizoiden Rückzug oder durch ein narzißtisches Beharren darauf, «jetzt still zu sein und zuzuhören», ausgeschlossen. Stattdessen war ich auf eine Weise ausgeschlossen, die mich völlig hilflos machte und unfähig, irgendetwas zu tun, denn ich stand wegen einer Überzeugung außerhalb, derzufolge die Welt und alle ihre Bewohner schrecklich sind. Und doch hatte diese Überzeugung etwas Hohles und sich selbst Dienendes an sich, so «als ob» die Patientin dies glauben würde.

Aber es spielte sich noch mehr ab. Tief in dieser falschen Ein-

schätzung der Welt steckte eine Wahrheit, die mich in etwas hineinlocken wollte und mich aufforderte zu verstehen, ohne etwas verändern zu wollen. Zeitweise schien die Arbeit eine hoffnungslose Mühe zu sein, und es schien unmöglich, die intensiv gehegte Überzeugung, daß alles in der Welt falsch sei, aufzubrechen. Mir wurde klar, daß ich mich unter dem Druck einer so negativen Erfahrung zurückgezogen hatte und besonders auch wegen eines alles umfassenden Gefühls mangelnder Echtheit, das mich fragen ließ, warum ich so viel Energie auf etwas verwendete, das nicht wirklich echt war. Ich hatte mit einer «Als-ob»-Persönlichkeit zu tun, die offenbar «Als-ob»-Überzeugungen hegte, und ich war so zu einem «Als-ob»-Therapeuten geworden – das ging sogar so weit, daß ich der Patientin einmal fast vorgeschlagen hätte, mit ihrem (richtigen) Therapeuten über ein bestimmtes Problem zu sprechen!
Wer war der «richtige» Therapeut? Ich war es zu dieser Zeit bestimmt nicht. Ich glaube, ich wurde erst zum richtigen Therapeuten, als es mir gelang, das «Als-ob»-Gefühl zu überwinden, und anfing, die Patientin zu *sehen.* Zuerst mußte ich in der Lage sein, sie zu erleben, ohne mich zurückzuziehen, ich mußte also in der Gegenwart verkörpert sein. Ich mußte die Erschütterung, Verzweiflung und Wut zulassen und erleben, die ich darüber empfand, daß ich ausgeschlossen war und mir jeglicher Einfluß auf eine mögliche Verbesserung der Situation genommen war. Außerdem mußte ich erkennen, daß mein Rückzug auch Ausdruck eigener sadistischer und masochistischer Tendenzen war.
Obgleich ich mich häufig in einem Zustand der Verwirrtheit befand, wurde mir nach und nach klar, daß diese Empfindungen zu einem Stadium gehörten, das der Boden einer Gestalt werden könnte, aus der ein inneres Bild entstehen könnte. Erst als ich den Prozeß der Patientin *sehen* konnte, konnte ich real sein. Mit Hilfe der Imagination war es möglich, ein kleines Kind in der Patientin zu erkennen, das schrecklich litt, *und dieses Kind empfand die Verzweiflung tief, über die die Patientin nur in einer «Als-ob»-Weise sprechen konnte.* Was zunächst ein «Als-ob»-

Verhalten zu sein schien, wurde durch das Auge der Imagniation völlig real.

Hier muß eine wichtige Beobachtung erwähnt werden: Als meine Patientin sagte: «Ich bin *zu* wütend», hatte das Wort «zu» ein ungeheures Gewicht. Patienten sagen beispielsweise: «Ich werde diesen Job *nicht* nehmen.» Das Wort «nicht» kann mit bemerkenswerter Autorität herausklingen, obwohl es sich vielleicht nur auf einen ziemlich banalen Punkt bezieht, wie z. B. eine Arbeit, die in der aktuellen Situation auch gar nicht unbedingt angenommen werden muß. Durch ein einfaches Wort kann der Therapeut in die qualvolle Situation kommen, ein verwirrendes Spiel archetypischer Kräfte zu erleben. Die Existenz des Patienten scheint von einem vollständigen Einverständnis mit ihm abzuhängen, und bei der geringsten Abweichung davon droht die Welt des Patienten zusammenzubrechen. Sollte der Therapeut jedoch fragen, warum absolute Sicherheit so lebenswichtig zu sein scheint, würde der Patient dies wahrscheinlich abstreiten. Wir versuchen dann, unsere Reaktionen zu verteidigen (z. B. dadurch, daß wir den Patienten auf den feinen affektiven Tonfall und Stil, in dem er gesprochen hatte, aufmerksam machen), aber diese Versuche erlebt der Patient in der Regel als Angriff. Als nächstes fragen wir uns, ob wir einen Fehler gemacht haben; wir beurteilen dann vielleicht die Äußerung des Patienten positiver und sehen unsere erste Reaktion in einem schlechteren Licht. Wenn wir uns jedoch das Gefühl in Erinnerung rufen, daß zu unserer ersten Reaktion geführt hatte, wird klar werden, daß der Patient sich in einer Weise mitgeteilt hat, die uns bisher völlig entgangen war, und daß wir die Situation schlecht handhaben, wenn wir auf der manifesten Ebene reagieren. Wir fragen uns vielleicht, warum der Patient eine so absolute Treue zu seiner Sichtweise fordert. Es wird uns dann klar, daß wir in solchen Momenten gar nichts tun sollten, außer die unangenehmen Gefühle zuzulassen, die es zwischen uns und dem Patienten gibt. Aber inzwischen ist die Mitteilung, die der Patient machen wollte, schon verlorengegangen, weil er sich

nicht mehr in seinem vorherigen Zustand befindet, in dem es für ihn um Leben und Tod ging, sondern stattdessen vielleicht zu einer sorgfältigen, leidenschaftslosen Differenzierung fähig ist. Wenn wir unsere Reaktionen weg-erklären, statt sie anzunehmen, isoliert uns das vom Patienten und erzeugt eine auf Macht gegründete Haltung, die einem wirklichen Verständnis der Beschaffenheit des archetypischen Hintergrunds widersteht, der Sprache und Gestik des Patienten durchdringt.

Wie mir spätere Therapieerfahrungen zeigten, konnte in diesem Augenblick die Betonung, die die Patientin darauf legte, *zu* verletzt zu sein, tatsächlich so verstanden werden, daß es in dieser Situation mit mir für sie um eine Frage auf Leben und Tod ging. Hätte die Patientin zu ihren Wahrnehmungen stehen können, hätte sie darauf beharrt, daß zwischen uns absolut kein Kontakt bestand. Aber ich verhielt mich so, *als ob* die Kontinuität unserer Beziehung ungebrochen wäre. Solche Lügen gefährden einen Borderline-Patienten aufs äußerste. Sie können ihn in das archetypische Drama einer Schlacht zwischen Wahrheit und Falschheit stürzen, wie sie in so vielen Mythen beschrieben wird.

Die Tatsache, daß archetypische und profane Ebenen in einem Ausdruck oder Satz nebeneinander stehen, führt häufig zu einer gewissen Zurückhaltung, klar mit dem Patienten zu sprechen. Der Therapeut sucht oft nach tiefen Bedeutungen, wo gar keine sind, oder gibt eine wortreiche Antwort, wo ein schlichtes ja oder nein genügen würde. Als mich ein Patient in einem Erstinterview fragte, ob ich abgesagte Stunden berechnen würde, bekam ich plötzlich Angst. Ich brauchte ungefähr zehn Minuten, um herauszufinden, ob gerade etwas sehr Tiefgreifendes vor sich ging oder nicht. In der Zwischenzeit wurde der Patient immer gereizter und ängstlicher. Als ich mich wieder besser in der Hand hatte und schließlich sagen konnte, daß ich abgesagte Stunden berechnen würde, verschwand sowohl die Angst des Patienten als auch meine eigene sofort. Bei diesem Fall waren die ersten drei Jahre der Behandlung von den

zwanghaften Mechanismen, Idealisierungen und narzißtischen Abwehrhaltungen des Patienten beherrscht; während dieser Zeit spürte ich nichts von der Angst dieser ersten Sitzung. Schließlich baute sich ein Bündnis zwischen uns auf, und die Verfolgungsängste und Verlassenheitsgefühle des Patienten konnten erkannt und in der Übertragung bearbeitet werden.

Die Beziehung der Borderline-Persönlichkeit zum Numinosen

Inspiriert von Rudolf Ottos Arbeit über *«Das Heilige»* beschreibt Jung das *Numinose* als:

> «dynamische Existenz oder Wirkung, die nicht von einem Willkürakt verursacht wird. Im Gegenteil, die Wirkung ergreift und beherrscht das menschliche Subjekt, welches immer viel eher ihr Opfer denn ihr Schöpfer ist [...] Das Numinosum ist entweder die Eigenschaft eines sichtbaren Objektes oder der Einfluß einer unsichtbaren Gegenwart, welche eine besondere Veränderung des Bewußtseins verursacht» (GW 11, § 6).

Jungs persönliche und klinische Beispiele von der übermächtigen und ehrfurchtsgebietenden, heiligen oder dämonischen Beschaffenheit des Numinosen gründen sich auf seine Überzeugung, daß es im Zentrum allen religiösen Glaubens steht. Er schrieb:

> «Das Hauptinteresse meiner Arbeit liegt nicht in der Behandlung von Neurosen, sondern in der Annäherung an das Numinose. Es ist jedoch so, daß der Zugang zum Numinosen die eigentliche Therapie ist, und insoweit man zu den numinosen Erfahrungen gelangt, wird man vom Fluch der Krankheit erlöst. Die Krankheit selbst nimmt numinosen Charakter an» (Briefe II, p. 465, 28. August 1945).

Der Borderline-Patient wird vom negativen Numinosen bedrängt und hat schreckliche Angst davor, es in seiner positiven Form zu nutzen. Das folgende Material soll diese Angst vor dem positiven Numinosum veranschaulichen.

Eine Patientin erinnerte sich an eine Erfahrung, die ihr Leben beherrscht hatte. Als sie drei Jahre alt war, hatte sie einen Lichtball phantasiert, der allmählich größer wurde. Sie erinnerte sich daran, daß dieses Lichterlebnis eine Zeitlang äußerst angenehm war und wie sie von dieser Energie umfaßt wurde. Aber manchmal wurde dieser Ball größer und größer, und dann hatte sie Angst, in ihn hineingerissen zu werden. Bei solchen Gelegenheiten wartete sie verzweifelt darauf, daß irgendjemand sie retten würde, aber es war nie jemand da. Dieses Erlebnis wiederholte sich ihre ganze Kindheit hindurch. Die Patientin schaffte es zwar, dieses Bild zu verdrängen, aber es lauerte immer im Hintergrund als etwas, das sehr bedeutsam, aber auch sehr gefährlich war.
Auch in ihrem Erwachsenenleben spielte der Lichtball eine wichtige Rolle, aber sie hütete ihr Geheimnis sorgfältig. Wenn sie auf ein kleines Licht schaute, z. B. an einem Radio, gewann dieses Licht an Intensität und Größe, bis sie wieder diese Bedrohung fühlte, sich in ihm zu verlieren und von ihm verschlungen zu werden. Sie stellte es dann ab, indem sie sich abwandte oder die Augen ganz weit aufriß. Als Kind hatte sie dieses Licht nicht so einfach abstellen können, und selbst als Erwachsene konnte sie ihm nur mit Mühe entfliehen. Manchmal kam dieses Energiefeld über sie, wenn sie allein war, sogar ohne den Impuls eines Lichtes, das sie ausschalten konnte. Wenn dies geschah, hatte sie das starke Bedürfnis, eine Zigarette zu rauchen, was dann auch oft half, die Wirkung des Lichtes zu mindern.
Bei meiner Arbeit mit dieser Patientin bildete sich jenes Energiefeld in der Übertragung. Außerdem brachen die gleichen Ängste vor dem Verschlungenwerden auf, wenn sie fühlte, wie das Energiefeld zwischen uns stärker wurde. Die einzige Möglichkeit, die Energie zu erden, schien für sie über ihre Sexualität zu laufen, denn, wie sie sagte, konnte sie die Energie nach unten zu ihren Genitalien leiten, dadurch die Begegnung sexualisieren und dieses Energiefeld unter Kontrolle bringen.

Wenn sie ihre Energien nicht in dieser Weise umleitete, expandierten sie horizontal und wurden immer stärker, bis sie an die angsteinflößende Erfahrung des Numinosen heranreichten. Diese Angst vor dem Numinosen ist charakteristisch für viele Borderline-Patienten, die erwarten, daß sie selbst und andere davon überflutet werden. Außerdem hegen sie die tiefverwurzelte Überzeugung, daß sie das positive Numinose nur auf Kosten eines anderen, dem sie es wegnehmen, bewußt besitzen und für ihre individuellen Bedürfnisse nutzen können. Meine Patientin konnte sich z. B. daran erinnern, daß sie alles nur Mögliche tun wollte, um zwischen ihren Eltern Harmonie herzustellen. Sie glaubte, daß sie ihre Eltern um etwas betrügen würde, wenn sie *sich selbst* eine Verbindung zum Numinosen zugestehen würde. Es war, als gäbe es nur eine begrenzte Menge an Energie und als würde sie den Vorrat verkleinern, wenn sie, z. B. für irgendeine kreative Arbeit, etwas davon für sich selbst nehmen würde.
Daß diese Patientin von unbewußten Seiten ihrer Eltern besessen war (hier von deren Neid), zeigte sich in ihrer Überzeugung, daß alles, was sie sich nahm, auf Kosten ihrer Eltern ging. Das Erleben von Neid ist ein fürchterliches Gefühl. Um ihm zu entfliehen, opfert das Kind oder der Borderline-Erwachsene ständig seine Beziehung zum Numinosen in der Hoffnung, daß das Neidgefühl durch ein positives Gefühl ersetzt wird. Der Begriff der «Besessenheit durch destruktive Komplexe» ist hilfreich, wenn es darum geht, die seelische und geistige Verfassung bei Borderline-Störungen zu verstehen und zu klären. Man weiß nicht, daß man besessen ist, vielmehr stimmen Gedanken und Verhaltensweisen, die das Numinose untergraben und damit verleugnen, mit dem Ich überein (ichsynton). Auch wird das plötzliche Erleben der Macht des Numinosen als ein sicherer Weg zur Verlassenheit empfunden: Der Borderline-Patient glaubt, daß die göttlichen und dämonischen Energien in ihm alle Menschen vertreiben werden.

Die Erfahrungen des Borderline-Patienten enthalten oft ein Motiv, das in Schöpfungsmythen weit verbreitet ist: Wenn der Held die Götter ihrer heiligen Substanz beraubt, greifen diese ihn an. Dem Helden gelingt es aber, einen Teil seines Diebesguts, etwa Feuer oder Korn, zu behalten und es den Menschen zu bringen. Im allgemeinen stößt die kreative Handlung, unbewußte Wahrnehmungen in das raum-zeitliche Leben zu bringen, auf Unordnung, die vom Ich als Angst erlebt wird. Also hat der Therapeut nicht nur mit Entwicklungsdefiziten, sondern auch mit überpersönlichen Energien und archetypischen Mustern zu tun. Die Trennungs-Wiederannäherungssubphase der Individuation (Mahler, 1980) ist in sich ein kreativer Akt, eine Version der heroischen Aufgabe, das Numinose zu entdecken und es in das raum-zeitliche Leben zurückzubringen. Tatsächlich wurzeln die Trennungs-Wiederannäherungsversuche des Kleinkindes in einem archetypischen Prozeß, und es ist die eigentliche Funktion der Mutterfigur, bei der Unordnung, die dieser Prozeß erzeugt, zu helfen. Was den Helden zum Helden macht, ist seine Fähigkeit, dem Gegenangriff des Unbewußten standzuhalten, der unvermeidlich erfolgt, wenn man die kostbaren Energien des Unbewußten für menschliche Zwecke benutzt. Das kindliche Ich kann der Unordnung nicht standhalten und braucht Hilfe. Deshalb hat die Mutterfigur die einflußreiche Rolle eines Mittlers in einem archetypischen Prozeß und kann ihre Fähigkeiten entweder dazu nutzen, die Individuation des Kindes zu fördern oder sie entscheidend zu untergraben.

Im Leben des Erwachsenen kann Kreativität sich unterschiedlich ausdrücken: als neue künstlerische Form, als lebendiges Gestalten einer sich verändernden Lebenssituation, als strukturelle Synthese von Ideen oder als ein Ausdruck der Liebe. Aber Borderline-Persönlichkeiten schrecken leicht vor jeder Form, die diese Schöpfung annimmt, zurück; die ständige Verweigerung kreativen Handelns kann destabilisieren.

Die folgenden Träume veranschaulichen, welchen inneren Angriffen eine Patientin ausgesetzt war, als sie versuchte, nach ihrer eigenen, kreativen Energie zu greifen. Sie erzählte von der realen Lebenssituation, die dem Traum voranging: «Ich hatte ein Geschenk für meine Mutter ausgesucht, und ich war besonders glücklich darüber, weil ich eine ganze Weile nachgedacht hatte, was sie brauchen könnte. Am Tag davor hatten meine Freundin und ich überlegt, welche Bücher meiner Mutter besonders gefallen könnten, und danach fühlte ich mich irgendwie unbefriedigt. Als ich dann später darüber nachdachte, wurde mir klar, daß ich mehr Nähe und persönliche Verbundenheit wollte.» In dieser Nacht hatte sie den folgenden Traum:

Meine Mutter hat mir einen großen, bunten Blumenstrauß geschenkt. Ich fing an, die Stengel unten abzuschneiden, bevor ich sie ins Wasser tat, und meine Mutter regte sich sehr darüber auf. Sie hatte überhaupt keinen Grund dazu, außer zu sagen, «alles werde kaputtgehen», wenn ich damit weitermache. Ich lasse mich aber nicht davon abbringen und erkläre ihr, daß die Blumen so länger halten würden. Aber sie ist völlig außer sich und furchtbar aufgebracht.

Am nächsten Abend hatte die Patientin einen zweiten Traum:

Ich mache etwas zusammen mit meiner Mutter. Ich erlebe, wie sehr meine Gefühle, die ich ihr entgegenbringe, sie stören. Sie will überhaupt keine Gefühle von mir. Als ich das merke, bin ich fürchterlich verletzt und wache in einem Zustand alptraumartiger Angst auf.

Der Blumenstrauß ist der Tochter nur *so lange* zugänglich, *wie sie nicht versucht, ihn zu ihrem eigenen zu machen,* das heißt, so lange, wie sie sich den Wünschen ihrer Mutter fügt und ihr die Verfügungsgewalt über den Blumenstrauß läßt. Die Patientin

befand sich gerade in einem Prozeß, durch den sie eine grundlegend neue Einstellung zum Leben gewann. Diese neue Einstellung gründete sich auf das Gefühl einer Bezogenheit, die tief in ihrer Weiblichkeit wurzelte und in scharfem Gegensatz stand zu ihrer bisherigen Lebensweise, effektiv, effizient und äußerst kompetent zu sein; sie *handelte* immer und *war* nur selten.

Im ersten Traum greift das Unbewußte in Gestalt der Mutter an, die Angst bekommt und sich schrecklich aufregt. Wenn sich die Patientin früher im realen Leben diesen mütterlichen Gefühlsausbrüchen gegenübersah, hatte sie ihre eigenen Interessen und Bedürfnisse zurückgestellt. Sie meinte, es wäre ihre Aufgabe, die Mutter zu heilen, indem sie für diese eine sichere Umgebung schuf, welche die Mutter vor ihrer Paranoia und ihren Verlassenheitsängsten schützen sollte. Im zweiten Traum geht der mütterliche Angriff tiefer: *Die Mutter will überhaupt kein Gefühl von der Träumerin.* Im ersten Traum geht es um Trennung, im zweiten um Wiederannäherung, die Rückkehr zur Mutter aus eigener Kraft. Aber durch die Weigerung der Mutter, ihr wirkliches Wesen zu akzeptieren, fühlt sich die Patientin angegriffen, ja sogar in panische Angst versetzt. Die Mutter repräsentiert in diesen Träumen sicherlich die Erfahrung der Patientin mit ihrer wirklichen Mutter, aber die Mutter steht auch dafür, wie die Patientin ihr eigenes Unbewußtes erlebt, und zwar besonders in der Konstellation, die es annimmt, wenn sie versuchen würde, kreativ zu sein. Im allgemeinen leiden Borderline-Patienten unter den Folgen eines schwerwiegenden Mangels an positiven Reaktionen von seiten ihrer persönlichen Mutter; solche positiven Reaktionen fehlten besonders dann, wenn sie wagten, kreative Impulse zu haben und auszuleben. Im Traum dieser Patientin wird ihre kreative Seite durch die Blumen dargestellt. Das Unbewußte bietet der Patientin ein Bild des Numinosen an, das sich in Schönheit offenbart, und führt sie so von dem früheren, bewußten Bild des Buchgeschenks weg.

Die Coniunctio und das Dilemma von Verschmelzung und Distanz

Die Borderline-Störung wird von einem Wechselspiel von Verschmelzung und Distanz beherrscht. Eine Borderline-Persönlichkeit kann zum Beispiel so sehr mit einem anderen Menschen oder einer Gruppe verschmelzen, daß jedes Gefühl für die eigene Identität verlorengeht. Was solche Menschen denken und fühlen, wird entscheidend dadurch bestimmt, welche Signale sie von anderen aufschnappen, und häufig sind sie in schmerzvoller Weise zu einer Art Ratespiel gezwungen. Ein junger Patient, der Angst davor hatte, ausgestoßen zu werden, fragte sich z. B. ständig, ob seine Freunde ihn ablehnen würden. Nicht ausgestoßen zu werden, schien vom Zufall abzuhängen, so als wäre er in ein Spiel geraten, dessen Regeln er nicht kennt. Alle anderen schienen sie zu kennen, und er suchte verzweifelt eine Verbindung zu den anderen aus seiner Gruppe, indem er versuchte herauszufinden, «was gerade anstand». Aber diese ständigen Versuche scheiterten immer wieder an seiner Angst, so daß die empathischen Fähigkeiten, die er sich angeeignet hatte, immer wieder untergraben wurden. Bei diesem Bemühen stand sein schmerzhafter Versuch dazuzugehören, indem er mit den Individuen in der Gruppe verschmolz, im Widerspruch zu seinem gleichzeitigen Gefühl, völlig anders zu sein als sie. Erfolg an einem Tag bot keine Sicherheit vor Ächtung am nächsten.

Während man also die Verschmelzung mit dem Unbewußten eines anderen Menschen erfährt, erlebt man zur gleichen Zeit einen Zustand seelischer Distanz, die jede Beziehung überhaupt verhindert. Anscheinend bilden diese unversöhnten Zustände die unbewußte Strategie der Borderline-Persönlichkeit, zur selben Zeit Trennung und Symbiose aufrechtzuerhalten. So ist die Borderline-Persönlichkeit oft ein Außenseiter und erleidet das Schicksal des Sündenbocks.

Man muß zwischen Zuständen der Verschmelzung und Zuständen der Vereinigung unterscheiden, um die Borderline-Störung zu verstehen. Das Erleben der Vereinigung unterscheidet sich grundlegend von dem der Verschmelzung. Vereinigung ist eine Interaktion zwischen zwei Menschen, in der beide eine spezielle Veränderung im Energiefluß zwischen ihnen erleben und die das spezifische Kennzeichen einer Verwandtschaftseigenschaft (Jung, GW 16, § 445 [: Verwandtschaftslibido]) oder – um einen Begriff Victor Turners zu gebrauchen (Turner, 1974, p. 286) – eines Gefühls der *communitas* (Gemeinschaft) trägt. Dies ist auch in Bubers Idee der Ich-Du-Beziehung enthalten. Zustände der Vereinigung unterscheiden sich in ihrer Intensität und Beschaffenheit. Manche Vereinigungsprozesse sind im wesentlichen unbewußt, wobei sich keine der Personen zu dem Zeitpunkt darüber im klaren ist, daß etwas Entscheidendes geschieht, es sei denn vielleicht durch Einblicke, die sie aus Träumen gewinnt. Manche dieser Prozesse sind jedoch sehr intensiv und können die Form einer gemeinsam erfahrenen imaginalen Vision annehmen.

Im lateinischen Wort für Vereinigung – *coniunctio* – kommt ihr archetypisches Wesen zum Ausdruck. Die Coniunctio ist das Energiemuster, in dem Gegensätze, vor allem Verschmelzung und Distanz, in vollkommener Harmonie zusammenkommen. Verborgen und geheim ist die Coniunctio sozusagen ein wohlgehütetes Geheimnis, doch nur wenn man sie mit einem anderen Menschen sieht, kann man dessen gewahr werden, was man schon immer gewußt hat.

Verschmelzung ist dadurch gekennzeichnet, daß Prozesse, die sich zwischen zwei Menschen ereignen, nicht getrennt gesehen werden. Zum Beispiel können seelische Inhalte, die zu einem Patienten gehören, in den Therapeuten eindringen (das Gegenteil kann genauso geschehen), und der Therapeut kann sich dann so verhalten, als sei der seelische Zustand des Patien-

ten sein eigener. In solchen Momenten können wir den Unterschied zwischen den Prozessen des Patienten und unseren eigenen aus den Augen verlieren, und unser Identitätsgefühl kann verschwimmen. Oder wir können uns darüber klar werden, daß zwischen der unbewußten Psyche des Patienten und unserer eigenen ein Verschmelzungszustand besteht. Sich dessen bewußt zu sein, ist von entscheidender Bedeutung dafür, daß aus solchen Zuständen der Fusion etwas Kreatives entsteht.

Das folgende Beispiel zeigt, wie subtil viele dieser Fusionszustände sind. Ein Patient kam in das Behandlungszimmer und beklagte sich darüber, daß er in ein Kaugummi getreten sei und Schwierigkeiten habe, seinen Schuh wieder sauber zu bekommen. In der nun folgenden Behandlungsstunde ertappte ich mich bei dem Gedanken, daß ich meinen Schuh nicht anfassen wollte. Nun fasse ich normalerweise meinen Schuh nicht an und habe auch kein Bedürfnis, das zu tun, aber während dieser Sitzung fühlte ich eine ganz starke Abneigung dagegen, den Schuh anzufassen, obwohl dieser weit von meiner Hand entfernt war. Erst nach einiger Zeit fiel mir ein, daß der Patient ja über seinen Schuh und das Kaugummi gesprochen hatte. Aber selbst nachdem mir das eingefallen war, blieb meine Beunruhigung bestehen. Mir wurde dann klar, daß sich hier gerade ein Verschmelzungszustand zwischen uns manifestierte. Die Psyche des Patienten war in mich eingetreten, und ich war geradezu von ihr gefangen, insbesondere bevor ich mir darüber klar geworden war, daß unsere Interaktion die Qualität einer Verschmelzung angenommen hatte.

Der verborgene Inhalt dieser Interaktion war die Beunruhigung des Patienten über seine Masturbation. Mehrere Wochen nach dieser Verschmelzungserfahrung wurde die zwanghafte Masturbation des Patienten zum ersten Mal thematisiert und konnte besprochen werden mit dem wichtigen Ergebnis, daß sein zwanghaftes Masturbieren aufhörte. In der beschriebenen Interaktion war es so, als sei er während seines Masturbationsaktes gewissermaßen in mich eingetreten, und unsere bei-

den Psychen vermischten und spiegelten sich auf kreative Weise. Ich fühlte während dieser Zeit keinen Zwang und keinen Anspruch, weder den, etwas zu tun, noch den, nichts zu tun. Wenn zwei Menschen sich im Zustand der Verschmelzung befinden, bedeutet das Fehlen von Zwang oft, daß sich die Grenzen kreativ vermischen. Bei dieser speziellen Verschmelzungserfahrung hatte ich das Gefühl, den Patienten in mir zu enthalten.

Verschmelzungszustände können vom Borderline-Patienten dazu benutzt werden, einen anderen Menschen zu kontrollieren – dies dient dann besonders der Verleugnung von Verlust, Trennung oder Verfolgungsaffekten. Ein Patient kann sich beispielsweise darüber beklagen, daß er dem Therapeuten nicht vertrauen kann, wenn er nichts über dessen persönliches Leben weiß. An diesem Punkt zeigt der Therapeut möglicherweise eine von zwei häufigen Reaktionen auf die Forderung nach Verschmelzung: Er zieht sich zurück oder er teilt dem Patienten persönliches Material mit. Wenn der Therapeut sich darüber im klaren ist, daß dieser Zustand konfliktreich ist, hilft ihm das, ein Ausagieren zu vermeiden; er wird dann möglicherweise die Forderung des Patienten nach Verschmelzung als eine Abwehr gegen das Verlassenwerden begreifen.

Verschmelzungszustände können aber eine Nötigung enthalten und sehr viel komplexer sein, wie das folgende Beispiel zeigt. Ich hatte einen Artikel geschrieben und mußte erstaunt feststellen, daß jemand, mit dem ich einige kleinere Punkte besprochen hatte, wütend auf mich war. Er bestand darauf, daß ich seine Ideen gestohlen hätte und daß er in dem Artikel als Koautor genannt werden müsse. Ich war bestürzt und wußte nicht, ob er Witze machte oder es ernst meinte. Aber als er anfing, mir genau auseinanderzulegen, welche Beiträge er zu der Arbeit gemacht hätte, wurde schnell klar, daß es ihm völlig ernst war. Mir fiel dann ein, daß ich eine Redewendung von einem Schriftsteller, den er sehr schätzte, verwendet hatte. Ich fühlte mich sofort angespannt und in Verteidigungsposition

und befürchtete, daß er recht hätte. Ich war doch ein Dieb! Aber als dieser Mann weitersprach, verloren seine Argumente an Kraft; er erklärte, daß er schon seit langem an diesem Thema interessiert sei, aber seine Ideen dazu nie veröffentlicht hätte. Mir wurde klar, ihm allerdings sicherlich nicht, daß er mir vorwarf, Ideen gestohlen zu haben, die er nie zum Ausdruck gebracht hatte. Für ihn war ich einfach nur ein Schreiber, der seinen Gedanken ein bißchen Klarheit hinzugefügt hatte. Aber einen Moment lang war er in mich eingedrungen und hatte mich der Täuschung ausgesetzt, daß ich Ideen, die von ihm stammten, lediglich in Worte gefaßt hätte.
Das war eine sehr unangenehme Begegnung. Ich fühlte mich mißbraucht und hatte vorübergehend das Gefühl für mein Selbst verloren. In dieser Phase, in der meine eigene Identität diffus wurde, schien es auch so, als läge das Überleben dieses Mannes völlig in meinen Händen und als würde er zusammenbrechen, wenn ich ihn nicht in irgendeiner Weise beschwichtigen würde. Auch wenn Momente der Klarheit durchbrachen, blieb die Tendenz, miteinander zu verschmelzen, bestehen. Diese Augenblicke der Klarheit blendeten sich ein und aus und waren zu flüchtig, als daß man sie hätte greifen können. Es war alles ziemlich verrückt, aber allmählich nahm ich wieder so viel Vernunft an, daß ich vorschlagen konnte, später über dieses Problem zu sprechen. Ich bereitete mich auf einen erneuten qualvollen Kampf vor, in dem ich versuchen würde, mich zu wappnen und ihm nicht das Feld zu überlassen. Aber als ich den Mann das nächste Mal traf, hatte er den Vorfall völlig vergessen. Er verhielt sich in typischer Borderline-Manier so, als handele es sich um eine längst vergangene banale Meinungsverschiedenheit.
Eine Patientin beklagte sich darüber, daß ich sie emotional nicht unterstützen würde und sie nicht so sah, wie sie wirklich war. Egal wieviel wir an diesem Problem arbeiteten, sie blieb voller Wut und Verzweiflung über meine fehlende Verbindung zu ihr. Außerdem beklagte sie sich darüber, daß sie sich leer

fühle, und fügte hinzu, daß kein noch so großer Berg von Essen reichen könne, um sie auszufüllen. Seit sie die Therapie bei mir begonnen hatte, hatte sie 20 Pfund zugenommen, die sie nicht wieder loswerden konnte. Und sie nahm immer weiter zu. Ich merkte, daß ich mich immer schuldig fühlte, wenn sie über ihr Gewicht sprach, und die Phantasie hegte, sie wäre nicht so dick, wenn ich nur irgendetwas anderes täte (es war nicht klar, was). Die Phantasie nahm dann die Form an, daß sie nicht leer bleiben würde, wenn ich sie nur mehr lieben würde, wenn ich *mehr* fühlen würde. Mir wurde klar, daß ich unbewußt glaubte, es sei mein Fehler, daß sie emotional nicht angefüllt sei und insofern körperlich schlank.

Die ganze Zeit über hatte diese Patientin immer wieder von einem früheren Therapeuten gesprochen, den sie liebte und der sich um sie kümmerte, obwohl sie sich schließlich entschlossen hatte, die Behandlung bei ihm nicht fortzusetzen. Aber *er* kümmerte sich um sie. Ich fühlte die Gegenwart dieses *fürsorglichen Gespenstes* und meine eigene Unzulänglichkeit. Schließlich erkannten wir die Beschaffenheit der Idealisierung, die hier abgelaufen war, und den in ihr verborgenen Haß auf den früheren Therapeuten dafür, daß er sie «wie ein Vampir ausgesogen» hatte, ihre Energie gestohlen hatte und auf diese Energie für einen emotionalen Kontakt zwischen ihnen angewiesen war. Die Patientin hatte zumindest beschlossen, daß ich so etwas nicht tat! Erst nachdem sich die Idealisierung aufgelöst hatte, wurde mir klar, wie fest ich geglaubt hatte, daß ihre Gewichtszunahme meine Schuld war. Und ich erkannte, wie sehr ich sie für das gehaßt hatte, was ich als ihre Forderung, etwas dagegen zu tun, erlebt hatte. Schließlich sprach ich mit ihr über dieses Gefühl, und ihr wurde klar, daß sie diese Forderung irgendwie gestellt haben könnte. Außerdem erkannte sie, daß sie die tiefverwurzelte Überzeugung hegte, daß sie an allem, was in der Therapie (und im Leben überhaupt) schief liefe, schuld sei. Wir waren wie ein Paar; wir waren zwei unbewußt miteinander verschmolzene Masochisten, und in diesem Zu-

stand quälten wir uns gegenseitig. Unsere Psychen standen kaum in Beziehung zueinander, und unsere Körper waren von einer Spannung erfüllt, die bildlich nicht zu fassen ist.

Schließlich tauchte ein klärender Gedanke auf: *Alles war meine Schuld.* Wir hatten beide unbewußt und gierig nach der ganzen Schuld gegriffen. Kein Wunder, daß wir Haß aufeinander entwickelt hatten. Es hatte einen Mangel an Vereinigung und dafür ein Übermaß an unbewußter Verschmelzung und bewußter Distanz zwischen uns gegeben. Unsere Verbindung kann mit dem Bild eines Hermaphroditen beschrieben werden, der einen Körper und zwei Köpfe hat. Und unsere Körper trugen unsere unbewußte Verschmelzung durch den Komplex «Es ist meine Schuld». Insofern gab es zwischen uns eine äußerst klebrige Verbindung und gleichzeitig eine riesige Distanz. Zum Glück bestand doch noch ein genügend starkes Bündnis zwischen uns, so daß wir dieses Dilemma bearbeiten und sehen konnten, wie wir durch denselben Komplex miteinander verschmolzen waren.

Wie das folgende Beispiel zeigt, ist der Vereinigungszustand, die *coniunctio,* weder Verschmelzung noch seelenlose Distanz. Charlotte war schon seit vier Jahren bei mir in Behandlung, wobei einige Zeit vergangen war, bevor ich ihre spirituelle Seite erkennen konnte. Dieser Teil von ihr war weitgehend eine private Angelegenheit zwischen ihrem Ich und einem schizoiden Bereich ihrer Persönlichkeit gewesen. In den Therapiestunden verbrachte ich viel Zeit damit, mich abzuspalten; das war eine Reaktion auf ihren Spaltungsprozeß und meine Gegenübertragung. Ich machte sie konsequent auf dieses Verhalten aufmerksam, und allmählich nahmen Charlottes und meine Anwesenheit im Zimmer zu.

Im Alltag funktionierte Charlotte gut, aber sie klagte über unbefriedigende Beziehungen und zu wenig Anerkennung im Beruf. Mehrere Monate vor den Sitzungen, die ich beschreiben werde, konnte sie anfangen, Gefühle zu äußern, die sie als sehr negativ empfand und sie sagte dabei: «Ohne mich irgendwie

um Ihre Gefühle zu kümmern. Die sind mir scheißegal.» So etwas hatte sie vorher noch nie zu irgendjemand gesagt. Früher hatte ich ihre Spaltung und ihren Rückzug als Qual erlebt, und ich war oft wütend. Ihren scheinbaren Angriff erlebte ich mit Erleichterung, denn jetzt war sie viel präsenter als zuvor.

Im folgenden nun einige Erinnerungen aus der Sitzung vor der, in der die Coniunctio erlebt wurde. In dieser Stunde war ich nicht besonders an Charlotte interessiert, langweilte mich und tendierte dazu, unkonzentriert zu sein und zu dissoziieren. Als ich ihr dies mitteilte, wurde ihr klar, daß auch sie abspaltete[5]. Sie sagte, daß sie verstehen könne, wie meine Spaltung ihren eigenen Erwartungen entspräche, auch wenn sie meine, daß dies nur eine Teilerklärung sei. Sie sagte dann, daß es auch mein Problem sei, und betonte nachdrücklich, daß sie am Beginn der Stunde, als ich die größten Schwierigkeiten hatte, mich nicht abzuspalten, durchaus präsent gewesen wäre. Wir versuchten dies zu klären, obwohl ich, genau wie sie, einen Widerstand dagegen empfand.

Die nächste Sitzung begann damit, daß Charlotte sagte, sie sei seit unserer letzten Stunde die ganze Woche hindurch wütend gewesen. Sie bekräftigte noch einmal ihre Ansicht, daß sie keine Ablehnung erwartet habe und daß ich mich aus Desinteresse von ihr abgespalten hätte. Im Gegensatz zur vorherigen Stunde war sie jetzt ungewöhnlich präsent.

Dann sprach Charlotte über ihren Bruder, der sie, wie sie sagte, «immer runtergemacht hat, sie immer gedemütigt hat». Es wurde allmählich deutlicher, in welcher Weise ihr Ich gespalten war. Es gab eine Beziehung zwischen einem Teil ihres Ichs und der Spiritualität; die beiden standen in einer entfernten Verbindung, die weit außerhalb der Realität des Hier und Jetzt liegt und die nur in einer tiefen, introvertierten Weise erfahrbar ist. Es gab noch eine andere, ebenfalls abgespaltene Verbindung zwischen einem Teil ihres Ichs und ihrem Bruderbild, das eine innere verfolgende Kraft darstellte[6]. Ich machte diese Deutung, sie reagierte positiv darauf und sagte dann, daß

ihr Bruder sie «uninteressant fand», und «ich finde das auch, ich gebe es auf, daß irgendjemand mich mögen könnte. Ich habe auch kein Interesse mehr daran, mich mit Ihnen auseinanderzusetzen, und möchte Sie am liebsten wegschicken.» Ich erwähnte, daß ich in der letzten Stunde ihr Bruderbild introjiziert hätte und auf ihren Widerstand, mit mir in Beziehung zu treten, schlecht reagiert hätte, indem ich mich zurückgezogen hatte, um damit das, was ich als ihren strafenden Rückzug von mir erlebt hatte, zu kontern. Als wir diese Projektionen besprachen, erinnerte sie sich daran, daß es ihr gut gefallen hatte, sich nicht um meine Gefühle kümmern zu müssen, als sie vor ein paar Monaten wütend gewesen war. Ich antwortete, daß ich das Gefühl hätte, sie wäre präsenter, wenn sie wütend ist. Sie sagte: «Letztes Mal kamen Sie mir wie ein Richter aus dem Hades vor.» Charlotte erklärte, daß, wenn sie anfing, sich innerlich jung zu fühlen und ihr inneres Kind zu erleben, ich diesem Kind kritisch gegenübergestanden hätte, und zwar besonders, wenn sie Probleme in ihren Beziehungen ansprach. Ich dachte, daß ich die Hadesmetapher verstehe, weil ich oft gefühlt hatte, wie innere Energien in mir aufstiegen, in sie einzudringen, «ihr eine Deutung in den Rachen zu stopfen».

Wir versuchten weiter, unsere gegenseitigen Projektionen aufzudecken. Charlotte fing an, über ihren Bruder zu sprechen. Sie sagte, daß sie sich sexuell zu ihm hingezogen fühle und daß dies eine neue Erfahrung für sie sei. Dann erwähnte sie einen Mann, den sie nicht leiden konnte, und sagte, daß er gar keine Sexualität hätte, sondern nur unterkühlten Sadismus. Ich faßte diese Bemerkung als eine besondere Mahnung, mich nicht zurückzuziehen, auf.

Als ich mir über die erotische Beziehung, die es zwischen Charlotte und ihrem Bruder gab, klar wurde, erlebte ich, wie ein erotisches Energiefeld entstand. Charlotte erlebte es auch. Als wir diese Energie fühlten, verkörperte sich mein Bewußtsein stärker, und ich nahm imaginal ein schimmerndes Bild wahr, an dem wir beide teilhatten und das von unten aufstieg.

Ich sagte Charlotte, was ich sah. Sie antwortete: «Ja, ich sehe das auch, aber ich habe Angst davor.» Ich verständigte mich weiter mit ihr über meine Erlebnisse und Wahrnehmungen. Ich sah das Bild zwischen uns weiß; sie sprach von einer Art Flüssigkeit, die um ein Zentrum wirbelte, und fügte hinzu, daß sie vor der Intensität Angst hätte, die entstehen könnte, wenn sie tief in ihren Körper hinabstiege. Angst überkam sie, und sie sagte, sie fühle, wie sie wegrutsche. Ich antwortete, daß sie nur darauf vertrauen müsse, in ihrem Körper zu sein und zu sehen. Ein Gefühl der Zeitlosigkeit durchdrang mich; ich wußte nicht, ob eine oder 20 Minuten vergangen waren. Charlotte machte sich über die nächste Stunde Sorgen. Was sollte sie tun, wenn dieses Erlebnis sich beim nächsten Mal nicht wiederholen sollte? Wir empfanden beide deutlich ein Verwandtschaftsgefühl, ein Bruder-Schwester-Gefühl. Es gab sexuelle Erregung, und wir fühlten uns zu körperlicher Vereinigung hingezogen, aber diese Tendenz war in sich gehemmt, *als ob das Energiefeld zwischen uns schwingen würde und uns in einer Art Sinuswellenrhythmus trennen und wieder zusammenbringen würde*. Dieser Zustand war am deutlichsten, wenn jeder von uns seiner Imagination gestattete, den anderen zu sehen.
Die Stunde ging zu Ende, und das durch diesen Vereinigungszustand entstandene Verwandtschaftsgefühl blieb stark. Es brachte uns nicht nur näher zueinander, sondern es bewirkte auch eine bemerkenswerte Veränderung in Charlottes Innenleben. In der nächsten Stunde erzählte sie einen Traum, in dem ihr Bruder zum ersten Mal als positive Figur auftauchte, die ihr half, etwas zu lernen, das ihr immer Schwierigkeiten gemacht hatte. Ich habe ein solches Erlebnis schon oft beobachtet: Nach dem Erlebnis der Coniunctio kommt es zur Wandlung innerer sadistischer Anima- oder Animus-Figuren. Der Mangel an positiven inneren Figuren in der Borderline-Persönlichkeit unterstreicht die Wichtigkeit der Vereinigungserfahrung für die Umwandlung der toten, verfolgenden, inneren Welt in einen Ort liebevoller Unterstützung.

In den Stunden, die auf dieses Erlebnis folgten, war Charlotte deprimiert. Nach der Coniunctio kommt es oft zur Depression. Aber die Depression oder der *nigredo*-Zustand [=Schwärze, Dunkelheit], der eintritt, ist keine Regression auf frühere Stufen der Therapie. Stattdessen beginnen Therapeut und Patient eine Absicht oder ein *telos* [=Ziel] in dem von der Vereinigung eingeleiteten Prozeß zu spüren. Charlotte berichtete von einem fürchterlichen Erlebnis, das sie mit einem Onkel gehabt hatte. Früher hätten wir dieses Erlebnis deuten oder auf die Übertragung beziehen müssen. Jetzt mußten wir uns nur daran *erinnern,* was zwischen uns geschehen war und die archetypische Beschaffenheit des Prozesses erforschen. In dieser Stunde fehlte uns auch das Gefühl, in Beziehung zueinander zu stehen; Jung beschreibt diesen Zustand als «Seelenverlust» (GW 16, § 477). Wir wurden von einer Art Leblosigkeit überkommen, die in starkem Gegensatz zu dem Erlebnis der Coniunctio stand.

Der Therapeut fragt sich vielleicht, ob das Erlebnis der Vereinigung eine Art geheimer Absprache oder Verführung sein könnte, die der negativen Übertragung ausweicht. Tatsächlich kommt es nach diesem Erlebnis oft zu intensiver negativer Übertragung. Anscheinend sind die Vereinigung und das tiefe Verwandtschaftsgefühl, das freigesetzt wird, eine archetypische Darstellung des therapeutischen Bündnisses. Durch das große Vertrauen und das Gefühl des Enthaltenseins, die durch die Coniunctio entstanden sind, können Patient und Therapeut mehr Offenheit wagen. Zum Beispiel können intensive Haß- und Wutgefühle in der Therapie thematisiert und bearbeitet werden.

Das bewußte Erleben der Coniunctio ist ein ungewöhnliches und bemerkenswertes Ereignis. Es ist eindeutig die Ausnahme von dem, was normalerweise in einem therapeutischen Prozeß passiert, und doch kommt es vor. Wenn es zu einer bewußten Vereinigungserfahrung kommt, kann dies eine heilende und integrative Wirkung auf sehr alte Verletzungen haben, wie wir sie

gewöhnlich bei Borderline-Persönlichkeiten finden. In diesem Zusammenhang sind besonders die inzestuösen Verletzungen zu erwähnen, wie auch die Erfahrung, vom elterlichen Unbewußten psychisch fürchterlich angegriffen zu werden, die ein Kind machen kann, wenn seine Sexualität erwacht. Solche Traumata werden als ein Angriff Gottes erlebt.

Die Vereinigung kann auch ohne eine direkte persönliche Begegnung erlebt werden. Sogar während einer Telefonstunde können zwei Menschen erleben, wie eine Strömung zwischen ihnen fließt, ein Energiefluß, der mehr als nur erotische Energie enthält. Bei einer solchen Gelegenheit erzählte mir eine Patientin einen Traum, in dem ein androgyner, junger Mann zu einem Orgasmus kam und dabei eine goldene Spermaflüssigkeit über sie schüttete; diese Flüssigkeit bewegte sich in einem Kreis, der sich selbst zu erneuern schien. Während sie diesen Traum erzählte, konnten wir eine Coniunctio zwischen uns fühlen; wir teilten imaginale Erlebnisse miteinander, die sich – wie in Charlottes Fall – «im Raum zwischen uns» abspielten. Dieses Erlebnis der Vereinigung bildete einen krassen Unterschied zu dem Übertragungs-Gegenübertragungsband, das unsere Arbeit monatelang beherrscht und sich besonders auf den Ödipuskomplex der Patientin konzentriert hatte. Jetzt gab es einen qualitativen Unterschied, der von einem bisher nicht konstellierten archetypischen Element herrührte. Wie nach einer Vereinigungserfahrung üblich, fiel die Patientin in einer anderen Stunde scheinbar unerklärlich in eine Depression, die sich aus früher unintegrierten persönlichen Komplexen zusammensetzte. In diesem Fall hatten die Komplexe eine feindselige Qualität, die darin wurzelte, daß der Vater der Patientin nicht auf ihre Sexualität reagiert hatte und sie durchgehend davon ausging, daß ich in ähnlicher Weise reagieren würde. Aber eine reduktive Analyse war zu diesem Zeitpunkt nicht erforderlich. Es hatte sich deutlich ein Prozeß mit eigenem Ziel konstelliert, und die Erinnerung an das Erlebnis der Coniunctio und die Amplifikation des Vereinigungsvorgangs – d. h. ich erklärte

der Patientin, daß Depression zu der Verkörperung der Coniunctio gehört und in der Regel dem Erlebnis der Vereinigung folgt – reichten aus, um die Depression aufzufangen und ein Gefühl für die Beziehung zwischen uns wiederherzustellen. Innerhalb dieses Prozesses konnte die Patientin das persönliche Schattenmaterial, den Inhalt ihrer Depression, leicht annehmen, und ihre Depression legte sich daraufhin.
In einer folgenden Telefonstunde herrschte ein Gefühl von Leblosigkeit vor. Dieser Zustand enthielt vorher unintegrierte, präödipale Elemente narzißtischer Natur (deren manifester Inhalt eine intensive Beschäftigung mit der Frage war, welche Kleidung meine Patientin sich für eine Party kaufen sollte). Aber es war von entscheidender Bedeutung, einen Bezug zu den Vorgängen herzustellen, die sich hier und jetzt zwischen uns abspielten, und eine reduktive Analyse war nicht erforderlich. In einem solchen Stadium hat der Therapeut weitgehend die Aufgabe zu erinnern, eine Aufgabe, die durch depressive Affekte und projektive Identifikation häufig erschwert wird. Es sollte auch beachtet werden, daß es manchmal die Gegenübertragung des Therapeuten und nicht die Übertragung des Patienten ist, die den «Seelenverlust» widerspiegelt, von dem Jung spricht. Patienten fühlen sich manchmal sehr präsent und engagiert, wenn sie nach dem Erlebnis der Coniunctio in die nächste Stunde kommen, während der Therapeut sich zurückzieht und sich nicht auf die Begegnung einlassen möchte. Solch ein Verhalten kann für den Patienten äußerst schmerzhaft sein. Als Ergebnis der Vereinigung stehen sie jedoch oft zu sich selbst und weisen mit einem neugewonnenen Selbstvertrauen auf die Probleme des Therapeuten hin.
Es ist äußerst wichtig, daß der Therapeut die flüchtigen Momente echten Kontakts bemerkt, denn wenn er sich nicht auf sie konzentriert – der Patient empfindet zu viel Verlustschmerz und Demütigung, um es zu tun –, wird er den destruktiven Zuständen, von denen Borderline-Patienten so verfolgt werden, zu viel Aufmerksamkeit schenken. Diese dämonischen Zu-

stände müssen beobachtet und angesprochen werden, aber sie dürfen nicht durch übermäßige Deutung amplifiziert oder durch Vermeidung eines echten Kontaktes heimlich verstärkt werden.
In Borderline-Patienten ist die psychische Struktur in Zustände der Verschmelzung und äußerster Distanzierung gespalten, so daß nur wenig oder gar kein echter Kontakt möglich ist. Das Erlebnis der Vereinigung, die Coniunctio, ist von entscheidender Bedeutung, gerade weil es die Gegensätze vereinen *kann*. Für Borderline-Persönlichkeiten ist der Umgang mit Verschmelzung, Trennung, Vereinigung und völliger Unbezogenheit in ihren unterschiedlichen Stadien von Intensität ein ernstes Problem. Zum Beispiel können zwei Menschen, die oberflächlich überhaupt keinen Kontakt miteinander zu haben scheinen, im Unbewußten tief miteinander verschmolzen sein. Die Behandlung von Borderline-Persönlichkeitsstörungen wird von den Extremen dieser Zustände von Verschmelzung und seelenloser Distanz dominiert.
Der Prozeß, bei dem die Coniunctio geschaffen und aufgelöst wird, läuft nach einem bestimmten Muster ab und ist von den Alchemisten des Mittelalters in zahlreichen Schriften, insbesondere im *«Rosarium Philosophorum»* (1550), erfaßt und dargestellt worden. Jung verwendete diesen Text in seiner Arbeit über *«Die Psychologie der Übertragung»* (GW 16). Im *«Rosarium»* wird eine Serie symbolischer Bilder vorgestellt, von denen jedes für einen Zustand steht, der zum Entstehen der Coniunctio gehört. Das Grundmuster ist folgendes: Einem einleitenden inzestuösen Zustand folgt die Vereinigung, (die *coniunctio*), der wiederum folgt eine Vernichtung der Vereinigung, so daß dann ein Zustand völliger Auflösung eintritt. Diesem wiederum folgt eine stabilere Form der Vereinigung. Diese aufeinander folgenden Stadien werden auf den Holzschnitten des *«Rosarium»* dargestellt. Die ersten zehn (von zwanzig Illustrationen) gehören zum alchemistischen *albedo* (= die Weiße), auf sie folgen die zweiten zehn, das *rubedo* (= die Röte), das die Energien

der Vereinigung in größerer Tiefe verkörperte, als es die Gegebenheiten der ersten zehn zugelassen hätten. Mircea Eliades Interview mit Jung liefert uns eine genaue Zusammenfassung dieser alchemistischen Vorstellungen.

«In alchemistischen Begriffen leidet die Materie so lange, bis die *nigredo* weicht und die ‹Morgendämmerung› *(aurora)* durch den ‹Pfauenschwanz› *(cauda pavonis)* angekündigt wird, worauf ein neuer Tag anbricht, die *leukosis* oder *albedo*. Aber in diesem neuen Zustand der ‹Weiße› lebt man nicht eigentlich, es handelt sich um eine Art abstrakten Idealzustand. Um ihn mit Leben zu erfüllen, braucht es ‹Blut›, braucht es das, was die Alchemisten die *rubedo* nennen, die ‹Röte› des Lebens. Nur die vollständige Erfahrung des Seins vermag diesen Idealzustand der *albedo* in eine integrierte menschliche Seinsweise zu wandeln. Allein das Blut vermag das verklärte Bewußtsein wiederzubeleben, in welchem die letzte Spur der Schwärze aufgelöst worden ist, und in welchem der ‹Teufel› keine autonome Existenz mehr führen kann, sondern mit der grundlegenden Einheit der Seele wieder verbunden ist. Nun ist das *opus magnum* der Alchemisten beendet: Die menschliche Seele ist vollkommen integriert» (Eliade, 1986, p. 80).

Durch die Bilderwelt des *«Rosarium»* gewinnen wir ein Gefühl dafür, daß das ganze Leben des Vereinigungsarchetyps ein dynamischer Prozeß ist, in dem das Zusammenkommen und die Trennung der Gegensätze mit dem endgültigen Ziel abwechseln, eine beides verbindende Form zu erschaffen, von der die ursprünglichen Objekte transzendiert werden. Der Coniunctio-Archetyp trägt in sich Bedeutung und Ziel, die Geist und Körper umfassen.

Der Borderline-Patient leidet unter einer Verzerrung dieses archetypischen Prozesses. Für so einen Menschen degeneriert das Erlebnis der Vereinigung zu Verschmelzung und Leblosigkeit; was bleibt, ist eine seelenlose Distanz zwischen den Menschen, eine «Ich-Es-Dyade». Es ist ein Zustand, in dem das Selbst – eine innere Vereinigung zwischen Männlichem und Weiblichem oder ein «Drittes», das zwei Menschen miteinander verbinden kann – leblos ist; diese Leblosigkeit führt zu dem chronischen Gefühl der Hilflosigkeit des Borderline-Patienten.

In diesem Zustand ist das Selbst unfähig, Ordnung, Identität oder Zweck zu erzeugen. Doch wenn dieser leblose Zustand richtig verstanden wird, nämlich als ein Stillstand an einem bestimmten Punkt eines ganzen Prozesses, wird es möglich, andere Aspekte des Prozesses in den Mittelpunkt zu rücken und das Augenmerk auf die mögliche Erfahrung des zentralen Geheimnisses, die Coniunctio, zu richten.

Verzweiflung

In der Alchemie wird der abgestumpfte Zustand, der auf die *coniunctio* folgt, *nigredo* genannt. Dieses Gefühl der Leblosigkeit spielt bei Borderline-Zuständen eine wichtige Rolle. Das Nigredo ist ein schmerzhafter Prozeß, der als Depression, Verlust, Leere oder Traurigkeit erlebt wird. Jung interpretiert dieses Stadium als Folge des Inzests (GW 16, § 468). Aber ich habe festgestellt, daß ein Kernproblem der *Verzweiflung* auch im Nigredo selbst liegt. Verzweiflung ist hier mit dem Verlust oder der sinnlich erfahrenen Abwesenheit der Coniunctio verbunden. Die Verzweiflung des Patienten entspringt dem Bedürfnis nach der Erfahrung tiefer Verbundenheit und den Erinnerungen an frühere, verlorene Vereinigungserfahrungen. Letzteres kann möglicherweise mit einem Verlusttrauma bei der Geburt beginnen – im erwachsenen Leben als Gottesverlust erinnert – und wird durch die uralte Idee ausgedrückt, daß ein Kind ein «Kind Gottes» ist. Dieses Initialtrauma geht auf die erste Vereinigung und deren Verlust zurück und bildet sich während der weiteren Entwicklungsphasen kontinuierlich weiter aus: so in der von Melanie Klein beschriebenen depressiven Position (Segal, 1974, p. 94–110), in der von Margaret Mahler (1980) beschriebenen Trennungs-Wiederannäherungssubphase der Individuation und in der ödipalen Phase. Aber das, was als Verlust Gottes empfunden wird – der «Tod Gottes» in unserer nihilistischen Epoche – kann für den Borderline-Patienten ein

Schlüsseltrauma sein. Der Therapeut erkennt dies in der *Wut* des Patienten *auf Gott* und in einer oft alles beherrschenden Verzweiflung über den Gottesverlust. Diese Wut ist ein Affekt, der nicht in den Rahmen der Reaktionen auf persönlichen Verlust paßt; in der Regel verbirgt der Patient diese Wut, weil er befürchtet, wegen dieser Gefühle für verrückt gehalten zu werden.

Es gibt vielleicht keine Emotion, die für den Therapeuten, der Borderline-Patienten behandelt, schwieriger ist als die Verzweiflung. Die Verzweiflung ist aber die Visitenkarte der Seele. Der Borderline-Patient sucht oft alle Momente, auch die vor dem Beginn der Therapiesitzung, genau nach den optimistischen Überzeugungen des Therapeuten ab. Das Bedürfnis des Therapeuten, den therapeutischen Prozeß mit positiven Gedanken zu füllen, in der Regel mit Deutungen, Amplifikationen oder Ratschlägen, signalisiert dem Patienten, daß der Therapeut unfähig ist, mit Verzweiflung umzugehen.

Außerdem sind Emotionen wie Furcht oder Angst, die der Therapeut vielleicht erlebt, wenn er mit der Verzweiflung eines Borderline-Patienten konfrontiert wird, möglicherweise nur seine subjektiven Gegenübertragungsreaktionen. Diese können ein sehr schlechter Indikator für die Entwicklung des Patienten sein: Wenn der Therapeut Angst oder sogar Panik empfindet, stellt sich oft heraus, daß es sich weitgehend um seine eigenen Reaktionen handelt und nicht um eine syntone Gegenübertragung, aus der Schlüsse über die abgespaltenen Affekte des Patienten gezogen werden könnten. In diesen Augenblicken fühlt der Patient oft keine Panik. Die Borderline-Persönlichkeit kennt die Verzweiflung nur zu gut. Die angstbeladenen Reaktionen des Therapeuten lösen nur noch mehr Verzweiflung und wütende Abwehr im Patienten aus.

Borderline-Patienten sind in der Regel Experten für Verzweiflung und auch Experten darin, sie durch Myriaden von Spaltungsmechanismen abzuwehren. Da sie die Tiefen der Verzweiflung viel besser kennen als die meisten Therapeuten,

verzweifeln Borderline-Patienten auch daran, daß sie die Lehrer der Therapeuten sein müssen. Der Patient ist in der Situation, den Therapeuten führen zu müssen, ohne selbst jemals auf diesem Gebiet geführt worden zu sein, und dies alles schafft einen fruchtbaren Boden für den Neid des Patienten und kann die therapeutischen Bemühungen zunichte machen.

Verzweiflung grenzt scheinbar häufig an einen objektlosen Bereich, eine Leere, ein Chaos. Aber diese Wahrnehmung stellt sich als irreführend heraus. Auch die Verzweiflung hat einen Begleiter, der in unsichtbaren Regionen lauert. Das primäre «innere» Objekt eines Borderline-Patienten im Zustand der Verzweiflung ist ein vampirähnliches Energiefeld. Deswegen bildet sich eine sehr seltsame Objektbeziehung heraus. Dies ist ein gefährlicher Aspekt des Vereinigungsprozesses. Man hat häufig das Gefühl, daß eine teuflische Kraft freigesetzt wird, die darauf aus ist, den Patienten mit raffinierten Mitteln davon zu überzeugen, daß es keine Hoffnung gibt, daß Vertrauen doch unhaltbar ist und daß es am besten ist, sich entweder nüchtern mit den Dingen abzufinden, wie sie sind – mit der Falschheit –, oder zu sterben. Beide Möglichkeiten scheinen diesem Hintergrundeinfluß Genüge zu tun.

«Die Coniunctio ist ein Schwindel», wütet ein Patient und scheut sich nicht davor, meinen Narzißmus zu verletzen, und ein anderer sagt: «Ich glaube nicht daran.» Solche Äußerungen sind *nach* dem Erleben der Coniunctio typisch. Denn dann bilden sich die größten Gefahren heraus: Vom Therapeuten verlassen zu werden, ist jetzt die größte Bedrohung – es kommt zu einer Eskalation von Verzweiflung, die suizidal sein kann. Mit Borderline-Patienten erleben wir dies auch häufig, wenn *keine* Vereinigung stattgefunden hat, so intensiv ist die Angst, von der die Erinnerung an die Coniunctio umgeben ist. Die Vereinigung wird vermieden, weil der Patient die intensiven Verzweiflungsphasen nicht erleben will, die er von frühen Verletzungen und Verlusten her kennt. Besser es gar nicht erst versuchen, als so viel Schmerz zu riskieren – das ist das innere

Motto, von dem ein großer Teil des Lebens der Borderline-Persönlichkeit beherrscht wird.
Es gibt wahrscheinlich kein Bild, das den dämonischen inneren Zustand der Verzweiflung besser porträtiert als das des Vampirs, der eine negative Form des Geistarchetyps ist. In manchen Geschichten wird erzählt, daß es kein Spiegelbild gibt, wenn der Vampir in den Spiegel schaut. Der Vampir stellt eine psychische Kraft dar, die absolut keine Identität hat. Er ist sozusagen die vollkommene Schattenseite von Narziß: die Psyche ohne Spiegel. Die positive Seite des Geistarchetyps ist ein inneres Bild, das den Menschen lockt, seiner individuellen Berufung zu folgen, seine besondere Begabung oder seinen Genius zu nutzen.
Das Bild des Vampirs, der von den Sonnenstrahlen, d. h. vom Bewußtsein getötet wird, ist ein treffendes Bild dafür, wie destruktiv das Bewußtsein für einen Patienten sein kann, der mit dieser dunklen Kraft verschmolzen ist. Mit unseren Theorien, Ideen und Intuitionen sind wir eigentlich darauf aus, die Hintergrundkraft, die von ihm Besitz ergriffen hat, zu töten. Aber da der Patient innerlich mit dieser Kraft verschmolzen ist, kann er dadurch seine Orientierung verlieren und verwirrt werden. Außerdem verleugnen die Versuche des Therapeuten zu *wissen* die Verzweiflung und überlassen den Patienten insofern ihrer besitzergreifenden Dynamik. Der Patient identifiziert sich dann noch stärker mit der Verzweiflung als der einzigen Wahrheit. Alles, was wir durch unser Bemühen, mit dem Bewußtsein die besitzergreifende Hintergrundkaft zu töten, retten können, ist ein falsches, willfähriges Selbst.
Wissen ist angesichts der Verzweiflung häufig destruktiv: Wenn wir dem Patienten gegenüber darauf bestehen, daß die Verzweiflung aufhören wird oder daß sie nur eine Teilwahrheit ist, verlieren wir jede Möglichkeit, uns mit ihr auseinanderzusetzen. *Denn das Wesen der Verzweiflung ist, daß nichts geht.* Alle Versuche, zu erklären und zu verstehen, werden als betrügerisch empfunden, und jede Konzentration auf Deutungsver-

suche kann den Patienten leicht in einen Verschmelzungszustand mit der vampirähnlichen Kraft treiben und somit in eine schizoide Depression, in der er sich durch ein falsches Selbst vor dem Leben verbirgt.
Ein wesentlicher Grund, warum Therapeuten vor der Verzweiflung zurückschrecken, ist, daß der Verlust der eigenen Identität droht, wenn man diesen Bereich betritt. Spiegel funktionieren nicht. (Es sollte in diesem Zusammenhang nicht unerwähnt bleiben, daß die Verzerrungen des Spiegelns in der Verzweiflung auch vermieden werden, und das ist vielleicht eine ihrer positivsten Funktionen.) Deswegen gibt es oft ein unbewußtes, verrücktes Gedrängel um einen Aussichtsplatz. Doch es liegt im Wesen der Verzweiflung, daß es keine Ideen oder Gedanken gibt, durch die man aus ihrem Griff befreit werden könnte. Wir können durch verschiedenste Weisen des Ausagierens der Verzweiflung zeitweilig entfliehen, aber Gedanken, Interpretationen und Taten helfen nicht wirklich. Verzweiflung ist eine chaotische Leere, die Ideen zerstört, und wenn wir uns ihr nähern, nimmt unsere Fähigkeit zu denken schnell ab. Patienten sagen manchmal, daß der Therapeut die richtigen Fragen in der richtigen Art und Weise stellen muß. Und die Patienten haben recht. Denn wenn die Borderline-Persönlichkeit dazu steht, die Verzweiflung zu empfinden, kann sie uns nicht (z. B. durch Assoziationen) führen, ohne ein kompetentes, falsches Selbst einzusetzen. Würde sie dies tun, wäre die Bemühung um Heilung zerstört.
Es gibt keine Möglichkeit, eine stabile Vereinigung zu erhalten, wenn der Verzweiflung ausgewichen wird. Eine fruchtbare Vereinigung, die die Seele befreit und sie neu entstehen läßt, ist solange unmöglich, wie die Verzweiflung nicht ausreichend erlebt wurde. Sonst bleibt man in einem Verschmelzungszustand gefangen (der aus der Vampirkraft und dem echten Selbst des Betreffenden besteht), der die Vereinigung bis aufs Blut aussaugt. Denn Verzweiflung ist ein quälendes Nigredo, das jede Vereinigung zerfetzt und den Menschen der Gewalt seiner un-

bewußten Braut oder seines Bräutigams ausliefert, seinem Vampirbegleiter.

Das tote oder hilflose Selbst

Als Ergebnis eines schweren Mangels an empathischen Reaktionen «wichtiger Personen» fehlt der Borderline-Persönlichkeit eine innere Vertretung (Repräsentanz) eines positiven Selbst. Dieser Mangel steht in scharfem Gegensatz zu der inhärenten (innewohnenden) Möglichkeit dieses Menschen, in eine transzendente Beziehung zu archetypischen Vorgängen und numinosen Energien, also zu einem transzendenten (überpersönlichen) Selbst zu treten. Aber diese Möglichkeit wird kaum in der Art Wirklichkeit, daß sie ein immanentes (erfahrbares) Selbst schafft – das hieße, eine innere symbolische Gegenwart zu erfahren, die Selbstvertrauen und Unterstützung gibt und Erlebnisse ordnet, von denen das Ich sonst überwältigt würde. Das immanente Selbst bringt die vielen Selbstanteile (Komplexe), aus denen jede Persönlichkeit besteht, in Übereinstimmung. Jeder Selbstanteil erzeugt ein bestimmtes Selbstgefühl: Wir alle haben zu verschiedenen Zeiten ein unterschiedliches Selbst. Das immanente Selbst ist eines davon, aber es ist insofern einzigartig, als wir dadurch eine Ganzheit, die alle Teile vereint, erfahren.

Das immanente Selbst ist in seiner Funktion für den Borderline-Patienten tot, denn das Numinose, das als Teil des täglichen Lebens erfahren wird, zeigt sich in der Regel in einer überaus negativen Form, während seine positive Natur sich nicht manifestieren kann. Stattdessen bleibt es in einem Übergangsstadium zwischen der äußeren Realität und einer inneren Welt, die hauptsächlich durch komplizierte Identifikationen mit Archetypen erfahren wird. Das Ergebnis solcher Identifikationen ist immer eine psychische Zerstückelung. Die potentielle Schönheit des Heiligen kehrt sich in ihr Gegenteil, und

die Patienten haben überwiegend das Gefühl, daß ihr Körper und ihre Seele häßlich sind.

Das Selbst des Borderline-Patienten ist in einem totenähnlichen Zustand. In der Sprache der Alchemie liegt es in einem Nigredo, einer Versteinerung, die der Patient manchmal durch seltsame Perversionen konkretisiert, wie zum Beispiel durch die Vorliebe, sich nicht zu waschen oder vielleicht durch zwanghafte Maniriertheiten. Die Bilderwelt der Alchemie gibt uns Aufschluß darüber, daß diese Verhaltensentscheidungen Teil eines größeren, wenn auch unerkannten und nicht empfundenen Prozesses sind. Für eine Heilung muß der dunkle ungeordnete Aspekt des Borderline-Prozesses mit seinen Wurzeln in der archetypischen Dynamik des Vereinigungsprozesses verbunden werden.

Das Borderline-Syndrom wird von Verleugnung, Spaltung und Dissoziation charakterisiert, wobei Stränge früherer Vereinigungserlebnisse, die von der Verzweiflung verschlungen wurden, neben Zuständen völliger Unbezogenheit und Leblosigkeit existieren. Diese entgegengesetzten psychischen Zustände (von Vereinigung und Unbezogenheit) berühren sich kaum. Im allgemeinen herrscht nur der dunkle Zustand psychischen Totseins, der jede Orientierung nimmt und den das Individuum verzweifelt zu überwinden sucht. Die alchemistische Bilderwelt des *«Rosarium»* zeigt den archetypischen Prozeß, in den der Borderline-Patient verstrickt ist. Wie immer, wenn die bewußte Persönlichkeit versucht, der Angst zu entfliehen, manifestiert sich der zugrundeliegende archetypische Prozeß in negativer Form. Die Borderline-Persönlichkeit kann den archetypischen Prozeß nicht in eine positive, lebenspendende Form umwandeln und wird zu recht «der hilflose Patient» genannt (Giovacchini, 1979, p. 139). Sie leidet sehr unter diesen Zuständen innerer Leblosigkeit und unter dem Fehlen einer seelischen Verbindung zu einem positiven Objekt. Das Selbst hat in diesem Zustand große Ähnlichkeit mit dem mitleiderregenden Osiris aus dem ägyptischen Mythos, der masochistisch

empfindungslos und unbeweglich in den Spiralen der Schlange des Chaos aus der Unterwelt liegt, die ihn angreift, wenn er versucht, sich zu erheben (Rundle Clark, 1959, p. 167). In einem Zauberspruch auf einem Sarg bitten seine Anbeter Osiris (Rundle Clark, 1959, p. 125):

> «Oh Hilfloser!
> Oh Hilfloser, Schlafender!
> Osiris, laß den Teilnahmslosen auferstehen!»

Wie Osiris ständig durch den Teufel Seth, der Verfolgungsängste versinnbildlicht, bedroht wird, so wird auch das Selbst der Borderline-Persönlichkeit ständig von Zerstückelung bedroht. Zustände wie das Nigredo und die seelenlose Unbezogenheit können ein schreckliches, aber dennoch sicheres Gebiet sein; wenn man es verläßt, riskiert man, sich dem Schmerz psychischer Zerstückelung und vollständiger Auslöschung auszusetzen. Der Borderline-Patient hofft, mit einem Minimum an Schmerz durchzukommen, indem er sich anderen und den Anforderungen der Umwelt fügt. Aber das kann niemals befriedigend sein, und im Hintergrund lauern Gedanken an Tod durch Selbstmord, der dann vollkommene Erleichterung bringen soll. Anders als die schizoide Persönlichkeit, die Rückzug als Hauptabwehr gegen das Eindringen anderer Menschen benutzt, und anders als die narzißtische Persönlichkeit, die eine Kohäsion hat, an welcher die Wirkung anderer Menschen abprallt, ist die Borderline-Persönlichkeit in ein Drama verstrickt, in dem sie endlose und doch vergebliche Versuche machen muß, mit anderen Menschen in Beziehung zu treten.

Die innere, fast tote Welt des Borderline-Patienten ist kaum befriedigend, und häufig versucht der Patient sie lärmend aufzuwecken. Eine Patientin sagte: «Endlich kann ich eine 5 sein, früher war ich immer entweder eine 0 oder eine 10. Ich brauchte ganz starke Gefühle, um mich überhaupt lebendig zu fühlen. Ich mußte ganz tiefe Gefühle für andere Leute haben,

ganz intensive Verachtung oder Wut, oder ich mußte das für mich selbst empfinden. Dann war ich lebendig. Jetzt habe ich allmählich normalere Gefühle; ich hasse meinen Mann, aber ich mache mir auch etwas aus ihm. Früher war das unmöglich. Ich mußte Streit anfangen, um mich lebendig zu fühlen. Alles, was an eine 5 herankam, hat mir Angst gemacht, weil ich mich dann tot fühlte.» Viele Borderline-Patienten verwickeln sich in negative Beziehungen mit anderen und sind abhängig von Reizen wie Selbstverstümmelung, Stehlen und anderen selbstzerstörerischen Verhaltensweisen. Sie setzen diese Verhaltensmuster ein, um das allgegenwärtige Gefühl innerer Leblosigkeit zu überwinden.

Das funktionsuntüchtige oder hilflose Selbst des Borderline-Patienten zeigt sich im folgenden Beispiel. Eine Patientin sagte ständig, daß sie in der vorigen oder sogar in einer noch weiter zurückliegenden Sitzung vergessen hätte, mir etwas zu sagen. Einmal sagte sie: «In der vorvorletzten Therapiestunde war etwas, was ich Ihnen nicht gesagt habe», und dann fügte sie zu meinem Erstaunen hinzu: «Wissen Sie, was es war?» Ich wußte das natürlich nicht, und wie gewöhnlich, wenn ich mit ihr zusammen war, war ich verblüfft, und konnte die Bedeutung dessen, was sie sagte, intuitiv nicht erfassen. Dann lachte sie über sich selbst. Aber als sie mir zum ersten Mal diese Frage gestellt hatte, war sie völlig ernst gewesen. Sie erzählte mir dann, daß sie im Verlauf der folgenden Sitzungen gewöhnlich vergaß, mir Dinge zu sagen. Sie sagte, daß sie sich an fast alles, was sie mir letztes Mal sagen wollte, erinnern könne, aber daß sie etwas vom Mal davor vergessen hätte und daß sie sicher wäre, sie habe auch das Mal davor vergessen, mir etwas Wichtiges zu sagen. Ich fühlte mich in diesem Moment äußerst begriffsstutzig und antwortete ihr: «Was ist schon groß dabei? Wenn es so wichtig ist, wird es Ihnen schon wieder einfallen, und wir werden es dann später besprechen. Warum sind Sie so beunruhigt?»

Sie war wie immer sehr willfährig und bereit, zum nächsten

Punkt auf ihrer Liste überzugehen. Aber diesmal verstand ich endlich und begann mich zu wundern: Ihre sonderbare Frage, was drei Sitzungen vorher passiert war, und die Bedeutung, die es für sie hatte, mir alles zu sagen, was sie sich vorgenommen hatte, ergab schließlich einen Sinn. Mir fiel dann ein, daß sie nicht richtig funktionieren konnte, wenn ich nicht im Besitz aller Fragmente war, die sie mir erzählen wollte, und das sagte ich ihr auch. Ich fing an zu verstehen, was sie früher gemeint hatte, wenn sie sich darüber beklagt hatte, daß «es innen nicht richtig funktioniert». Ich konnte das immer nur sehr schwer begreifen, da diese Frau intelligent war und in ihrem Beruf viel leistete. Deswegen waren Bemerkungen wie: «Es funktioniert innen nicht richtig» oder: «Der Kopf arbeitet nicht» kaum verständlich für mich. Jetzt war klar, daß sie mit solchen Aussagen mitteilte, daß ihr ein funktionierendes Selbst fehlte, von dem ihre Erlebnisse zusammengefaßt werden könnten, indem es eine Vielzahl von Ereignissen und Wahrnehmungen sammelt und zusammenzieht. Sie hatte kein solches Arbeitszentrum und fühlte sich folglich leer und hilflos. Es war lebenswichtig für sie, daß ich *alle* Fragmente aufsammelte und verstand, wie sie alle zusammenpaßten. Tatsächlich war es sogar wichtiger, daß ich das verstand, als daß sie es verstand. Es schien, als sollte ich als das Selbst handeln, das sie nicht hatte. Auf der magischen Pars-pro-toto-Ebene war ein einzelnes unverarbeitetes Teil gefährlich, weil dadurch die Gefahr bestand, daß ich die lebenswichtige Funktion, ihr Selbst zu sein, nicht ausüben könnte.

Die folgende klinische Vignette zeigt, wie sich die innere Leblosigkeit eines anderen Patienten in der Therapie manifestierte. Er sagte: «Ich fühle mich dumpf, schwer.» Er sagte, daß er Angst habe und daß er fast sein ganzes Leben in Angst verbracht habe. Dann erwähnte er, wie bemerkenswert es für ihn sei, wenn einmal Frieden war, wenn er sich einen Moment lang nicht angegriffen fühlte. Er sagte: «Das letzte Mal konnte ich länger als jemals zuvor einfach nur mit Ihnen zusammen sein

und klar und offen Kontakt aufnehmen.» Ich machte Gebrauch von dem, was ich für eine induzierte Reaktion hielt, und fragte, warum er jetzt solche Angst habe? Er antwortete: «Es ist immer da. Ich bin meine ganze Kindheit hindurch immer angegriffen worden, von meinen Brüdern, meiner Mutter und meinen Schwestern, ganz zu schweigen von meinem Vater. Es ist einfach in mir. Ich fühle mich immer angegriffen.»

Ich fragte mich, warum ich mich so bleiern, schwer, öde und leer fühlte. Ich fühlte mich nicht angegriffen, noch nicht einmal unbehaglich, nur beschränkt, schwer und ohne einen Schimmer von Imagination. Ich war auch nicht in der Lage, meinen Mund zu öffnen. Er schien zugeklebt zu sein. Verweigerte ich mich, agierte ich etwas Sadistisches aus? Vielleicht fühlte ich seine Depression. Das erschien mir zwar einleuchtend, änderte aber nichts an meinem Zustand. Ich fühlte mich immer noch öde und schwer, als hätte ich plötzlich zehn Pfund zugenommen.

Bis dahin hatte ich nichts gesagt. Mein Patient begann, über seinen Sohn und dessen Probleme zu sprechen. Ich bekam etwas mehr Bezug zu ihm und der Situation. Es war etwas, worüber man reden konnte, etwas Reales, Faßbares, ein Problem, das man bearbeiten konnte, aber ich hielt mich zurück und fragte mich weiter, warum ich mich so bleiern fühlte. Dem Patienten schien es gut zu gehen, er gewann irgendwie Energie, während ich immer unbeweglicher wurde. Er bezog sich nicht nur auf seine Angst und sogar panischen Schrecken, sondern auch auf ein Gefühl der Freude, und er sah lebendig und glücklich aus. Als er von Lebensfreude sprach, fügte er hinzu, daß er auch Angst fühle, weil diese Freude mit Sicherheit auch einen Angriff mit sich bringen würde. Ich fragte mich, ob mein schwerer, bleierner Zustand nur Angst verdeckte. Versteckte ich Angst? Seine? Meine eigene? Wenn ja, dann Angst wovor? Dieser innere Dialog belebte mich ein bißchen, und ein Gefühl der Leichtigkeit begann in mir aufzusteigen.

Dreißig Minuten waren so vergangen, es waren noch zwanzig Minuten übrig. Würde irgendetwas bei dieser Sitzung heraus-

kommen? Was wäre, wenn ich einfach so schwerfällig bliebe? Ich war nicht allzu beunruhigt. Die Stunde würde sein, was sie sein mußte. Ich kam auf meine Überlegung zurück: Wovor habe ich Angst? Halte ich ihn jetzt von mir fern? Lasse ich ihn allein aus Angst vor einer zu intensiven, klebrigen Verschmelzung? Diese Überlegung schien ein Gefühl der Leichtigkeit hervorzubringen. Kleine Teilchen von Imaginationen begannen aufzuflackern. Ich *sah* Stückchen von Angst und imaginierte eine Art wahllose Bewegung zwischen uns, die ich mit erhitzten Molekülen verglich. Es war eine trübe, schwache Vision, aber immerhin war es irgendetwas. Ich konnte jetzt über seine Angst nicht mehr nur als Abwehr gegen mein Unbehagen sprechen, sondern darüber, wie ich sie *sah*. Dann sagte er: «Wissen Sie, ich muß meine Eltern nie wieder sehen. Das ist meine Entscheidung. Ich kann das schaffen.» Als er das sagte, war er selbst überrascht und fügte hinzu:«Ich empfinde das als einen Moment der Freiheit, als viel radikaler, als es sich anhört.» Er sprach dann über seine Dankbarkeit mir gegenüber, weil ich nicht so wie «sie» sei, also wie seine Eltern und andere Leute, die ihn dadurch angriffen, daß sie unbewußt von ihm forderten, ihr Leben zu retten und ihre toten Beziehungen zu erneuern, indem er seine eigene Freude abtötet.

Die von mir beschriebene Interaktion erinnert an Winnicotts Darstellung des Prozesses (auf den ich mich oben in diesem Kapitel bezogen habe), bei dem ein Selbst entstehen kann. Der Patient hatte solche Interaktionen kaum jemals erfahren. Wie alle Borderline-Patienten wird er folgende innere Phantasie gehabt haben:

«Ich habe dich getötet (mit meiner Wut und meiner Freude, die du für dich selbst wolltest, aber nie besitzen konntest), und du bliebst tot; und als ich dich weiter (unbewußt) tötete, hast du dich verhalten, als wäre es wirklich meine Absicht, das zu tun. Ich konnte dich nie benutzen, ich war immer zu sehr um dein Überleben besorgt. Das habe ich nicht überlebt. Ich bin mitleiderregend, hilflos, tot.»

Um diesen Zustand der Leblosigkeit wieder in den archetypischen Prozeß umzuwandeln, in den er als eine gefühlte Realität eingebettet sein muß, muß man die Imagination wiedergewinnen, und man muß die Fähigkeit haben, zu spielen und, was am wichtigsten ist, zu sehen. Der Borderline-Patient ist jemand, der zu früh aus dem magischen, mythopoetischen Raum geworfen wurde. So ein Mensch ist dazu gezwungen, die Wirklichkeit in einer frühreifen Weise zu strukturieren, und ist gefangen zwischen den mythischen Realitäten und denen einer rationalen Welt, die zu kompliziert ist, um sie zu verstehen. Die Borderline-Persönlichkeit befindet sich in einem Übergangsbereich zwischen zwei Arten, die Welt zu erleben. Für die Heilung ist es erforderlich, den früheren mythopoetischen Zustand in seinem imaginalen Kern wieder wach werden zu lassen – ein Unterfangen, für das die Abwehrstrukturen der Verleugnung und der Verzerrung, die als Überlebensmöglichkeit geschaffen wurden, abgebaut werden müssen.

Borderline-Persönlichkeit und narzißtische Persönlichkeit – ein Vergleich

«Wenn ich mich wirklich zeige, wird mich das umbringen.»

Einleitung

Es wäre nützlich, wenn wir ein Schema hätten, mit dessen Hilfe wir die seelischen Strukturen der Borderline-Persönlichkeit erkennen könnten, doch sind damit gewisse Probleme verbunden. In einer früheren Arbeit habe ich die Eigenschaften der narzißtischen Persönlichkeit aufgelistet (Schwartz-Salant, 1982, p. 37ff.), zu denen äußerste Selbstbezogenheit, Mangel an Empathie, Unfähigkeit, Kritik anzunehmen, und grandiose und exhibitionistische Bedürfnisse gehören. Außerdem ist die Stärke, mit der die psychischen Strukturen des narzißtischen Patienten den Therapeuten durch narzißtische Übertragung beeinflussen, auffallend und nicht schwer zu erkennen. Die Borderline-Persönlichkeit zu beschreiben, ist jedoch problematischer. Zum einen hat die Borderline-Persönlichkeitsstörung viele Erscheinungsformen (Charlton, 1988); zum anderen sind Symptome und Übertragung dieser Menschen wechselhafter als die narzißtischer Persönlichkeiten, oder vielleicht sogar aller anderen Patienten. Durch eine Gegenüberstellung von Borderline und narzißtischen Strukturen kann man die Borderline-Persönlichkeit besser beschreiben und die wesentlichen Unterschiede zwischen diesen beiden Charakterstörungen herausstellen.

Masterson weist darauf hin, daß der Idealisierung eine entscheidende Rolle bei der Bildung der narzißtischen Persönlichkeit zukommt (Masterson, 1981, p. 13). Seiner Theorie zufolge ist das Kind Ziel hochfliegender und grandioser elterlicher Ideale. Durch weitgehend unbewußte Hinweise wird dem Kind von den Eltern die Aufgabe übertragen, ihre eigenen ungelebten ehrgeizigen Ziele – eigentlich jene archaischen Ziele, an denen sie selbst auf ihrem Individuationsweg gescheitert sind – zu verwirklichen. Wenn das Kind als etwas «Besonders» behandelt wird, müssen natürlich Schwierigkeiten aus einer so konzentrierten Aufmerksamkeit entstehen, denn die zugrundeliegende Bedingung ist ja, daß das Kind überdurchschnittliche Leistungen erbringen soll. Aber die Sache steht noch viel schlimmer. Der narzißtischen Persönlichkeit wird gleichzeitig eine völlig entgegengesetzte Botschaft gegeben, nämlich die vernichtende Botschaft des Neides. Diese Botschaft wird folgendermaßen vermittelt: «Du bist wundervoll, und dafür hasse ich Dich. Du hast alles, und weil ich es nicht habe, verachte ich Dich für das, was ich nicht habe.» «Alles» haben bezieht sich hier auf bewußtere, idealisierte Eigenschaften, für die die Eltern eintreten.

Die narzißtische Persönlichkeit formt sich, indem sie die Idealisierung ihrer Person benutzt, sich ihren Werten anpaßt *und* eine innere und äußere Barriere gegen Angriffe aus Neid aufbaut. Diese Barriere, narzißtische Abwehr genannt, hat eine merkwürdig undurchdringliche Persönlichkeit zur Folge. Tragischerweise ist die positive Funktion der Idealisierung weitgehend in Abwehrmuster kanalisiert, und wenn die Idealisierung nicht in einer zwischenmenschlichen Beziehung zurückgewonnen wird, in der sie sich in eine innere Struktur von Idealen (Kohut, 1971) wandelt, kann das Potential der narzißtischen Persönlichkeit kaum ausgeschöpft werden. Diese «Lösung» ist die beste aller möglichen Entwicklungen; öfter jedoch erstaunt

die narzißtische Persönlichkeit durch ihren *Mangel* an Erfolg, sie hat häufig Schwierigkeiten mit dem Älterwerden und klammert sich an eine Vergangenheit, deren Oberflächlichkeit nur allzu offensichtlich ist. In erster Linie quält sie sich selbst damit zu bereuen, daß sie ihre Möglichkeiten nicht verwirklicht hat; solche Menschen werden oft zum sprichwörtlichen «universellen Dilettanten».

Die Borderline-Persönlichkeit verfügt nicht über die Festigkeit und das Abwehrvermögen des narzißtischen Menschen. Die Entwicklung des Borderline ist durch Verstrickungen mit seiner Umwelt gekennzeichnet: Das Familiensystem unterstützte das Kind in seiner Abhängigkeit und seinem Anklammerungsbedürfnis und bestrafte es mit Entzug von Liebe und Aufmerksamkeit für jede Bemühung um Ablösung und Individuation. Die narzißtische Persönlichkeit macht zwar im allgemeinen dieselbe Erfahrung, im Falle der Borderline sind die elterlichen Verhaltensmuster aber oft erheblich offener und extremer, und die Idealisierung wird gewöhnlich nicht zum Vorteil für das Kind eingesetzt. In der Entwicklung der narzißtischen Persönlichkeit vermischen sich Neid und Idealisierung derart, daß ein Selbst entsteht, das mit archetypischen Prozessen verschmolzen ist und Eros und Bezogenheit verachtet. Es ist schwer zu sagen, ob dieser innere Verschmelzungszustand der narzißtischen Persönlichkeit ein Segen oder ein Fluch ist, aber in jedem Falle hat die Borderline-Persönlichkeit wenig von dessen Stabilität.

Die Borderline-Persönlichkeit setzt Idealisierung ein, um das zu verbergen, was sie für äußerst negative Eigenschaften des Selbst und anderer hält, auch wenn dies eine unstabile Spaltungsabwehr ist. Ein Borderline ist also weniger stabil als die narzißtische Persönlichkeit, die Idealisierung einsetzen kann, um Kontrolle über andere auszuüben, z. B. indem sie Leute idealisiert und zugleich verlangt, selbst idealisiert zu werden. Der Borderline-Patient dagegen kann jemand idealisieren und trotzdem kurz danach heftigen Haß und Verachtung für die-

selbe Person empfinden. Diese Verschiebungen im Bewußtsein können recht schnell ablaufen, wenn der Patient sich in einem akuten Stadium von Verzweiflung befindet.

Die Borderline-Persönlichkeit benutzt Idealisierung als Abwehr, und ihre Innenwelt ist in besonderer Weise von Idealisierung beherrscht. Der Therapeut kann einen Eindruck von der Macht dieser Idealisierung gewinnen, wenn er auf die beklemmenden Gefühle der Unzulänglichkeit achtet, die sich im Lauf der Zeit ansammeln und durch die alles, was er denkt oder sagt, seinen Nimbus zu verlieren scheint. Es ist, als gäbe es einen Idealstandard, an dem er gemessen wird. Gelingt es nicht, diesen Standard zu erreichen, kann er mit Sicherheit damit rechnen, dafür angegriffen zu werden, daß er seine Fehler offengelegt hat. Es gibt die Tendenz, den Patienten eine Reihe von Überzeugungen zu verkünden – darüber, wie die Dinge sein *sollten* –, während man den Abwehrcharakter dieser Litanei gleichzeitig bemerkt und verleugnet. Diese Verleugnung kann dazu führen, daß man in der Nähe eines Borderline-Patienten paranoid wird. Man verfängt sich in einer inneren Welt des *«So sollte es sein»*. Dieser Zustand kann den Therapeuten nachhaltig daran hindern, spontan und natürlich zu äußern, was er denkt, glaubt oder möchte.

Bei der narzißtischen Persönlichkeit funktioniert Idealisierung nicht in der gleichen Weise. Narzißtische Idealisierung wird vom Therapeuten meist als angenehmes «Hochgefühl» erlebt. (Manche Therapeuten mögen die Verschmelzungsbedürfnisse eines idealisierenden Patienten als unangenehm empfinden.) In dem Bereich, wo die Idealisierung und das grandios-exhibitionistische Selbst (Kohut, 1971) ineinander verschlungen sind (eine vermischte Übertragung), finden wir Ähnlichkeiten mit der Übertragung, die bei der Behandlung von Borderline-Patienten auftritt. Wenn eine vermischte Übertragung abläuft, empfindet der Therapeut, der eine narzißtische Persönlichkeit behandelt, möglicherweise, daß er Zielscheibe eines unausgesprochenen und doch kontrollierenden Anspruchs ist, ideal zu

sein. Als Reaktion darauf gibt er vielleicht dem Omnipotenzgefühl nach, beispielsweise dem Gefühl, daß er die Bedeutung eines bestimmten Traumes oder einer Phantasie *kenne.* Zwar gibt es diesen vermischten Zustand, der die Idealisierung einschließt, auch bei der Borderline-Persönlichkeit, aber hier funktioniert er eher frei-flottierend, als ob es einen «wissenden», eindringenden Geist gäbe, der auf den Therapeuten Druck ausübt, die «richtige Antwort» zu haben. In der gemischten Übertragung mit einer narzißtischen Persönlichkeit kann der Therapeut diesen Anspruch «zu wissen» empfinden, aber gleichzeitig oft auch Antworten finden, die dann wirklich befriedigend sind. Diese Eigenschaft der gemischten Übertragung führt in der Behandlung eines Borderline-Patienten zu dem gleichen Druck, «wissen zu sollen», allerdings ohne daß der Therapeut dann auch wirklich über tiefes Wissen verfügt; stattdessen nimmt ein vager verfolgender Druck dessen Platz ein. Als Antwort auf dieses Phänomen, das bei der Behandlung eines Borderline-Patienten auftritt, neigt der Therapeut zu Spaltung und Rückzug, während bei einem narzißtischen Patienten die kontrollierende Stabilität, über die er verfügt, gegen einen solchen Rückzug arbeitet. Im Umgang mit Borderline-Patienten ist der Therapeut auch einem Geist der Idealisierung ausgesetzt, der seine Initiative zerstört oder blockiert. Der Therapeut erlebt dann die Bedrohung, vom Patienten demaskiert zu werden – insbesondere da alle oberflächlichen Charakterzüge, alle Nuancen von Unaufrichtigkeit des Therapeuten schmerzlich amplifiziert werden.

Die unbewußten Idealisierungsstrukturen des Borderline-Patienten können im Therapeuten große Unsicherheit auslösen. Es kann sein, daß er dann einer Inflationierung unterliegt in der unbewußten Absicht, *den Patienten loszuwerden* und das induzierte Gefühl der Ohnmacht zunichte zu machen. Vor dieser Erfahrung mit dem Patienten mag der Therapeut durch eine scheinbar positive Beziehung getäuscht worden sein und mag sich vielleicht mit Gedanken über die Unzulänglichkeit von

Diagnosen beschäftigt haben. Der Therapeut war möglicherweise zu dem Schluß gekommen, daß der Patient über geistige Eigenschaften und einen Mut verfügt, welche über die wissenschaftlichen Ableitungen der Psychiatrie hinausgehen. Aber unter dem Druck der heftigen Unsicherheitsgefühle macht dieser Optimismus schnell der harten Begrifflichkeit der Diagnostik und Prognostik und der nüchternen Frage Platz, ob der Patient überhaupt therapierbar ist.

Bei der Borderline-Persönlichkeit ist Idealisierung intrapsychisch mit Wut verschmolzen. Diese Wut richtet sich normalerweise gegen Elternfiguren, die nicht in angemessener Weise ideal waren – das heißt, die nicht über genügend Bewußtsein und Selbstachtung verfügten, um Träger der idealisierten Projektionen zu sein, die für das heranwachsende Kind so wichtig sind. Diese frühen Wahrnehmungen des elterlichen Versagens waren für das Kind zu bedrohlich, als daß es sie hätte ertragen können, so daß die Lüge der Verleugnung den Platz der echten Wahrnehmung eingenommen hat und Idealisierung als Abwehr beibehalten wurde, damit es die Idealbilder der Elternfiguren aufrechterhalten konnte. Die defensiv idealisierten Strukturen, die mit Wut verschmolzen sind, arbeiten in einer unintegrierten, unverkörperten Weise, wobei kein Kontakt zum Ich besteht, es sei denn durch emotionale Überflutung.

Der Therapeut kann wahrnehmen, daß die von diesen idealisierten Strukturen verfolgte Absicht nicht nur sadistisch und rachsüchtig ist, sondern auch absolut fordernd; ihr Gebot ist ganz einfach das, immer der Liebling zu sein. Eine so grandiose Forderung – die in den therapeutischen Prozeß geschleudert wird, wo sie außergewöhnlich aufreibend sein kann, und die auch der Welt als Ganzes auferlegt wird – hat kaum Aussicht auf Erfolg. Trotz der Tatsache, daß es Rückstände von Weisheit in diesen grandiosen Bestrebungen geben kann, sollte es nicht erstaunen, daß die meisten Leute es ablehnen, die möglichen positiven Seiten des allzu zerstörerischen Idealisierungsprozesses der Borderline-Persönlichkeit zu akzeptieren.

Teil der Überlebenstaktik der Borderline-Persönlichkeit ist ihre besondere Art des Sehens, der man leicht in die Falle geht. Vor ihrem Druck möchte der Therapeut fliehen. *Jeder* möchte vor der Borderline-Persönlichkeit fliehen, die in diesem negativen Zustand funktioniert. Wenn diese imaginale Art zu sehen mit dem Ich eine Beziehung eingehen könnte, wäre der Borderline-Patient in der Lage, jene Anteile in seinem Gegenüber zu sehen, die ihm wirklich eine Verletzung zufügen wollen, eine Verletzung, die darin besteht, daß man nicht ehrlich mit ihm umgeht. Wenn die Borderline-Persönlichkeit, die oft charismatisch und kreativ ist, nicht andere verfolgt oder sich von einer abgespaltenen Vision verfolgt fühlt, kann sie ein Bindeglied zum Numinosen sein, zu der Macht der Götter und besonders zu den Göttern, die schon lange von dem normalen kollektiven Bewußtsein abgelöst wurden.

Die Borderline-Persönlichkeit kann zweifelsohne unwirklich und sogar ein bißchen unmenschlich wirken, wenn sie solche positiven Energien und solches Wissen ausstrahlt. Stichpunkte, die ich mir nach einem Gespräch mit einer Borderline-Patientin gemacht hatte, sind für diese Erfahrung bezeichnend:

«Sie strahlt ein seltsames, unangenehmes, irgendwie unmenschliches Gefühl aus. Es ist das Gefühl, als hätte man einen Traum mit einer archaischen Figur, die in einer geschraubten Sprache aus einem vergangenen Jahrhundert spricht und doch starke Affekte vermittelt. Sie spricht mit mir in klarem Englisch, hat Affekte, die ich deutlich erkenne, leidet und wirkt trotzdem irgendwie unmenschlich, als gehöre sie einer anderen Spezies an. Jedes ihrer Worte ist so bedeutungsvoll, daß das Gefühl vermittelt wird, als würden sie alle zu einem größeren Ganzen gehören, und doch werden sie in einer seltsam hohlen Weise ausgesprochen. Dann wieder zeigt sie große Tiefe und Einsicht. Aber jeder Moment ist belastet, zu gefüllt und gleichzeitig zu leer. Sie wirkt wie ein Außenseiter, der am Rande der Welt lebt, in einen dunklen Schatten unmenschlicher, archetypischer Prozesse geschleudert wurde und durch diese spricht,

als nähme sie an einem menschlichen Gespräch teil. Sie wirkt wie eine Prinzessin, eine Hexe, ein Clown, ein Trickster. Wir sind in einer Märchenwelt abstrakter Charaktere, die schnell wieder zu Fleisch und Blut werden. Ich bleibe zurück mit einem Schuldgefühl dafür, daß ich sie jemals für etwas anderes als aufrichtig gehalten habe.»

Die narzißtische Persönlichkeit erreicht diesen Grad von Tiefe und Komplexität kaum. Der Therapeut kann z. B. so lange der Zensur seiner Oberflächlichkeit entfliehen, als er nicht das Bedürfnis des Patienten danach ausnutzt, der absolute Mittelpunkt zu sein. In der Arbeit mit der Borderline-Persönlichkeit wird der Therapeut jede Oberflächlichkeit oder Unaufmerksamkeit wieder zu spüren bekommen. Jede Unaufrichtigkeit wird in der Regel als Akt der Verfolgung gedeutet. Ein Wort oder ein Satz kann eine Therapiestunde plötzlich völlig beherrschen und das therapeutische Bündnis schwerwiegend untergraben. Borderline-Persönlichkeiten sind oft äußerst kritisch, weil sie sicher wissen, daß ihrer Innenwelt durch solche Momente der Unaufrichtigkeit, wenn sie sie durchgehen lassen, mehr Dämonen hinzugefügt werden. Es kann den Anschein haben, als hinge das Leben einer Borderline-Persönlichkeit von der Ausgewogenheit eines Wortes ab.

Exhibitionismus und betrügerisches Verhalten

Exhibitionismus ist ein Verhalten, bei dem sich das Selbst mit Hilfe des Ichs in einer Ausdrucksfülle manifestiert, die symbolisch für die ganze Persönlichkeit ist. Ob nun ein Kind seine Fähigkeit demonstriert und stolz darauf ist oder ob ein Erwachsener in der kreativen Fülle seiner Vorstellungen und Überzeugungen Ausdruck findet, Exhibitionismus ist unerläßlich für die Individuation. In ihren pathologischen Formen sind die archetypischen Energien des Exhibitionismus mit dem Ich verschmolzen, was zu einer Inflation des Ichs und zu einer Be-

schränkung des Selbst führt, dessen Entfaltung durch Desintegration untergraben wird (Fordham, 1976). In ihren gesunden Formen werden die exhibitionistischen Energien als vom Ich getrennt erlebt. Aber auch wenn diese Unterscheidung bemerkt wird, gibt es beim gesunden Exhibitionismus doch eine gewisse Verschmelzung mit archetypischen Energien. Der Individuationsprozeß ist niemals frei von solchen «verunreinigten» Zuständen – das Reinigen und Trennen von der Verschmelzung mit archetypischen Energien ist ein kontinuierlicher Prozeß. Es gibt also keine feste Abgrenzung zwischen gesunden und pathologischen Formen des Exhibitionismus; seine pathologischen Ausformungen zeigen sich aber am deutlichsten beim Borderline-Patienten.

Einerseits ist die Qualität des Exhibitionismus, wie er sich beim Borderline-Patienten findet, eine Tiefenschicht des Exhibitionismus der narzißtischen Persönlichkeit und manifestiert sich in der Regel erst dann, wenn die narzißtische Charakterstruktur sich zu wandeln beginnt (Schwartz-Salant, 1982, p. 155ff.). Auf der anderen Seite kann die narzißtische Persönlichkeitsstruktur wegen ihrer größeren Festigkeit im Vergleich zu Borderline-Individuen ein höheres Maß an exhibitionistischen Energien fassen. Anhand einiger Beispiele soll nun die Pathologie des Exhibitionismus beim Borderline-Patienten dargestellt werden. Ein Borderline-Patient sagt: «Wenn ich mich wirklich zeige, wird mich das umbringen. Ich bin dann der Kritik völlig schutzlos ausgesetzt.» Für diesen Menschen zerbricht die einfache Sehnsucht danach, *gesehen* zu werden, in die Gegensätze von vollkommener Verschmelzung und völligem Kontaktmangel. In einem Augenblick fühlt sich dieser Mensch in der Phantasie sicher, in einem anderen Menschen aufgenommen zu sein, im nächsten Augenblick ist dieser Verschmelzungszustand schreckenerregend, weil sich der Patient der Gefahr der Zurückweisung oder des Verschlucktwerdens und einem nachfolgenden Identitätsverlust schutzlos ausgesetzt fühlt. Im Verlauf einer Therapie habe ich häufig das Gefühl,

daß der Patient mit mir verschmelzen will, aber diese Zustände werden häufig von langen Zeiträumen abgelöst, in denen es keinerlei Verbindung gibt.
Ein anderer Borderline-Patient spricht davon, daß er von seinen sexuellen Energien terrorisiert wird. Wenn er diese Energien zeigt, riskiert er nicht nur Verletzlichkeit, sondern er könnte dadurch auch seine Gewalt und seine Gier bloßlegen, insbesonders den verzehrenden Wunsch, seinen Partner zu verschlingen.
Eine Patientin erklärt, daß ein schreckliches Schamgefühl sie überkommt, wenn sie anfängt zu *sein* statt zu *handeln,* denn im *Sein* werde ihre Nutzlosigkeit deutlich und sie werde nicht mehr ernstgenommen. Eine andere Patientin beginnt, mir von etwas Wunderbarem, das ihr passiert ist, zu erzählen, und phantasiert dann sofort, sie sei unter einer Glasglocke. Ich reagiere mit dem Gefühl, mit einem Geschichtenerzähler zusammenzusein, der intensive Gefühle «ausagiert»; folglich erreichen mich diese Gefühle nicht, denn ihr Affekt ist abgeschnitten. Diese Patientin befürchtet, daß sie nichts anderes als eine gelangweilte, uninteressierte Reaktion von mir zu erwarten hat, wenn sie einfach sie selbst ist, so wie es mit ihrem Vater war, der nicht an ihr interessiert war. Die Ängste, von denen die Borderline-Persönlichkeit am meisten verfolgt wird, werden gewöhnlich wahr. In diesem Augenblick sichert die «Glasglocke» meiner Patientin die fortdauernde Isolation. Sie kann bequem unter ihrer «Glocke» leben, aber es ist angsterregend für sie, einem anderen ihre Gedanken und Erlebnisse zu enthüllen; die betreffenden Energien sind zu stark, als daß sie ertragen werden können.
Wenn ein Borderline-Patient sagt, daß seine exhibitionistischen Energien zu mächtig werden, müssen wir verstehen, daß in dieser Omnipotenzäußerung oft die Überzeugung zum Ausdruck kommt, daß, sofern seine Kraft und seine Kreativität wirklich gefühlt und herausgelassen werden, kein anderer es mit diesen Energien aufnehmen kann und daß er mit Sicherheit

verlassen wird. Die Kindheitserlebnisse des Borderline-Patienten haben zur Herausbildung dieser Überzeugung beigetragen, und tatsächlich erleben Borderline-Patienten später oft, daß sie verlassen werden, wenn sie exhibitionistische Energien an den Tag legen. Aber diese Erwartung erweist sich nicht *immer* als zutreffend; sie ist omnipotent und muß an der Realität gemessen werden. Diese Möglichkeiten – verlassen zu werden oder anerkannt zu werden – sind beim Borderline eng miteinander verknüpft; außerdem neigt die Borderline-Persönlichkeit dazu, Schwierigkeiten zu provozieren, denn in der Regel geht sie Beziehungen ein, die zu katastrophalen «self-fulfilling prophecies» werden. Wenn wir die Borderline-Persönlichkeit verstehen wollen, müssen wir uns klarmachen, daß die herkömmlichen Definitionen von Inflation oder Omnipotenz kaum deutlich machen, was für eine tiefe Angst in Äußerungen steckt, wie: «Ich werde zu mächtig sein» oder: «Ich werde so voller Gier sein, daß ich dich verschlingen werde.» Wir müssen uns darüber im klaren sein, daß die Borderline-Persönlichkeit offen ist für mächtige archetypische Energien, die emotional überwältigend sein und eine Zersplitterung des Ich bedeuten können. Deshalb brechen diese Energien hervor und überwältigen den betreffenden Menschen und oft auch sein Gegenüber.
Die narzißtische Persönlichkeit ist durch die narzißtische Abwehr vor dem archetypischen Bereich geschützt. Das Abwehrsystem der Borderline-Persönlichkeit ist weniger zusammenhängend, sie ist auf Abwehrformen angewiesen, die archaisch und fragmentierend sind. Die narzißtische Persönlichkeit kann in einen Zustand der Schwäche geraten, wenn ihre Abwehr versagt, aber mit Hilfe der empathischen Reaktionen des Therapeuten kann sie sich leicht wieder erholen. Die Borderline-Persönlichkeit kommt normalerweise viel langsamer über etwas hinweg.
Wegen der extremen Wehrlosigkeit der Borderline-Persönlichkeit gegen emotionale Überflutung werden exhibitionistische Energien für gefährlich gehalten, sogar kleinste Mengen füh-

ren zu Schuld, Angst, Panik und Scham. Dies gilt auch für die narzißtische Persönlichkeit, wenn ihre Selbstachtung von Kontrollverlust bedroht ist. Aber bei der Borderline-Persönlichkeit werden durch die Bedrohung, überwältigt zu werden, meist sehr viel tiefere Punkte überdeckt. Geistige Leere herrscht vor, und es besteht das Gefühl, daß nichts – d. h. kein authentisches Selbst – existiert. Stattdessen gibt es nichts als Leere und Täuschung. Eine der tiefsitzenden Ängste der Borderline-Persönlichkeit ist es, betrügerisches Verhalten zu zeigen. Zwar sind die Angst davor, die eigenen Kräfte zu zeigen, oder die angstabwehrenden Exzesse von Exhibitionismus wichtig, aber gewöhnlich verdecken sie das tiefere Problem des Gefühls, daß ein authentisches Selbst fehlt. Exhibitionismus und das Empfinden, sich betrügerisch zu verhalten, verbinden sich in Borderline-Zuständen; konfuse und verwickelte Interaktionen werden oft klarer, wenn der Therapeut diesen Zusammenhang erfassen kann. Während einer Gruppentherapie fragte eine Frau den Leiter: «Wenn man zu Ihren ersten Workshops kommt, muß man dann auch bezahlen, wenn man wiederkommt?» Der Leiter war verwirrt, genauso wie alle anderen in der Gruppe. Keiner verstand, was sie sagen wollte. Sie wiederholte es. Sie verstanden es immer noch nicht. Der Grund für diese Verwirrung lag in einem abgespaltenen Ärger, der von ihrer scheinbar klaren Frage maskiert wurde. Eine ehrlichere Äußerung wäre gewesen: «*Sie* wollen, daß ich zu Ihren Workshops komme; *Sie* verlangen das von mir. Wenn ich weiterhin komme, was ich überhaupt nicht will, warum sollte ich dann weiter bezahlen müssen?» Die Frau selbst hatte überhaupt keine Ahnung, warum sie nicht verstanden wurde. Aber ihre sachliche Äußerung, die das, was sie wirklich fühlte, sozusagen in Form eines abgespaltenen Mottos ausdrückte, verwirrte alle; jeder in der Gruppe verstand das, was sie sagte, anders. Die Angst dieser Frau vor Exhibitionismus – in diesem Augenblick die Angst, ihre wirklichen Gefühle offenzulegen – war so stark, daß sie sie nicht ertragen konnte. Folglich spaltete sie ab und äußerte ihre wirklichen Gefühle und Fragen –

speziell ihre Aggression – in abgeschwächter Form. In dieser Verhaltensweise zeigte sich ein gewisses Maß an Sadismus: Die Verwirrung der anderen gab dieser Frau das seltene und angenehme Gefühl, die Situation im Griff zu haben. Aber das viel tiefere Problem, das in diesem Zusammenhang auftauchte, war das heftige Bemühen dieser Frau, ihr Gefühl der geistigen Leere und der fehlenden Authentizität zu verbergen. Solche Verwirrtheitszustände sind normalerweise abgespalten und werden durch projektive Identifikation in einem anderen konstelliert.

Eine meiner Patientinnen berichtete mir am Anfang einer Sitzung von etwas, das sie geleistet hatte. Während sie sprach, fühlte ich, wie ich lustlos und desinteressiert wurde, mir fiel nichts ein, was ich hätte sagen können, und ich hatte Schwierigkeiten, spontan zu sein. Die einzige Antwort, die ich zusammenbekam, war: «Das ist eine gute Geschichte.» Ich lag damit insofern richtig, daß ich das Gefühl hatte, daß sie mir eine *Geschichte über sich* erzählte und daß ihre Erzählung das Resultat eines guten Stücks therapeutischer Arbeit war, die sie schon bewältigt hatte. Aber meine Reaktion vermittelte sehr wenig von dieser Wahrnehmung, und meine dürftige Antwort verletzte sie. Sie beklagte sich, daß meine Antwort unpersönlich und distanziert sei.

Als sie diese Gefühle geäußert hatte, spürte ich gleich mehr Energie und es fiel mir leichter zu sprechen. Ich konnte ihr jetzt sagen, was ich mit «eine gute Geschichte» gemeint hatte und stellte fest, daß die Antwort sie zufriedenstellte. Ich konnte ihr auch sagen, daß das, was sie geleistet hatte, beeindruckend war; das heißt, ich konnte eine persönliche Beziehung zu der Geschichte herstellen, die sie erzählt hatte, und schließlich erkennen, daß meine Bemerkung «eine gute Geschichte» eine dürftige Reaktion auf ihre Leistung war. Die Patientin stellte die unvermeidliche Frage: «Was hat Sie anfangs dazu gebracht, zu sagen, es sei eine gute Geschichte?» Erst da wurde mir klar, daß sie mit mir Kontakt aufgenommen hatte, als meine Reak-

tion sie verletzt hatte, und daß mich, als sie angefangen hatte zu sprechen, die Beziehungslosigkeit irritiert hatte; anfänglich hatte ich das Gefühl, gegen einen Strom von Lustlosigkeit anzuschwimmen.

Als ich über diese Interaktion nachdachte, erkannte ich, daß meine anfängliche Reaktion war, diese Frau sei *widersprüchlich.* Was sie gesucht hatte, war eine warme, echte und engagierte Antwort. Dennoch hatte sie sich von mir abgespalten und mich wie einen Zuschauer behandelt, der mit den passenden Konventionen vertraut ist. Als sie sich dann aber bei mir beklagte und dadurch Kontakt mit mir aufnahm, verschwand meine Zurückhaltung und ich konnte ihr leicht die einfache, direkte und empathische Antwort geben, die sie wollte. Und meine vorher fast neutrale Einstellung zu ihr verwandelte sich dann in ein Interesse daran, was sich wirklich zwischen uns abspielte.

Aber warum hatte ich mich so wenig auf sie eingelassen? Was könnte der Schlüssel zu meiner anfänglichen schwachen Reaktion sein? Ich hätte meinen Sadismus natürlich einfach als eine Antwort darauf ansehen können, daß sie mit mir emotional nicht in Beziehung getreten war. Zu dieser Art von Gegenübertragung kommt es häufig bei Therapeuten, die mit narzißtischen Menschen arbeiten; sie steht für den Haß, den der Therapeut empfindet, weil er behandelt wird, als sei er keine reale Person. Eine dürftige, gezwungene Antwort des Therapeuten kann bei der Arbeit mit einer narzißtischen Persönlichkeit auch eine induzierte Reaktion sein, die mit dem Widerstand des Patienten gegen idealisierte Übertragung zu tun hat. Bei dieser Frau spielte etwas anderes mit; neben der echten Wahrnehmung ihrer Leistung erlebte sie das unerträgliche Gefühl, im Grunde nicht liebenswert zu sein. Auch empfand sie Lustlosigkeit und Leere und war davon überzeugt, daß sie dumm sei und daß sie nichts zu bieten habe. Meine dürftige Antwort erklärt sich aus der Tatsache, daß sie diese Gefühle abgespalten und daß ich sie introjiziert hatte.

Der narzißtische Mensch verschmilzt mit der exhibitionistischen Seite des Selbst, die Borderline-Persönlichkeit spaltet sie ab. Wenn das grandios-exhibitionistische Selbst in der narzißtischen Persönlichkeit konstelliert ist, kann man aus seiner kontrollierenden Wirkung auf andere auf einen Verschmelzungszustand zwischen Ich und Selbst schließen. Der narzißtische Mensch kann in gewisser Weise den Eindruck erwecken, eine völlig unentwickelte Persönlichkeit zu sein, egal ob wir diesen Zustand als sekundäre Wiederverschmelzung (Kernberg, 1990a) oder als Entwicklungshemmung (Kohut, 1971) betrachten, die nur darauf wartet, durch empathische Reaktionen aufgehoben zu werden. Aber bei der Borderline-Persönlichkeit, deren gesunder Exhibitionismus im allgemeinen von Elternfiguren *mißbraucht* wurde, entwickelt sich der Exhibitionismus (und das Selbst) anders. Patienten berichten davon, daß sie ihren Eltern ihr wahres Selbst offenbart haben, bloß um zu entdecken, daß sie nur als eine Art Schauspieler gesehen wurden, nicht als eigenständige Personen, und daß ihre wirklichen Gefühle ignoriert wurden, auch wenn man sie glauben machte, ihre Gefühle seien wichtig. Borderline-Persönlichkeiten beklagen sich oft bitter darüber, daß sie in ihren Begabungen je nach Laune der Eltern erst ermutigt und dann abgewiesen wurden. Diese Dynamik elterlichen Mißbrauchs erweist sich oft als verhängnisvoll. Denn das Kind erlebt sie als Vergewaltigung seines Selbst, und um überleben zu können, sucht es seine letzte Zuflucht darin, seine exhibitionistischen Sehnsüchte abzuspalten oder sie so auszuleben, daß sie mit Sicherheit zurückgewiesen werden.

Als abgespaltenes System führen diese exhibitionistischen Bedürfnisse dann ein Eigenleben, das weitgehend die Form verinnerlichter Wut gegen das Selbst und gegen elterliche Figuren annimmt. Wenn traumatische Erlebnisse diesem «System» dann Energie zuführen, wird es zu einem inneren Feind. Es ist klar, daß dann jede unverfälschte Offenbarung des Selbst dieses innere System zu Aktivität anstachelt und dadurch den mit

ihm verbundenen Schmerz und Haß erweckt. Aber die erschreckendste Seite dieser Entwicklung ist, daß das echte Selbst mit seiner exhibitionistischen Komponente abgespalten wird und sich zurückzieht. Denn die Borderline-Persönlichkeit wird, wenn sie in diesen inneren Bereich eintritt, mit der allerschreckendsten «Wahrheit» konfrontiert: mit einer endlosen, durchdringenden Leere. Spaltung wird zu einer Lebenseinstellung, und mit den abgespaltenen exhibitionistischen Energien Kontakt aufzunehmen, erweist sich als ein Unterfangen, für das nur wenige den Mut aufbringen, weil es so schwer zu ertragen ist. Eine Enthüllung des Selbst wird zwar mit seelischem Tod gleichgesetzt, seine Verheimlichung aber mit betrügerischem Verhalten. Die Borderline-Persönlichkeit lebt zwischen diesen Welten, sie nimmt an beiden teil, gehört aber zu keiner; insofern ist es eine vorübergehende Erleichterung, den Schmerz, der aus dieser Neutralität erwächst, abzuspalten.

Als Resultat früher gestörter Objektbeziehungen hat die Borderline-Persönlichkeit kaum ein echtes handelndes Selbst. Für manche dieser Menschen wird das *Ausführen* intellektueller Arbeit zur zwanghaften Aktivität, die als Ersatz für die Ordnungsfähigkeit des Selbst dienen soll, aber dabei wird jede verbleibende Spur des *Seins* verschüttet. Eine andere Alternative zu einem funktionierenden inneren Selbst liegt für diese Menschen darin, eine überpersönliche Verbindung zum Numinosen zu gewinnen, aber dies wird gewöhnlich nur dadurch erreicht, daß die Schattenseite des Lebens unterbewertet wird. Zwar sind diese Bemühungen oft Teil einer echten Beziehung zu spirituellen Kräften, aber in der Regel werden sie als Spaltungsmanöver eingesetzt, um schmerzhafte innere Zustände von Verlassenheit und damit verbundene Affekte wie Wut und Haß zu verleugnen. Trotz dieses Hilfsmittels der Spaltung haben Borderline-Persönlichkeiten häufig eine tiefere Beziehung zu religiösen Fragen, als das bei narzißtischen Menschen der Fall ist, die sich im allgemeinen mehr um Äußerlichkeiten kümmern und die in ihren Überzeugungen oft oberflächlicher sind.

Die Borderline-Persönlichkeit kann ihre Verbindung zu religiösen Systemen zu Spaltungszwecken mißbrauchen, aber oft trifft man auf eine Erfahrung des Numinosen, die in modifizierter Form überlebt, wenn die Störung heilt. Im Gegensatz dazu erschöpfen sich die religiösen Neigungen der narzißtischen Persönlichkeit leichter und ihre Verbindung zum Heiligen ist weniger authentisch. Bei der narzißtischen Persönlichkeit ersetzen exaltierte Bilder und seichte Intuitionen oft ein echtes religiöses Erleben.

Borderline- und narzißtische Persönlichkeiten haben eine unterschiedliche Beziehung zur Geschichte. Zum Beispiel kann die Borderline-Persönlichkeit in ihrer verzweifelten inneren Verfassung ein Versagen in der Empathie als rücksichtslosen Akt der Mißachtung erleben und das mit Rücksichtslosigkeit heimzahlen. Aber diese Rücksichtslosigkeit ist fürchterlich verletzend. Denn die Borderline-Persönlichkeit kann sich verhalten, als hätte der andere nie existiert; Geschichte und Kontinuität werden kategorisch ausradiert, und die erfolgreiche Bearbeitung aller vorherigen Interaktionen wird für null und nichtig erklärt. Bei der Arbeit mit narzißtischen Menschen wird der historische Inhalt des therapeutischen Weges, der in der Wut des Patienten über ein empathisches Versagen des Therapeuten verloren gegangen war, normalerweise dadurch wiederhergestellt, daß der Therapeut solches Versagen wahrnimmt und das dem Patienten mitteilt. Aber mit Borderline-Persönlichkeiten befindet man sich oft in einer Art Niemandsland, einem schmerzhaften Zustand, in dem die einzige wahre Empfindung die ist, daß es zwischen Patient und Therapeut absolut keine Beziehung gibt.

Die narzißtische Persönlichkeit hat in bezug auf sich selbst ein recht schwaches und wenig solides Geschichtsempfinden. Die häufigen Wiederholungen der immer gleichen Geschichten sind symptomatisch dafür und für das Bedürfnis, sich effektiv zu fühlen (Schwartz-Salant, 1982, p. 39). Die Borderline-Persönlichkeit dagegen kann ein starkes Gefühl für die eigene Geschichte

haben, aber sie ist bereit, es ganz zu zertrümmern, und kann anscheinend mit den Bruchstücken seelische Angriffe starten. Die Wut und der Haß, die solche Angriffe beschleunigen, und die darauf folgenden Schuldgefühle werden zu einer schweren Bedrohung für das Identitätsgefühl der Borderline-Persönlichkeit. Diese Affekte führen oft zu tiefen Regressionen und in psychotische Zustände, durch die es zu einer noch stärkeren Diffusion der Identität kommt.

Die narzißtische Persönlichkeit ist in sozialen Interaktionen anpassungsfähig und gewandt und versteht es, verführerisch und manipulativ zu sein. Die Borderline-Persönlichkeit ist im Unterschied dazu oft ein Außenseiter. Das Leben ist wie ein ständiges Spiel, das von der Frage beherrscht wird: Wie schlimm wird es diesmal werden? Diese Negativerwartung projiziert sich selbst fast aufs Geratewohl in die Umgebung. Unsicherheit entsteht aus einer einfachen Begegnung mit Freunden, einem neuen Job, einem bevorstehenden Examen – aus fast allem. Für eine Borderline-Persönlichkeit «kennen alle anderen die Regeln und gehören dazu», nur sie allein muß gegen Karten spielen, die sie als gezinkt empfindet, und sie hofft dabei, daß ungeschickte Versuche nicht bemerkt werden. Borderline-Persönlichkeiten «gehören» tatsächlich normalerweise nicht «dazu», weil Spaltungsvorgänge die inneren Hilfsmittel und positiven Identifikationen erschöpft haben.

Man kann sagen, daß die narzißtische Persönlichkeit viel zu früh im Leben dazu aufgefordert wurde, ihre Möglichkeiten – was man irgendwann sein könnte – zu verwirklichen. Angeborene Begabungen und was aus diesen entstehen könnte, wurden von den Eltern höher bewertet als das, was das Kind tatsächlich war. Die ganze Kindheit hindurch hat die narzißtische Persönlichkeit unter einem vernichtenden Haß gelitten, der durch Neid ausgelöst wurde. Das Leben der narzißtischen Persönlichkeit ist ein unaufhörlicher Drang, etwas zu *tun*, der durch Zwischenspiele von Depression und Regression unterbrochen wird (Kohut, 1971, p. 79).

Das Potential der Borderline-Persönlichkeit nimmt selten eine kohärente Form an; auch findet sie keinen Trost in der problematischen «Besonderheit», die den narzißtischen Menschen verfolgt. Außerdem wird die Borderline-Persönlichkeit von den Affekten, die die narzißtische Persönlichkeit zeitweise dämpfen, in ihrem Kampf um Individuation heftig angegriffen. Es könnte so scheinen, als lebe die Borderline-Persönlichkeit so dicht bei verfolgenden Energiefeldern, daß sie chronisch anfällig für psychische Zersplitterung bleibt.

Während die narzißtische Persönlichkeit andere Menschen so lange benutzt, bis ihre Bedürfnisse erfüllt sind, und sie erst dann fallen läßt, wenn anderes sich als verlockender erweist, laufen bei der Borderline-Persönlichkeit solche Vorgänge sehr viel schneller ab. An einem Tag ist der «andere» für ihn *das* Wunderbare und wird mit überschwenglicher Wertschätzung behandelt; am nächsten Tag, wenn die Borderline-Persönlichkeit sich «schlecht» fühlt, scheint dieser (angeblich derselbe) andere giftig zu sein. Die Atmosphäre kann gespannt sein, der andere kann Mühe haben zu atmen und sich unsicher fühlen. Dieser ehemals bewundernswerte andere kann viel reden oder es kann ihm auch schwerfallen, überhaupt etwas zu sagen. Es ist relativ einfach, die Erfahrung, abgelehnt zu werden, die man mit der narzißtischen Persönlichkeit macht, zu entziffern und auf sie zu reagieren, denn sobald man das Wesen der narzißtischen Übertragung erkennt, ist es oft möglich, sich zu beruhigen und ihre Absicht zu respektieren. Das ist mit der Borderline-Persönlichkeit nicht der Fall. Hier fühlt man sich dazu getrieben, *etwas zu tun*, und wenn man diese Gefühle sorgfältig untersucht, stellt sich schnell heraus, daß es die unbewußte Absicht des Therapeuten ist, mit einem unversehrten Identitätsgefühl davonzukommen. Er versucht dann mehr und mehr, alles zu wissen und die Situation vollständig zu erfassen. Dieses starke Omnipotenzbedürfnis wird durch die Empfindung, sich mechanisch, langatmig und körperlos zu fühlen, verstärkt.

Es gibt Zeiten, in denen die Borderline-Persönlichkeit im be-

sten Sinne des Wortes normal ist, das heißt sie beschäftigt sich mit ihrer Seele, nimmt das Leiden anderer wahr und ist davon betroffen. Tatsächlich ist die Borderline-Persönlichkeit oft aufrichtiger als ein «normaler» Mensch. Es ist gut vorstellbar, daß die Umschwünge von «nur guten» zu «nur verfolgenden» Zuständen Abwehrmechanismen gegen diesen seelenzentrierten Zustand sind, denn Aufrichtigkeit führt oft zum Erleben unerträglicher Schmerzen.
Die narzißtische Persönlichkeit verfügt kaum über tiefempfundene, menschliche Anteilnahme; sie ist im allgemeinen so von der inneren Welt abgeschnitten, daß der Begriff der «Seele» bedeutungslos geworden ist. Die Borderline-Persönlichkeit ist mehr als flüchtig mit dem Bereich der Seele vertraut, aber sie achtet sorgfältig darauf, daß diese Verbindung nicht sichtbar wird. Sie verbirgt sich meist hinter Verzweiflung. Die narzißtische Persönlichkeit läßt keine Verzweiflung zu, sondern verleugnet sie durch die Festigkeit und Geschlossenheit der narzißtischen Abwehr.

Eine klinische Vignette

Jim, ein 40jähriger Patient, erzählte mir von einem Haus, das er kaufen wollte. Ich machte ihn auf das aufmerksam, was ich als seinen Zwang zu agieren empfand, der seine Angst, das Haus zu kaufen, verbarg. Er erkannte, daß er sich auf diese Angst nicht konzentrieren wollte, weil sie für ihn eine Bedrohung darstellte. «Meine Angst könnte mir sagen, wie falsch dieser Kauf ist», sagte er und vermutete dann, daß seine Begeisterung über den Besitz eines eigenen Hauses abgeschwächt würde, wenn er sich mit diesen Ängsten beschäftigen würde. Tatsächlich hatte seine Mutter schon gegen den Kauf dieses Hauses argumentiert. Ich ermutigte Jim, seine Ängste zu beachten, und als er das tat, bemerkte ich, daß das Interaktionsfeld, das es zwischen uns gab, mit Angst erfüllt war. Meine Ima-

gination konzentrierte sich auf bestimmte Dinge, die er über das Haus gesagt hatte, besonders auf seine Vorfreude, es zu besitzen, und auf seine Ängste, die sofort aufgetaucht waren und diese Freude gestört hatten. Dann hatte ich das Gefühl, Jim würde jünger; es war plötzlich, als wäre ich mit einem kleinen Kind zusammen. Meine aufsteigende Angst und das starre Gefühl in meinem Körper führten mich dann dazu, die Probleme anzusprechen, die hinter seinen Ängsten lagen. Ich sprach mit ihm beispielsweise über seine Beunruhigung über den Zustand eines Brunnens, der das Haus versorgte. Einige Wochen vorher hatte er sich für ein Arrangement ausgesprochen, das den Mietern verschiedener Häuser in der Nachbarschaft erlaubte, den gleichen Brunnen mitzubenutzen. Weil ich seine Freude nicht dämpfen wollte, äußerte ich mein Unbehagen über seine Reaktion nicht. Jetzt konnte ich seinen Zweifeln auf den Grund gehen, ohne seinen Enthusiasmus zu zerstören.
In der nächsten Stunde setzte Jim sich ausführlicher mit dem Haus auseinander. Bei dieser Gelegenheit lobte er den Bauinspektor, der das Problem mit dem Brunnen so verantwortlich beurteilt hatte. An diesem Punkt unterbrach ich ihn und fragte ihn nach mehr Einzelheiten. Er antwortete: «Wenn der Verkäufer darauf besteht, daß ich für den Brunnen verantwortlich bin, dann kaufe ich das Haus nicht.» Diese Antwort kam mir merkwürdig vor, denn er schien seinen Wunsch nach diesem Haus aus einer Laune heraus aufzugeben. Ich machte mich mit viel Elan daran, mit ihm zusammen diese Äußerung zu analysieren, und plötzlich hatte ich das Gefühl und sagte das auch, als verstünde ich eine ganze Menge von diesem Brunnen. Ich hörte dann auf zu sprechen, als ich Jims unbeholfene und ausgeprägte Idealisierung von mir bemerkte, die zweifellos zu meiner plötzlichen Explosion von «Wissen» beigetragen hatte. Jim fuhr mit einiger Emotion fort: «Was hier jetzt gerade abläuft, ist sehr wichtig», sagte er, «denn ich habe keine Ahnung, was *ich* über diesen Brunnen denke. Ich weiß nur, daß ich nicht möchte, daß Sie oder irgendjemand denken, daß ich unreif sei.

Irgendwie muß ich Ihre Meinung über die richtige Vorgehensweise kennen. Ich selbst weiß überhaupt nichts.»
Jim versuchte dann, dieses Bekenntnis zu neutralisieren, indem er Halt darin suchte, das Problem zu intellektualisieren. An diesem Punkt unterbrach ich ihn und machte ihn auf das Gefühl der Beunruhigung aufmerksam, das zwischen uns spürbar war. Jim fragte sich, warum er so beunruhigt war. Als wir dieses Feld der Beunruhigung gemeinsam betrachteten, kam ich zu der Erkenntnis, daß er Angst hatte, und sagte ihm das. Er antwortete: «Ja, aber warum?» Ich antworte, daß seine Angst daher rühren könne, daß er das Risiko einging, zu seinem eigenen kreativen Prozeß, symbolisiert im Wagnis des Hauskaufs, zu stehen. Ich fügte hinzu, daß er in der gleichen Situation sei wie jedes kleine Kind beim Trennungsprozeß von seiner Familie und daß er schreckliche Angst habe, jede wirklich eigenständige Handlung könne zur Verlassenheit führen. Ich erklärte dann, wie jeder Gedanke und jede Handlung, die er in Erwägung ziehe, von dem beeinflußt würden, was er als die Meinung anderer Menschen, vor allem als meine Meinung ansah.
An diesem Punkt hatte ich die Empfindung, wir wären zusammengewachsen wie siamesische Zwillinge. Vorher, als ich in der idealisierten Position war, «alles zu wissen», war dieses Gefühl nicht dagewesen. Als die Idealisierung sich auflöste und wir uns mit Jims zugrundeliegenden Verlassenheitsängsten auseinandersetzten,veränderte sich unsere Dynamik. Es gab jetzt ein Gefühl, in einem Verschmelzungszustand zusammengeklebt zu sein. Es schien, als versuchte er, all das zu denken, was ich dachte, und alles zu intuieren und zu fühlen, was ich fühlte. Es wurde Jim schnell schmerzlich klar, daß diese «Mimikry», wie sehr sie ihm auch zuwider war, einen Überlebensmechanismus darstellte. Ich wurde abwechselnd zum Ziel von zwei typisch narzißtischen Konfigurationen, einer idealisierenden Übertragung und einer spiegelnden Zwillingsübertragung. Und doch war es in diesem Fall klar, daß keine dieser beiden

Übertragungsarten die Kohäsion bieten konnte, die ein Mensch mit einer narzißtischen Charakterstörung erreichen könnte. Diese Übertragungsformen können einen Narzißten in ausreichendem Maße vom Erleben zugrundeliegender panischer Verfolgungsangst isolieren, die mit Verlassenheitsängsten einhergeht. Aber in Jims Fall sickerten diese Verlassenheitszustände leicht ins Bewußtsein.

Hätte Jim unter einer narzißtischen Charakterstörung gelitten, dann hätte ich nicht so vorgehen können, wie ich es tat, denn meine Deutungen und mein imaginales Eindringen hätten ihm schreckliche Angst gemacht, und er wäre wahrscheinlich von einer narzißtischen Wut ergriffen worden. Da Jims Psyche eine größere Zersplitterung aufwies, schloß sie stabilisierend-defensive Möglichkeiten aus, welche die idealisierende und die Spiegelübertragung dem Narzißten anbieten, damit er das Objekt kontrollieren kann. So gesehen ist Stabilität beides: Vorteil und Nachteil. Der narzißtische Mensch kann im Leben recht leicht «zurechtkommen», häufig ohne viel zu leiden. Der Preis, den er zahlt, ist jedoch eine oberflächliche Persönlichkeit, ein Charakterzug, der im Alter in der Regel stärker wird. Als die narzißtische Übertragung bei Jim nicht mehr griff (der eine Borderline-Persönlichkeit mit einer Als-ob-Qualität war), wurde sie von zwanghafter Kontrolle abgelöst; als diese Kontrolle nachließ, zeigte sich ein Meer von Schmerz und Verzweiflung. Solche Affekte gibt es natürlich auch bei der narzißtischen Persönlichkeit, aber die narzißtische Abwehr und die spezifischen Übertragungsweisen schwächen sie so sehr ab, daß der Betroffene sie nicht tief empfindet.

Aber ich konnte mit Jim weitergehen, der inzwischen mit seiner Angst in Kontakt gekommen war. Das Wissen um seine Angst half uns wenig. Das Ich und das Selbstgefühl sind bei der Borderline-Persönlichkeit äußerst begrenzt, und Verbindungen zum Unbewußten (wie zum Beispiel durch die Erfahrung der Angst) sind flüchtig und können den Menschen insofern kaum mit seinem Selbst – mit einer Kernidentität – verbinden.

Der Versuch, durch die Deutungen des Therapeuten eine Verbindung zum Unbewußten herzustellen, kann den Patienten hilfloser denn je zurücklassen.
Ich forderte Jim auf, seine Aufmerksamkeit ganz auf seine Angst zu richten. Als er sich auf seine Angstgefühle konzentrierte, begann ich ein kleines Kind in ihm zu *sehen.* Auch er konnte ein inneres, vier Jahre altes Kind imaginieren, das sich an seine Kindheitsumgebung anzupassen schien, aber trotz seiner hervorragenden Leistungen in Wirklichkeit ängstlich, verwirrt und sich aller seiner Gefühle unsicher war. Das Leben war für dieses vier Jahre alte Kind ein Spiel ums Überleben. Es war eine angsterregende Existenz von einem Augenblick zum nächsten. Aber das Bewußtsein seines Zustandes war bei diesem Kind hinter einer Plastikpersona versteckt: Das Kind in Jim wußte nicht, wie schrecklich es sich fühlte.
Ich schlug vor, daß Jim versuchen sollte, sich diesem Kind körperlich nah zu fühlen. Er antwortete, daß er Widerstand gegen dieses Kind fühlte, weil dieses Kind leer und völlig zynisch zu sein schien. Er haßte dieses Kind wirklich und schämte sich zutiefst, weil es ein Teil von ihm war. Er empfand den tiefsitzenden Zynismus des Kindes und sein Mißtrauen allen gegenüber als schrecklich gefährlich. Jim empfand aber auch, daß das Kind nützliche Erkenntnisse bringen und sogar das Brunnenproblem in dem Haus, das er kaufen würde, lösen könnte.
Ich erklärte Jim, daß sein Gefühl totaler Unfähigkeit und seine Neigung, sich mit den Wünschen anderer zu identifizieren (sogar entgegen seinen eigenen Wünschen) zu diesem kindlichen Teil von ihm gehöre. Dieser kindliche Teil bewirkte diese Befindlichkeiten in Jim, um ihm etwas mitzuteilen. Aber diese Erklärung half ihm nicht viel, denn Jim hatte im Grunde genommen schreckliche Angst vor dem Kind in ihm. Er fragte dann, ob er «das Kind bei einem Treffen mit Maklern sprechen lassen sollte», und ich sagte ihm, daß er,

wenn er das Kind imaginal in seiner Nähe behalten könnte, auch näher mit seinem eignen Körper verbunden wäre. Hauptsächlich deswegen, weil Jim nur eine leichte Borderline-Störung hatte, war er in der Lage, den Kontakt zu diesem Kind zu halten. Später konnte er es während geschäftlicher Sitzungen fühlen und war dabei selbst überrascht, wie klar und bestimmt er sein konnte. Jims kindlicher Teil trug eindeutig entscheidende Aspekte seines Selbst, die aufgrund seiner frühen familiären Erfahrungen abgespalten waren.

Es wäre ein gefährliches Unterfangen, mit schweren Borderline-Fällen so vorzugehen, wie ich es mit Jim tat. Denn bei schwereren Borderline-Fällen sind Spaltung, Verleugnung und das Gefühl der Hilflosigkeit unbeständiger. Jims Entwicklung konnte zum Teil von ihm selbst ausgetragen werden; andere mit einer weniger entwickelten Fähigkeit dazu fühlen sich durch die Last des inneren Kindes leicht erdrückt. Borderline-Patienten haben oft eine ambivalente Beziehung zu ihrem inneren Kind, insbesondere, da das Kind, das zuerst auftaucht, oft weder nett noch liebevoll ist. Das abgespaltene Kind wird oft gehaßt, weil seine Verzweiflung und Wut in das Ich eindringen und weil es (so weit das Kollektiv betroffen ist) alles tut, was es nicht tun «sollte», und das mit heftigen Affekten. Patient und Therapeut müssen sich imaginal um das Kind kümmern und – wie bei gewissen schamanischen Praktiken – direkt zu ihm sprechen, um dieses innere Kind erfolgreich an das Ich zu binden. Auf diese Weise kann der Therapeut das Unbewußte eher zum Handeln bringen, als wenn er mit Erörterungen und Deutungen, die sich an die bewußtere Persönlichkeit wenden, den Weg zeigt. Wir müssen das innere Kind oft imaginal wahrnehmen und einsetzen und es gegen den Haß und die Spaltungsabwehr des Patienten verteidigen. Jim konnte den Kontakt zu dem Kind mehrere Wochen lang aufrechterhalten. Dann riß diese Verbindung unter dem Druck einer neuen Situation ab, und er fiel in seine übliche intellektualisierende Abwehr zurück. Da mußte ich das Kind für ihn wiederfinden und als sein Anwalt

auftreten. Diese Art der Unterstützung wird natürlich vorsichtig zurückgenommen, wenn der Patient sie weniger braucht und das Kind sicherer in sich bewahren kann.
Zugegebenermaßen läuft dieser therapeutische Ansatz über eine imaginale Reihe, bei der der Therapeut die Psyche des Patienten aktiv mit einbezieht. Ohne diese Art der Interaktion ist der Patient unfähig, seine abgespaltenen Teile zu integrieren. Außerdem hat der abgespaltene kindliche Teil schreckliche Angst vor dem erwachsenen Teil, der seine Zerstörung will. Der Therapeut muß sich also um den imaginalen Akt bemühen, denn mit Deutungen gerät man sehr ins Stocken und läßt den Patienten hilflos zurück.
Wenn Jim eine narzißtische Charakterstörung mit der Fähigkeit zu einer stabileren idealisierenden bzw. spiegelnden Übertragung gehabt hätte, wäre ich nicht imaginal in seine innere Welt eingetreten, sondern hätte den offensichtlichen und kontrollierenden Forderungen der Idealisierung und Spiegelung Empathie entgegengebracht. Wird jedoch diese Vorgehensweise bei einem Borderline-Patienten angewandt, so bestärkt der Therapeut den relativ normalen/neurotischen funktionalen Teil im Patienten, dringt aber kaum zu der sehr viel wichtigeren Welt des abgespaltenen Kindes vor.

Menschen als Götter
Realitätsverzerrungen und das Selbst

«Inkarnation erscheint auf der menschlichen Seite als Individuation.»
(Jung, GW 11, § 233)

Einleitung

In der Regel verzerren Borderline-Persönlichkeiten die Realität. Zum Beispiel begann eine Frau nach einigen Jahren der Behandlung gegen Ende jeder Sitzung ihre Verlassenheitsängste zu erleben, und zwar insbesondere freitags. An den Wochenenden zog sie sich dann zurück, war traurig und litt darunter, keinerlei Erinnerung an mein Bild zu haben. «Sie sind völlig verschwunden», sagte sie dann. Nachdem sie ungefähr sechs Monate lang jeweils am Ende unserer Sitzungen hysterische Ausbrüche gehabt hatte und die anschließenden Wochenenden quälend für sie gewesen waren, merkte ich, daß sie die bevorstehende Unterbrechung durch das Wochenende besser verkraften konnte und diese sogar spurlos an ihr vorüberzugehen schien. Dann am Ende einer der Freitagssitzungen, als sie auf die Tür zuging, ertappte sie sich bei dem Gedanken: «Es ist Mittwoch, und ich werde ihn am Freitag sehen.» Ihr wurde bewußt, daß sie über diesen Zeitraum von sechs Monaten verleugnet hatte, daß sie freitags die letzte Stunde der Woche bei mir hatte. Im Laufe der Zeit begann sie, an den Wochenenden realistischer unter dem Fehlen meines Bildes zu leiden. In den darauffolgenden Wochen wurden ihr die Erinnerungen an mein Bild irgendwie zugänglicher, und nach und nach war sie auch weniger zurückgezogen.

Die Borderline-Persönlichkeit verzerrt die Realität oft durch

extreme Spaltung in «gut und böse». Ein Patient kann beispielsweise sagen, er hasse jemanden, kann aber dieselbe Person in der nächsten Stunde als den «wunderbarsten Freund der Welt» verherrlichen. Diese Schwankungen können sehr verwirren, und der Therapeut mag versucht sein, sie anzusprechen; dann würde sich der Patient aber zweifellos mißverstanden und angegriffen fühlen, und die von ihm so gefürchtete Erfahrung des Verlassenwerdens würde sich tatsächlich einstellen. In der Psychotherapie müssen wir umsichtigere Wege finden, diese Spaltung in «gut» und «böse» zu heilen, weil die Borderline-Persönlichkeit durch sie äußerst heftige Verfolgungsängste abwehren kann. Diese Art der Spaltung und Idealisierung spielt grundsätzlich eine große Rolle bei der Realitätsverzerrung des Borderline-Patienten. Erzählt er etwa von den wunderbaren Eigenschaften eines anderen, zeigt sich häufig, wie sehr diese Geschichten verzerrt sind. Es geht nicht darum, daß der Patient hier lügt, vielmehr versucht er, an einem guten Objekt festzuhalten, selbst um den Preis, das äußerst destruktive Verhalten dieses Objekts zu verleugnen. Der Borderline-Patient macht häufig einen sprunghaften Fortschritt in seiner Individuation, wenn es ihm möglich wird, Haß zu ertragen, nicht nur den eigenen Haß, sondern auch die Kränkung, Zielscheibe für die Bosheit eines anderen zu sein.

Im Umgang mit den Verzerrungen des Borderline-Patienten ist es mitunter notwendig, auf der Ebene der von ihm klar geäußerten Sorgen zu bleiben. Ein Patient z. B., der als freier Mitarbeiter für eine Firma tätig war, hatte sein Honorar nicht erhalten; die Firma geriet allerdings in der Regel mit der Zahlung dreißig Tage in Verzug. Diese Firma schickte ihm nun einen Vertrag zur Unterzeichnung zu, der vorsah, daß jährlich eine große Summe Geld für seine zukünftige Arbeit zurückgelegt würde, und teilte ihm mit, daß diese Regelung zukünftige Zahlungen vereinfachen würde. «Um ihnen eine Lektion zu erteilen», hatte der Patient vor, den Vertrag nicht zu unterschreiben, insbesondere weil er zwei Punkte gefunden hatte, die

nicht in seinem Interesse waren. Ich erklärte ihm, daß er die tatsächliche Situation verzerrte, indem er die Illusion aufrechterhielt, die Firma sei ein nur gutes Objekt, das ihn lieben und achten und sofort seine Bedürfnisse erfüllen müsse, und daß er mit Ärger reagiere, wenn das Objekt dieser Illusion nicht entsprach. Diese Deutung machte ihn wütend auf mich, weil ich ihn «nicht verstand» und weil ich «die für ihn bestehende Notwendigkeit, sich anderen gegenüber zu behaupten, untergrub». (Wir hatten vorher an seiner Unfähigkeit, sich anderen gegenüber zu behaupten, gearbeitet.) In der folgenden Sitzung wirkte er ziemlich verdrossen. Er hatte den Vertrag noch einmal gelesen und herausgefunden, daß er ihn vorher falsch verstanden hatte. Er hätte ihn beinahe zurückgeschickt mit der wütenden Anmerkung, er würde nur dann unterschreiben, wenn die beiden Punkte geändert würden und er sofort sein Honorar erhalte. Wie sich herausstellte, beinhalteten gerade diese Punkte genau das, was er wollte! Hätte er seine Gefühle ausagiert, was ihm durch meine Einwände anscheinend versperrt wurde, hätte er diese finanzielle Sicherheit, die die Firma ihm angeboten hatte, wahrscheinlich verloren, was er sich nicht ohne weiteres leisten konnte.

Hätte ich aus der Überzeugung gehandelt, daß ich seine eigentliche (latente) Mitteilung über unseren therapeutischen Prozeß ignoriere, wenn ich ihm auf einer manifesten Ebene antworte, hätte ich riskiert, bei ihm eine ernste Verlassenheitserfahrung zu verursachen; denn ich hätte mich zu einem Zeitpunkt, an dem er die Wirklichkeit nicht ganz richtig wahrnahm, geweigert, seine auf einer äußeren Ebene liegenden Bedürfnisse wahrzunehmen. Durch so ein Verhalten hätte ich im Grunde genommen zugelassen, daß er Gefahr lief, seinen Job bei der Firma zu verlieren.

Die Realitätsverzerrungen, die bei der Behandlung der Borderline-Persönlichkeit auftreten, haben häufig damit zu tun, daß eine schmerzhafte Situation in ein Gegensatzpaar aus «nur gut» und «nur schlecht» gespalten und dann der «nur schlechte»

Teil dieses Paares verleugnet wird. Im ersten Beispiel verleugnete meine Patientin, daß es Freitag war; sie hatte somit die zum Wochenende auftretende Bedrohung des Verlassenwerdens abgespalten und durch ein positives Bild ersetzt, nämlich daß ich sie am Mittwoch sehen würde. Im zweiten Beispiel wurde abwechselnd die Eigenschaft «nur gut» oder «nur schlecht» auf die Firma projiziert, für die der Patient als freier Mitarbeiter tätig war. So versuchte er einen inneren Verfolgungszustand in den Griff zu bekommen und verzerrte dadurch die Wirklichkeit. Im allgemeinen folgt der Spaltung die Realitätsverzerrung auf dem Fuß, denn Spaltung erfordert, daß das Gegensatzpaar voneinander getrennt gehalten bleibt, damit «die linke Hand nicht weiß, was die rechte tut». Die Wirklichkeit wird verzerrt, um dieses Ziel zu erreichen. Mitunter fühlt sich der Therapeut mit einem Borderline-Patienten wie ein Jongleur, wenn er die sich widersprechenden Reaktionen des Patienten, die dieser zeigt und dann jeweils wieder verleugnet, miteinander zu verbinden sucht. Der Therapeut hat dann möglicherweise den Eindruck, eine gewisse Synthese sei erreicht. Es kann den Anschein haben, der Patient sei in der Lage, sich dem Haß eines anderen zu stellen, und er könne mit der Angst und den negativen Gefühlen umgehen, die aufkommen, wenn er dieses Hasses gewahr wird. Aber am Ende der Sitzung macht er vielleicht eine Bemerkung, die alles, was sich angebahnt hatte, zunichte macht und darauf hinweist, daß sich krasseste Formen der Spaltung und Idealisierung wiedereingestellt haben. Der Therapeut hat sich törichterweise so verhalten, als könne man den Kurs eines Eisbergs verändern, indem man seine Spitze bewegt.

Die Spaltung von Objekten in ein Gegensatzpaar aus «nur gut» und «nur schlecht» ist nicht das einzige Verhalten, das der Realitätsverzerrung zugrunde liegt. Vielmehr kann die Innenwelt einer Borderline-Persönlichkeit äußerst fragmentiert sein, wobei dann jeder einzelne Teil ein Eigenleben besitzt. Eine Frau verleugnete beispielsweise innerlich den Tod ihres Vaters, in-

dem sie sich vier innere «Väter» schuf, von denen dann jeder einzelne ihre Einstellung gegenüber der Bedrohung beeinflussen konnte, im Leben oder im therapeutischen Prozeß verlassen zu werden. Diese wahnhaften Konstruktionen ermöglichten es ihr, den Schmerz zu verleugnen, führten aber auch zu schwerwiegenden Verzerrungen der äußeren Realität. Einer ihrer «Väter» war z. B. ein idealisiertes Bild, das sie auf ihren Ehemann projiziert hatte; folglich bemerkte sie nicht, daß er Affären mit anderen Frauen hatte; diese Verzerrung bereitete ihr schließlich viel Kummer, war aber nur eine der vielen Formen, in denen sie die Realität verzerrte. Sie war gezwungen, eine Vielzahl anderer Wahrnehmungen zu verleugnen, um den Spaltungsvorgang aufrechtzuerhalten. Im allgemeinen ist es diese Spaltung des Ich in zwei oder mehrere einander entgegengesetzte Teile, die der Realitätsverzerrung zugrunde liegt und sie bewirkt; die projektiven Prozesse, die diese begleiten, können erhebliche Verwirrung stiften.

Ein Beispiel für eine Form von Realitätsverzerrung, die sowohl Spaltung als auch Projektion umfaßt, wird durch die folgende Geschichte veranschaulicht. Ein Mann hatte beschlossen, an einem Wochenende zu arbeiten, hatte jedoch Hemmungen, es seiner Frau zu sagen, denn er wußte, wie sehr ihr das mißfiel. Als er es ihr schließlich erzählte, beschuldigte sie ihn, ihr Vertrauen zu mißbrauchen und sein Wort zu brechen. Er war schockiert von ihrer Reaktion; obwohl er wußte, daß sie ungehalten sein würde, traf ihn die Heftigkeit ihrer Reaktion unvorbereitet. Während ihres Gesprächs entstand bei ihm ein Gefühl der Verwirrtheit, insbesondere dadurch, daß sie sich anscheinend genau erinnern konnte, daß er in früheren Auseinandersetzungen versprochen hatte, am Wochenende nicht zu arbeiten. Diesmal kam ihm die Auseinandersetzung mit ihr allerdings bekannt vor, woran sich zeigte, daß sich bei ihm etwas Wichtiges verändert hatte, denn dies ließ auf eine neugefundene Fähigkeit zur Reflexion schließen. Es gelang ihm diesmal, nicht wie sonst hysterisch und defensiv zu reagieren, son-

dern er fragte sie einfach, was sie meine. Seine Frau wies auf ein früheres Gespräch über seine Arbeitszeiten hin. Während sie sprach, merkte er, wie bei ihm erneut Verwirrtheit, das Gefühl, sich verteidigen zu müssen, und Schuldgefühle entstanden; es fiel ihm zunehmend schwerer nachzudenken. Mit viel Mühe gelang es ihm, sich eines Gespräches zu erinnern, in dem sie ihn wirklich darum gebeten hatte, am Wochenende nicht zu arbeiten. Dann aber fiel ihm ein, daß er nie zugestimmt hatte, sondern ausgewichen war: Er hatte nur gesagt, er würde sich darum bemühen. Angesichts der Angriffe seiner Frau, gegen die er sich kaum wehren konnte, war ihm damals schon das bißchen, das er gesagt hatte, ziemlich heldenhaft vorgekommen. Aber seine Feigheit holte ihn jetzt wieder ein; seine Unfähigkeit, klar und deutlich zu sagen, daß er möglicherweise an einigen Wochenenden arbeiten müsse, hatte seine Frau dazu gebracht, sich eine neue Version der zwischen ihnen existierenden Wirklichkeit aufzubauen. Ihr Wunschbild von einem Ehemann, der am Wochenende nicht arbeite (was für sie hieß, daß er sie nicht verließ), war auf ihn projiziert. Als er sich von dieser Projektion nicht freimachte, sondern stattdessen eine unverbindliche Haltung beibehielt, introjizierte sie diese Projektion *zusammen mit seiner unausgesprochenen Zustimmung, die dadurch vermittelt wurde, daß er keinen klaren Standpunkt bezog.* Sie verzerrte dann ihr Gespräch so, daß sie daraus den Schluß zog, er habe ihrem Vorschlag zugestimmt. Es war also nicht verwunderlich, daß er ihr nur mit ziemlicher Beklommenheit sagen konnte, er werde am Wochenende arbeiten.

Diese Form der Interaktion ist typisch für Borderline-Patienten, die paranoide Züge aufweisen. Der Patient projiziert psychische Inhalte auf den Therapeuten und introjiziert dann die Projektionen *zusammen mit Inhalten, die vom unbewußten Prozeß des Therapeuten erzeugt werden.* Dies können einzelne Gedanken oder Gefühle sein, die der Therapeut hat, jedoch nicht äußert, oder sie können wie im letzten Beispiel die Folge eines Vakuums sein, das dadurch entsteht, daß man sich nicht

unmißverständlich zu etwas äußert. Dieses Vakuum wird dann von den projizierten Bedürfnissen des Patienten ausgefüllt, die dann wiederum reintrojiziert werden. Wird dieser Inhalt zu einem späteren Zeitpunkt als etwas präsentiert, was man tatsächlich gesagt oder getan haben soll, so empfindet man dies als äußerst verwirrend, denn dieser Inhalt besteht aus Projektionen des Patienten *und* Aspekten unbewußter Vorgänge im Therapeuten, die der Patient introjiziert hat; man empfindet diese Mitteilung als in merkwürdiger Weise zutreffend, zugleich aber auch als grob verzerrt. Diese Erfahrungen von Realitätsverzerrung werden sogar noch verkompliziert, wenn man die bereits besprochenen Punkte bedenkt, welche die genauen Wahrnehmungen des Borderline-Patienten betreffen – daß nämlich der Patient den inneren Prozeß des Therapeuten häufig sehr genau wahrnehmen kann. Deswegen wird dem Borderline-Patienten leicht ein außergewöhnliches «Wissen» zugeschrieben. Wenn der Therapeut mit einer solchen Einstellung arbeitet, kann es ihm leicht passieren, daß die Aussagen des Patienten ihn ziemlich verletzen, selbst wenn diese im wesentlichen auf Spaltung, Verleugnung und projektiven Mechanismen beruhen. Der Therapeut darf sich auf keinen Fall von einem Harmoniestreben dazu verleiten lassen, den negativen Gefühlen aus dem Weg zu gehen.

Ich möchte mich im folgenden auf jene Realitätsverzerrungen konzentrieren, die sich als Spaltung, Idealisierung und Verleugnung äußern, aber nur sehr schwer aufzudecken sind und einen äußerst starken Einfluß auf das Leben vieler Borderline-Persönlichkeiten haben. Es handelt sich dabei um die archetypische Projektion eines alttestamentarischen Gottesbildes auf ein menschliches Wesen. Jung geht in seinen Werken ausführlich auf die psychologische Bedeutung dieses Bildes ein (GW 11).

Jung sagt oft, daß seine klinische Arbeit mit Patienten, die sich in den Tiefen des Individuationsprozesses befanden, ihn letztlich dahin geführt hat, die Geschichte und die psychologischen Ursprünge von Religion und Alchemie zu erforschen. Er glaubte, er könne seine Patienten nur verstehen, wenn er in die uralten Schichten der Seele eintauchen würde, tiefer und über das hinausgehend, was allein jenen Strukturen zugeschrieben wird, die durch Introjektions- und Identifikationsvorgänge in der Kindheit oder später erworben wurden. Jungs Schriften über die alttestamentarische patriarchalische Gottesfigur, Jahwe, helfen uns zu verstehen, wie dieses Bild in der Borderline-Persönlichkeit wirksam sein kann. Es stellt sich häufig heraus, daß in diesen Patienten eine Projektion abläuft, die nur äußerst schwer aufzudecken und abzubauen ist: Das Objekt wird mit dem Bild des Vatergottes versehen, und da diese Projektion wahnhaften Charakter hat, kann ihre Rücknahme nur sehr schwer bewirkt werden.

Die psychische Befindlichkeit, die Jung die Welt des Vaters nannte, ist ein Zustand, in dem «Mensch, Welt und Gottheit [...] ursprünglich ein Ganzes, eine durch keine Kritik getrübte Ganzheit» sind.

«Die Welt des Vaters bezeichnet offenbar eine Zeit, die durch die ursprüngliche Einheit – die schöne oder häßliche oder ängstliche Einheit – mit der ganzen Natur charakterisiert ist» (Jung, GW 11, § 201). «Es ist ein hingenommener, unreflektierter Zustand, ein bloßes Wissen um ein Gegebenes ohne intellektuelles oder moralisches Urteil. Dies gilt individuell wie kollektiv» (Jung, GW 11, § 270). «Jahwe ist nicht gespalten, sondern eine *Antinomie,* eine totale innere Gegensätzlichkeit» (Jung, GW 11, § 567).

Jahwe ist insofern ein *complexio oppositorum,* ein numinoses Ganzes, und nicht ein «nur gutes» oder «nur schlechtes» Teilobjekt.

Diese Auffassung führt zu radikalen Schlußfolgerungen, näm-

lich dazu, *daß bei Jung als Ausgangspunkt für den Erwerb einer inneren Struktur ein ganzheitliches Objekt anzusehen ist. Und diese Auffassung unterscheidet sich von der Psychologie der Teilobjekte, von der im allgemeinen die meisten anderen Ansätze ausgehen*[7]. Das ist eine entscheidende klinische Frage, denn sie hat Auswirkungen auf unser Verständnis der ersten Lebenstage und -monate. Es läßt sich sagen, daß ein Kind aus dieser Sicht ein «Kind Gottes» (Elkin, 1972) ist, das bei der Geburt nicht in einem autistischen oder vorobjekthaften Zustand ist, sondern ein göttliches Objekt in sich trägt. Die Erfahrungen eines Kindes während der frühesten (möglicherweise pränatalen) Monate seines Lebens hinterlassen Rückstände, von denen viele Borderline-Persönlichkeiten heimgesucht werden: Freude, die verloren ist, und eine Verbindung zum Numinosen, die auf ewig unterbrochen zu sein scheint. Dennoch lebt der Wunsch nach diesem dunkel erinnerten Zustand fort und nimmt die Form einer unbewußten Suche nach dem Vater an.

Es sollte angemerkt werden, daß männliche und weibliche Objekte Empfänger von «Gottvater»-Projektion sein können, genauso wie auch männliche Figuren Träger der Projektion der Mutterarchetypen sein können. Wir haben es hier mit einer bestimmten archetypischen Konstellation zu tun, die a priori, also bereits vor und unabhängig von den Objekten, existiert, die sie dann per Projektion tragen können. In manchen Mythologien, kann das, was Jung den «Vater» nennt, sich auch in weiblicher Gestalt verkörpern[8]. In jedem Fall wird ein nichtinkarnierter Geist auf eine wirkliche Person projiziert. Der «Vater» ist ein Aspekt des *spirituellen Selbst,* allerdings stellt er nur eine der Formen dar, die dieses Selbst annimmt, zweifellos aber eine bedeutsame. Die meisten von uns sind unter dem machtvollen Einfluß des alttestamentarischen Gottesbildes erzogen worden. Das Kennzeichen für eine kreative Beziehung zu einem patriarchalen Gottesbild ist die Fähigkeit, sich mit einem äußeren Objekt zu verbinden, das als numinos empfunden wird, als ganz-

heitlich und mitfühlend, in hohem Maße komplex und reich an Sinn und Tiefe. Das derart ausgestattete Objekt kann auch negative Eigenschaften haben. Für die Borderline-Persönlichkeit ist der vorzeitige Verlust dieser Beziehung zum *Numinosen* ein Trauma, von dem ihre weitere Entwicklung überschattet wird. Der Individuationsprozeß dieses Menschen ist dann auf die Suche nach einer Verbindung zum Heiligen fixiert und auf pathologische Versuche, diese wiederherzustellen; pathologisch deshalb, weil die Borderline-Persönlichkeit in unbewußter und wahnhafter Weise ein menschliches Wesen mit dem numinosen Bild identifiziert. Ein solcher Mensch wird wahrscheinlich Idealisierung, Spaltung und Verdrängung einsetzen, um jemand zu erschaffen, der dem Bild des Archetyps entspricht.

Das Wesen der Beziehung des Patienten zu dem archetypischen Gottesbild wird nicht enthüllt, wenn der Therapeut sie für eine lediglich narzißtische, idealisierende Übertragung hält. Einerseits läuft ein unbewußter Vorgang ab; der Patient weiß nichts von dessen Existenz und nimmt nicht wahr, daß seine psychischen Energien der Aufgabe gewidmet sind, das projizierte Gottesbild am Leben zu halten, selbst um den Preis, das Leben ganz allein zu bestreiten. Wenn andererseits der Therapeut auf die Fehler des Objekts, das Träger des Gottesbildes ist, hinweist und selbst wenn der Borderline-Patient diese Fehler ganz deutlich sieht, bleibt die Projektion unangetastet. Das ist das Gegenteil von dem, was geschieht, wenn eine Idealisierung erschüttert wird. Die archetypische Übertragung ist tiefgreifender als die narzißtische Übertragung. Mitunter muß erst eine idealisierende Übertragung bearbeitet werden, bevor eine schizoide Dynamik aufgedeckt wird, die archetypisches, wahnhaftes Material verbirgt. Diese schizoide Dynamik sollte auf keinen Fall als Abwehr gegen eine idealisierende Übertragung betrachtet werden.

Das patriarchale Gottesbild, wenn es auf eine reale Person projiziert wird, karikiert die Verbindung der Borderline-Persönlichkeit zur Gottheit. Kein menschliches Objekt ist dazu geeig-

net, Träger der Gottesprojektion zu sein. Wenn jemand mit diesem Bild versehen wird, muß der Projektion immer wieder Energie zugeführt werden, damit ihre Vitalität erhalten bleibt. Ein Mann berichtet von einem sich wiederholenden Kindheitstraum, in dem er auf dem Rücken Supermans ritt und dabei analen Geschlechtsverkehr mit ihm hatte. Anscheinend mußte er das tun, damit Superman weitermachen konnte! Eine Frau erhielt eine Vatergottprojektion auf ihren Liebhaber aufrecht, indem sie ihn durch die Energie ihrer eigenen Sexualität potent machte. Als sie dieses Verhalten aufgab, ihr verführerisches Verhalten unterbrach und darauf wartete, daß seine Sexualität ohne sie funktionierte, wurde er impotent. Dadurch nahm für sie das Wesen ihrer Projektion zum ersten Mal greifbare Gestalt an. Aber die Hoffnung, daß die Potenz und Wandlungskraft eines Objektes das Leben verändern und ein Selbst schaffen können, kann sich auch angesichts der eklatantesten Widersprüche zwischen Realität und der Gottesprojektion halten. Normalerweise löst sich diese Erwartung erst nach Jahren therapeutischer Arbeit auf. Was die Sache noch komplizierter macht, ist, daß der Betrachter in der Regel nicht weiß, daß hinter den Kulissen ein Wahn tätig ist; denn der Patient, der von diesem Wahn besessen ist, schätzt die Eigenschaften der Person, die Träger der Gottesprojektion ist, häufig realistisch ein. Der Patient kann über die Hoffnungslosigkeit der Beziehung klagen und sich der Schwächen des Objektes schmerzlich bewußt sein. Trotzdem wird die Beziehung fortgeführt. Die Bindung lockert sich, wenn der Patient die Verlassenheitsängste erleben und mit ihnen umgehen kann. Aber trotz seiner zentralen Bedeutung kann der Widerstand des Patienten gegen Veränderung nicht allein mit der Abwehr gegen Verlassenheit erklärt werden, denn dieser Widerstand hat mit seinem Wahn zu tun, der sich in der Vorstellung verkörpert, daß das Objekt der patriarchalische Gott *ist,* der so leidenschaftlich begehrt wird.

Eine klinische Vignette

Das folgende Material illustriert die Wandlung einer wahnhaften Beziehung zum patriarchalen Gottesbild. Eine Frau erzählte den folgenden Traum:

Ich bin mit meinem Freund zusammen. Mein Vater ist klein und liegt in einiger Entfernung auf einer Ablage. Ein Huhn liegt neben mir. Ich nehme den Penis meines Freundes von seinem Körper ab. Aber der Penis wird lebendig und fängt an, sich von allein zu bewegen; ich bekomme Angst und stecke ihn in den Hintern des Huhns. Dann bin ich besorgt, der Penis könne nun vergiftet sein. Ich lege ihn schnell in den Kühlschrank.

Ich betrachtete das Huhn zunächst als ein mütterliches Bild und die Handlung, den Penis zu nehmen, als einen mit Neid in Zusammenhang stehenden Diebstahl. Unter diesem Gesichtspunkt gesehen verdirbt der Neid der Frau ihr Introjekt des väterlichen Phallus, und sie fühlt sich verfolgt und bedarf starker Spaltungsmechanismen. Diese Deutung, die sich auf ihren tiefsitzenden Haß gegen ihren Vater wegen seiner emotionalen Abwesenheit bezog, bewirkte wenig, bis dann eine weitaus tiefergehende Phantasie aufgedeckt wurde.
Erst als diese Frau begriff, daß sie in dem wahnhaften Glauben lebte, daß der Mann in ihrem Traum jemand sei, mit dem sie eine harmonische Beziehung leben könnte – durch die dann «Gottvater» erfahren werden könnte –, konnte der Veränderungsprozeß beginnen. Wir konnten allmählich auch dic viel tiefere Bedeutung des Traumes erfassen. In dieser späteren, befriedigenderen Deutung repräsentiert der Penis den starken Wunsch der Patientin, ihrem Vater Energie zurückzugeben, denn das Huhn ist nicht vornehmlich ein Muttersymbol, sondern stellt die «Huhn»-Anima ihres Vaters dar. Die Frau hatte ihren Vater als jemand beschrieben, der unter Platzangst litt und schreckliche Angst vor der Welt hatte. Trotz seiner über-

durchschnittlichen geistigen Begabung, die in Studien und Meditation zum Ausdruck kam, war er nicht in der Lage, seine geistigen Werte zu verwirklichen. Er war sozusagen «auf der Ablage». Indem sie den Penis nahm, versuchte die Frau, ihm Energie zuzuführen, damit er ihre Vaterprojektion unterstützen könne.

Der imaginale Akt wurde von inzestuösen Phantasien gespeist. Er war auch mit Neid durchsetzt, der daraus entstanden war, daß die Patientin glaubte, nie die emotionale Unterstützung finden zu können, die sie eigentlich wollte. Das inzestuöse Element wirkte in dieser Frau wie eine Sperre, die gegen die Inkarnation des patriarchalen Gottesbildes als eine innere Selbsterfahrung in ihr aufgerichtet war. In den Jahren vor ihrer Therapie hatte sie häufig von besonderen Objekten (z. B. von Raumschiffen oder phantastischen Vögeln) geträumt, die vom Himmel herabkamen, aber giftig wurden, wenn sie sich der Erde näherten. So konnte das Gottesbild, das durch Inzest vergiftet war, nicht Teil des inneren Selbst werden.

Ein bezeichnender Teil dieses Traumes ist der, in dem der Penis die Träumende erschreckt, als er ein Eigenleben entwickelt. Der Penis ist ein Symbol für die autonome und archetypische phallische Macht der Träumenden. Wenn diese Frau sich den Penis aneignet, bedeutet das, daß sie die Phantasie aufgibt, ihren Vater zu heilen. Dies ist ein Aspekt eines Syndroms, das sich folgendermaßen beschreiben läßt: Die Energie des Numinosen wird geopfert und einer Elternfigur gegeben in der Hoffnung, diese Figur zu regenerieren. Die Angst der Patientin vor dem Numinosen gründet auf dem Wagnis, sich dessen Macht anzueignen. Im Falle dieser Patientin war die Angst auch ein bedeutsamer Aspekt des «Gifts», mit dem sie konfrontiert wurde, als sich archetypische Bilder ihrem Ichbewußtsein näherten.

Wenn erst einmal der wahnhafte Charakter des Strebens nach einem patriarchalen Gottesbildes erkannt wird, kann eine ernste, ja sogar schizoide Depression einsetzen. Dies ist der Punkt,

an dem man schmerzlich die Abwesenheit eines inneren Selbst spürt; der Tod selbst wird zum Verbündeten. Das Leben scheint nicht mehr lebenswert zu sein. Kann jedoch der Verlust des Gottesbildes ausgehalten werden, dann kann man in eine neue Phase eintreten, und das innere Selbst kann anfangen zu wachsen. In dem oben erwähnten Fall begriff die Patientin in einem schmerzhaften Prozeß, daß ihr Streben nach Harmonie durch Wahnvorstellungen entstellt worden war, und hatte am Ende einen Traum, in dem sie ein schönes kupfernes Mandala hinter einem Grabstein sah. Kupfer wird normalerweise der Göttin Venus zugeordnet, was die Patientin wußte. Durch den Tod des alten Gottes konnten also die weiblichen Werte offenbar werden, die sie abgelehnt hatte. In Jungs Schriften entspricht diese Bilderwelt der Wandlung jenen, die nach dem Tod des patriarchalen Gottesbildes aufkommen (GW 11, § 82, 94, 397). Seinen Entdeckungen zufolge ist eine weibliche Seite des Selbst, die durch die patriarchale Haltung der jüdisch-christlichen Religion verleugnet und abgespalten wird, im kollektiven Unbewußten latent vorhanden. Diese weibliche Seite kann patriarchale Selbstbilder umgestalten, die den Verstand, den Geist und die Gesetze und nicht den Körper, die Bezogenheit und die psychische Realität betonen.

Der Tod der wahnhaften Gottesprojektion ist notwendig, damit ein inneres Selbst entstehen kann. Solange der Wahn nicht zerstört ist, läßt sich wenig Fortschritt erzielen. Ein Leben, das auf einer wahnhaften Suche nach dem «Vater» aufgebaut ist, hat ganz erheblichen Einfluß darauf, wie sich die innere Struktur eines Menschen entwickelt. Man könnte meinen, daß der Wahn dazu dient, ein vorsprachliches, hilfloses Selbst abzuspalten; und während es häufig gelingt, den Wahn aufzulösen, bleibt trotzdem oft *ein abgespaltener kindlicher Teil des Selbst ungewandelt.* In dem oben beschriebenen Fall begann der erwachsenere Teil der Frau stabiler zu werden. Als das wahnhafte System aufgelöst war und sich dadurch die Spaltung verringerte, die früher den kindlichen Teil verborgen und vom

Ich getrennt gehalten hatte, traten andere Schwierigkeiten in der Behandlung auf.

Meine Patientin ruhte nach dem Tod ihres Wahns mehr in sich selbst und war kreativer in ihrer täglichen Arbeit, aber ich war irgendwie nicht bereit, ihren verzweifelten Zustand von Hilflosigkeit zur Kenntnis zu nehmen, und orientierte mich stattdessen an ihrer neugefundenen Kraft. Im Laufe der Zeit brachte dieses Verhalten ihre äußerst ambivalenten Gefühle mir gegenüber zu Tage. Sie nahm (richtig) wahr, daß ich mich ihr gegenüber wie ihr Vater verhielt, der von ihr verlangte, stark zu sein, während er gefühlsmäßig abwesend war. Es war zum Teil diesem therapeutischen «Fehler» zu verdanken, der diese negativen Gefühle für ihren Vater herauslockte, daß wir ihre negativen Gefühle mir gegenüber bearbeiten konnten. Der Prozeß des «Durcharbeitens» taucht immer wieder in meiner Arbeit mit Borderline-Patienten auf. Wir müssen zu der Tatsache stehen, daß Fehler im Verlauf von Therapien unvermeidbar sind und daß sich die Behandlung entwickelt, indem wir sie reparieren.

Es ist wichtig zu betonen, daß eine Hauptfehlerquelle, die voraussichtlich in der Arbeit mit Borderline-Patienten auftaucht, darin besteht, daß man die Kraft der Patienten überschätzt. Eine andere Patientin z. B., die sich in ihren Borderline-Bereich zurückgezogen hatte, fühlte sich zunehmend unfähig, im Leben zu funktionieren. An einem bestimmten Punkt der Behandlung brachte sie plötzlich viele Träume, in denen das Motiv eines Kreises auftauchte. Sie bat um Quellenmaterial, um sich über das Kreisbild zu informieren, und ich schlug ihr mehrere Quellen vor. Als sie die eine Quelle fand, aber nicht die andere, deutete sie dies als ihr «Versagen» und geriet in einen Panikzustand, der einem bereits heftigen Todestrieb Auftrieb gab. Dieser Patientin hätte ich diese Stelle direkt zeigen müssen, statt sie lediglich auf die Quelle zu verweisen.

Wie entsteht die innere Welt eines Menschen? Stammt sie von irgendeinem größeren und ursprünglich ganzheitlichen Objekt, das sich in Teilen verkörpern muß? Ist dieses Objekt ein numinoses und transzendentes Selbst so, wie Jung das patriarchale Gottesbild beschreibt? Oder könnte dieses Objekt eine romantische Hypothese sein, die sich leicht widerlegen läßt, wenn man die Entwicklung des Kleinkindes beobachtet? Ist eine Hypothese angebracht, derzufolge sich die innere Welt durch eine Ansammlung von angenehmen und unangenehmen Reizen aufbaut, die wiederum von inneren Prozessen und der Empathie einer äußeren Mutterfigur modifiziert werden? Und leiten sich Schmerz und Leiden früher Individuation von den intensiven Ängsten des Kindes her, verlassen zu werden, von dem Fehlen der «genügend guten Mutter?» (Winnicott 1974, p. 20). Könnte uns diese Deutung ein Modell für die Wirren aller späteren Entwicklungen liefern? Oder ist dieser Schmerz in der Kindheit und bei der Individuation des Erwachsenen die Voraussetzung für die Verkörperung einer weitaus größeren Ganzheit, wobei diese transzendente Ebene zur Schaffung eines inneren Selbst beiträgt?

In Jungs Verständnisansatz der Psyche ist das Universum der Introjekte zwischenmenschlicher Beziehungen nicht die primäre Quelle der inneren Struktur. Jung hat ganz besonders darauf geachtet, wie Objektbeziehungen die Wahrheit entstellen können. Er maß dem Prozeß der Identifikation keinen hohen Wert bei, während in den Objektbeziehungstheorien die starke Abhängigkeit innerer Strukturen von äußeren Objekten betont wird.

Jungs Forschungen über die Wandlung des patriarchalen Gottesbildes führten ihn dahin, das Numinose als Energie zu begreifen, die zum inneren Zentrum eines Menschen werden kann. Dieser Verkörperungsprozeß ist jedoch niemals abgeschlossen; Jung verglich ihn mit der ununterbrochenen Inkar-

nation des Heiligen Geistes, der «auf der menschlichen Seite als Individuation erscheint» (GW 11, § 233 und 741). Auch in Objektbeziehungstheorien ist die Schaffung einer stabilen und organisierten inneren Welt ein wichtiges Ziel. Möglicherweise wird dem gleichen Grundproblem im Kern auf verschiedene Weise Ausdruck gegeben; der eine Ansatz gründet sich auf den Mythos, der andere auf Wissenschaft.
Das folgende Jungzitat ist hier bedenkenswert:

«Obschon es sich bei der Geburt Christi um ein geschichtliches und einmaliges Ereignis handelt, so ist es doch immer schon in der Ewigkeit vorhanden gewesen. Dem Laien in diesen Dingen ist die Vorstellung der Identität eines unzeitlichen und ewigen mit einem einmaligen historischen Ereignis stets schwergefallen. Er muß sich aber an den Gedanken gewöhnen, daß ‹Zeit› ein relativer Begriff ist und eigentlich ergänzt werden sollte durch den Begriff einer ‹gleichzeitigen› [...] Existenz aller geschichtlichen Vorgänge. Was [...] als ein ewiger ‹Vorgang› vorhanden ist, das erscheint in der Zeit als aperiodische Sequenz, das heißt in vielfacher unregelmäßiger Wiederholung [...] *Derartige Dinge sind deshalb, wenn sie als moderne Varianten erscheinen, nicht etwa bloß für persönliche Zwischenfälle, Launen oder zufällige individuelle Idiosynkrasien zu halten, sondern für den in zeitliche Einzelereignisse auseinandergefallenen pleromatischen Vorgang, der einen unerläßlichen Bestandteil oder Aspekt des göttlichen Dramas bedeutet*» (GW 11, § 629; Hervorhebungen N. S.).

Jung unterscheidet das, was er ewigwährende Prozesse nennt, von Fragmenten dieses Prozesses, die als einzelne Ereignisse in der Raum-Zeit-Ordnung Gestalt annehmen. Er verweist auch darauf, daß diese ewigen, zeitlosen Ereignisse im *Pleroma* oder *Bardo* (GW 11, § 629) vorkommen. Dies sind zwei der Begriffe, die er in seinen Schriften verwendet, um den Bereich von Raum und Zeit von dem der ewigen Ordnung zu unterscheiden; andere sind *Unus mundus, Mercurius* (GW 14 II, § 327 bzw. 328) und das *kollektive Unbewußte.* Es ist genau diese Unterscheidung zwischen Ereignissen in der Raum-Zeit-Ordnung (z. B. die Entwicklungsstufen des Kindes) und den weiterreichenden Prozessen im Pleroma, die Jungianische Ansätze an klinisches Material von allen anderen abhebt:

«Der Kausalismus unserer wissenschaftlichen Weltanschauung löst alles in Einzelvorgänge auf, welche er sorgsam von allen anderen parallelen Vorgängen zu sondern trachtet. Diese Tendenz ist zwar in Hinsicht zuverlässiger Erkenntnis unbedingt nötig, hat aber in weltanschaulicher Hinsicht den Nachteil, den universalen Zusammenhang der Ereignisse zu lockern, beziehungsweise unsichtbar zu machen, wodurch die Erkenntnis der großen Zusammenhänge, das heißt der *Einheit der Welt,* zunehmend verhindert wird. Alles aber, was geschieht, ereignet sich in derselben einen Welt und gehört zu ihr. Aus diesem Grunde müssen die Ereignisse einen apriorischen Einheitsaspekt besitzen» (GW 14 II, § 327).

Jungs Ansatz und sein pleromatisches Modell entsprechen genau David Bohms Idee der *impliziten Ordnung* in der modernen Physik (1980). Beide wenden ihre Aufmerksamkeit jener größeren Einheit zu, aus der Fragmente (die diskreten Ereignisse, die wir in der Raum-Zeit-Ordnung miterleben) herausfallen und in die sie wieder eintreten. In Beziehung zu dieser alten Weisheit der Hermetiker (Bamford, 1981, pp. 5–25) sagt er:

«Die Physik hat sich fast vollkommen der Idee verpflichtet, daß die Ordnung des Universums auf mechanistischen Prinzipien beruht. In ihrer geläufigsten Form bringt diese Idee zum Ausdruck, daß man annimmt, die Welt sei aus einer Reihe getrennt existierender, unteilbarer und unveränderlicher ‹Elementarpartikel› aufgebaut, die die fundamentalen Bausteine des gesamten Universums sind. Ursprünglich dachte man sie sich als Atome [. . .] aber später fand man dann heraus, daß sie der Transformation in Hunderte von unterschiedlichen Arten instabiler Partikel unterworfen waren, und jetzt wurde sogar die Theorie aufgestellt, noch kleinere Partikel – Quarks und Partons genannt – könnten diese Transformation erklären. Obwohl diese noch nicht nachgewiesen sind, scheint es einen unerschütterlichen Glauben unter den Physikern zu geben, daß entweder diese Partikel oder etwas anderes, das es noch zu entdekken gilt, irgendwann alles erklären wird» (1980, p. 173).

Bohms Modell des Universums enthält die Vorstellung eines Urzustandes der Ganzheit. Seine implizite Ordnung entspricht Jungs Pleroma. Aber in der normalen Welt aus Zeit und Raum, die er als die explizite Ordnung charakterisiert, sind Ereignisse nicht kontinuierlich und diskret und die ihnen zugrundeliegende Ganzheit kann nicht mehr gesehen werden:

«Vom Standpunkt der impliziten Ordnung könnte man sagen, daß alles von allem umfaßt wird. Das steht in scharfem Gegensatz zur expliziten Ordnung, die heute in der Physik vorherrscht und in der die Dinge sich nicht entwickeln in dem Sinn, daß jedes Ding in seinem eigenen bestimmten Bereich des Raumes und der Zeit existiert und außerhalb dieses Bereichs zu anderen Dingen gehört. Was die explizite Ordnung auszeichnet, ist eine Menge oder Periode und relativ stabile Elemente, von denen jedes außerhalb der anderen existiert. Nach Auffassung der vorherrschenden mechanistischen Theorie, wird die grundlegende Wirklichkeit von diesen Elementen konstituiert. Wenn man sich aber im System der impliziten Ordnung bewegt, beginnt man mit der ungeteilten Ganzheit des Universums und die Aufgabe der Wissenschaft besteht darin, den Teil durch Abstraktion von dem Ganzen abzuleiten» (Bohm, 1980, pp. 178–179).

Wir können sehen, wie Kliniker die psychische Realität verstehen, nämlich in Begriffen, wie innere Objekte, Teilobjekte, Komplexe, Übertragung und Gegenübertragung etc. Dies sind alles Begriffsbildungen, die innerhalb der Grenzen der expliziten Ordnung liegen. Wenn wir Jungianische Theorie heranziehen, können dieselben Begriffsbildungen als Fragmente eines größeren pleromatischen Prozesses gesehen werden – ebenso wie Bohm darauf besteht, daß Quarks und Partone Fragmente einer viel größeren impliziten Ordnung sind.
Somit können Entwicklungsstadien, wie die von Melanie Klein beschriebene paranoid-schizoide und depressive Position (Segal 1974, pp. 43ff. u. 78ff.) oder der von Margaret Mahler beschriebene Loslösungs- und Individuationsprozeß (1980, p. 13) als Prozesse in der Raum-Zeit-Ordnung gesehen werden, die aus größeren pleromatischen Prozessen stammen. Wir vergessen leicht das riesige Meer von Energie des Pleroma oder der impliziten Ordnung, wenn wir diese Ereignisse nur unter dem Gesichtspunkt entwicklungspsychologischer Theorien sehen.
Diese Beobachtungen sollen keine Kritik an dem unbestreitbaren Fortschritt sein, den entwicklungspsychologische Modelle für die Psychologie darstellen. Aber wenn wir uns ihren Wert wirklich zunutze machen wollen, dürfen wir nicht zulassen, daß der archetypische Ursprung der Entwicklungsstufen in einen weit entfernten metapsychologischen Hintergrund tritt.

Die paranoid-schizoide Position ist z. B. ein Zustand, in dem jegliche Verbindung (Bion 1967, pp. 93–109) angegriffen wird. Alchemisten würden diesen Angriff als einen Verlust des *vinculum,* der Beziehungsfunktion der Seele (Jung, GW 16, § 504), bezeichnen. Aus der Perspektive eines Ich, das in die Raum-Zeit-Ordnung eintritt, ruft dieser Zustand starke Ängste hervor, die durch «eine hinlänglich gute mütterliche Betreuung» (Winnicott 1974, p. 24) ausreichend neutralisiert werden müssen. Aber welche Funktion hat diese intensive Verfolgungsangst? Vertreter der Objektbeziehungstheorie meinen, daß sie die Auflösung der Omnipotenz einleitet und manchmal mit Verlassenheitsangst verbunden ist. Darüber hinaus stellt Melanie Klein eine Verbindung her zwischen der Verfolgungsangst der paranoid-schizoiden Position und dem «Todestrieb». Nach Freuds Auffassung treibt der «Todestrieb» das Ich zu einer *Eros*-Beziehung mit Objekten (Freud, 1923, p. 284). Teilen wir aber Bions Ansicht, daß paranoid-schizoide Zustände psychische Strukturen auflösen, so daß sich neue bilden können (Eigen, 1985, pp. 321–322), kommen wir zu dem, was uns die archetypische Bilderwelt anbietet. Das Bild 7 des alchemistischen Werks, des *«Rosarium»,* spiegelt beispielsweise das Erscheinungsbild der paranoid-schizoiden Position wider und zeigt, daß diese äußerste Desorientiertheit den Zweck hat, Persönlichkeitsstrukturen umzuwandeln, um eine neue Verkörperung der Vereinigung zu erleichtern. Insofern hat diese Stufe des «Aufstiegs der Seele» – in der ein intensives Verfolgungsenergiefeld sämtliche Verbindungen zu sich selbst und anderen angreift – entscheidende Bedeutung, weil sie die Seele für die darauffolgende Verkörperung des Selbst vorbereitet.

Es hat gewaltige Auswirkungen, wenn wir diese Affekte, die sich «mit dem Tod beschäftigen», erfahren können und den Standpunkt annehmen, daß sie einen wirklich geheimnisvollen Zweck haben. Winnicotts brilliante Beobachtung, daß das Selbst geschaffen wird durch die kontinuierliche Zerstörung von Phantasie-Objekten, die diese Zerstörung aber überleben

(Winnicott, 1974, p. 105; Eigen, 1981, p. 418), bietet einen Rahmen für diese umfassendere Perspektive und ermöglicht es uns, diese oft zerstörerischen interaktiven Felder im Vertrauen auf die ihnen zugrundeliegende Einheit zu erleben. Dies ist wahrhaft alchemistisches Denken und es stimmt mit Bions beispielhaftem Glauben an «O» überein (Bion, 1970, p. 32; Eigen, 1981, p. 426). Intensive Verfolgungsangst gehört zum Prozeß der Verwirklichung des Selbst.

In der depressiven Position vereinigt sich das Gegensatzpaar der «guten» und der «bösen» Brust zu einem ganzheitlichen Objekt. Depression wird verstanden als die Folge der kindlichen Wahrnehmung, daß es nun *auch* der «guten Brust» Schaden zufügen kann. Melanie Klein hat darauf hingewiesen, daß in der depressiven Position die Omnipotenz der «guten» und der «schlechten» Mutter verloren geht und mit ihr das Omnipotenzgefühl des Kindes. Henry Elkins Ansicht jedoch ist die, daß «es keine Frage von Ohnmacht oder Allmacht ist [. . .] die zum Kern der depressiven Position vordringt, sondern vielmehr die *neugewonnene Fähigkeit des Kindes, zwischen körperlicher Allmacht und geistiger Allwissenheit zu unterscheiden*» (1972, pp. 404–405). Aber die depressive Position kann auch als Stufe der Trauer um den Verlust der Einheit, die im *«Rosarium»* als *coniunctio* dargestellt wird, gesehen werden.

Die Wiederannäherungssubphase des Loslösungs- und Individuationsprozesses kann auch als Raum-Zeit-Fragment des Vereinigungsprozesses gesehen werden. In dieser Subphase kann die Loslösung des Kindes und seine energiegeladene Rückkehr, wie es auch bei der depressiven Position der Fall ist, den Prozeß der Coniunctio und dessen Auswirkungen darstellen, während sie in der Raum-Zeit-Ordnung Gestalt annehmen. In der depressiven Position vereinigen sich die Gegensätze in der Tiefe der kindlichen Psyche, während das Kind noch mit diesem heiligen Ereignis verschmolzen ist. In der Wiederannäherungssubphase ist das Kind eher ein Handelnder im Drama der Vereinigung. Es ist jedoch der Vereinigungsver-

such zweier einzelner Teile, einer Trennung und einer Rückkehr von Polaritäten, die versuchen, miteinander zu harmonieren, denen aber der «Klebstoff» der Einheit fehlt, der in der archetypischen rhythmischen Qualität der Coniunctio dagegen erlebt werden kann. Die Suche nach Einheit, die die archetypische Wurzel der Wiederannäherung ist, kann erklären, warum diese Phase im allgemeinen als lebenslange, mühevolle Aufgabe angesehen wird.

Die ödipale Phase steht für ein weiteres Muster der Einigung und Trennung von Gegensätzen. Dieser Vorgang ist in der Bilderwelt der Coniunctio enthalten. Auf der ödipalen Stufe nähert sich der Prozeß, in dem das Ich seine Verschmelzung mit der numinosen Energie der Einheit opfert, seinem Höhepunkt; Libido wird fortan der Kontrolle des Inzesttabus unterworfen. Von Layard (zitiert in Jung, GW 16, § 438) erfahren wir, daß dieses Opfer die Entwicklung der inneren Struktur ermöglicht, die besonders den Bereich einer differenzierten Beziehung zu den weiblichen Qualitäten der Psyche betrifft. Wegen der Gefahr der Verschmelzung mit der archetypischen Sphäre wird das Inzesttabu und das Durchlaufen der ödipalen Phase erforderlich.

Jung betont zu Recht, daß Heilung vom Vermögen einer Person abhängt, sich mit der größeren Welt des Pleroma zu verbinden. Deswegen dürfen wir Entwicklungsprozesse nicht nur innerhalb ihrer Raum-Zeit-Matrix verstehen, sondern auch als Aspekte eines göttlichen Dramas. Dies wird in Bezug zur Wiederannäherungssubphase der Individuation, wie sie von Margaret Mahler beschrieben wird, am folgenden Beispiel illustriert.

Eine Patientin, die mehrere Jahre bei mir in Behandlung war, litt unter der schwerwiegenden Erfahrung einer gescheiterten Wiederannäherung. Ihr Initialtraum, in dem wiederholt die Sequenz auftrat, mit mir zusammen zu sein, sich von mir zu trennen und mich dann nur unter sehr großen Schwierigkeiten wiederzufinden, konzentrierte sich auf dieses Kernproblem.

Dieses Muster manifestierte sich zwar nicht sofort in der Übertragung, wiederholte sich dann später aber ständig. Für die Dauer von etwa acht Monaten gründete sich unsere therapeutische Verbindung auf eine positive Übertragung, die es der Patientin ermöglichte, von einer Sitzung zur nächsten eine innere Beziehung zu mir aufrechtzuerhalten. Als aber Elemente negativer Übertragung auftauchten, verlor sie diese Objektkonstanz, und sie konnte sich zwischen den Sitzungen nicht an mich erinnern. Jedesmal, wenn sie wiederkam, konnte sie sich nur schwach den Inhalt der vergangenen Sitzung vergegenwärtigen. Diese Erinnerungslücken führten zu Gedanken, die Therapie abzubrechen, denn (wie die Patientin argumentierte) «wenn die Therapie vorbei ist, haben wir keine Beziehung mehr, was soll das also überhaupt?»
Nachdem einige Zeit vergangen war, konnten wir damit anfangen, die frühen Kindheitstraumata zu rekonstruieren, von denen die Entwicklung dieser Patientin untergraben wurde. Insbesondere die Depression ihrer Mutter während der Wiederannäherungssubphase wurde in Erinnerungen und Träumen deutlich. Diese Entdeckung war von großer Bedeutung, denn in meinen Gegenübertragungsreaktionen, die anscheinend zum großen Teil induziert waren, wiederholte ich das Verhalten ihrer Mutter. Solche Entdeckungen waren zusammen mit Erfahrungen affektiver Vereinigung im therapeutischen Setting mindestens zwei Jahre lang der Inhalt unserer Arbeit, wobei allerdings das Erleben der Vereinigung immer wieder von dem Trauma der Wiederannäherung verdrängt wurde. Wir analysierten dann diese Spaltungsabwehr, ihre Zerrissenheit in Geist und Körper und ihr schmerzliches Gefühl, häßlich zu sein. Dieses Muster wurde vertraut: jedes Mal, wenn ein harmonischer Kontakt wiederhergestellt war (was manchmal mehrere Wochen brauchte), tauchte ihr Trauma wieder auf, und es entstand der Eindruck, daß sich nichts ergeben hatte, was strukturell bedeutsam gewesen wäre.
Die Beschaffenheit des Kontakts, den ich hier beschreibe, ist

der Coniunctio verwandt, unsere Vereinigungserlebnisse waren jedoch nur bruchstückhaft und schwach spürbar und hatten viel Ähnlichkeit mit Verschmelzungserlebnissen. Sie führten nie dazu, daß das Energiefeld des feinstofflichen Körpers erfahren werden konnte, das den Charakter eines «Dritten» zwischen uns gehabt hätte. Wäre dieses Feld aufgetaucht, dann hätte es eine Transzendierung der Polarität von Verschmelzung und Distanz gegeben. Außerdem beschäftigten wir uns bis zu diesem Punkt in unserer therapeutischen Arbeit nur am Rande mit der negativen Übertragung. Während der flüchtigen Augenblicke der Vereinigung kam jedoch ein Verwandtschaftsgefühl auf, das stark genug war, um sie wieder und wieder den Schmerz über den Verlust der Vereinigung erleiden zu lassen.

So konnten wir mit dem Scheitern in der Wiederannäherungsphase nach dem alchemistischen Motto des *solve et coagula* (löse und lasse fest werden) umgehen. Wie aber ließ sich das Scheitern an einem so zentralen Punkt als Teil eines göttlichen Dramas verstehen? Bis zu diesem Punkt im therapeutischen Prozeß hatte ich es als Entwicklungsproblematik und als deren Neuinszenierung in der Übertragung-Gegenübertragung gesehen. Die tiefere Bedeutung zeigte sich, als die Patientin beim Meditieren ein «inneres Licht» erlebte.

In der nächsten Sitzung zeichneten sich in der Psyche meiner Patientin «Schichten» ab, die erhebende Erfahrung, die sie kürzlich gemacht hatte, war im Vordergrund und die vorherige Wiederannäherungsproblematik im Hintergrund. Ich spürte, wie Depression und Gefühle der Leblosigkeit in mir ausgelöst wurden, aber auch die Wärme des «Lichts». Eine Zeitlang bemerkte ich das Zusammenspiel dieser Zustände in mir. Ich konnte mich nun zu dem, was ich erlebte, äußern, wobei ich mir sehr darüber im klaren war, wie wichtig es war, ihre Erfahrung nicht herabzusetzen. So konnte die Patientin ihre Verlassenheitsangst allmählich erkennen; *aber nun waren die Erwartungen deutlich geworden, weil die Patientin es wagte, ihre wahre*

Kraft zu zeigen – eine Kraft, die vom Eintritt des Numinosen in das Leben in Raum und Zeit herrührte.

Vor diesem Ereignis gab es im Leben der Patientin eine Spaltung in weltliche und religiöse Komponenten. Sie widmete einen Teil ihres Lebens der Meditation und der Heilkunde; ihre genauen Kenntnisse in Fragen der Psychotherapie hielt sie davon getrennt. Nun kamen diese beiden Teile zusammen, und sie konnte den Schmerz und das Leiden der Wiederannäherung als Teil des größeren Dramas der Inkarnation des Numinosen begreifen. Bevor es zu dieser Veränderung kam, hatte die Patientin das Numinose als eine äußere transzendente Realität wahrgenommen; jetzt hatte das Numinose ein inneres Leben in ihr. Dementsprechend wurden ihr Gefühl einer inneren Leere und ihre Empfindung, kein Selbst zu haben, schwächer.

Die qualvolle Verlassenheitsgeschichte dieser Patientin kann als eine Wiederholung ihres zweiten und dritten Lebensjahres aufgefaßt werden. Man kann sie aber auch als einen Teil des umfassenderen Prozesses, nämlich der Inkarnation des Numinosen in ihre Psyche, begreifen, was in ihrer panischen Angst vor dem Verlassenwerden zum Ausdruck kam, wenn sie dieses Geschehen zuließ – wenn sie es also wagte, die Wirksamkeit des Numinosen anzuerkennen. Einer solchen Kraft kann das Ich sich nicht bemächtigen; sie kann nur erfahren werden, wenn man sein Herz anderen und der größeren Quelle öffnet, die gnadenvoll in das Sein eines Menschen treten kann. Die Patientin hatte Angst gehabt: Was wäre, wenn sie sich öffnete – und niemand wäre für sie da? Sie war nun mit dem Alleinsein konfrontiert, das während des Individuationsprozesses immer wieder erlebt wird. Wenn man dieser Deutung folgt, so bezeichnet die Wiederannäherung eine Verbindung zum Numinosen, und das Leiden ist die Qual, das Gewahrsein und die Erfahrung dieser Vereinigung in die raum-zeitliche Realität zurückzubringen. So kann das Scheitern dieser Patientin in der Wiederannäherungsphase als Teilaspekt eines

göttlichen Prozesses gesehen werden, der sich in den Wirren der frühen Entwicklungsphase manifestiert.
Viele entwicklungspsychologische Ansätze gehen von der Vorstellung einer Einheit aus. Erich Neumann spricht von dieser Einheit als mütterlichem bzw. matriarchalem Uroboros, dem der väterliche oder patriarchale Uroboros folge (1974, pp. 26–29; 1985, pp. 105–107). Ichentwicklung und Innenwelt sollen aus diesen Stadien hervorgehen. Wie alle entwicklungspsychologischen Theoretiker verlegt Neumann in seiner Analyse den Schwerpunkt vom Bereich der Einheit zu den *Teilen* dieses Fundaments. In der entwicklungspsychologischen Theorie wird der Anfangszustand der Einheit jedoch normalerweise nicht mit irgendeiner höheren Ordnung in Verbindung gebracht. Margaret Mahler betrachtet ihn in erster Linie als einen autistischen («prä-symbiotischen») Zustand, der sinntragenden Kontakt mit der bemutternden Bezugsperson ausschließt. Fordhams Ausgangspunkt ist ein *Kernselbst,* das sich schließlich «desintegrieren» muß (Fordham, 1976, p. 16); Teile dieser Einheit manifestieren sich als neue psychische Struktur. Er geht von einem ursprünglichen Einheitszustand aus, der nicht durch die Vorstellungen von Symbiose oder normaler Abgrenzung zwischen Mutter und Kind charakterisiert ist (Fordham, 1986). Ihm zufolge nimmt das Kind vielmehr an einem einzigartigen Prozeß teil, der auch ohne Bezug zu der mütterlichen Bezugsperson, und ohne daß die Interaktion zwischen Mutter und Kind unterbewertet wird, beobachtet werden kann. Fairbairn wiederum postuliert einen Initialzustand, den er das originale Ich nennt. Er meint, daß sich aus diesem Zustand die innere Struktur herausentwickelt, die ein zentrales Ich, ein libidinöses Ich, ein antilibidinöses Ich und das Überich umfaßt. Er meint auch, daß dieses «originale Ich» ein ganzheitliches und kein Teilobjekt ist und daß es der Verdrängung unterliegt, eine Behauptung, die Vertreter der Objektbeziehungstheorie für eine Entwicklungsleistung halten (Rinsley, 1982, p. 85).
Die Entwicklungspsychologie ist auf die Untersuchung der

Entwicklung von *Teilen* der psychischen Struktur ausgerichtet. Dies gilt für Neumanns Vorstellung vom mütterlichen und väterlichen Uroboros, Mahlers Konzeption des autistischen Zustands der ersten Lebensmonate, Fordhams Kernselbst oder Fairbairns originalem Ich. Zwar unterscheiden sich die Theorien stark in ihrem jeweiligen Ansatz zur Entwicklung eines individuellen Selbst, aber meist wird die Existenz und das Potential einer grundlegenden Hintergrundsordnung nicht gesehen, und zwar fast so, als läge ein positiver Wert darin, sich auf Kosten einer weiteren und umfassenderen Orientierung über die Ganzheit heroisch in die raum-zeitliche Alltagsmatrix zu werfen. Die meisten entwicklungspsychologischen Ansätze konzentrieren sich im wesentlichen auf die *Teile,* aus denen innere Strukturen gebildet werden; der lebendigen Verbindung dieser *Teile zu einer Einheit* als Hintergrund wird wenig Beachtung geschenkt.

Diese Betonung der «Einheit» mag den Anschein haben, eine mystische, wenn nicht sogar wunsch-erfüllende Herangehensweise an Therapie zu sein. Man kann fragen, was denn dieser Standpunkt mit kranken Menschen zu tun hat? Erleiden nicht die meisten Menschen in ihren frühen Kindheitsjahren Verletzungen, und hängt ihre Heilung nicht davon ab, daß mißlungene Entwicklungsschritte «durchgearbeitet» werden? Richtet sich ein Therapeut, der zwischen dem Versagen eines Borderline-Patienten, mit Problemen der Wiederannäherung zurechtzukommen, und der Inkarnation des Numinosen im raum-zeitlichen Leben eine Verbindung herstellt, nicht nach dem wahnhaften und primärprozeßhaften Denken des Patienten? Es wäre bestenfalls schlechte Therapie, wenn man Entwicklungsproblemen und der Art, wie sie sich in der Übertragung-Gegenübertragung zeigen, aus dem Weg gehen würde. Die uralte Weisheit der Hermetischen Tradition (Bamford, 1981, pp. 525) besagt jedoch, daß Heilung der Rückkehr an die Ursprünge bedarf. Folgen wir dem Geist dieser Weisheit, dann kehren wir nicht nur zu Bildern der persönlichen Mutter und zu

Erfahrungen, die wir mit ihr gemacht haben, zurück, sondern auch zu unserem eigenen Erleben des Pleroma, der Matrix des Lebens – der *ewigen Wiederkehr.* «Alles aber, was geschieht, ereignet sich in derselben einen Welt und gehört zu ihr. Aus diesem Grund müssen die Ereignisse einen apriorischen Einheitsaspekt besitzen» (Jung, GW 14 II, § 327).

Entwicklungspsychologische Ansätze liefern uns zwar wichtige klinische Einsichten und sind zweifellos von großem Nutzen, aber sie enthalten auch ein Schattenelement, da sie das Selbst auf einen Inhalt des Ich und das archetypisch Weibliche auf die persönliche Mutter reduzieren. Mahlers Individuationstheorie sieht beispielsweise vier Phasen vor. Die vierte Phase, die Konsolidierung der Individualität und die Anfänge emotionaler Objektkonstanz, unterscheidet sich von den drei anderen dadurch, daß «ihr Ausgang offen ist» (Mahler et al. 1975, p. 145); die vierte Phase dauert das ganze Leben hindurch an. Ein vierfaches Modell, in dem sich die «vierte» Komponente von den drei anderen unterscheidet, finden wir in P. Federns Unterscheidung zwischen aktiven, passiven und reflexiven *Ichgefühlen* und *medialen Ichgefühlen* (1953). Mit medialen Gefühlen sind jene Gefühle bezeichnet, die eine grundlegende Bewußtheit der eigenen Existenz vermitteln. Wir haben bereits Fairbairns Ansatz erwähnt, der von einem ursprünglichen ganzheitlichen Objekt ausgeht, das sich in ein libidinöses Ich, ein antilibidinöses Ich und auch in ein zentrales (oder Realitäts-) Ich spaltet. Zu diesen drei Ichteilen fügte Fairbairn einen vierten hinzu, das Überich, das nicht nur strenge Seiten, die aus dem sadistischen, antilibidinösen Ich stammen, haben kann, sondern auch ideale Seiten, die aus dem ursprünglichen ganzheitlichen Objekt stammen (1952). Fairbairns Schema wurde von H. Guntrip (1969, pp. 73–74) erweitert, der die Hypothese aufstellte, ein Teil der ursprünglich unbeschädigten Einheit spalte sich von seiner Verschmelzung mit dem libidinösen Ich ab, um einen vierten Teil zu formen, das sogenannte «regredierte Ich» oder das «wahre Selbst» (ibid., p. 77). Das Master-

son-Rinsley-Modell der Borderline-Struktur, das eine entziehende und eine belohnende Objektbeziehungsteileinheit beschreibt, hat Fairbairns Ichunterteilungen aufgenommen, einschließlich der Darstellung eines Realitätsichs, das allerdings viel an Kraft eingebüßt hat, weil es darauf angewiesen ist, Verlassenheit zu verleugnen (Rinsley, 1982, p. 41).

Vielen entwicklungspsychologischen Ansätzen liegt die Idee einer vierfachen inneren Struktur zugrunde bzw. ein Modell des Individuationsprozesses, der sich in vier Phasen entfaltet und in dem die vierte Phase sich qualitativ von den drei anderen unterscheidet. Wenn wir jedoch die Qualitäten dieser vierfachen Strukturen genauer beobachten, stellen wir fest, daß sie nur eine oberflächliche Ähnlichkeit mit der von Jung entwickelten quaternären Struktur haben. Objektbeziehungstheorien gehen von dem starken determinierenden Einfluß, den Außenbeziehungen auf die innere Struktur ausüben, aus, während Jungs Auffassung über die Entfaltung der inneren Struktur weitgehend auf der Vorstellung der Autonomie der Archetypen beruht (GW 11, § 557). Von der Jungianischen Theorie werden Archetypen als die Strukturen begriffen, die die Psyche ordnen; sie regulieren die Phantasie und strukturieren das Traumleben. Den einfachsten, profansten Träumen liegt eine archetypische Form zugrunde, selbst wenn die Numinosität des Archetypus nicht offensichtlich ist wie bei sogenannten «großen» oder archetypischen Träumen. Das kreative oder das destruktive Wirken des Archetyps kann zwar durch bewußte Einstellungen und Verhalten beeinflußt werden, aber der Archetyp besitzt auch eine Autonomie, durch die sich die sich entfaltenden Formen der Psyche manifestieren. Jung verfolgt die Autonomie dieser Entwicklung in vielen Arbeiten (vgl. u. a. GW 11) und zeigt, wie das «vierte» Element immer ein notwendiger, wenn auch problematischer Aspekt der Ganzheit ist. Dieses «Vierte» steht für das, was im Laufe der kulturellen Entwicklung aufgegeben wurde, die innerhalb trinitarischer Modelle den Wert des Bewußtseins be-

tonte. Die Jungianische Theorie füllt den Platz des «Vierten» normalerweise mit dem archetypisch Weiblichen aus, bezieht aber auch das Böse als viertes Element mit ein.
Wenn wir in unser Verständnis von seelischen Vorgängen auch die weiblichen Gesichtspunkte aufnehmen, treten rational-diskursive Gedanken und ihre Klarheit in den Hintergrund, obwohl sie ihren Wert beibehalten. Ausschließlich «objektive» Herangehensweisen an die Psyche werden fragwürdiger, und stattdessen rückt ein Zugang in den Vordergrund, der sich der Imagination und der Haltungen, die «subjektiver Objektivität» (von Franz 1970, pp. 108–126) großen Wert beimessen, bedient. Wenn wir Jungs Zugang zum archetypisch Weiblichen folgen, so tritt eine seelische Innenwelt hervor, die ein Interesse für den Körper als einer Quelle von Bewußtsein und psychischem Leben einschließt.
In dem Maße, in dem die seelische Innenwelt an Bedeutung gewinnt, rückt auch die Bedeutung der Träume und der Imagination, durch die diese innere Welt erforscht wird, in den Mittelpunkt. Theorien, durch die psychische Inhalte geordnet werden können, werden unwichtiger. Schließt der Therapeut in seine Herangehensweise an die Psyche eine weibliche Perspektive mit ein, dann ist «recht haben» unwichtiger als «Bezogensein». Die weibliche Perspektive umfaßt auch die Bedeutung des feinstofflichen Körpers, der im Beziehungsraum zwischen zwei Menschen integrierend wirkt. Ich glaube, daß Jung jene Einstellung als «weiblich» bezeichnet, bei der *Beziehungen per se* die wichtigste psychische Größe sind. Der männliche Bereich beschäftigt sich mehr mit *aufeinander bezogenen Dingen* und steht für eine Haltung, die im Bemühen um objektive Beschreibungen der Psyche und im Versuch, kausale Zusammenhänge zwischen einzelnen psychischen Zuständen herzustellen, klar trennt und beobachtet. Letztendlich sind beide Haltungen notwendig, und im alchemistischen Bild der Coniunctio von Sol und Luna wird die Vereinigung dieser Haltungen zum Ausdruck gebracht.

Jungs Ansatz, der das archetypische Weibliche betont, kann auch noch in anderen Punkten der Objektbeziehungstheorie gegenübergestellt werden. Es sollte angemerkt werden, daß von letzterer die Konsolidierung des Ich und das Erreichen der Objektkonstanz betont wird; der bewußten Beziehung eines Menschen zu seiner psychischen Realität wird eine weitaus geringere Bedeutung zugemessen. Auch die Jungianische Haltung mißt der äußeren Anpassung einen Wert bei, betont aber, daß diese Anpassung nicht um den Preis der Verdrängung der inneren Welt und der psychischen Realität geschehen sollte. Während von Objektbeziehungstheorien ein «Realitätsich» und Objektivität betont werden, wird von Jungianischen Ansätzen ein mythisches oder bildhaftes Bewußtsein hervorgehoben, das die symbolischen Manifestationen der Seele einzuschätzen vermag und sich von ihnen leiten lassen kann. Es sollte angemerkt werden, daß die Qualität des Bewußtseins und der inneren Struktur, die mit der Integration des «Vierten» eintritt, nicht lediglich eine Erweiterung einer dritten Phase oder Struktur ist. Die «Vier» ist eine höchst autonome Struktur, deren Numinosität die Welt des Ichbewußtseins mit der Einheit des Seins verbindet (von Franz 1970, pp. 108–126).
Die Vorstellung einer angeborenen Destruktivität, die von Freud und Klein als Todestrieb bezeichnet wird, hat sich in Objektbeziehungstheorien nie durchsetzen können. Destruktive Impulse werden im allgemeinen als Folgen von Frustrationen verstanden, die wiederum hauptsächlich darauf zurückzuführen sind, daß es an «genügend guter» Bemutterung fehlte. Diese Ansicht ist ein Rückfall in die Doktrin, daß das Böse eine *privatio boni* sei, d. h. das Böse wird lediglich als Abwesenheit des Guten verstanden. Jung hielt diese Ansicht für unsinnig und hob dagegen die substantielle Realität der dunklen Seite der Psyche hervor (GW 11, § 600, Anm. 28). Aus mythologischer Sicht ist diese dunkle Seite der Teufel. Darüber hinaus betonte Jung, daß «der Schatten und der Gegenwille [...] die

unvermeidlichen Bedingungen jeder Verwirklichung» sind (GW 11, § 290). Nur bei einer bewußten Integration des Schattens kann das positive Numinose wirksam werden. Das bedeutet, daß ein Individuum mit einer scharfen Bewußtheit seiner dunklen Seite leben kann, welche die Anziehungskraft des Todes kennt. Diese Dynamik schließt psychopathische Eigenschaften ein, die ohne jegliches moralische Gefühl funktionieren. Wenn der Schatten und seine destruktiven Folgen integriert sind, wird die bewußte Ausrichtung auf das Numinose zu einer Frage der Ethik, respektive zu einer Frage der Wahl. Man muß sich entweder Gott oder dem Teufel anschließen. Nur durch die Integration des Schattens kann ein Mensch genügend Ichstärke entwickeln, um sich aktiv auf das Numinose beziehen zu können. Der Schatten bringt uns unserer Häßlichkeit näher, d. h. Seiten unseres Wesens, die keine Erlösung finden können, und er verstärkt unsere Sensibilität dafür, daß wir körperliche Wesen mit realen Grenzen sind. Das Erleben unserer *Körperlichkeit* ist wesentlich, damit sich das Numinose verwirklichen kann; ohne das Wissen um unsere Grenzen, in anderen Worten ohne Kenntnis unserer Menschlichkeit führt der Kontakt mit dem Numinosen zu einer Inflationierung. Wenn wir einer Inflationierung anheimfallen, zieht sich die numinose Seite unseres Wesens, die so greifbar schien, in ein ephemeres potentielles Dasein zurück.
Jung betonte die moralische Funktion menschlicher Reflexion und menschlichen Bewußtseins in jenem Prozeß, in dem das patriarchale Gottesbild verwandelt wird und zu einer inneren Selbststruktur beiträgt. In Jungs Modell ist auch die Kenntnis des Schattens nicht unberücksichtigt geblieben, die in der Doktrin der Wirklichkeit des Bösen ihren theologischen Ausdruck findet (GW 11, § 248–255):

«Eine der stärksten Wurzeln alles Bösen ist die Unbewußtheit, und ich wünschte darum, daß das schon erwähnte Logion Jesu: ‹Mensch, wenn du weißt, was du thust, so bist du selig, wenn du es nicht weißt, bist du verflucht

[. . .]›, noch im Evangelium stünde [. . .] Ich möchte es gerne als ein Motto vor eine erneuerte Moral setzen» (GW 11, § 291).

Jung betont in seinen Überlegungen zur Moral die destruktive Eigenschaft von Lügen, die durch das Unbewußte verbreitet und aufrechterhalten werden. In der Behandlung sind unbewußte Lügen des Therapeuten häufig Manifestationen des «Bösen», die im therapeutischen Prozeß unvermeidbar sind. Wenn der Therapeut sich sein eigenes Unbewußtsein oder seinen Schatten eingestehen kann, kann er auch mit dem Schatten des Patienten umgehen. Erst wenn der Patient den Mut gewinnt, das Licht und das Dunkel des Therapeuten zu *sehen,* kann der Prozeß der Inkarnation des Numinosen beginnen. Man muß die Fähigkeit erwerben, die Realität des Bösen zu akzeptieren und sich bewußt zu seiner eigenen Destruktivität zu bekennen; dies ist eine notwendige Voraussetzung für die Verwirklichung des Selbst. Dann entsteht ein inneres funktionierendes Selbst, das eine Beziehung zum Selbst als innerem Gottesbild hat.
Wenn man es mit der wahrhaften Projektion eines patriarchalen Gottesbildes zu tun hat, gilt es eine Lüge aufzudecken, die im Widerstand des Patienten liegt, die wirklichen Eigenschaften des Objektes zu sehen. Es kann sein, daß der Patient die negativen Eigenschaften des Objekts richtig sieht, und das ist sehr wichtig, aber gleichzeitig vollkommen ignoriert, daß tatsächlich eine Gottesprojektion existiert, d. h. daß er das Objekt wie Gott behandelt und nicht wie einen Menschen. Die Fähigkeit, Dinge so zu *sehen,* wie sie wirklich sind, wurde in der schizoiden Schicht, die auf dem wahrhaften Glaubenssystem gedeiht, verborgen gehalten; diese Fähigkeit zurückzufordern, ist immer ein Schock.
Jungianische Ansätze und Auffassungen, die auf Objektbeziehungs- oder entwicklungspsychologischen Modellen beruhen, unterscheiden sich erheblich dadurch voneinander, daß letztere die psychische Realität des archetypisch Weiblichen nicht

erkennen. Wenn diese weibliche Kraft in Erscheinung tritt, dann fast ausschließlich in Form der äußeren Mutter und in den Prozessen, durch welche die «Brust-Mutter» internalisiert wird. Das Ziel ist nach Objektbeziehungstheorien die Loslösung von der Mutter und ihre Internalisierung, damit im Leben weitere Trennungen vollzogen werden können und sich die Fähigkeit zu realistischen Objektbeziehungen entwickeln kann.
Da das archetypisch Weibliche die Essenz der Quaternitätsstruktur ist, hat das entscheidende Folgen; Bezogenheit, Empathie und *Sein* (im Gegensatz zum *Handeln*) gedeihen, und es entsteht eine völlig neue Einstellung zu Bewußtsein und Körper. Das Herz wird wesentlicher als der Kopf. Außerdem unterstützt die Wiederentdeckung des weiblichen Bewußtseins und Verhaltens den Bereich des *Imaginalen,* und *verkörpertes Sehen* wird zu einer Lebenshaltung.

Die archetypischen Grundlagen der projektiven Identifikation

«Damit befinden sich Arzt und Patient
in einer auf gemeinsamer Unbewußtheit beruhenden Beziehung.»
(Jung, GW 16, § 364)

Einleitung

Die Innenwelt des Borderline-Patienten ist stark mit archetypischem Material aufgeladen. Projektionen dieses Materials können im Objekt fremdartige und doch faszinierende Zustände hervorrufen. Diese Dynamik der *projektiven Identifikation* spielt eine entscheidende Rolle in der Behandlung von Borderline-Patienten, die bekanntlich außergewöhnlich dazu neigen, anderen «unter die Haut zu gehen». Im ersten Kapitel habe ich eine Reihe von Beispielen für Erfahrungen mit Borderline-Patienten gegeben, in denen solche induzierten Affekte im Vordergrund standen. In diesem Kapitel untersuche ich den Begriff der projektiven Identifikation, und zwar sowohl in seiner Kleinschen Form als auch unter dem Gesichtspunkt, der implizit in Jungs *«Psychologie der Übertragung»* (GW 16) liegt.

1946 veröffentlichte Melanie Klein die Arbeit *«Bemerkungen über einige schizoide Mechanismen»,* in der sie den Begriff der «projektiven Identifikation» prägte. Die Kleinsche Arbeit befaßt sich mit der Objektbeziehung zwischen Mutter und Kind und entwirft eine Konzeption der Teilobjekte, derzufolge Teile einer Person sozusagen in eine andere Person hineingelegt und mit dieser identifiziert werden. Im selben Jahr veröffentlichte Jung die *«Psychologie der Übertragung»,* in der er die alchemistische Arkansymbolik verwendete, um dasselbe Phänomen zu

untersuchen. Die Arbeit von Melanie Klein hatte, wie D. Meltzer bemerkt hat, eine «elektrisierende Wirkung auf die Analytiker, die eng mit ihr zusammenarbeiteten» (1973, p. 20). Jung erzielte eine solche Wirkung nicht. Den meisten Therapeuten – auch Jungianern – erschien das alchemistische Modell als zu abstrakt für eine direkte Anwendung in der klinischen Praxis. Dennoch geht es in der *«Psychologie der Übertragung»,* wenn auch anhand der alchemistischen Bilderwelt, im wesentlichen um das Phänomen der projektiven Identifikation. Durch die Herangehensweise dieser Arbeit an die projektive Identifikation werden nicht nur die Ergebnisse Melanie Kleins und anderer Psychotherapeuten entscheidend ergänzt, sondern auch unser Verständnis dieses Phänomens vertieft und neue Möglichkeiten der klinischen Anwendung geschaffen. Jungs Arbeit macht außerdem die Grenzen deutlich, die der Begriff der projektiven Identifikation hat.
Melanie Klein beschreibt dieses Phänomen auf das Kleinkind bezogen:

«Die phantasierten Angriffe auf die Mutter folgen zwei Hauptlinien: eine ist die vorwiegend orale Regung, sie auszusaugen, zu beißen und den mütterlichen Körper auszuhöhlen und seines guten Inhalts zu berauben [...] die andere Angriffslinie stammt von den analen und urethralen Regungen her und schließt die Ausstoßung gefährlicher Substanzen (Exkremente) aus dem Selbst auf die Mutter ein [oder vielleicht besser: *in* die Mutter hinein. Zusammen mit diesen schädigenden Exkrementen, die im Haß ausgestoßen werden, werden abgespaltene Teile des Ichs auf die Mutter oder, wie ich besser sagen sollte; *in* die Mutter hineinprojiziert]. Diese Exkremente und bösen Teile des Selbst sollen nicht nur das Objekt verletzen, sondern es auch kontrollieren und in Besitz nehmen. Insoweit die Mutter die bösen Teile des Selbst zu enthalten scheint, wird sie nicht als ein separates Individuum, sondern als *das* böse Selbst empfunden.
Ein großer Teil des Hasses gegen das Selbst wird nun auf die Mutter gelenkt. Das führt zu einer besonderen Art von Aggression [Identifizierung], die das Urbild einer aggressiven Objektbeziehung darstellt. Ich schlage für diese Prozesse den Ausdruck ‹projektive Identifikation› vor» (1983, p. 141). [In eckigen Klammern Zusätze N. S.]

Klein beschreibt dann weiter, wie sowohl die guten als auch die schlechten Teile des Selbst projiziert werden können. Wenn dieser Vorgang überhandnimmt, so sagt sie, führt dies zu einer Schwächung und Verarmung des Ich (1983, p. 142), es verliert die Fähigkeit, innere Objekte zu assimilieren und fühlt sich von ihnen beherrscht (1983, p. 145). J. Grotstein betont in einer Arbeit, in der er diese grundlegenden Ideen von Melanie Klein weiter ausarbeitet, daß projektive Identifikation Imagination ist (1981, p. 124), ein «psychischer Mechanismus, bei dem das Selbst die unbewußte Phantasie erlebt, sich selbst vollständig oder partiell in ein Objekt hinein zu verlagern, und zwar zum Zwecke der Erkundung oder der Abwehr» (1981, p. 123).
Wie R. Gordon festgestellt hat, verwendet Jung die Begriffe unbewußte Identität, psychische Infektion, participation mystique, Induktion und den Prozeß, den er «Einfühlung» nannte, als Synonyme für projektive Identifikation (1989). Jungs Definition der «Einfühlung» hebt deren imaginalen Charakter hervor. Es ist eine Art

«Wahrnehmungsprozeß, der dadurch gekennzeichnet ist, daß gefühlsmäßig ein wesentlicher psychischer Inhalt ins Objekt verlegt, das Objekt dadurch dem Subjekt assimiliert und dermaßen mit ihm verknüpft wird, daß sich das Subjekt sozusagen im Objekt empfindet [...] Jedoch empfindet sich dabei das Subjekt nicht als in das Objekt projiziert, sondern das eingefühlte Objekt erscheint ihm als beseelt und aus sich selbst aussagend. [...]. In der Regel überträgt die Projektion unbewußte Inhalte in das Objekt, weshalb die Einfühlung in der analytischen Psychologie auch als *Übertragung* [...] bezeichnet wird» (Jung, GW 6, § 554).

Jung spricht hier von positiven Aspekten der projektiven Identifikation, die zu einer ästhetischen Einstellung (Jung, GW 6, § 554), Empathie und einer tiefen imaginalen Suche nach sich selbst in den Prozessen des Objekts führen. Seine Äußerung, daß «das Subjekt [sich] nicht als in das Objekt projiziert» empfindet, bezieht sich auf ein Subjekt, das schon über eine Differenzierung zwischen Ich und Selbst verfügt. Aber in ande-

ren Fällen von projektiver Identifikation projiziert das Subjekt (oder, wie Melanie Klein betonte, zumindest bestimmte Ichfunktionen des Subjekts) durchaus psychisches Material in das Objekt, und das kann Verwirrtheitszustände und eine Schwächung des Bewußtseins hervorrufen, wobei letzteres zu emotionaler Überflutung durch unbewußte Prozesse führt. In Extremfällen kann eine Beziehung, die von projektiver Identifikation bestimmt ist, psychotische Episoden auslösen. Durch projektive Identifikation kann sich das Bild vom Selbst in einem Objekt verbergen, was zur Folge hat, daß das Subjekt sich unsichtbar fühlt (Grotstein, 1981, p. 130). Dieses Gefühl kann so stark werden, daß es zu dem Gefühl eines «Seelenverlusts» und zur Angst, das Selbst könne niemals mehr gefunden werden, führt.
Häufig stehen die negativen Aspekte der projektiven Identifikation, wie Verwirrtheit, Identitätsverlust oder panische Angst, im Vordergrund. Projektive Identifikation kann aber andererseits, wie R. Gordon erläutert hat (1989), psychische Begrenzungen niederreißen, und zwar innerhalb eines Menschen wie auch zwischen einem Menschen und der Objektwelt. Ein solcher Zusammenbruch von Strukturen ist für jede qualitative Persönlichkeitsveränderung unbedingt erforderlich.
Jung betont oft die negativen Eigenschaften der projektiven Identifikation. Im Kommentar zum *«Geheimnis der goldenen Blüte»* gibt er dann auch die Auflösung solcher Verschmelzungszustände zwischen Subjekt und Objekt als sein therapeutisches Ziel an. In diesem Text bezeichnet Jung diese Zustände als *participation mystique* (GW 13, § 65f.). Dieses Ziel erscheint aber fragwürdig aufgrund Jungs Ausführung, daß die Participation mystique aufgehoben wird, sobald das Selbst zum Zentrum der Persönlichkeit geworden ist und «daraus eine Persönlichkeit (entsteht), die sozusagen nur noch in den unteren Stockwerken leidet, in den oberen aber dem leid- wie freudvollen Geschehen eigentümlich entrückt ist» (GW 13, § 67). Aufgrund dieser Äußerung scheint es, als könne man die projektive Identifikation nur dann völlig aufheben, wenn man sie in

den Körper verbannt. Das ist wohl kaum ein wünschenswerter Zustand und kann nur zu einer Aufspaltung in Geist und Körper führen. Jung konzentriert sich hier auf die Lösung von «Zwang und unmöglicher Verantwortung» (GW 13, § 78), die von Participation mystique bestimmte Interaktionen begleiten können. Er betonte also die Rolle des Selbst beim Aufbrechen der Zwangsbeziehung zwischen Subjekt und Objekt, der negativen Form, die die projektive Identifikation annimmt.

In seiner Arbeit *«Die Visionen des Zosimos»* schlägt Jung einen anderen Ton an. Hier betrachtet er die Participation mystique als «einen Spezialfall der allgemeinen Denkweise, die sich in der Idee des Mikrokosmos typisiert» (GW 13, § 123). Im allgemeinen ist sich Jung über die kreativen und destruktiven Aspekte der Participation mystique und somit auch die des Phänomens der projektiven Identifikation im klaren. Dies wird auch in seiner Untersuchung der alchemistischen Bildersprache des *«Rosarium Philosophorum»* deutlich. Das *«Rosarium»* war Jungs Ariadnefaden, der ihn durch die Komplexitäten der Übertragung führte (Jung, GW 16, § 401). Das beherrschende Bild des *«Rosarium»* ist der Hermaphrodit, ein männlich-weibliches Bild, das die Seele repräsentiert oder das *vinculum,* das Bindeglied zwischen zwei Gegensätzen. Beide Konstellationen des Hermaphroditen können in der projektiven Identifikation erlebt werden. Wenn die Gegensätze, wie zum Beispiel Bewußtes und Unbewußtes oder solares und lunares Bewußtsein, harmonisch miteinander verbunden werden, wird dieser Vorgang symbolisch durch die positive Form des Hermaphroditen (Jung, GW 9 I, § 292 f. und 297) dargestellt. Werden die Gegensätze zu miteinander in Konflikt stehenden «Dingen» statt zu komplementären Aspekten eines Prozesses, herrschen Zustände von Chaos, wie bei Verschmelzung und Spaltung, die für Borderline-Zustände typisch sind. Dann wird der Ablauf des Geschehens von der negativen Konstellation des Hermaphroditen organisiert (siehe *«Die Psychologie der Übertragung»,* GW 16, § 533).

In der *«Psychologie der Übertragung»* befaßt Jung sich mit unbewußten Prozessen, die «eine Induktionswirkung auf das Unbewußte des [...] Arztes ausüben» (GW 16, § 363). Dieses Thema wird in der ganzen Arbeit immer wieder variiert (GW 16, § 364f., 367). Jung beschreibt, wie das Phänomen der projektiven Identifikation das Unbewußte und die archetypische Übertragung aktiviert:

> «[Der Arzt] wird affiziert und kann sich gleich dem Patienten nur schwer von dem, was ihn im Besitz hält, unterscheiden [...] Das aktivierte Unbewußte erscheint als ein Durcheinander entfesselter Gegensätze [zum Beispiel Haß und Liebe; Ergänzung N. S.], und es fordert den Versuch, diese Gegensätze zu versöhnen, woraus, wie die Alchemisten sagen, das große Allheilmittel, die *medicina catholica* [Hervorhebung N. S.] entstehe» (GW 16, § 375).

So kann man also seines Selbst dadurch gewahr werden, daß man das Geschehen der projektiven Identifikation erfaßt, was dann zur Folge hat, daß die gepriesenen Zustände von *nigredo* und *massa confusa* (GW 16, § 376, 383, 387) aufgedeckt werden können.

Ich arbeite hier mit Jungs Verständnisansatz zum *«Rosarium»*, um projektive Identifikation und Übertragung zu erläutern. Ich möchte zunächst hervorheben, in welch außergewöhnlicher Weise er die begleitende Sammlung von Holzschnitten und die dazugehörigen Kommentare verwendet hat. Abgesehen von einigen bemerkenswerten Ausnahmen (der *«Mutus Liber»* ist eine davon) arbeiten in der alchemistischen Tradition nur sehr selten zwei Personen miteinander; man kümmerte sich um Beziehungsprozesse ausgesprochen wenig. Die alchemistische Tradition, wie auch der Tantrismus, mit dem die Bilderwelt des *«Rosarium»* sehr große Ähnlichkeit hat, interessierte sich in erster Linie für die Vereinigung von Gegensätzen *innerhalb* des Individuums; zwischenmenschliche Interaktionen wurden bestenfalls als Mittel zu diesem Zweck angesehen. Jung hingegen betrachtete die Holzschnitte des *«Rosarium»* als eine Serie von Bildern, in denen der unbewußte Prozeß zwischen zwei Men-

schen dargestellt wird, was eine wirklich geniale Idee war. Widmen wir uns nun also den Implikationen dieses Modells. Wir müssen uns dabei darüber im klaren sein, daß alchemistische Spekulationen sich mit Vorgängen im feinstofflichen Körper befassen. Als eine analoge Erscheinung zum feinstofflichen Körper sah Jung die Verbindung zwischen den unbewußten Strukturen des Animus und der Anima (nicht zwischen den bewußten Persönlichkeiten zweier Menschen). Es bleibt allerdings die Frage, wo sich solche Prozesse abspielen, da sie offensichtlich weder innerhalb noch außerhalb von Individuen stattfinden. Wie Susan Deri in ihrer Kritik an Winnicotts Vorstellung vom Übergangsraum (der dem Begriff des feinstofflichen Körpers verwandt ist) betont hat, lassen sich Übergangsphänomene weder in noch außerhalb von Personen oder sogar zwischen Personen lokalisieren (Deri, 1978). Diese Phänomene beziehen sich auf eine andere Dimension der Existenz, einen *dritten Bereich,* dessen Prozesse nur mit dem Auge der Imagination wahrgenommen werden können. Vorstellungen über den *Standort* sind hier tatsächlich unangemessen.

Allgemein gesagt, befaßt sich der alchemistische Ansatz mit Prozessen in diesem dritten Bereich. Die Alchemisten nannten diesen Bereich wie auch den in ihm stattfindenden Vorgang *Mercurius,* und seine Wandlung war ein Ziel des *opus. Projektive Identifikation hat das Ziel, die Struktur und Dynamik der Prozesse in diesem dritten Bereich zu wandeln und sie dadurch wahrnehmbar zu machen.* Aus praktischen Gründen bezeichnen wir diesen Bereich oft als «zwischen» zwei Menschen liegend, denn er kann als ein interaktives Feld erfahren werden, das durch Bilder strukturiert wird, die eine starke Auswirkung auf die bewußten Persönlichkeiten haben. Je tiefer man aber in dieses Feld gerät, desto mehr verlieren räumliche Betrachtungen an Bedeutung. Wir haben es hier mit einer imaginalen Welt zu tun, einem *mundus imaginalis,* der seine eigenen Prozesse hat. Individuen können an diesen Prozessen teilhaben. Und wirklich werden, wie Jung ausführt, zwei Personen, die von der

Wandlung dieses Dritten, des Mercurius, ergriffen sind, beide selbst im Verlauf des Prozesses gewandelt (Jung, GW 16, § 399). Durch diese Wandlung findet das Individuum einen besseren Zugang zur psychischen Realität der imaginalen Welt und sein Vertrauen in sie wird gestärkt. Wie Jung in den *«Zarathustra-Seminaren»* ausführt, ist der feinstoffliche Körper in der Regel ein verborgener Bereich, durch den die Projektionen hindurchgehen (1988, etwa pp. 441 ff.). Die alchemistischen Spekulationen befassen sich mit der Wirklichkeit und Wandlung des feinstofflichen Körpers, wobei letztere nur erfolgen kann, wenn die Vorgänge der projektiven Identifikation erfaßt werden.

Klinische Beispiele

Projektive Identifikation kann zu Erkundungs- oder Abwehrzwecken eingesetzt werden. «Wird sie als Abwehr eingesetzt, löscht die projektive Identifikation die Inhalte der Psyche, bei einschneidenden Erlebnissen die Psyche selbst aus. Ein bis dahin separates Objekt wird dann zum ‹Container› für die abgelehnten Inhalte oder es wird mit ihnen durch Identifikation vermengt» (Grotstein, 1981, p. 124). Diese Seite der projektiven Identifikation kann schmerzhaft sein für das Objekt, das zum «Container» für die vom Subjekt in es hinein projizierten Inhalte wird.

Ein Patient fing eine Unterhaltung mit mir an und hörte dann mitten im Gespräch auf zu reden. Diese Pause trat ganz unvermittelt ein, und in den Zusammenhang unserer Unterhaltung hätte es eigentlich besser gepaßt, wenn er diese mit einer Bemerkung oder Frage fortgesetzt hätte. Er verhielt sich jedoch so, als wäre alles in Ordnung. Nach kurzer Zeit warteten wir offensichtlich beide darauf, daß der andere etwas sagen möge. Als er mich anschaute, begann ich mich unbehaglich zu fühlen. Die Pause wurde rasch immer schmerzhafter, und ich fühlte

mich dazu aufgefordert, diese unerträglich werdende Spannung zwischen uns zu überbrücken.
Während dieser schmerzhaften Pause fand projektive Identifikation statt: Der Patient legte seine leere Psyche in mich hinein und versuchte, mich als «Container» für sein Gefühl der *Abwesenheit* oder der *geistigen Leere* zu benutzen, die ihn mitten in unserer Unterhaltung überkommen hatte. Er legte diese, in eine paranoide Schale eingekapselte, «Abwesenheit» in mich hinein und beobachtete mich dann in der Hoffnung, daß ich ihm nun irgendwie seine (funktionierende) Psyche zurückgeben würde. Deswegen wurde der Patient wütend, als ich mich abkoppelte und diese Begegnung beendete. Ich blieb mit einem Schuldgefühl zurück, als hätte ich einen Test nicht bestanden, und fühlte mich genötigt, den emotionalen Kontakt zu ihm wiederherzustellen. Seine Psyche kam im Laufe der Pause nicht wieder zurück. Aber seine Wut rüttelte ihn aus seinem schizoiden Zustand heraus und hinein in einen affektiveren Kontakt zu mir. Diese Situation ging einfach vorüber, ohne daß ihre Bedeutung integriert wurde, und es war klar, daß sie sich in ähnlicher Weise wiederholen würde.
Abgesehen von ihrer Bedeutsamkeit für die Kommunikation hat die projektive Identifikation eine sogar noch wichtigere Funktion: Sie ist zielgerichtet und kann unbewußte imaginale Strukturen zwischen zwei Menschen sowohl schaffen als auch niederreißen – Strukturen, die genauso real sind wie das Phänomen selbst. Wie Träume sind diese Strukturen normalerweise für das wache oder normale Bewußtsein unsichtbar.
Die unbewußte Struktur dieses oben beschriebenen Interaktionsfeldes können wir uns z. B. durch das Bild des alchemistischen Hermaphroditen vergegenwärtigen: ein Wesen mit einem Körper und zwei Köpfen (Jung, GW 16; McLean, 1980). Der vereinigte Körper stellt dann die Verschmelzungswünsche zwischen dem Patienten und mir dar (die ich als ein Bedürfnis spürte, den Kontakt zu ihm aufrechtzuerhalten); die beiden Köpfe sind ein Bild für die gegenläufige Tendenz der Spaltung

(die sich in meinem Wunsch zeigte, den Kontakt zu ihm abzubrechen, um so den Schmerz geistiger Leere zu vermeiden).
Durch projektive Identifikation kann der Prozeß eingeleitet werden, der den Zugang zu interaktiven Beziehungsfeldern und ihrer Wandlung ermöglicht. Diese Felder werden durch die Paare des *«Rosarium»* dargestellt. Der alchemistische Prozeß dient der Überwindung der Gefahren der Verschmelzungssituationen, besonders der Neigung des Ich, sich mit den archetypischen Energien des interaktiven Feldes zu vermischen und (unangemessen) zu identifizieren.
In der Alchemie war die Existenz des Vorgangs, den wir als projektive Identifikation bezeichnen, von entscheidender Wichtigkeit für die Einleitung des alchemistischen *opus*. Ihn zu erfassen war gleichbedeutend mit der *Fixierung* von Mercurius und konnte dazu führen, die *prima materia* oder *massa confusa* zu finden bzw. das als *nigredo* bezeichnete Stadium zu erreichen. In der klinischen Praxis kann der Therapeut (oder der Patient) projektive Identifikation nur erkennen, wenn er sich von den außerordentlich starken Gefühlen distanziert, die er vorher für völlig gerechtfertigt hielt. Bion hat diese Distanz als etwas beschrieben, das von einem «zeitweiligen Verlust der Einsicht» herrührt (1967, p. 149). Ohne diese Distanz würde der Therapeut immer weiter die Phantasien des Patienten ausführen und nicht erkennen können, daß er in diese Rolle hineinmanipuliert worden ist. Wie der Therapeut im Einzelfall emotionale Distanz herstellen kann, variiert stark. Das Spektrum reicht von einem Abspalten der Begegnung seitens des Therapeuten bis dahin, sich die Wirkung auf den Patienten vorzustellen, für den Fall, daß man so oder so zu ihm sprechen oder sich ihm gegenüber verhalten würde, wie er das als gerechtfertigt erleben könnte, was tatsächlich aber destruktiv wäre. Solche imaginalen Handlungen können den Therapeuten häufig aus einer arroganten Selbstgefälligkeit aufrütteln und ihm bewußt machen, daß hier ein sehr vielschichtiger und gefährlicher Vorgang abläuft.

Während der Sitzung mit einer Patientin stellte sich bei mir das Gefühl ein, daß sie nur dann das Recht auf Gedanken hatte, wenn diese Gedanken *zuerst* durch mich hindurchflössen. Erst dann und nur dann durfte sie sie haben! Ich war ein diktatorischer «Container». Ich hatte das Gefühl, es sei richtig, daß sie in mir enthalten sei und daß ihre Autonomie und ihre Gedanken nur dann existieren durften, wenn sie in mir enthalten waren. Und ich meinte, es wäre zu ihrem Besten! Bis ich mich selbst aus diesem Zustand herausrütteln konnte, erschien er mir einwandfrei. Auch die vorherige Vignette war von projektiver Identifikation bestimmt; während der langen Pause war ich völlig davon überzeugt, daß meine Reaktionen absolut gerechtfertigt seien. Erst später konnte ich erkennen, daß ich manipuliert worden war, um die verlorene Seele meines Patienten wiederzufinden.

Anhand des folgenden Fallbeispiels läßt sich die Bilderwelt darstellen, die sich entwickeln kann, wenn zwei Menschen imaginal über die Dynamik der projektiven Identifikation reflektieren. Eine Patientin begann die Sitzung, indem sie mich durchdringend anschaute und sagte: «Wenn ich Ihren gelangweilten Gesichtsausdruck sehe, bzw., wenn ich meine, ihn zu sehen, möchte ich einfach weggehen. Ich werde ängstlich und entziehe mich.»

Ich fühlte mich von ihrer Kritik getroffen. Früher hatte ich mich manchmal gelangweilt, aber heute erlebte ich es nicht so, und ganz bestimmt nicht, als sie das zu mir sagte. Warum fühlte ich mich dann durch ihre Aussage so geschockt? Was sah sie ganz deutlich? Mir begann klarzuwerden, daß es sie sehr ängstlich machte und daß sie sich zurückzog, wenn ich den Kontakt zu ihr hielt und gleichzeitig mit mir selbst in Verbindung blieb. Als ich ihr das sagte, stimmte sie mir zu; nachdem sie darüber nachgedacht hatte, sah sie mich an, und ich bemerkte, daß ich in diesem Moment, wenn auch nur für eine Sekunde, wegsah; offensichtlich mied ich sie. Ich erkannte dies, aber auch sie hatte bemerkt, daß ich sie vermieden hatte, und war sehr bestürzt.

Ihr wurde klar, daß das nicht nur bei mir so war, sondern bei allen ihren Erfahrungen mit Männern: «Die wollen keinen Kontakt mit mir. Die rennen weg. Warum sind Sie weggelaufen?»
Darauf hatte ich keine Antwort. Ich war von ihrer Frage wirklich überrascht. Ich hatte gedacht, die Enthüllung über meine Rückzugstendenz sei ein Angebot gewesen, das sie dankbar machen würde. Stattdessen war sie wütend auf mich! Ich hatte offensichtlich mehr in Gang gesetzt, als ich gedacht hatte. Ich dachte über meine Reaktion nach. Warum war ich weggelaufen? Wollte ich emotionalen Kontakt mit ihr vermeiden? Dann wurde mir klar, daß mein kurzes Wegblicken tatsächlich ein chronisches Muster unserer Interaktionen war.
Ich fühlte, wie ich selbst wütend wurde; ich wurde von wütenden Gedanken verzehrt. Diese Frau gestand mir nichts Eigenes zu. Ich konnte überhaupt nicht in mir selbst sein, sondern mußte immer an sie gebunden und auf *sie* und unsere Interaktion zentriert bleiben! Nach einer Weile verging meine Wut, und ich konnte wieder vernünftig denken. Ich beschrieb ihr den Prozeß, den ich gerade durchlaufen hatte. Ich war mir zwar nicht sicher, woher er kam – von ihr, mir oder unserer Interaktion –, aber ich hoffte, diese destruktiven Inhalte ins Bewußtsein zu bringen, indem ich ihr davon erzählte. Ich schrieb meinen Zustand zwar nicht einem induzierten Prozeß zu, aber meinem Ich brachte er doch ein Gefühl von Fremdartigkeit, das für projektive Identifikation typisch ist. Von diesem Punkt an war ich offen für die Möglichkeit, daß diese Phantasie nicht nur das Produkt ihrer oder meiner Psyche, sondern auch das spontane Produkt unseres interaktiven Felds sein konnte[9].
Ich teilte meiner Patientin diese Gefühle mit und erwähnte sowohl deren Fremdartigkeit als auch, daß sie zu meinen eigenen Reaktionen gehörten. Dies löste bei ihr eine Flut von Erinnerungen aus. Sie war häufig als eine gierige und kontrollierende Person behandelt worden, die anderen keine Autonomie zugesteht. Ihre überlegte und aufrichtige Antwort ließ in mir die Frage aufkommen, ob meine Abwendung von ihr durch ihre

projektive Identifikation ausgelöst wurde, die in mir einen sadistischen Rückzug veranlaßt hatte. Ich fragte mich, ob meine Betrachtungen über dritte Bereiche und imaginale Paare nur ein Mittel waren, um eine direkte Begegnung zu vermeiden. Das wäre die Schattenseite dieses Zugangs zur projektiven Identifikation gewesen: die Verwendung dieses Zugangs (der auf dritte Bereiche hin orientiert) kann ein Mittel sein, eine affektive Verbindung zu vermeiden. Es war sinnvoll, die projektive Identifikation darin zu sehen, daß etwas von *ihr* von mir ausagiert wurde, aber es reichte uns beiden bald nicht mehr aus. Warum nämlich agierte ich es aus? Was sagte das über mich und meine Gefühle ihr gegenüber aus? Ich fühlte das starke Bedürfnis zu protestieren: Ich hätte meine Sache doch ganz gut gemacht und nicht ausagiert – ich sei auch der Versuchung nur fast unterlegen, gemessen an der Erfahrung, die sie mit anderen gemacht hatte. Aber kleine oder flüchtige Rückzüge können sogar noch gemeiner sein als offene Anschuldigungen, daß ein Patient langweilig sei, denn solche Rückzüge bemänteln oft die Lüge, daß es sich nur um ein flüchtiges Erlöschen eines ansonsten realen Kontakts handelt.
Also überprüften wir unsere Interaktion weiter. Es schien klar, daß wir hier wie ein Paar agierten, das keine Vereinigung wollte. Wenn diese angsterregende Dynamik ablief, zog ich mich zurück, sobald sie Kontakt zu mir suchte, und sie zog sich zurück, wenn ich den Kontakt zu ihr suchte. Wir schienen von einem interagierenden Paar beherrscht zu sein, dessen Rollen wir spielten. Indem wir unsere Interaktion in dieser Weise untersuchten, gaben wir der Möglichkeit Raum, daß uns hier ein drittes Element bestimmte. Es war wie der von Jung beschriebene alchemistische Mercurius:

«Der evasive, täuschende, schillernde Inhalt, der den Patienten wie ein Dämon possediert, taucht zwischen Arzt und Patient auf und setzt nun als Dritter im Bunde sein bald koboldhaft-neckisches, bald infernalisches Spiel fort (Jung, GW 16, § 384).

Wir konnten seine Gegenwart durch eine imaginale Handlung, eine metaphorische Betrachtung unserer Interaktionen empfinden; dabei konnten wir von der Präsenz dieses Dritten sprechen, als würden wir einen Traum konstruieren, der an die Stelle unseres fehlenden Bewußtseins darüber trat. Das Bild, das unsere Situation am besten wiedergibt, ist das zweier gleichzeitig anwesender Paare: die Patientin und ich – und eine unbewußte Dyade.
Indem wir uns auf die Interaktionen des feinstofflichen Körpers konzentrierten, konnten wir die Anwesenheit eines imaginalen Paares nachweisen, das auf dem Boden einer sadomasochistischen Dynamik zu gedeihen schien. Wenn ich z. B. dem Rhythmus dieser Dyade folgte und mich von meiner Patientin zurückzog, empfand sie Schmerz. Sie floh dann ihrerseits vor mir und erzielte eine ähnliche Wirkung, nämlich eine Nicht-Spiegelung meines Eros, was schmerzlich für mich war. Daß wir dieses Paar imaginativ *sehen* konnten, befreite uns von seiner Macht. Die Wirkung eines solchen Vorgangs ist ähnlich wie bei der aktiven Imagination. Als meine Patientin und ich auf diese Weise miteinander arbeiteten, begann sich ein neues Feld gemeinsam erlebter Vereinigung zu konstellieren: Unsere imaginale *Sicht* begann, das Wesen des Paares zu wandeln. Wir konnten fühlen, wie wir in einem Beziehungsfeld miteinander arbeiteten, das seine eigene kreative Kraft zu besitzen schien; Bilder und Gefühle tauchten mit einer Spontaneität auf, die wir in unserer gemeinsamen Arbeit nur ganz selten erfahren hatten.
Ich befand mich jetzt inmitten einer neuen Phantasie: Ich begann vor meinem geistigen Auge und flüchtig in dem Raum zwischen uns einen rothaarigen Mann zu sehen, der den antiken Darstellungen des Ares, des wilden Mannes, sehr ähnlich sah. Er und ich begannen zu verschmelzen, und er/ich war sehr ärgerlich auf die Patientin. Diese Wut nahm eine imaginale Präsenz an: «An allem, was hier schiefgeht, bist du Schuld. Wenn du es wagst, dich von mir abzuspalten oder Mist zu bauen, bist du dran!» Ich war von der Macht dieser Phantasie

überrascht. Als ich sie meiner Patientin mitteilte, erkannte sie meine Phantasie als ihre größte Angst. Sie war sehr betrübt und sagte mir, daß sie immer dafür verantwortlich gemacht worden ist, wenn im Erleben tiefer Verbundenheit etwas schief lief.

Was hat es mit dem wilden Mann auf sich? Gewissermaßen steht er für einen sadistischen Drang, dem ich gefolgt war, als ich mich zurückgezogen hatte. Nun zeigte sich dieser Drang in seiner zerstörerischeren und verfolgenden Gestalt. Aber der imaginale Akt, bei dem Patient und Therapeut diese Bilderwelt und den Affekt gemeinsam erfahren, führte jetzt zu etwas anderem. Meine Patientin erkannte nämlich, daß der «wilde Mann» ihre Energie war, ihre Libido oder Yang-Kraft, von der sie spürte, daß Männer sie haßten und sich immer vor ihr zurückzogen. Immer wenn sie es wagte, diese Macht zu spüren, warfen die Männer ihr vor, beziehungslos zu sein. Jetzt konnte sie zum ersten Mal ihre phallische Macht als potentiell positiv und als nicht zerstörerisch für jegliche Verbindung erleben.

Solange ich mich mit dem beschäftigte, was meine Patientin «in mich hineingelegt» hatte oder was ich – in projektiver Gegenidentifikation – «in sie gelegt» hatte, näherte ich mich unserer Interaktion mit einer Kleinschen Metapher, d. h. ich hatte mit Teilprojektionen zu tun und wollte sie über ein räumliches Modell verstehen, bei dem es eindeutig ein Innen und ein Außen gab. Als meine Patientin und ich aber das interagierende Paar in den veränderlichen Zuständen von Verschmelzung, Vereinigung oder radikaler Unbezogenheit wahrnehmen konnten, traten wir langsam in einen anderen Raum ein – einen Raum der Paare und der Paarbeziehungen und nicht der Teilprojektionen.

Dieser Raum ist ein Übergangsbereich zwischen der raum-zeitlichen Welt (deren Prozesse als Interaktion zwischen Objekten gekennzeichnet sind) und dem kollektiven Unbewußten – dem *Pleroma* (Jung, GW 11, § 629). Dieser Bereich unterscheidet sich in seinem Wesen grundlegend von der raum-zeitlichen Welt. In seiner pathologischen Form dringt das Pleroma als pri-

märprozeßhaftes Denken in die bewußte Persönlichkeit ein. Aber in seiner kreativen Form ist es die Quelle der Heilung durch die Erfahrung des Numinosen.
Bilder haben die Fähigkeit, einen Menschen in das Geheimnis des Pleroma zu geleiten. Marilyn Ferguson erläutert, wie ein Gedicht von T. S. Eliot sich auf das Pleroma bezieht.

«Der Ruhepol, der sich drehenden Welt ist weder Fleisch noch fleischlos, weder Stillstand noch Bewegung. Eliot schrieb: And do not call it fixitiy, where past and future are gathered. Except for the point, the still point / There would be no dance, and there is only the dance [Und nennt es nicht Beständigkeit, wo Vergangenheit und Zukunft aufeinander treffen. Mit Ausnahme eines Punktes, des Ruhepunktes: Ohne ihn gäbe es den Tanz nicht, und es gibt nichts außer dem Tanz]» (Ferguson, 1982, p. 24f.).

Ferguson führt auch ein altes buddhistisches Sutra an, das diese Ebene beschreibt, in der das Einssein und nicht voneinander trennbare Ereignisse Leitfaden ist:

«Im Himmel von Indra soll es ein Netz von Perlen geben, die so angeordnet sind, daß man, wenn man eine anschaut, die anderen in ihr gespiegelt sieht. In derselben Weise ist jedes Ding in der Welt nicht bloß es selbst, sondern es bezieht jedes andere Ding mit ein, ja tatsächlich *ist* es jedes andere Ding» (Ferguson, 1982, p. 25).

Der Physiker David Bohm (1980) bezeichnet dieses dynamische Phänomen als *implizite* Ordnung, aus der sich die *explizite* Ordnung der diskreten raum-zeitlichen Prozesse herausbildet. Der Physiker und Wissenschaftler Alex Comfort (1984) hat postuliert, Bohms implizite Ordnung als einen Raum zu verstehen, dessen zentrales Merkmal *Beziehungen* sind – nicht aufeinander bezogene *Dinge,* sondern *Beziehungen an sich.* Bilder besitzen die Kraft, einen Menschen mit der impliziten Ordnung zu verbinden, und die speziellen Bilder, die *Beziehungen* beschreiben, haben in der klinischen Praxis möglicherweise eine besondere Funktion. Durch die Entdeckung eines unbewußten Paares über seine durch projektive Identifikation erfahrenen

Teile können wir Prozesse in einem dritten Bereich durchlaufen, der uns mit der pleromatischen Fülle der impliziten Ordnung verbinden kann. Man verfolgt so die Fragmente, die aus der projektiven Identifikation bekannt sind, zurück bis an ihre pleromatischen Wurzeln. Das Paar in seiner Coniunctioform wird dann selbst zu einem Bild, das die Kraft besitzt, Patient und Therapeut in ein Feld einzubinden, das sie mit dem Einssein der impliziten Ordnung verbindet.
Der Raum, in dem man ein Paar erleben kann, dessen «sich ständig wechselnder Tanz die einzig existierende Realität ist», ist der Bereich des feinstofflichen Körpers, der das Ichbewußtsein mit der Welt der impliziten Ordnung verbindet. Wenn man sich der Existenz dieses Bereichs bewußt wird, erreicht man eine neue Wahrnehmungsebene. Dieser Bereich sollte weder mit einer impliziten noch mit einer raum-zeitlichen Ordnung identifiziert, sondern als eine verbindende Sphäre begriffen werden, die nicht in räumlichen Kategorien erfaßt werden kann. Der dritte Bereich befindet sich weder innerhalb noch außerhalb noch «zwischen» Menschen. Er ist weder materiell noch psychisch, «weder Fleisch noch fleischlos», sondern ein ätherischer Bereich längst verworfener Begriffe, die jedoch von uns neu überdacht werden müssen.

Projektive Identifikation und die Bilderwelt des *«Rosarium»*

Wie hat nun ein Alchemist aufgenommen, was, wie wir wissen, Vorgänge projektiver Identifikation sind, und wie hat er es zu strukturbildenden, auflösenden und sich wandelnden Formen gestaltet? Wie näherte man sich diesen Prozessen, bei denen, wie Jung sagt, der Alchemist «oft nicht mehr weiß, ob er der ist, welcher die metallische Arkansubstanz im Tiegel schmilzt, oder ob er selber im Feuer als Salamander glüht» (GW 16, § 399). Dieser Prozeß, «die psychische Induktion», sagt Jung weiter, «bringt es mit sich, daß beide von der Wandlung des

Dritten [Mercurius; Ergänzung N. S.] ergriffen und gewandelt werden» (GW 16, § 399). Der Schlüssel zur Wandlung liegt in der umfassenden Macht der Archetypen, dieser Urbilder, die allein eine «Bannkraft gegenüber [...] Mercurius» haben, um «den so nützlichen und doch gefährlichen Feind» nicht «entwischen» zu lassen (GW 16, § 396). Von allen Urbildern erfüllt die Coniunctio am besten diese Aufgabe.

Die Entdeckung eines unbewußten Paares und die Erkenntnis, daß es die kreative Quelle einer Interaktion ist, die über die Kräfte der bewußten Persönlichkeit hinausreicht, ist oft von Ehrfurcht begleitet. Dies kann ein numinoser Augenblick sein, ein Erleben der archetypischen Übertragung. Entdecken Therapeut und Patient über das Ergriffensein von den induktiven Prozessen des dritten Bereiches ihr unbewußtes Paar, kann dies zu seiner Introjektion als innere Selbststruktur führen (vgl. Meltzer, 1973, p. 85).

Jungs alchemistischer Ansatz der Übertragung ermöglicht es, projektive Identifikation in einen für ihre mercuriale Vieldeutigkeit geeigneten Rahmen zu stellen. In den Holzschnitten des *«Rosarium»* können wir die Wirksamkeit der projektiven Identifikation erkennen in ihrer Kopplung an die Entstehung der Prozesse des dritten Bereichs der Beziehungen. Die projektive Identifikation trägt entscheidend dazu bei, die Illusionen und die Arroganz hervorzubringen, durch die das Ich sich mit Prozessen im dritten Bereich identifiziert, aber sie führt auch zur Fähigkeit, die unbewußten Paare zu entdecken, die die zentralen Bilder des dritten Bereichs sind.

Projektive Identifikation und Deutung

Denken wir in Begriffen einer Bilderwelt, die Teile einer Person in eine andere legt, so mögen wir ein unbewußtes Paar entdecken, das einem Bereich angehört, der größer ist als das Ich – ein Paar, dessen Energie und Struktur die bewußten Persön-

lichkeiten schon immer beeinflußt hat. Entdecken wir das unbewußte Paar *auf diese Weise,* so hat dies bedeutsame Vorteile gegenüber dem Intuieren seiner Existenz oder gar seiner Entdeckung über das Traummaterial, das etwas über die Übertragung und Gegenübertragung aussagt. Denn so wird der Allmachtsbereich verlassen, in dem der Therapeut mehr weiß als der Patient, und ein Bereich betreten, in dem beide entdecken können, wie sie sozusagen einen gemeinsamen Traum ausagieren. An diesem Punkt sind Patient und Therapeut so sehr *in der Psyche,* wie die Psyche in ihnen ist. Räumliche Metaphern verlieren an Sinn, und die imaginären Vorgänge des dritten Bereichs können erfahren werden. In diesem Bereich stehen *Beziehungen an sich* und nicht aufeinander bezogene Dinge (beispielsweise Komplexe, die zu einer oder beiden Personen gehören) im Mittelpunkt. Wenn beide einer verbindenden Struktur gewahr werden, die das Wesen ihrer Interaktion bestimmt, müssen sie sich auch immer weniger darum kümmern, welche Teile der Psyche zu welcher Person gehören; sie erkennen dann vielleicht auch, wie frühere Verstehensversuche, die sich der Metapher der Patient-Therapeut-Projektionen bedienten, letztlich Ausdruck einer durch Macht bestimmten Haltung waren.

Was soll nun mit den durch projektive Identifikation bekannten Teilobjekten geschehen? Einerseits liefern sie wichtige Informationen für die Deutung dessen, wie der Patient Gier, Neid, Haß, Freude, Liebe usw. abspaltet. Andererseits kann gerade der Verzicht auf eine Deutung – man bringt dann gleichsam das Opfer der Nichtdeutung – das Beziehungsfeld derart beleben, daß es beiden Personen möglich wird, sich einzulassen. Für zwei Menschen, die sich auf Prozesse in diesem als interaktives Feld erlebten dritten Bereich konzentrieren *und diese nicht auf Projektionen reduzieren, die zurückgenommen werden müssen,* kann eine Vielzahl von verbindenden Strukturen verständlich werden, vor allem Verschmelzung, Distanz und Vereinigung. Geht man die Teilobjekte in einer Analyse

an, die sich auf die Rücknahme von Projektionen gründet, wie Jung es in seiner Studie über das *«Rosarium»* getan hat (GW 16, § 503–505), so beschränkt man die schöpferischen Möglichkeiten der projektiven Identifikation und des alchemistischen Prozesses, durch den der dritte Bereich in der Übertragung und Gegenübertragung beleuchtet wird.

Dieses Motiv – das Opfer des solaren Bewußtseins – und die Bewußtseinsqualität, die an der Analyse und der Zurücknahme von Projektionen beteiligt wäre, sind in der Bilderwelt des *«Rosarium»* dargestellt. Die betreffenden Holzschnitte stellen Veränderungen im interaktiven Feld dar, vor allem Bild 12, in dem Sol den Brunnen Lunas betritt, und Bild 18, in dem Sol von dem grünen Löwen verschlungen wird (McLean, 1980, pp. 74, 104, 128). Um diesen Aspekt des Bewußtseins opfern zu können, muß man natürlich zuvor fähig gewesen sein, ihn zu benutzen; und durch Melanie Kleins Methode, projektive Identifikation zu verarbeiten, wird uns dieses Bewußtsein gewährt.

Das *«Rosarium»* beschreibt einen Prozeß, in dem die Vitalität und die Bindungsfähigkeit des dritten Bereichs sich schließlich zu verbindenden Strukturen festigen, etwa im Hermaphroditen von Bild 10. Es ist ein Gemisch von Bildvorstellungen, in denen die Gesamtlehre der grundlegenden Einstellungen der Alchemie gegenüber der Seele und deren Entwicklung repräsentiert ist. Außerdem bezieht sich die Bilderwelt des *«Rosarium»* auf bestimmte Wandlungsstufen der unbewußten Dyade. Bild 20 etwa zeigt den auferstandenen Christus oder *corpus glorificatum* (McLean, 1980, p. 115). Auf manchen Wiedergaben dieser Bilder – sie sind in den verschiedenen Ausgaben des *«Rosarium»* unterschiedlich gezeichnet und gemalt – wird im Hintergrund der ewige Kampf zwischen Seth und Osiris gezeigt. Dies erinnert daran, daß, wie erhaben eine Wandlung auch immer sein mag, Probleme wie psychische Zerstückelung und Verlassenheit niemals ganz beseitigt werden können. Man könnte sogar sagen, daß sie den Hintergrund bilden, vor dem das Leben gemeistert werden muß. Dieser letzte Holzschnitt, der die

Überwindung des Todes darstellt, deutet an, daß man nicht wirklich leben kann, ohne der Sterblichkeit eingedenk zu sein. Dieser Holzschnitt porträtiert symbolisch auch das letzte, aber unerreichbare Ziel der vollständigen Integration der archetypischen Sphäre in den Menschen, wo dann das transzendente Selbst und das individuelle Selbst identisch sind[10].

Die ersten zehn Bilder des *«Rosarium»*[11]

Bild 1 des *«Rosarium»*, der «Mercurbrunnen», «versucht, die geheimnisvolle Grundlage des opus [Werk] darzustellen» (Jung, GW 16, § 402). Der Brunnen ist mit «niederen Wassern» gefüllt, das durch die drei Rohre des Brunnens zirkuliert, die verschiedene Aspekte des Mercurius sind. Fabricius beschreibt dieses Bild:

> «In dem Holzschnitt fließt der Mercurbrunnen, der auf Löwentatzen steht, vom Mercurwasser der prima materia über. Diese Wasser erscheinen als die ‹Jungfrauen Milch› *(lac virginis)* ‹der Brunnen Essig› *(acetum fontis)* und das ‹Lebenswasser› *(aqua vitae)*, die alle vom Mercurbrunnen ausgespien werden, der die Inschrift der drei Namen *(triplex nomine)* des Mercurius philosophorum trägt. Diese bezeichnen seine drei Erscheinungsweisen im Brunnen als ‹mineralische›, ‹pflanzliche› und ‹tierische› Materie. Die Inschrift am Rand des Bassins spricht jedoch die Ermahnung aus, daß *unus est mercurius mineralis, mercurius vegetabilis, mercurius animalis.* Diese Erscheinungsweisen des dreieinigen Erdgotts der Alchemie kehren in der zweiköpfigen *serpens mercurialis* wieder, die auch *triplex nomine* ist, wie ihre Inschrift *animalis, mineralis, vegetabilis* bezeugt. Die Mercur-Schlange oder der Mercur-Drachen speit die giftigen Dämpfe der prima materia aus, in der die sieben Planeten oder Metalle in übler Mischung oder Unordnung enthalten sind» (Fabricius, 1976, p. 19).

Die Libido, die den Brunnen füllt, ist doppelt: Sie steigt aus dem Mercurbrunnen auf, und sie ergießt sich aus der zweiköpfigen Schlange, der dyadischen «höheren» Form von Mercurius, die sich anders manifestiert als seine «niedere» Form. Der Brunnen ist also von unten und von oben gefüllt. Mercurius, so

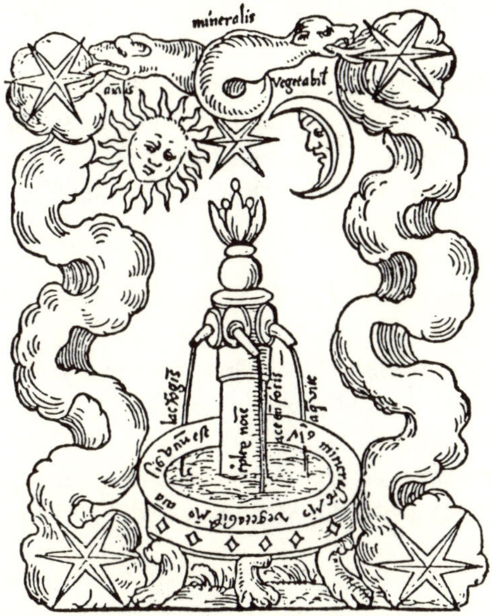

Bild 1: Der Mercurbrunnen

wie er sich von unten manifestiert, ist die chthonische Libido (Jung, GW 16, § 403), Gegenstück zur himmlischen Trinität. Der niedere Aspekt des Mercurius entspricht «dem Bedürfnis, Verlangen, Trieb, der Aggression und dem Willensentschluß» (§ 407); er ist eine Kreatur der «venerabilis natura», der erdgebundene Gefährte oder die Ergänzung zum Heiligen Geist, analog zum Urmenschen (§ 416), zu Hades und zum «heidnischen Offenbarungsgott» (§ 418). Die «niederen Wasser» üben die «unheimliche Faszination» des Inzest aus (§ 419). Diesem «chthonischen feurigen Mercurius» entspricht eine sexuelle «Libido, welche das Paar überschwemmt» (§ 455). Mit diesen «inzestuösen Elementen» verbinden sich die Dämpfe, die von den Köpfen der Schlangen herabsteigen. Diese Köpfe blicken in entgegengesetzte Richtungen, und es «sind zwei Vapores (Dämpfe), die sich niederschlagen, den Prozeß von vorne be-

ginnen und damit eine mehrfache Sublimation bzw. Destillation einleiten zur Reinigung von [...] der anhaftenden Schwärze des Ursprungs» (GW 16, § 403). Ein libidinöser Strom, der gefährliche Verschmelzungszustände fördern kann, vermischt sich also mit einem entgegengesetzten Strom von ebenso destruktivem Potential, der Spaltung fördert; wie die Inschriften auf dem Holzschnitt zeigen, sind sie dennoch identisch. Der Vers, der dem Holzschnitt beigegeben ist, heißt: «Keyn brunn noch wasser ist meyn gleych / Ich mach gesund arm vnd reych. / Vnd bin doch jtzund gyftig vnd dôtlich» (Jung, GW 16, Bild 1 zu § 402ff.; vgl. Fabricius, 1976, p. 19).

Der Holzschnitt wirkt graphisch und symbolisch zerrissen; der obere Teil enthält die zweiköpfige Schlange und der untere Teil den Mercurbrunnen. McLean hat diese Spaltung als einen wesentlichen Aspekt des Bildes bezeichnet; er führt aus, daß die Seele hier mit einer abgespaltenen niederen und oberen Form dargestellt wird (1980, p. 120). Diese Spaltung belastet unsere westliche Kultur seit Platon und früher.

Wir sind durch unsere Erfahrung mit Borderline-Bedingungen, wo radikale Distanz und Verschmelzung gleichzeitig auftreten, mit solchen Zuständen vertraut; dies ist die negative Seite des Hermaphroditen. Im Falle des Borderline-Patienten kann diese Pathologie des interaktiven Feldes von Patient und Therapeut Besitz ergreifen; dasselbe Phänomen tritt – wenn auch mit weniger destruktivem Potential – bei *jedem* auf, der seiner Spaltung zwischen Geist und Körper begegnet.

Fassen wir zusammen: Auf diesem Bild finden wir eine Vielzahl von Vorstellungen, die das Opus betreffen: wesentlich ist die Bildersprache der Dämpfe des *Binarius* (des Teufels) – der dyadischen Form des Mercurius. Die Dämpfe sind den Alchemisten auch als *massa confusa* oder *prima materia* bekannt; sie sind feindselige Elemente, die unvereinbare, durch Spaltung bestimmte Zustände darstellen. Diese Elemente mischen sich mit den niederen Wassern und erzeugen die verwirrende Mixtur aus Spaltungsqualitäten und Verschmelzungszuständen,

denen wir bei Borderline-Bedingungen häufig begegnen. Die Seele wird hier gespalten in eine «niedere» und eine «höhere» Form dargestellt, was eine Spaltung in Körper und Geist oder Geist und Materie charakterisiert. Wenn dieser Holzschnitt eine vollständig individuierte Psyche darstellen sollte, würden sich der obere und der niedere Teil des Holzschnitts an der Spitze des Brunnens verbinden (entsprechend dem Herzschakra im tantrischen Symbolismus). Dieser Holzschnitt stellt stattdessen eine andere Art der Verbindung dar: Die oberen und die niederen Sphären sind durch die Dämpfe miteinander verbunden.

Die Binarius-Dämpfe bilden eine vollkommene Analogie zur projektiven Identifikation. Indem er mit ihnen arbeitete, sublimierte oder destillierte der Alchemist die mit gespaltenen und feindseligen Gegensätzen angefüllten Zustände unbewußter Identität mit Prozessen des dritten Bereichs. Die Dämpfe verbinden oben und unten – die Seele mit dem Körper, und den Geist mit dem Instinkt. Das Wissen darum, daß projektive Identifikation oben und unten, triebbestimmte und geistige Prozesse, miteinander verbinden kann, ist also eindeutig ein Teil des alchemistischen Bildes des Mercurbrunnens. Die Rolle der projektiven Identifikation ist von Bion erläutert worden, und Grotstein folgte seinen Gedankengängen, als er die projektive Identifikation als einen «Kanal für das Es in das Ich, und von beiden in das Über-Ich» beschrieb (1981, p. 161).

Im ersten Holzschnitt sind diese Dämpfe in ihrer ambivalenten Form dargestellt. Sie verbinden zwar oben und unten, aber die Kommentare zu diesen Dämpfen zeigen (Jung, GW 16, § 403 und Anm. 10), daß sie auch die Sonne und den Mond verdunkeln. Die projektive Identifikation, die das Licht des Bewußtseins und die Imagination verdunkelt, erscheint hier – wie der alchemistische Schwefel – als Fessel der Imagination, die sie dumpf und leblos macht. Dennoch kann das schweflige Wesen der Dämpfe zu weniger zwanghaften Formen verfeinert werden, wenn Therapeut und Patient imaginal mit ihnen arbeiten

(Jung, GW 16, § 403). Bei diesem alchemistischen Prozeß wird der Zustand, den wir projektive Identifikation nennen, aus einem negativen in einen positiven verwandelt, ohne daß dabei jedoch sein dunkler und chaotischer Aspekt unterbewertet würde. Eine Lösung lag für den Alchemisten offensichtlich darin, die Verdunklung der Sonne und des Monds durch die Dämpfe zu würdigen. Psychologisch gesehen muß man die Dunkelheit der Verzweiflung und den quälenden, seelenlosen Zustand der geistigen Leere würdigen; dies ist eine Lektion, die Therapeut und Patient immer wieder lernen müssen.

Das alchemistische Modell des *«Rosarium»* verwendet als Bildinhalt ein Paar, das gewandelt werden muß, während es Zustände gefährlicher Verschmelzung und Verwirrtheit durchläuft. Projektive Identifikation beherrscht z. B. Bild 2, «die Vereinigung zur linken Hand» [«König und Königin»]. Die «‹perverse› Faszination» des Inzests (§ 419), schreibt Jung, schlingt sich wie «die Fangarme eines Octopus [...] um Arzt und Patient» (§ 371). Jung sah diesen Verschmelzungszustand, der an den «niederen Wassern» und der Dynamik der projektiven Identifikation teilhat, als einen gefährlichen Zustand an, da die Identität durch das Zusammenspiel der Psychen verlorengehen könnte. Er erkannte jedoch auch den Wert dieses Zustandes, denn die «gleichzeitig vorhandene ‹Intervention› des Heiligen Geistes [...] enthüllt den geheimen Sinn des Inzestes» als ein anstößiges Symbol «für eine unio mystica» (§ 419). Inzestenergien werden durchgehend mit projektiver Identifikation gleichgesetzt, und sie verbinden geistige Prozesse mit den chthonischen Tiefen der Sexualität (§ 418 und 455). Bild 2 kann also als Darstellung der Gefahren der Verschmelzungszustände im interaktiven Feld gesehen werden. Zwar bildet das erotische Element die Grundlage für Vereinigung, wenn zwei Menschen sich aber im Zustand eines unbewußt getriebenen Kontakts befinden, steigern sich jedoch die in ihm liegenden Gefahren.

Den Verschmelzungstrieben des Inzests ist die herabsteigende

Bild 2: König und Königin

Taube entgegengesetzt (die wahlweise den Heiligen Geist, die Energien der *unio mystica* oder kirchliche Weisheit symbolisiert). Die Taube ist nötig, um die Gefahr abzuwenden, daß das Feld entweder zu einem falschen Spiritualismus oder zu konkretem Realismus degeneriert.

Bild 3, «Die nackte Wahrheit», wendet sich anderen Gefahren zu, auf die man bei der Umwandlung der unbewußten Dyade trifft. Der Kommentar zum dritten Bild ist fast eine Litanei gegen den Narzißmus, insbesondere gegen den Stolz und die Arroganz, die bewirken können, das wir die wirkenden Mächte, die stärker als das Ich sind, aus dem Auge verlieren (Jung, GW 16, § 450). Die Spruchbänder, die den Holzschnitt begleiten, tragen die folgenden Sätze: Sol sagt: «O Luna, gib mir dein gemahl zu werden», und Luna sagt: «O Sol, ich sol dir billich zu gehorsam stan» (§ 451). Die Aussprüche Sols und Lu-

Bild 3: Die nackte Wahrheit

nas, wie auch die kompensatorische Funktion von Träumen, können als Gegenpart zu einem Feld verstanden werden, das durch den Widerstand des Paares gegen eine wirkliche Begegnung gekennzeichnet ist. Klinisch ausgedrückt befaßt sich dieses Bild mit narzißtischem Übertragungs- und Gegenübertragungswiderstand.

In Bild 4, «Das Eintauchen im Bade», liegt das Augenmerk auf den erotischen Energien, die durch die projektive Identifikation freigelegt werden; die Warnung vor dem Narzißmus ist ausgesprochen worden, und so können diese Energien jetzt als positive, verwandelnde Kräfte angesehen werden. Im interaktiven Feld sind erotische Energien konstelliert, und sie dienen in erster Linie als Bad der Wandlung für die unbewußte Dyade, deren Prozesse das Verhalten und das Phantasieleben des unbewußten Paares so stark festlegen. Psychoanalytische Ansätze

Bild 4: Das Eintauchen im Bade

zur Sexualität neigen dazu, auf den negativen Aspekt sexueller Energien im therapeutischen Feld abzuheben. Aufkommende erotische Energien zwischen Therapeut und Patient werden gemeinhin als Angstabwehr angesehen. Der alchemistische Ansatz warnt zwar vor den pathologischen Tendenzen, betont aber auch die positive, die Wandlungskraft erotischer Energien.
Dieses Stadium in der Wandlung des interaktiven Felds führt zur Vereinigung, zur «Coniunctio» in Bild 5. Hier werden einander abwechselnde Zustände von Verschmelzung und Distanz – Gegensätze, deren schmerzlicher Konflikt in der Regel durch die Täuschungen der projektiven Identifikation verleugnet und verfälscht wird – in Harmonie transzendiert. In diesem Holzschnitt fehlt die herabsteigende Taube, die auf dem vorigen Bild so bestimmend war; dies ist ein Zeichen dafür, daß jetzt begonnen wird, eine geistige Haltung in das interaktive Feld zu inte-

Bild 5: Die Coniunctio

grieren. Vor der Vereinigung war das Feld von Verschmelzung oder Spaltung beherrscht worden. In dem interaktiven Feld, das in diesem Holzschnitt dargestellt wird, ist die Tendenz auszuagieren – das heißt, die Vorgänge im dritten Bereich zu konkretisieren – keine so große Gefahr mehr. Bei der Arbeit im dritten Bereich sind im allgemeinen Prozesse beteiligt, die eine konkrete Bedeutung haben und auch symbolisch sind (Samuels, 1985).

Die Coniunctio kann in der Gegenwart erlebt werden; ihre rhythmische Qualität und ihre Fähigkeit, Gegensätze von Verschmelzung und Distanz zu transzendieren, kann direkt erfahren werden. Wie schon erwähnt, tritt sie häufig auch unbewußt auf (Jung, GW 16, § 461). Ein wichtiges Ergebnis der Coniunctio – egal ob sie nun als ein bewußtes oder als ein unbewußtes Ereignis eintritt – ist, daß durch sie der Patient das Bild des

Therapeuten und der Therapeut das Bild des Patienten introjiziert. Dadurch kann der Patient dann in seiner Phantasie erleben, im Therapeuten sowohl während als auch außerhalb der Sitzung enthalten zu sein. Ohne ein solches Gefühl des Enthaltenseins ist es für den Patienten schwer, das Verwandtschaftsgefühl zu erfahren, das Wachstum fördert und Patient und Therapeut zu dem Wagnis ermutigt, verletzliche Bereiche offenzulegen. In Winnicotts Sinne führt die Coniunctio zu einer «haltenden Umwelt» (1974).

Das Coniunctio-Feld hat einen zeitlosen Aspekt, der durch den *unus mundus* übermittelt wird[12]. Diese kommunikative Erfahrung kann auch als Verbindung zweier Menschen durch projektive Identifikation und Gegenidentifikation verstanden werden, als ein gegenseitiges Erleben der «Einfühlung», das die Begrenzungen von Raum und Zeit überbrückt. Die Vereinigung ist somit ein hoch gepriesener Zustand; der Alchemist strebte es an, eine stabile Form dieser Feldqualität zu erschaffen. Die Holzschnitte, die der Coniunctio in Bild 5 folgen, handeln von Dingen, die paradoxerweise dieses Feld zerstören und doch auch nötig sind, um schließlich seine Stabilität zu erreichen.

Bild 6, «Der Tod», zeigt eine tote, hermaphroditische Struktur; es ist ein kritisches Stadium in der Verkörperung des Selbst. Dieses *nigredo* ergibt sich aus Elementen der durch Projektion hervorgerufenen, inzestuösen Verstrickungen des Paares während der vorhergehenden Coniunctio und legt ungelöste Inzestprobleme in Therapeut und Patient frei.

Dieser totenähnliche Zustand wird von Therapeut und Patient häufig als Gefühl der Depression und der Verzweiflung erlebt. Auch Neid wird hier zu einem beherrschenden Affekt, denn wenn Erinnerungen an frühen Verlust auftauchen, kommt gleichzeitig die von Neid beherrschte Überzeugung auf, daß es Vereinigung niemals wieder geben kann. Ein Mensch in diesem Zustand wird häufig Depression und von Neid bestimmte Angriffe durch projektive Identifikation erleben.

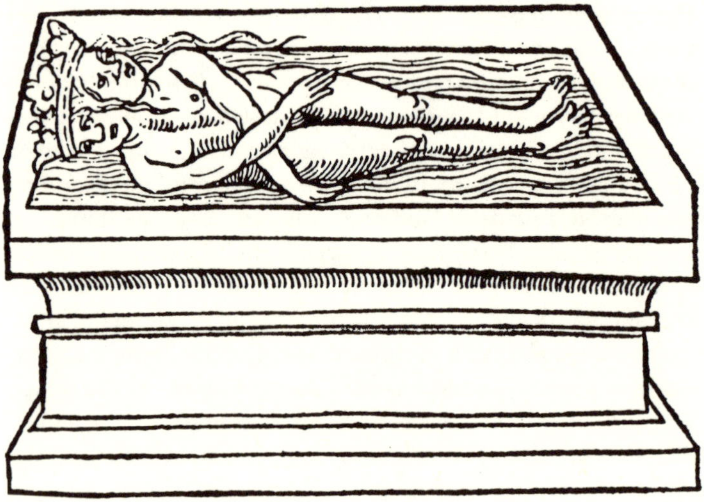

Bild 6: Der Tod

Der Therapeut kann leicht Gebrauch von Deutungen machen, die in entwicklungspsychologischen Theorien wurzeln. Er kann beispielsweise sein Augenmerk auf Teilobjekte legen, die aus einem Scheitern des Patienten herrühren, die depressive Position zu durchlaufen. Aber statt einer solchen reduktiven Untersuchung der Affekte können Therapeut und Patient sich mit den in der Periode vor dem Nigredo aufgetretenen Zuständen der Verschmelzung auseinandersetzen. Diese Perspektive ist wichtig, weil die Affekte des Nigredo stark genug sind, um die Erinnerungen an vorher Geschehenes zu verdrängen. Die Bildfolge des *«Rosarium»* führt uns also durch die Veränderungen und Wandlungen im interaktiven Feld. Wenn wir mit der Metapher der projizierten Teile deuten, wird die Verzweiflung des Patienten möglicherweise unterlaufen und auf eine persönliche Ebene reduziert; sie wird dann nicht als etwas gesehen, das zu der Erfahrung des Verlusts von heiligen Energien gehört.

Bild 7 stellt das Stadium dar, das als «Aufstieg der Seele» bekannt ist; Jung vergleicht diesen Zustand mit einer schizophrenen Dissoziation (Jung, GW 16, § 477). Bis dahin hat er in seiner Analyse der Übertragung ein Modell der Coniunctio benutzt, um die Vereinigung der Gegensätze zu erfassen; dieses Modell der Coniunctio gründet sich auf das Bild des *hierosgamos* bzw. der heiligen Hochzeit – also auf einen Zustand, der die unbewußte Beziehung zwischen zwei Menschen wiederspiegeln kann. Bei der Betrachtung von Bild 7 bewegt Jung sich stärker auf ein anderes Modell der Coniunctio zu, nämlich auf die *unio mystica,* den *einsamen* Aufstieg der Seele zu Gott. Diese Änderung im Modell ist wichtig: Während ein Paar, das sich auf das interaktive Feld einläßt, vorübergehend äußerste Orientierungslosigkeit erfahren mag, geschieht mehr, als das Auge sehen kann. Während Therapeut und Patient eine zutiefst seelenlose Befindlichkeit erfahren mögen, führt das Modell der unio mystica zur Aufklärung eines unbemerkten Prozesses zwischen ihnen. Jung sagt: «Die psychologische Deutung dieses Vorganges führt in Gebiete innerer Erfahrung, die sich [. . .] der [. . .] wissenschaftlichen Darstellungskunst entziehen» (§ 482). Die Seele – die verbindende Qualität zwischen Patient und Therapeut – wird in einem Aufstieg zu den Wandlungskräften des kollektiven Unbewußten erneuert. Bewußt erlebt das Paar den dritten Bereich während dieser Zeit jedoch auf eine Weise, die durch das vollständige Fehlen jeglicher Verbindung charakterisiert ist.

Patient und Therapeut erfahren diesen seelenlosen Zustand regelmäßig, und es kommt ihnen vor, als befänden sie sich in parallelen oder sich abwechselnden Universen. Diese Erfahrung ist häufig furchterregend und kann für den Therapeuten demütigend sein, wenn seine narzißtischen Abwehrmechanismen nicht allzu stark sind. Denn das völlige Fehlen von Kontakt zu einem anderen Menschen ist besonders für einen Therapeuten schwer zu akzeptieren, der sich in der Regel als Experte für die Beziehung zu Menschen und zur Psyche empfindet. An dieser

Bild 7: Der Aufstieg der Seele

Nahtstelle sind Deutungen im Sinne der projektiven Identifikation möglich; sie würden aber nur den schmerzlichen Zustand des völligen Fehlens einer Verbindung verfälschen. Beispielsweise können Zustände psychischer Leblosigkeit und der Machtlosigkeit, die der Therapeut vielleicht spürt, von ihm leicht als induzierte Affekte gedeutet werden. Dies trifft jedoch nicht den Kern der Sache und spricht der zwischenmenschlichen Beziehung etwas zu, das besser einer Feldqualität zugeteilt werden sollte.

Der in Bild 7 dargestellte Zustand wird auch als *impregnatio* bezeichnet, was bedeutet, daß sich ein Mysterium vollzieht, obwohl die zwischenmenschliche Beziehung als seelenlos empfunden wird und obwohl die Individuen möglicherweise keine

innere Beziehung zum Unbewußten spüren. In alchemistischer Sprache steigt die Seele auf in die unio mystica zu Gott; dies ist ein Zustand der Vereinigung mit dem transzendenten Selbst. *In diesem Moment besitzt die projektive Identifikation keinen Deutungswert mehr* und hat nur den Wert, den Therapeuten demütig werden zu lassen angesichts seiner unbeholfenen Versuche zu verstehen. Diese Zeit ist vom Mantel des Mysteriums umhüllt und häufig von einem Gefühl therapeutischen Versagens gekennzeichnet. Was hier geschieht, ist unbekannt, *sogar für das Auge der Imagination.* Die Mystiker wußten um diese Ebene, wie die folgende Erzählung von Rumi, dem islamischen Mystiker und Dichter des 13. Jahrhunderts, zeigt:

«Ein Suchender klopfte an das Tor der Geliebten – an das Tor Gottes –, und eine Stimme fragte von innen: ‹Wer ist da?› Der Suchende antwortete: ‹Ich bin es›; und die Stimme sagte: ‹In diesem Haus gibt es kein Ich und Du.› Das Tor blieb verschlossen. Da ging der Suchende in die Einsamkeit, fastete und betete. Ein Jahr später kehrte er zurück und klopfte wiederum an das Tor. Wieder fragte die Stimme: ‹Wer ist da?› Diesmal antwortete der Gläubige: ‹Du bist es.› Da öffnete sich das Tor.»

Bild 8, «Die Reinigung» oder die *mundificatio,* beschreibt den Vorgang des «Abwaschens» der noch anhaltenden Inflationen, die durch die Verschmelzung mit Prozessen im dritten Bereich hervorgerufen waren. Diese Wandlung des negativen Verschmelzungszustandes setzt sich in der gesamten Serie der zwanzig Bilder fort. In diesem Stadium des Ablaufs ist der Therapeut in erster Linie mit der kreativen Verbindung des Patienten zum Numinosen beschäftigt, denn diese Verbindung ist gleichzeitig von seinem Ich abgespalten und mit ihm verschmolzen, wodurch es zu einer Inflationierung kommt.

Auf Bild 9 kehrt die Seele wieder und belebt die Energie und Struktur des interaktiven Feldes neu. Inzwischen ist das Feld relativ stabil geworden, und es ist unwahrscheinlich, daß Regressionen bösartig werden. Dieses Stadium führt zum Rebis in Bild 10.

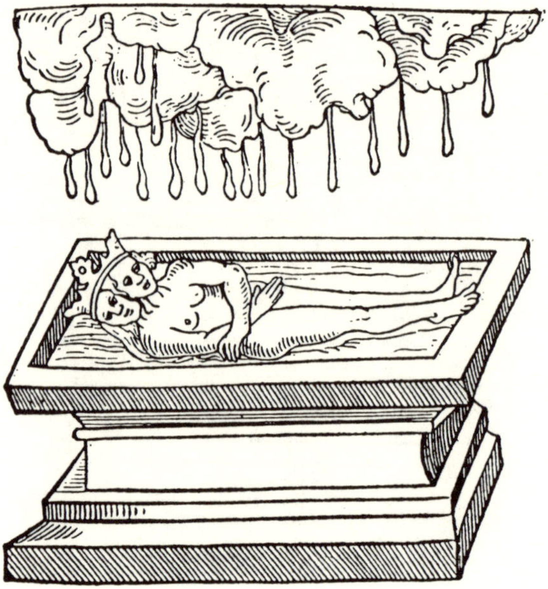

Bild 8: Die Reinigung

In der *«Psychologie der Übertragung»* betrachtet Jung das Bild des Hermaphroditen, der als Rebis bekannt ist, als ein bedauernswertes Produkt des unentwickelten Bewußtseins der Alchemisten. Er führt aus, daß die Alchemisten den grundlegenden psychologischen Vorgang der Projektion nicht verstanden hätten, und betrachtet dieses hermaphroditische Bild als Produkt der «Unreife der alchemistischen Psyche» und als Mangel an psychologischem Verständnis. Sein Angriff konzentriert sich auf die Sexualität:

Freud grub diese Problemsphäre wieder aus. «Der Sexualismus des Unbewußten wurde sofort sehr ernst genommen und zu einer Art von religiösen Dogma erhoben [. . .] Der Sexualismus des Hermaphroditussymbols hat zunächst das Bewußtsein überwältigt und eine Auffassung erzeugt, die ähnlich unschmackhaft ist, wie die Zwittersymbolik [. . .] Der Sexualismus dieser Inhalte

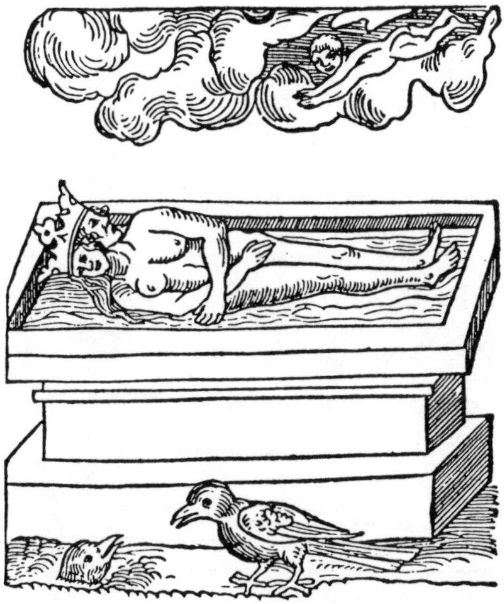

Bild 9: Die Wiederkehr der Seele

bedeutet immer eine unbewußte Identität des Ich mit einer unbewußten Gestalt [...], vermöge welcher das Ich halb möchte und halb genötigt ist, den Hierosgamos so einigermaßen mitzuspielen oder wenigstens zu glauben, es handle sich um nichts anderes als um eine erotische Verwirklichung. Gewiß handelt es sich zunehmend um eine solche, je mehr man es glaubt, je ausschließlicher man sich darauf konzentriert und je weniger man die archetypischen Vorlagen berücksichtigt [...]
[...] Den Hermaphroditus habe ich nie als Gestalt des Zieles beobachtet, wohl aber als Symbol des Anfangszustandes, nämlich als Ausdruck einer Identität mit Anima oder Animus» (GW 16, § 533–535).

Die *«Psychologie der Übertragung»* enthält die entschiedene Anweisung, negative Verschmelzungszustände, die sich zwischen Patient und Therapeut entwickeln können, nicht zu agieren. Man muß sich fragen, ob dieser problematische Schattenaspekt der Psychotherapie, und zwar besonders sexuelles Aus-

Bild 10: Die neue Geburt

agieren, für Jungs negative Einschätzung des Rebis verantwortlich war. Hat seine Aversion gegen Freuds Einschätzung der Bedeutung der Sexualität dazu beigetragen? Jung beurteilt Rebis nur in diesem Werk über die Übertragung negativ. Im «*Mysterium Coniunctionis*» wird Rebis ohne eine negative Beurteilung erwähnt; er wird sogar gepriesen und als ein Bild für die paradoxe Vereinigung von Gegensätzen genannt, von Sulphur und «humidum radicale», die nach Jung die «denkbar stärksten Gegensätze» sind (GW 14 I, § 331). Eines von den vielen Beispielen, die wir zitieren können, findet sich in Jungs «*Psychologie des Kindarchetypus*». Hier ist der Rebis nicht «ein Produkt primitiver Undifferenziertheit»; «im Gegenteil hat sich auch die Phantasie hoher und höchster Kulturstufen immer wieder mit dieser Vorstellung beschäftigt» (GW 9 I, § 292); weitere Beispiele siehe Schwartz-Salant, 1984, p. 6).

Zweifellos kann der Hermaphrodit als negatives Bild wirken. Dies geschieht häufig am Beginn eines therapeutischen Prozesses und zwar besonders, wenn der Therapeut mit Borderline-Zuständen umgeht. Zum Beispiel kann der Hermaphrodit ein Bild für den besonderen Verschmelzungszustand sein, der sich zwischen Therapeut und Patient in einem von projektiver Identifikation beherrschten Geschehen bildet. In diesem Zustand kann bei zwei Personen das Gefühl auftreten, sie seien in einem einzigen affektiven Körper zusammengeschmolzen und teilten die gleichen Emotionen, während jeder von ihnen unterschiedliche Abwehrmechanismen und Haltungen beibehält: ein Körper, zwei Köpfe! Das hermaphroditische Selbst kann auch der Neigung des Therapeuten Gestalt geben, so zu handeln, als wäre er ein Ganzes, während diese «Ganzheit» in Wirklichkeit eine Zwitterbildung ist, die teilweise aus den Introjekten des Patienten besteht: Wir sind zwei, die denken, daß sie nur einer sind. In diesem verworrenen Mischzustand neigen wir leicht dazu, Teildeutungen zu geben und sie fälschlicherweise für umfassend zu halten. Wir sprechen mit unseren Patienten über Dynamik und sind dann erstaunt, wenn wir herausfinden, daß diese Interventionen zerstörerisch sind, denn es entgeht uns, daß wir nur einen Teil des Ich beschrieben hatten. Unter dem beherrschenden Einfluß eines interaktiven Feldes, das von der negativen Eigenschaft des Hermaphroditen strukturiert wird, setzen wir allzu leicht voraus, daß der Patient zu gewissen Teilen seiner Psyche Zugang hat, die tatsächlich jedoch von seinem Bewußtsein abgespalten und für dieses unzugänglich sind. Solche psychologischen Zustände können die Übertragung-Gegenübertragung beherrschen: Das Selbst wird oft als Mischobjekt erlebt, das sich aus Anteilen des Therapeuten, die mit Teilen des Patienten verschmolzen sind, zusammensetzt. Patient und Therapeut werden von diesem Zwitterzustand leicht beherrscht.

Der negative Aspekt des Rebis liegt den verwirrenden Spaltungsprozessen, von denen Borderline-Patienten dominiert

werden, zugrunde. Widersprüchliche und sich gegenseitig ausschließende seelische Zustände sind miteinander verschmolzen. Ein Patient äußert seinen Haß gegen mich und macht dann sofort, ohne auch nur einen Moment zu zögern, eine liebevolle Äußerung. Eine Frau in mittleren Jahren fühlt sich sexuell von mir angezogen, wenn sie sich jung fühlt, und total asexuell, wenn sie ihr wirkliches Alter spürt. Die beiden Zustände existieren und definieren die Identität des Patienten gleichzeitig; ihr gemeinsames Auftreten ist für uns beide äußerst verwirrend. Die Gegensätze scheinen sich gleichzeitig zu erschöpfen und anzuregen. Auch die Geschlechtsidentität wird undeutlich, wenn dieses negative hermaphroditische Selbst konstelliert ist.

Aber auch das positive Potential dieses hermaphroditischen Bildes zeigt sich in der Arbeit mit Borderline-Patienten. Man kann sich mit dem Fehlen eines inneren, handelnden Selbst im Patienten durch ein interaktives Feld befassen, das als ein verbindendes Selbstbild wirkt. Es kann zwischen zwei Menschen eine Selbststruktur geschaffen werden, ohne daß eine negative Participation mystique vorherrscht und eine der beiden Personen ihre Identität verliert. Wenn sie die Imagination richtig nutzen und fähig sind, Sexualität als ein Energiefeld zu erleben, können zwei Menschen die Verbundenheit des Selbst erfahren und immer wieder dazu zurückkehren – auf die gleiche Weise, wie ein einzelner Mensch sich an ein einheitliches Selbstbild anschließen kann. Durch dieses verbindende Selbst kann – genauso wie durch eine einheitliche Selbsterfahrung – geistige Erneuerung, Ordnung und Gnosis erworben werden. Bezeichnenderweise kann dieses verbindende Selbst introjiziert werden, und eine innere, hermaphroditische Selbststruktur schaffen. Sol und Luna (die beispielsweise eine gedanklich diskursive und eine imaginale Haltung, geistige und körperliche Vorgänge oder Zustände des Handelns oder Seins repräsentieren) sind von gleichem Wert.

Die Genese des positiven Hermaphroditen schließt die Erfah-

rung der Vereinigung mit ein. Wenn dieser Vereinigungszustand erfahren wird, entwickelt sich ein Beziehungsfeld zwischen Patient und Therapeut, das verbindende Qualität hat und die Quelle des therapeutischen Bündnisses ist, das für die Therapie von Borderline-Zuständen von so entscheidender Bedeutung ist; denn ohne dieses Bündnis könnten psychotische Prozesse unkontrollierbar werden. Im 10. Holzschnitt, der den Rebis darstellt, können wir sehen, wie solche verbindenden Zustände von der alchemistischen Imagination verstanden wurden. Dieser Holzschnitt zeigt die hermaphroditische Figur getragen von einem lunaren Halbmond. Einerseits stellt dieses Bild einen Zustand dar, in dem der imaginale Prozeß zu einer Grundlage geworden ist, auf die man sich verlassen kann, wie konfliktreich die jeweilige Interaktion auch sei. Der dunkle, verfolgende Aspekt der negativen Augengöttin ist gezähmt worden. Auf dem Mond zu stehen deutet auf der anderen Seite auf eine Überwindung des Todes hin (McLean, 1980, p. 124). Die überwältigenden Affekte der Verlassenheit (einschließlich tödlicher Formen der Wut, der panischen Angst und der Verzweiflung) können ein Boden werden, auf dem die therapeutische Interaktion stehen kann. Von Verfolgungszuständen beherrschte Interaktionen hören zwar nicht notwendigerweise auf zu bestehen, aber sie hören auf, das therapeutische Bündnis zu zerstören. Negative Zustände bestehen jetzt in einem Zusammenhang, in dem die Vorstellungskraft jeder Person noch wirkfähig ist, das Talionsgesetz der Rache gewandelt ist und jede Person erkennt, daß diese negativen Affekte zu ihren natürlichen Beschränkungen gehören. Die Arbeit in der Dunkelheit dieser Zustände führt zu einer Vertiefung der Vereinigung. Ohne das positive, interaktive Feld, das von der Coniunctio herrührt, nehmen negative Verschmelzungszustände jedoch überhand, und es gibt ein ununterbrochenes, sich ständig wiederholendes Abtöten der Imagination bei einer sich steigernden Feindschaft.

So trifft man in Bild 10 des «Rosarium» auf ein hohes Niveau

der Vollendung, die Schaffung einer Struktur, die als ein Selbst begriffen werden kann, an dem zwei Menschen teilhaben. Über diese Schöpfung schreibt der Dichter Robert Bly: «They obey a third body that they share in common. / They have made a promise to love that body» (1985, p. 19) [Sie gehorchen einem dritten Körper, an dem sie gemeinsam teilhaben. / Sie haben ein Gelöbnis geleistet, diesen Körper zu lieben.] Dieser feinstoffliche Körper erzeugt Weisheit, Wissen und, am wichtigsten, Verwandtschaft; er besitzt seine eigene Autonomie innerhalb des dritten Bereichs. Er kann ein Selbst in einem Individuum werden, ein Selbst mit männlichen und weiblichen Polaritäten. Solche miteinander geteilten Erfahrungen und Strukturen sind das eigentliche Ziel projektiver Identifikation.

Bild 11: Die Gärung

Bild 12: Das Leuchten

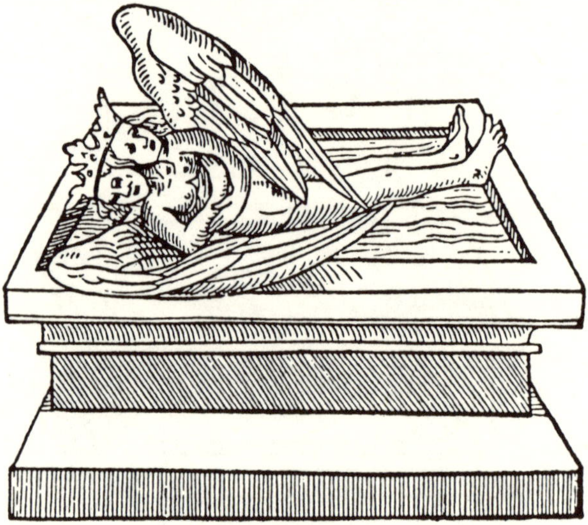

Bild 13: Die Nahrung

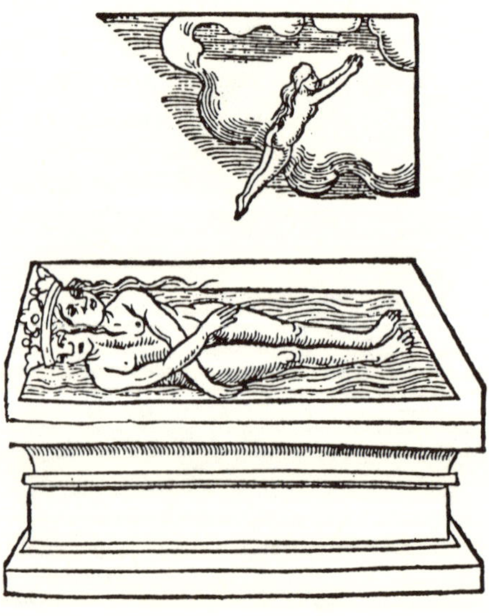

Bild 14: Die Fixierung

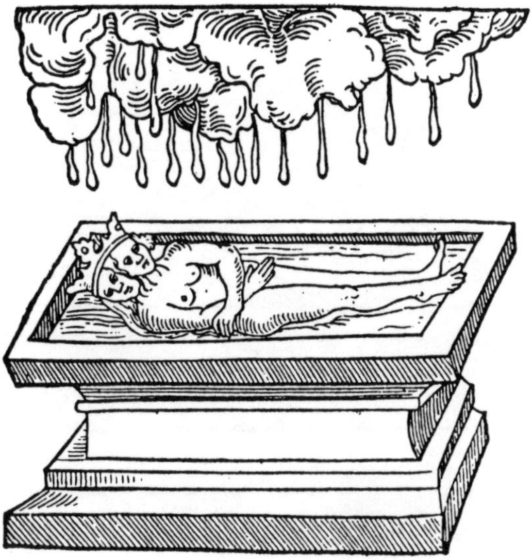

Bild 15: Die Vermehrung

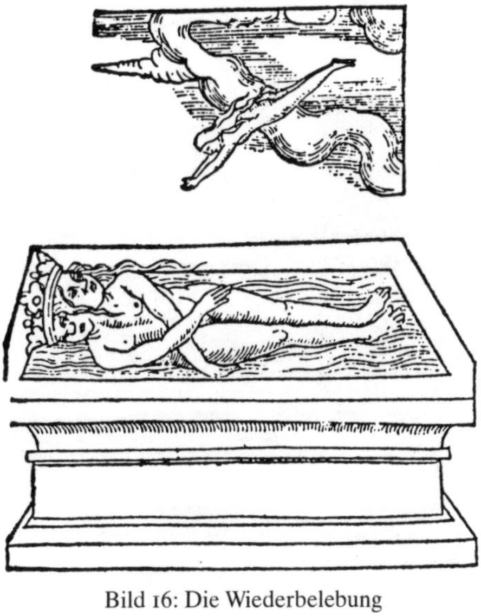

Bild 16: Die Wiederbelebung

Bild 17: Die Vollkommenheit

Bild 18: Die Beschämung

Bild 19: Die Krönung

Bild 20: Die Wiederauferstehung

Der feinstoffliche Körper und imaginales Erleben im interaktiven Feld

Einleitung

Mit dem Mechanismus der projektiven Identifikation versucht die Borderline-Persönlichkeit, ihre Beziehungen zum Unbewußten zu heilen. Dabei setzt sie Energien ein, die mit dem zu tun haben, was häufig als feinstofflicher Körper (subtle body) bezeichnet wird und was ich den «dritten Bereich» nenne. Eine genaue Beachtung dieses Bereichs ist daher für die Behandlung der Borderline-Störung von entscheidender Bedeutung. Der Therapeut muß lernen, diesen Bereich zugänglich zu machen, so daß er betreten und wieder verlassen werden kann, und er sollte grundsätzlich eine gute Beziehung zu diesem Bereich des Unbewußten haben.

Die Borderline-Persönlichkeit hat ein Machtproblem; sie ist von dem Bedürfnis besessen, das Unbewußte zu kontrollieren. Dieses konstelliert sich in einer so negativen Form, daß es nur sehr schwer möglich ist, ihm gegenüber eine flexible Haltung einzunehmen oder eine angemessene Beziehung zu ihm herzustellen. Dieser Machtkomplex ist für den Borderline-Patienten die Quelle großen Leidens, denn er weiß auch, daß dieser Komplex ihm den Zugang zu einem authentischen Leben blokkiert, das sich auf eine Beziehung zu anderen und zum Unbewußten gründet. Die Borderline-Persönlichkeit empfindet ihren Machtkomplex meist als peinlich und verbirgt ihn als ein wohlgehütetes Geheimnis, indem sie ihn von dem normalen,

funktionierenden Ichbewußtsein und von anderen Leuten abspaltet. Die Borderline-Persönlichkeit ist natürlich ein Experte darin, Machtprobleme in anderen Menschen wahrzunehmen. Jede therapeutische Technik, die das wahrnehmbar macht, was «im Patienten» geschieht, ohne dabei gleichzeitig auch den im Therapeuten ablaufenden Prozeß[13] genau zu überwachen, läuft wegen der Obsession des Patienten für Macht und Kontrolle Gefahr, den Machtkomplex der Borderline-Persönlichkeit nur noch zu verstärken. Eine Möglichkeit dem Patienten zu einer Erfahrung des Numinosen zu verhelfen, liegt vielmehr darin, einen unbewußten und autonomen Prozeß aufzudecken, von dem Therapeut und Patient fasziniert sind, und sich dann imaginal auf ihn zu beziehen. In diesem Prozeß verzichten beide Personen auf eine Haltung, die sich auf Macht gründet.

Die alte Vorstellung vom feinstofflichen Körper ist dem ähnlich, was zu Newtons Zeit als Äther bekannt war; diese Vorstellung wurde bis zum Anbruch Einsteinschen Denkens beibehalten. Sie ist der archetypische Vorläufer des Begriffs des Feldes in der Physik und des Begriffs des interaktiven Feldes in der Psychotherapie.

Der Begriff des feinstofflichen Körpers

In seiner Einleitung zu «The Doctrine of the Subtle Body in Western Tradition», 1919, stellte G.R.S. Mead fest: «Die Vorstellung, daß der physische Körper des Menschen sozusagen eine Externalisierung einer unsichtbaren subtilen Verkörperung des Leben des Geistes ist, ist eine sehr alte Überzeugung.» Seine Worte gelten immer noch:

«Die vorherrschende Haltung des skeptischen Rationalismus unserer heutigen Zeit ist es jedoch, alle diese Überzeugungen des Altertums ohne viel Federlesens als unhaltbare Träume eines vorwissenschaftlichen Zeitalters abzutun. [...] Ich bin überzeugt, daß je tiefer die moderne Forschung in die abstruseren

Bereiche der Biologie, Psycho-Physiologie und Psychologie eindringt, desto eher wird die Vernunft dazu neigen, diese Vorstellung als eine fruchtbare Arbeitshypothese zu begrüßen, mittels derer eine beträchtliche Anzahl der mentalen, vitalen und physikalischen Phänomene der menschlichen Persönlichkeit koordiniert werden kann, die uns sonst nur als ein wirres und unerklärliches Konglomerat vorliegen» (1919, pp. 1–2).

Der feinstoffliche Körper kann imaginal als eine Art Energiefeld erfahren werden, das sich, ausgehend von unserem körperlichen Sein, ausbreitet[14]. Er ist zwar für die normale Wahrnehmung unsichtbar, kann aber imaginal gesehen werden. Im Zusammenhang mit einer Therapie, an der zwei Menschen, Therapeut und Patient, beteiligt sind, scheint es recht klar, daß die feinstofflichen Körper beider Personen sich wechselseitig beeinflussen können und daß sich dies in einem Zustand der Verschmelzung oder – ihr äußerstes Gegenteil – der Trennung manifestieren kann, wobei der Zustand der Trennung in seiner Seelenlosigkeit unendlich belastend und verfolgend wird. Die feinstofflichen Körper der beiden Personen können aber auch – dies die dritte Möglichkeit – in einer Coniunctio interagieren. Die Frage ist nicht, ob der feinstoffliche Körper existiert, sondern ob seine Existenz wahrgenommen werden kann. Denn wenn wir mit dem feinstofflichen Körper umgehen, haben wir es nicht mit gewöhnlichen, sondern mit imaginalen Wahrnehmungen zu tun. Diejenigen, die *sehen* können, werden dies wahrnehmen, wer es nicht kann, wird skeptisch bleiben. Es gibt jedoch Kliniker, die sich der Existenz feinstofflicher Körperphänomene bewußt sind, aber ihre Eignung für den klinischen Gebrauch in Frage stellen. Dies wirft sehr viel wichtigere Fragen auf: Ist die Vorstellung vom feinstofflichen Körper insofern schädlich für die Therapie, als durch sie die Aufmerksamkeit von der Bedeutung des physischen Körpers, speziell der Körperenergien und der damit verbundenen sexuellen Zustände, abgelenkt wird? Ist der feinstoffliche Körper so schwer faßbar, daß es keine Begriffe gibt, durch die er Klinikern nahegebracht werden könnte, oder gehen wir mit dieser Konzeption das Ri-

siko ein, daß unsere klinischen Bemühungen in einem Wirrwarr versinken, der vorgibt, ein Geheimnis zu sein?

Zwei Menschen können einen Zustand wahrnehmen, in dem ihre feinstofflichen Körper interagieren, was häufig als eine Qualitätsveränderung des Raums zwischen ihnen empfunden wird: Dieser Raum ist dann energiegeladen, greifbarer und körperlicher. Sie stehen dann auf der Bewußtseinsschwelle archetypischer Prozesse oder des mundus imaginalis, wie Henry Corbin es nennt (1972, p. 1–19)[15].

Durch das Erleben des feinstofflichen Körpers können zwei Menschen die zentrale archetypische Struktur des Hintergrundbereichs, die Coniunctio, erfahren. Wenn die Coniunctio eine aktive, imaginale Erfahrung ist, werden beide Menschen die Empfindung haben, abwechselnd in Richtung auf eine Verschmelzung zusammengebracht und dann in Richtung auf Trennung auseinandergerissen zu werden, während es in dem Bereich zwischen ihnen ein fortdauerndes Gefühl der Einheit gibt.

Bei der Arbeit mit klinischem Material kann man sich auf den Körper oder die Psyche beziehen[16]. Ein dreiundzwanzigjähriger Patient zum Beispiel, der unter gelegentlicher Impotenz, extremer Inertie und Masturbationszwang litt und zwanghaft Marihuana einnahm, erinnerte das folgende Kindheitserlebnis. Im Alter von sieben Jahren bekam er schreckliche Angst vor einer Comicfigur, die Alice die Schlägerin hieß. Nachts stellte er sich vor, daß sie riesengroß und erschreckend in seinem Schlafzimmer wäre. Er konnte sich nur vor ihr schützen, indem er seine Decke ganz fest bis unter sein Kinn hochzog, so daß nur noch sein Kopf aus der Decke herausschaute. Er behielt dieses Ritual während der nächsten sieben Jahre bei, und es legte sich erst, als er anfing zu masturbieren und zwanghaft Marihuana zu nehmen, um seine Angstanfälle abzublocken.

Dieser Patient sah aus wie jemand, der «sich die Bettdecke bis unters Kinn gezogen hat». Er atmete ein und hielt seinen Atem für eine scheinbar unendliche Zeit an, sein Oberkörper zog sich dann nach innen zur Stuhllehne hin und entzog sich dem Blick.

Wenn er seinen Atem anhielt, schien er nur noch aus seinem Kopf zu bestehen; sein starrer Körper zeigte keinerlei Lebenszeichen. Dann atmete er krampfhaft aus. Diese Abfolge wiederholte sich: Die «Decken wurden wieder hochgezogen», sein Körper wurde wieder starr, und dann folgte schließlich das plötzliche und eindringliche Ausatmen.

Die Behandlung ging nur am Rande auf die Atemweise und Charakterpanzerung dieses Patienten ein. Stattdessen konzentrierten wir uns auf seine Elternkomplexe, und die Behandlung war besonders erfolgreich, wenn seine starken Reaktionen auf Sexualität (die die Form eines Abscheus gegen das Vorspiel annahmen) untersucht wurden. Das Ergebnis einer kurzen einjährigen Behandlung war, daß sein Masturbationszwang aufhörte, er begann eine Beziehung mit einer gleichaltrigen Frau, und seine Abhängigkeit von Marihuana nahm spürbar ab. Auch seine Atemweise verbesserte sich, auch wenn er dieses Merkmal, «die Bettdecke hochzuziehen», in gewisser Weise beibehielt.

Diese Vignette zeigt, wie sich ein starker negativer Mutterkomplex an Körper und Psyche manifestiert. Aufgrund meiner besonderen Ausbildung arbeite ich an psychischen Komplexen. Ein anderer Therapeut wäre vielleicht an die Probleme dieses jungen Mannes über dessen Körperpanzerung und Atemweise herangegangen. Mein Ansatz war einigermaßen erfolgreich; ich bin mir aber sicher, daß eine körperorientierte Therapie zumindest genauso fruchtbar gewesen wäre.

Der Patient benutzte Spaltungsabwehrmechanismen gegen die Bedrohung, von psychotischen Ängsten überwältigt zu werden. Seine Hauptabwehr war eine Spaltung zwischen Geist und Körper, die im Hochziehen der Decken *gerade bis zu seinem Kinn* – seinem Kindheitsritual – ihren Ausdruck fand. Dieses Verhalten aus seiner Kindheit veranschaulicht, wie er später sein Körpergefühl abspaltete. Seine intensiven Ängste leben sozusagen in seinem Körper und blieben dort so lange verborgen, wie seine Spaltungsabwehr funktionierte.

Wenn dieser Patient keine Drogen nahm, um seine Ängste zu mildern, stieg seine Angst an, und sein Körper und seine Atemweise wurden von der Starre erfaßt, die ich beschrieben habe. *Immer wenn ein Komplex konstelliert ist und Ichfunktionen zu assimilieren droht, nimmt das Körperich eine Haltung an, die mit diesem Komplex in Verbindung steht.* In der Beziehung zu einem konstellierten Komplex treten nicht nur eine Reihe körperlicher Reaktionen auf, etwa eine Veränderung der Atmung und der Herzfrequenz und galvanische Hautreaktionen[17], sondern auch die gesamte Körperstruktur verändert sich und wird vom Patienten als Veränderung des Körperbilds erfahren. Wenn der von mir beschriebene Patient von seinem negativen Mutterkomplex bedroht wurde, zerfiel sein Körperbild in Stücke, wurde häßlich und füllte sich mit abstoßenden Begierden; sein psychischer Körper sah dann charakteristischerweise so aus, als würde er sich unter einer Decke verstecken.
Jeder Komplex hat einen Körper. Der Körper des Komplexes ist weder der physische Körper noch eine rein geistige Struktur, er ist ein «dazwischenliegendes Phänomen». Mit Meads Worten ist es eine «unsichtbare, subtile Verkörperung des Lebens und des Geistes» (1919, p. 1). Der feinstoffliche Körper kann sich psychisch als Traum, Phantasie und in Körperbildern und physisch als Körperstruktur und Panzerung manifestieren. *Er ist geistig und physisch,* und anstatt nur entweder den einen oder den anderen dieser beiden Gegensätze zu untersuchen, werde ich anhand von klinischem Material zeigen, daß es sehr fruchtbar sein kann, sich diesem oft dunklen Zwischenbereich zuzuwenden, an dem Körper und Geist teilhaben.
Diesem Bereich des feinstofflichen Körpers galt ein Hauptinteresse der Alchemie. Man liest bei Paracelsus den Refrain: «die Körper zerstören». Ich denke, daß er davon spricht, den Körper des Komplexes zu wandeln. In der bioenergetischen Arbeit versucht der Therapeut, Körperpanzerung aufzulösen. Dieser Ansatz zielt auf den physischen Körper, nicht aber auf den feinstofflichen Körper. Wenn wir den feinstofflichen Kör-

per einbeziehen wollen, muß die Imagination benutzt werden; dies war, wie Jung sagt, der Schlüssel zum gesamten alchemistischen opus (Jung, GW 12, § 396). Wenn man den Bereich des feinstofflichen Körpers erfolgreich durcharbeiten kann, hat man häufig die Chance, nicht nur die psychische sondern auch die physische Struktur zu wandeln. Die Spaltung zwischen Geist und Körper kann behoben werden, wenn man sich erfolgreich mit dem Bereich des feinstofflichen Körpers beschäftigt hat.

In *«Psychologie und Alchemie»* (GW 12, § 394 ff.) stellt Jung überblicksweise die Idee des feinstofflichen Körpers dar, ausführlich aber entwickelt er sie im Seminar über F. Nietzsches *«Also sprach Zarathustra»* (1934–39). Jung sagt, daß Projektionen von der Psyche durch das Medium des feinstofflichen Körpers (Jung, 1988, pp. 441–446 und passim) übertragen werden und sich in physischen und psychischen Mitteilungen von einer Person auf eine andere manifestieren. Ich möchte Jungs Gedanken erweitern und darlegen, daß das Medium des feinstofflichen Körpers, projiziert, imaginal wahrgenommen und zwischen zwei Menschen erfahren werden kann. Außerdem kann dieser vermittelnde feinstoffliche Körper ein verbindender Körper sein, der die individuellen feinstofflichen Körper beider Personen, die sich in Therapie befinden, enthält. Dieser letztgenannten Erlebensweise des feinstofflichen Körpers, die in der Bilderwelt des *«Rosarium Philosophorum»* dargestellt ist, gilt unser Hauptinteresse.

Ich glaube, daß sich Winnicotts Entdeckung des Übergangsraums und der Übergangsphänomene von Wahrnehmungen des feinstofflichen Körpers herleitet. Winnicott sagt:

«Meines Erachtens [gibt es] einen intermediären Bereich von *Erfahrungen,* in den in gleicher Weise innere Realität und äußeres Leben einfließen. Es ist ein Bereich, der kaum in Frage gestellt wird, weil wir uns zumeist damit begnügen, ihn als eine Sphäre zu betrachten, in der das Individuum ausruhen darf von der lebenslänglichen menschlichen Aufgabe, innere und äußere Realität voneinander getrennt und doch in wechselseitiger Verbindung zu halten. [...]
Ich möchte hier die Aufmerksamkeit auf ein Stadium lenken, das zwischen der

völligen Unfähigkeit und der wachsenden Fähigkeit des Kleinkindes liegt, die Realität zu erkennen und zu akzeptieren. Deshalb untersuche ich das Wesen der *Illusion,* die dem Kleinkind zugebilligt wird und im Leben des Erwachsenen einen bedeutsamen Anteil an Kunst und Religion hat. Und doch sehen wir es als Zeichen seelischer und geistiger Störung an, wenn ein Erwachsener zu große Ansprüche an die Glaubensbereitschaft seiner Mitmenschen stellt und sie dazu zwingen will, eine Illusion zu teilen, die nicht ihre ist. Wir können die Achtung für das *illusionäre Erlebnis* teilen, und wir können uns, wenn wir wollen, auf der Basis der Ähnlichkeit unserer illusionären Erlebnisse zu Gruppen zusammenfinden» (1974, pp. 11–12).

Man braucht Winnicotts Mut, wenn man versucht, Phänomene zu beschreiben, die den feinstofflichen Körper betreffen. Denn das Thema ist Illusion, und es kann zwar eine ganze Menge gesagt werden über die Realität der Imagination und über ihr Potential, jemanden zu befähigen, den «intermediären Bereich zwischen dem Subjektiven und dem objektiv Wahrnehmbaren» (1974, p. 12) wahrzunehmen, aber man sieht sich trotzdem der außergewöhnlichen Schwierigkeit gegenüber, diese Erfahrung mitzuteilen. Wenn sich das Erleben des feinstofflichen Körpers zwischen zwei Menschen konstelliert, können beide Menschen Phänomene erfahren, wie sie im *«Rosarium»* porträtiert werden.

Das Erleben der Coniunctio als imaginale Wirklichkeit im Hier und Jetzt kann dazu beitragen, die verrückten Teile der Psyche zu heilen, in denen geistige Leere vorherrscht, das Denken fragmentiert ist und das Gefühl für die persönliche Kontinuität verloren gegangen ist (Winnicott 1974, p. 113). Eine Mutter kann Brüche in der psychischen Struktur heilen oder wieder zusammenfügen und «die Fähigkeit (des Babies wiederherstellen,) Symbole der Einheit zu verwenden» (113). Auch die Coniunctio kann dieses Potential haben, wenn sie im therapeutischen Setting imaginal erfahren wird.

Es sollte auch angemerkt werden, daß viel Heilung in der Therapie ohne eine klar erkannte Coniunctio-Erfahrung und ohne imaginales Sehen geschieht. In *«Die Psychologie der Übertra-*

gung» sagt Jung, daß die Vereinigung oft unbewußt abläuft (GW 16, § 461), so daß das Ich nichts von ihr weiß. Wie Judith Hubback (1983, pp. 313–327) gezeigt hat, kann Heilung als ein Prozeß verstanden werden, bei dem der Patient eine Verbindung der bewußt-unbewußten Aspekte des Therapeuten introjiziert. Dieser Vorgang kann der Heilung in zahlreichen anderen Fällen zugrundeliegen. Es ist unwahrscheinlich, daß Heilung dadurch zustande kommt, daß der Patient seinen Konflikt kognitiv besser bewältigen kann. Sie resultiert auch nicht aus einer affektiven Erfahrung, zu der es durch eine gute Deutung kommen kann. Diese Phänomene sind relativ sichtbar und faßbar.

Die Hauptquelle für eine Heilung ist vielmehr der Prozeß, den Therapeut und Patient gemeinsam erleben, ein Prozeß, bei dem es dem Therapeuten möglich ist, sein Selbst zu bewahren und immer wieder seine Vorstellungs- und Denkfähigkeit zurückzuerlangen, wenn diese mit Projektionen und Introjektionen bombardiert werden – Vorgänge, die darauf aus sind, die Imagination und die dabei erzeugte Verbindung (Meltzer, 1978, pp. 30 f.) anzugreifen. Die Phantasiegedanken, die Therapeut oder Patient inmitten solcher destruktiven «Feldphänomene» haben mögen, sind kaum das Ergebnis eines diskursiven Denkvorgangs, sie sind vielmehr das «Kind» einer Vereinigung, oder mit Meltzers Worten, das Produkt eines «verbindenden Objekts» (1978, p. 138; 1973, p. 85).

Das imaginale, archetypische Paar der Coniunctio ist die Quelle der Heilung, das vom Patienten und, das sollte hinzugefügt werden, auch vom Therapeuten introjiziert werden kann. Die Coniunctio ist der unbewußten Dyade sehr ähnlich, der André Green eine so entscheidende Bedeutung in der therapeutischen Arbeit zuweist (1975, p. 12). Es ist anzunehmen, daß die Vereinigung den «gesicherten Raum» strukturiert, der im Zentrum von Langs Theorie steht. Bei der Behandlung von Borderline-Zuständen kann eine unbewußte Vereinigungserfahrung zwischen Therapeut und Patient großen therapeuti-

schen Wert haben. Aber wie mein klinisches Material veranschaulichen wird, liegt auch ein erheblicher Wert in ihrer bewußten Realisierung als ein Geschehen im Hier und Jetzt.

Das somatische Unbewußte und der feinstoffliche Körper

In seinem Nietzscheseminar sagt Jung, daß der feinstoffliche Körper das Unbewußte, wie es vom Körper erfahren wird, bezeichnet; wenn man seinen Körper stärker wahrnimmt und sich tiefer in ihn hineinfühlt, nimmt das bewußte Erleben ab. Aus diesem Grund, so erklärt er, ist der feinstoffliche Körper äußerst schwer zu fassen. Jung benutzt die Idee vom feinstofflichen Körper in seiner Interpretation des *«Zarathustra»;* er verweist darauf, daß Nietzsches Begriff des göttlichen Selbst den Körper miteinbezieht, *und dieses Selbst kann nicht auf den psychologischen Schatten reduziert werden.* Der Schatten bildet einen Teil des psychologischen oder psychischen Unbewußten, während der feinstoffliche Körper das somatische Unbewußte repräsentiert, jenes Unbewußte, das wir erfahren, wenn wir uns tief in unseren Körper hineinfühlen. Nachdem er deutlich gemacht hat, mit welcher Vorsicht er den Begriff des feinstofflichen Körpers anwendet, gibt er uns eine meisterliche Darstellung dieses Themas. Er sagt uns, daß der feinstoffliche Körper jenseits von Zeit und Raum liegen muß; er darf keinen Raum einnehmen. Er erinnert uns auch an die Bedeutung der Vorstellung vom feinstofflichen Körper:

> «Es ist wunderbar, ihm in einem Text zu begegnen, der so naiv der Ganzheit des Menschen entspringt [. . .] *Zarathustra* ist eines dieser Werke, die mit Blut geschrieben wurden; und alles, was mit Blut geschrieben wird, enthält den Begriff des feinstofflichen Körpers, des Äquivalents des somatischen Unbewußten» (Jung, 1988, p. 443).

Hier wirft Jung eine wichtige Frage auf: Der feinstoffliche Körper ist eine bedeutsame Idee, aber kann diese verständlich ge-

macht werden? Denn dieses Phänomen kann nur durch Bilder und damit durch Imagination erlangt werden.
Wegen seiner Besorgnis, unwissenschaftlich zu gelten, äußerte Jung sich in seinen *«Gesammelten Werken»* nur zurückhaltend über die Idee des feinstofflichen Körpers[18]; einige bemerkenswerte Ausnahmen finden sich in *«Psychologie und Religion»*. Er schreibt:

«Ich fürchte, unsere gewöhnliche, materialistische Vorstellung von der Psyche ist nicht besonders hilfreich bei Fällen von Neurosen. Wäre die Seele mit einem feinstofflichen Körper ausgestattet, dann könnte man wenigstens sagen, daß dieser Hauch- oder Rauchkörper an einem wirklichen, wenn auch etwas luftförmigen Karzinom leide, ganz ähnlich wie der grobmaterielle Körper einer solchen Krankheit unterworfen sein kann» (Jung, GW 11, § 13). Und: Ich «war [...] oft versucht, meinen Patienten zu raten, sich die Psyche als eine Art von subtle body vorzustellen, in welchem feinstoffliche Tumoren wachsen können» (Jung, GW 11, § 36).

Manchmal können sich die feinstofflichen Körper eines Paares unwillkürlich begegnen. Manchmal muß aber auch eine imaginale Technik angewandt werden, um Zugang zu diesem Bereich zu erlangen. Die *imaginatio,* die man sich in der Alchemie als «halb geistig halb physisch» und als «wichtigste(n) Schlüssel zum Verständnis des ‹opus›» (Jung, GW 12, § 396) vorstellte, hat eine innere Logik, die vom sogenannten «Axiom der Maria» (Jung, GW 16, § 404) beschrieben wird. Dieses enigmatische Axiom sagt aus: *«Aus der Eins wird Zwei, aus Zwei wird Drei, und von dem Dritten das Eine ist das Vierte»* (von Franz, 1970, p. 65).

Eine klinische Vignette: Das Axiom der Maria

Kate setzte sich und sagte: «Alles ist in Ordnung. Das Leben war noch nie schöner.» Als sie anfing zu reden, fühlte ich keinen Kontakt zu ihr und bemerkte, wie ich dazu neigte, mich zu-

rückzuziehen, und wie ich mich abmühte, sie bei meinen Antworten zu spiegeln. Halbherzige Manöver waren unangemessen und gaben mir ein unangenehmes Gefühl. Was ich diesen ersten Minuten entnehmen konnte, war, daß unsere Seelen in einen verblüffenden Verschmelzungszustand verstrickt waren, in dem ein wechselseitiger Rückzug die Oberhand hatte; es gab nur schwache Versuche, seinen beherrschenden Einfluß zu überwinden. Ich dachte daran, das Thema zu wechseln, und hätte fast gesagt: «Wie läuft es denn beruflich?» Aber mir wurde schnell klar, daß das nur ein Versuch gewesen wäre, irgendeinen Kontakt herzustellen. Stattdessen fühlte ich mich einfach deprimiert und dessen bewußt beschloß ich, einfach für das, was zwischen uns ablief, empfänglich zu sein.

Ich bemühte mich dann darum, festzustellen, welche Gegensätze sich hier zeigten: Sie wirkte manisch, während ich mich deprimiert und verlassen fühlte. Anscheinend wirkte hier durch projektive Identifikation ein Gegensatzpaar, das in seine beiden Teile aufgespalten war, wobei ihre Depression in mich projiziert war. Oder war meine Manie in sie projiziert? Ein Zustand der «Zweiheit» differenzierte sich also aus der «Einheit» des projektiven Identifikationszustandes heraus, der unsere Interaktion bis zu diesem Punkt bestimmt hatte.

Als ich über meinen deprimierten Zustand nachdachte, fragte ich mich auch nach seinem manischen Gegensatz in Kate und nach Verschmelzungsängsten und -wünschen. Allmählich erlebte ich unsere Interaktion anders. Ich fing an, die Gegensätze zu fühlen, die manische Komponente und die depressive. Ich begann – um von Franz zu zitieren – den «Zwei Aspekt der Eins» zu erfassen, indem ich «die Zwei» in die Eigenschaften, die ich «Manie» und «Depression» genannt habe, «hypostasierte» (1970, p. 65). Mit anderen Worten: Die Feldqualität der Zweiheit war in mir deutlich geworden. In der Begrifflichkeit «ihrer Manie» und «meiner Depression» zu denken, hatte weitgehend praktische Gründe; es stellte eine Möglichkeit dar, die Qualität der Zweiheit in einem interaktiven Feld zu erfassen.

Jetzt hatte ich eine Wahl: Was sollte ich mit der Zweiheit tun? Verschiedene Möglichkeiten tauchten auf. Da ich die Gegensätze in mir tragen konnte, hätte ich mich entscheiden können, die Dynamik zwischen uns als einen Fall von projektiver Identifikation zu deuten. Es wäre möglich gewesen, Kate zu sagen, daß sie ihre depressive Angst abgespalten hatte und zuließ, daß ich sie trug; ich hätte diese unbewußten Entscheidungen von ihr darüberhinaus zu ihren Verlassenheitsängsten in Beziehung setzen können, die immer dann auftraten, wenn sie kurz vor einem Erfolg stand. Gegenwärtig entwickelte sich etwas in ihrer Arbeit, das ihr Freude bereitete; diese Freude ängstigte sie, genauso wie ihre aufkommende Unabhängigkeit von mir. Hätte ich Kate diese Gedanken mitgeteilt, hätte das Stadium der Zweiheit in Form einer Deutung zu der «Dreiheit» geführt.
Dadurch daß ich die Gegensätze im Bewußtsein zusammenhielt, hätte ich also beschließen können, die zwei Aspekte des Feldes zu deuten und somit auf eine wörtliche, nüchterne Ebene zu bringen. Stattdessen beschloß ich zu *sehen*: Ich versuchte, mit ihr in eine imaginale Beziehung zu treten, indem ich in William Blakes Sinn eher *durch* meine Augen sah (Damrosch, 1980, p. 16) als *mit* ihnen. Durch diesen Vorgang veränderte sich auch die Bewußtseinsqualität, die bei der Differenzierung des interaktiven Felds in die entgegengesetzten Qualitäten von Manie und Depression entstanden war; ein Teil der hochgradigen Energie, die diese Differenzierung erzeugt hatte, mußte geopfert werden. Diese Verschiebung im Bewußtsein kann als eine Bewegung von einem «solaren Bewußtsein», mit dem wir versucht sind, gleich zu deuten, und zu einem «lunaren Bewußtsein», das sich auf Bilder und bildliche Wahrnehmungen konzentriert, beschrieben werden. Diese Verschiebung beinhaltet einen Introversionsakt, bei dem psychische Energie – Aufmerksamkeit und Bewußtsein – dem Unbewußten und einem symbolischen Sinn der Einheit, dem «Einskontinuum» (von Franz, 1970, pp. 60 ff.) übergeben wird.
Der imaginale Akt, dem Einskontinuum Energie zu geben,

spielte sich bei meiner Interaktion mit Kate im Hintergrund ab. Im Vordergrund war die Aufmerksamkeit für das imaginale Feld, d. h. ein Warten darauf, daß in Kate oder in dem Feld zwischen uns das Vermögen zu sehen entstehen würde. Ich betrachtete Kate in dieser Zeit gewissermaßen so, als wäre sie ein Traumbild oder ein Prozeß der aktiven Imagination (Jung, GW 8, § 167). Vielleicht kann diese Wahl der Herangehensweise auch als eine Form des «Objektgebrauchs» im Winnicottschen Sinne verstanden werden, für den ein defensives projektives Identifikationsfeld in die Fähigkeit zu spielen gewandelt werden muß (Eigen, 1981, p. 415).

Als ich anfing, sie auf andere Weise zu sehen, konnte ich sehen, daß sie Angst hatte. Solange die Gegensätze gespalten waren, war meine Imagination beeinträchtigt und ich konnte diese schreckliche Angst nicht sehen und auch aus Gegenübertragungsreaktionen nicht auf sie schließen. Auch hier könnte die Deutung wieder als das Dritte entstehen; von diesem Gesichtspunkt aus hätte ich deuten können, wie Kate durch Spaltung ihre Angst, gesehen zu werden, verborgen hielt. Aber es gab eine andere, imaginale Alternative. Als ich dem Unbewußten und einem Empfinden des Einskontinuums mehr Aufmerksamkeit schenkte, konnte ich eine Energie fühlen, die nach oben floß und zurück zur Eins und sich *dann in einem Kreislauf, der durch mein Herz zurückkam, zu Kate hinbewegte.* Es war anstrengend, sich auf diesen Bereich zu konzentrieren, denn zu den Affekten der Dyade, die dem Potential für Dreiheit vorausgehen, gehört die Inertie. Eine grundlegende Eigenschaft der Dreiheit ist ihr Vermögen, einen in die Lage zu versetzen, daß man das Gefühl, bleiern zu sein und nicht weiterzukommen, überwindet (Jung, GW 16, § 404). Nur durch einen solchen auf das Herz zentrierten Akt kann sich das Feld der projektiven Identifikation wandeln und zu einer Vision des Herzens werden. Eine unverkennbare Qualität dieser Erfahrung ist ihr ästhetisches Element. Dies wurde von James Hillman in seiner Arbeit *«The Thought of the Heart»* (1979, pp. 156–157) untersucht.

Ein Eindruck von Schönheit bleibt bestehen, der Schönheit der Ganzheit und des Geheimnisvollen, die zerstört würde, wenn man «das Unbewußte bewußt machen» wollte.
Als ich Kates schreckliche Angst wahrnahm und nichts sagte, sondern sie einfach nur *sah,* sagte sie: «Ich bin Ihnen immer ausgewichen, ich habe immer Angst davor gehabt, mit Ihnen in Beziehung zu treten. Ich habe Angst vor sexuellen Gefühlen und vor der Verletzlichkeit, die sie mit sich bringen.» Als ich meine Imagination weiter als aufs Herz zentriert erlebte, begann etwas Neues zu entstehen. Diesmal war es ein vages Bild, die Empfindung, daß das Energiefeld oder der Raum zwischen uns sich veränderte, strukturierter und lebendig wurde. Es war weder «in ihr» noch «in mir». Wir beide sahen und erlebten es, besonders seine Energie, die uns aufeinander hinzuziehen schien; wenn es zu einem körperlichen Kontakt zu kommen schien, schwankte die Energie des Feldes, so daß wir wieder mehr voneinander getrennt wurden. Dieser rhythmische Teil unseres Erlebens war nur kurzlebig, denn die aufkommende Sexualität erschreckte Kate; sie wurde verlegen, und obwohl sie die Bedeutung dessen, was zwischen uns geschah, nicht verleugnete, konnte sie diese Erfahrung nicht weiter verfolgen.
Dies war ein Erleben des feinstofflichen Körpers. Die Coniunctio war «aus der Zwei» entstanden. In dem *Axiom der Maria* heißt es: «aus Zwei wird Drei», und die entstandene Verbindung zu einem symbolischen Gefühl der Einheit wird als «das Eine ist das Vierte» bezeichnet. Das Auftreten der Coniunctio gab sich als ein synchronistisches Ereignis zu erkennen wegen der gleichzeitigen Bedeutung, die sie für uns beide hatte. Es war ein heiliges Ereignis, ein Moment der Gnade, und vielleicht auch Ergebnis des Glaubens an ein Hintergrundgefühl der Einheit.
Durch Kates erwachende sexuelle Ängste lösten sich die Gegensätze, die durch die Vereinigungserfahrung zusammengehalten wurden, auf, und wir fanden uns nun in dem depressiven Zustand des Nigredo wieder. Wir waren in einen Zustand

des Seelenverlusts geführt worden; es kam zu einer Beziehungslosigkeit, die das absolute Gegenteil zu dem Vereinigungszustand darstellte, den uns die Coniunctio gewährt hatte. Auf das Erleben der Coniunctio folgen normalerweise diese Stadien, die den Bildern 6 und 7 des *«Rosarium»* entsprechen. Aber die Wirkung des Vereinigungserlebens löste sich nicht auf; diese Art von *Erfahrung* bleibt erhalten. Sie führt zu Verwandtschaftslibido (Jung, GW 16, § 445).

Im allgemeinen folgt man der Logik des Axioms nicht so geradlinig. Ich denke jedoch, daß es das Geschehen des Umgangs mit Gegensätzen repräsentiert, und zwar insbesondere mit den Gegensätzen, die bei der projektiven Identifikation wirksam sind. Ich hebe Wandlungserfahrungen innerhalb des Feldes des feinstofflichen Körpers hervor. Diese Erfahrungen haben eine ihnen eigene Logik. Die Coniunctio ist zwar immer ein Akt der Gnade, sie kann aber leichter entstehen, wenn man dem interaktiven Feld imaginale Beachtung schenkt. Psychotherapie ist gewissermaßen die Kunst, sich von der «Zwei zu der Drei» zu bewegen.

Das Auffinden unbewußter Paare im Feld des feinstofflichen Körpers

Nora war eine begabte Frau in den Dreißigern. Sie war in ihrem Beruf kompetent und hatte es in der Geschäftswelt zu etwas gebracht. Ihre persönlichen Beziehungen, einschließlich ihrer Ehe, wurden häufig durch ihre Borderline-Eigenschaften, besonders eine erhebliche masochistische Fügsamkeit und eine Verlassenheitsdepression (hinter der sich eine wahnhafte Gottprojektion verbarg), gestört. Sie neigte zu Verschmelzungszuständen, um Verlassenheitsgefühle abzuwehren, und war besonders anfällig dafür, Projektionen anderer zu introjizieren. Grundsätzlich bewirkten ihre Borderline-Strukturen, daß sie weit unter dem Niveau lebte, das sie aufgrund ihrer angebore-

nen Fähigkeiten hätte erreichen können. Die folgende Situation, zu der es in der Therapie kam, bevor wahnhaftes Material und Verlassenheitsprobleme manifest geworden waren, spielte bei der Auflösung ihrer Abwehr gegen das Erleben dieser schmerzhaften Probleme eine entscheidende Rolle.

Am Beginn dieser Sitzung gähnte Nora und gab mir einen Scheck. Ich sagte, daß sie sich bei dem Scheck um ein Wochenhonorar vertan hatte. In ihrer üblichen spielerischen Art sagte sie: «Machen Sie nicht zu viel aus solchen Fehlleistungen, ich bin einfach müde. Und außerdem habe ich tolle Neuigkeiten zu meinem Lieblingsthema, meiner Vorgesetzten. Ich habe endlich aufgehört, eine Niete zu sein und habe mich ihr gegenüber behauptet. Ihre Beurteilung meiner Arbeit war schrecklich, voller Neid, und ich habe sie ihr Punkt für Punkt vorgehalten und sie dazu gebracht, sie völlig zu verändern.» Diese Auseinandersetzung war ein wichtiges Ereignis, ein Meilenstein in ihrem Verhalten gegenüber Autoritätspersonen. Für Nora war es der Höhepunkt einer monatelangen therapeutischen Arbeit, bei der es darum ging, ein Gefühl für ihre eigene Autorität zu entwickeln.

Während dieser Monate tauchte immer wieder ein Thema auf: die Verachtung, die Nora ständig für andere Leute empfand. Fast jeder aus ihrer Vergangenheit und Gegenwart, ganz besonders ihre Vorgesetzte, war Zielscheibe dieser Verachtung gewesen. Immer wiederkehrende Bemerkungen, wie «ihr Mangel an Stärke» oder «ihre Feigheit» oder «ihre Weigerung, ehrlich zu dem zu stehen, was sie glauben», waren an der Tagesordnung. In dieser Therapiestunde erzählte sie diese Geschichte einfach so, und die Verachtung, die sie normalerweise zeigte, fehlte. Während sie sprach, machte ich mir weiter Gedanken über ihr Gähnen am Beginn der Sitzung und über die Fehlleistung mit dem Scheck. Ihr äußerer Erfolg war sehr wichtig und ich erkannte das an, aber es passierte deutlich mehr als das, was direkt sichtbar war.

Ich ließ meine Aufmerksamkeit nach innen wandern und fing

an, auch Nora *durch* meine Augen zu sehen. Als ich mich auf diesen imaginalen Prozeß einließ, hatte ich das deutliche Gefühl, *in meinem Körper zu sein.* Während dieses ganzen Geschehens war meine Wahrnehmung verschwommen, und meine Körperoberfläche schien sich auszudehnen; das Energiefeld meines Körpers schien sich nach außen auszubreiten. Dieser imaginale Akt kann auch so beschrieben werden, daß wir langsam anfingen, ein neues Feld zwischen uns zu erleben; es gab die Empfindung, daß der Raum, der uns trennte, an Substanz gewonnen hatte, und er schien seine eigene Autonomie in Form einer aufflackernden Bilderwelt zu besitzen. Es war schwer zu unterscheiden, ob dieses Erleben vom Körper oder von der Psyche herrührte. Beide schienen daran teilzuhaben, und die Imagination schien sich aus diesem Feld aus Körper und Psyche zu entwickeln. Diese Vision schien sich zeitweise aus Noras innerseelischem Prozeß und zeitweise aus gemeinsamen Inhalten eines gemeinsamen Feldes des feinstofflichen Körpers zusammenzusetzen.
Während dieser Erfahrung des feinstofflichen Körpers erinnerte ich mich an Noras anfängliche «Fehlleistung». Worum ging es da? Wie die Beispiele zeigen, ist eine zweifache Vision für den imaginalen Prozeß unbedingt erforderlich. Der imaginale Akt wird häufig von der Geschichte strukturiert – in diesem Fall von Noras Fehlleistung am Anfang, deren Bedeutung in unserem Prozeß und in ihrer Beziehung zu Noras Vergangenheit. Außerdem wird er von einem zeitlich nicht faßbaren Prozeß strukturiert, einem spontanen Auftauchen von Bildern durch das somatische Unbewußte. Die Grundlage für imaginale Aktivität ist immer ein zweifaches Gewahrsein, nämlich der zeitgebundenen und der zeitlich nicht faßbaren Formen; wenn man diese Art der Sensibilität einsetzt, lernt man «echte» von «falscher» oder «phantastischer» Imagination zu unterscheiden. Dieses duale Modell steht im Zentrum der Techniken der Mantik (von Franz, 1970, p. 198), bei Blakes Strukturierung der Vision durch Besonderheit und den göttlichen Je-

sus (Damrosch, 1980, pp. 151–152), in der Alchemie (Jung, GW 12, § 360) und bei dem, was Bion «binoculare Vision» nannte (Meltzer, 1978, pp. 49–50).

Das bewußte und das unbewußte Paar sind zeitliche und zeitlich nicht faßbare Dyaden. Diese beiden dyadischen Beziehungen bilden eine Quaternität. In der *«Psychologie der Übertragung»* macht Jung die äußerst bedeutsame Bemerkung, daß eine quaternäre Struktur nötig ist, damit sich die Inzestenergien nicht konkretisieren (Jung, GW 16, § 430). Eine Sensibilität für diese Quaternitätsstruktur bewahrt Patient und Therapeut davor, mit Energien zu verschmelzen, die sich im interaktiven Feld manifestieren.

In der Sitzung mit Nora sah ich sie anfänglich als eine Frau, die sich in ihrem neuen Zustand der Bestimmtheit gut fühlte. Sie war von ihren inneren, verfolgenden Bildern getrennt. Ich erlebte auch ihre Subjekt-Objekt-Klarheit; sie und ich hatten beide das Gefühl, daß sie ruhig und gefaßt und ganz sie selbst war. Aber als ich mich in einen mehr imaginalen Zustand begab, begann ich, doch ein Stück Verachtung in ihr zu sehen. Ich konnte eine sehr abgespaltene Schadenfreude in ihr sehen, darüber wie die Vorgesetzte sich gewunden hatte, als Nora sie zur Rede gestellt hatte.

Die Erfahrung des feinstofflichen Körpers ist im Hintergrund häufig vorhanden, es ist ein unterschwelliges Feld von Bildern, aus denen sich dann Deutungen und andere kognitive Handlungen formen. In der psychoanalytischen Begrifflichkeit würde diese Erfahrung auf den sogenannten Primärprozeß reduziert. Aber in der Form von therapeutischer Aktivität, die ich hier beschreibe, trifft das Umgekehrte zu: entwicklungspsychologische Überlegungen rücken in den Hintergrund und imaginale Prozesse in den Vordergrund.

Früher war Noras Verachtung stark gewesen; jetzt war sie nur imaginal wahrnehmbar. Es war zu erwarten, daß ihre Verachtung etwas abnahm, denn zum Wachstumsprozeß gehört immer auch Verdrängung und eine gewisse Spaltung. Man könnte

sagen, daß Nora fähig war, sich von ihrem Schatten (der Verachtung) zu trennen, der jetzt in ihrem Unbewußten residierte; aber das Hauptgewicht lag jetzt auf einem imaginalen Geschehen, nicht mehr auf «der Integration des Schattens» oder auf Deutungen der Übertragungs-Gegenübertragungsdynamik.
Dieser imaginale Prozeß wurde in der folgenden Weise erlebt: Nachdem ich ihre Verachtung gesehen hatte, kam ich auf ihr Verhalten am Beginn der Sitzung zurück:
Ich: «Ich glaube, daß die Verachtung, die Sie ganz besonders während der letzten paar Monate gespürt haben, auch als eine Verachtung mir gegenüber gesehen werden muß. Vielleicht waren Ihr Gähnen und die zu niedrige Summe auf dem Scheck für mich Zeichen dieser Verachtung.»
Nora: «Das glaube ich nicht. Ich kann dem zwar gedanklich folgen, aber gefühlsmäßig empfinde ich es nicht so.»
Ich: «Sie haben darüber gesprochen, wie begrenzt die Zeit ist, die wir zusammen haben. Darin könnte ein Bezug zu Ihrem Vater liegen, der so wenig Zeit mit Ihnen verbracht hat und für den Sie so viel Verachtung empfinden. Wir haben auch viel Zeit auf der äußeren, manifesten Ebene verbracht, z. B. haben wir viel über Ihre Vorgesetzte gesprochen. Ich frage mich, ob Sie das teilweise als eine Botschaft verstanden haben, daß ich nicht direkt mit Ihnen in Beziehung treten wollte. Das könnte Verachtung erzeugen.»
Nora: «Ich werde darüber nachdenken, aber ich glaube es nicht. Ich denke, wir mußten auf der äußeren Ebene arbeiten. Schauen Sie doch, was dabei passiert ist. Ich kann endlich zu mir selbst stehen.»
Während dieser Deutungsversuche, die schnell an Überzeugungskraft verloren, behielt ich ein imaginales Auge auf Noras Verachtung und ließ zu, daß sie sich in den Hintergrund zurückzog. Ich fühlte mich dann tiefer in meinen Körper hinein und wartete darauf, daß ein Bild auftauchte.
Nora sprach dann über die Körpergröße ihrer Vorgesetzten und bemerkte, daß sie selbst viel größer und stärker als diese

ist. Tatsächlich setzte Nora ihre Vorgesetzte herab, «machte sie runter» und tat sie ab. Sie erwähnte, daß es ihr Spaß gemacht hatte, ihre Vorgesetzte während ihrer Auseinandersetzung zum Weinen zu bringen. Nach ein paar Minuten formte sich noch undeutlich etwas in mir, ein verschwommener Gedanke, der zu dem in Beziehung stand, was ich in ihr und zwischen uns sah.

Ich: «Vielleicht sind Sie und ich jetzt wie Ihre Mutter, ich meine, wie Ihr Vater, der über ihre Mutter spricht.» Ich stockte, war verwirrt und erstaunt über meine mangelnde Klarheit. Ich hatte gedacht, ich wußte, was ich sagen wollte, brachte dann aber keinen Ton heraus und brachte «Mutter» und «Vater» völlig durcheinander. Ich versuchte, das klar zu bekommen.

Nora: «Warten Sie, vielleicht sind wir Mutter und Vater, die über Nora sprechen.» Bei dieser Bemerkung war sie sehr nachdenklich; sie schaute gedankenversunken weg. Sie erlebte etwas; ich war an diesem Punkt mehr Zuschauer als Teilnehmer. Plötzlich, als würde sie aus einem Traum erwachen, sagte sie: «Das ist es! Ich habe immer gefühlt, daß sie mich verachten und ich habe das völlig ausgeblendet. Anscheinend haben sie über mich *immer* so gesprochen, wie ich über meine Vorgesetzte gesprochen habe.»

Was sie da erlebte, klang absolut überzeugend. Sie hatte schließlich Zugang zu einer schmerzlichen Wahrheit gefunden, die ihr Elternpaar betraf, nämlich zu deren Verachtung für sie und zu ihrem eigenen lebenslangen Bedürfnis, dies zu verleugnen. Jetzt *sah* Nora die Verachtung ihrer Eltern.

In der nächsten Sitzung erfuhr ich, daß Nora das Gefühl hatte, in einem zeitlosen Raum zu sein, als sie in der vorigen Sitzung eine Zeitlang so gedankenverloren gewesen war. Dieser Raum hatte eine seltsame Qualität, die sie vorher nie erlebt hatte, etwas Geheimnisvolles; ihr Erleben wies alle Anzeichen eines Eintritts in das somatische Unbewußte auf. Es hatte auch Ähnlichkeit mit Schwellenprozessen, Ritualen, die in dem besonde-

ren Bewußtheitszustand ausgeführt werden, der vom feinstofflichen Körper bestimmt ist.
Nora hatte nach ihrer Vision des Elternpaars den folgenden Traum:

Ich gehe eine Straße entlang. Im Rinnstein liegen Schichten von getrocknetem Eukalyptus oder Lorbeerblättern und eine reiche, reine, feinstrukturierte Ackerkrume, die vom Frühlingsregen ausgewaschen ist. Die Erde und die Blätter sind leicht und geschichtet. Ich schaue nach unten und sehe einen Kanaldeckel, der eigentlich ein Gitter ist. Er ist schwarz, schmiedeeisern und achteckig. Darauf ist ein Zeichen, ein Habsburger Doppeladler, *ein zweiköpfiger, gekrönter Adler mit einem Körper. In seinen Klauen ist ein Bündel Pfeile. Ich hebe den Kanaldeckel ab und schaue hinunter durch den Tunnel. Er ist gut gebaut, stabil und sicher. Das andere Ende ist ungefähr zehn Yards entfernt. Ich kann die Öffnung sehen. Draußen ist ein golden glänzendes Licht; es ist sonnig und erdig.*

Nora assoziierte mit dem Kanaldeckel den Inhalt ihres Initialtraumes in der Therapie, *einen Swimmingpool von olympischer Größe, der mit Scheiße gefüllt war.* Jetzt hatte sich die Jauchegrube in reichen, aufgelockerten Ackerboden verwandelt. Wir konnten ihren bemerkenswerten Initialtraum jetzt so verstehen, daß er ihre Psyche darstellte, eine Psyche, die mit Projektionen anderer gefüllt war. Sie war ein Gefäß für die Verachtung ihrer Umgebung. Durch Noras Neigung zu Idealisierung und Verschmelzung konnte sie diese Affekte nicht verarbeiten; sie führten zu seelischer (und auch körperlicher) Verstopfung, denn ihre Psyche schluckte Projektionen, konnte sie aber nicht ausstoßen. Dies erklärte auch ihre verächtliche Haltung anderen gegenüber. Ihre Verachtung für andere war ein Versuch, Introjekte auszustoßen, ein lebenslanger Prozeß, der mit der Verachtung ihrer Eltern für sie begonnen hatte.
Nach ihrer Vision und dem darauffolgenden Traum kam es zu

einer Veränderung. Das Traumbild eines Abstiegs und das des Lichts am Ende des Tunnels deuteten die Möglichkeit für eine Geburt des Selbst an – eine anale Geburt, die Fähigkeit, auf ihre Spontaneität und besonders auf ihre Kreativität zu vertrauen. Dies erwies sich als langfristiger Prozeß, als roter Faden und Ziel ihrer Individuation. Ihr bemerkenswerter und unmittelbarer Fortschritt wurde jedoch durch den zweiköpfigen Adler ermöglicht, den Hermaphroditen, der das zentrale Bild des «Rosarium» ist. *In seiner positiven Form steht er unter anderem für die Überwindung der Spaltung.* Ihre Spaltungsabwehrmechanismen nahmen zweifelsohne nach diesem Traum erheblich ab. Sie konfrontierte sich mit ihrem Bedürfnis nach Idealisierung und ihrer schrecklichen Angst davor zu sehen, wie die Verachtung ihr Leben beherrscht hatte, und beides veränderte sich; auch ihre chronische Spaltung zwischen Geist und Körper fing an nachzulassen.

Zum Beispiel träumte sie von einem ungefähr neun Jahre alten, kleinen Mädchen, das sich von einer Operation erholte, die wegen einer Rückenmarksverletzung gemacht werden mußte. Sie hatte eine halbmondförmige Narbe hinten am Hals. Die Operation war erfolgreich verlaufen. Das kleine Mädchen war von seiner frühen Kindheit an in einem Ganzkörpergipsverband gewesen. Jetzt war sie aus dem Gipsverband heraus; sie war zerbrechlich, aber sie erholte sich.

Ein weiterer Punkt, der Beachtung verdient, ist die Art, in der wir das verachtungsvolle Paar in der nun folgenden Arbeit benutzen konnten. Wenn die Mechanismen der projektiven Identifikation wieder auftraten, rief ich das Paar in Erinnerung, oft nur mir, manchmal auch ihr. Dadurch konnte dann dieses Paar imaginal als ein Drittes zwischen uns entstehen und dann seinerseits das Feld der projektiven Identifikation klären.

Das folgende Material stammt von einer anderen Frau mit leichten Borderline-Zügen, deren Hauptform der Abwehr eher Rückzug als Verschmelzung war. Paula war eine beruflich erfolgreiche, vierzigjährige Frau, die zu mir in Therapie kam, nachdem sie viele Jahre eine Freudsche Psychoanalyse gemacht hatte. Der Grund, zu mir, einem Jungianer, zu kommen, lag in ihrem Wunsch nach einem Therapeuten, der nicht nur über einen spirituellen Blickwinkel verfügt, sondern auch mit Freudschem Denken vertraut ist. Erotische Energien spielten in Paulas Leben eine besonders große Rolle; sie erwiesen sich auch in unserer therapeutischen Arbeit als entscheidend. Die ersten zwei Jahre der Behandlung konzentrierten sich auf ihre Rückzugstendenzen; nach dieser Zeitspanne begann sich ihre Angst vor sexueller Erregung zu zeigen. Der folgende Austausch zwischen uns fällt in diese Zeit:

Paula: «Ich möchte heute hier sein und hier bleiben, nicht in äußere Gedanken abwandern. Ich brauche Ihre Hilfe.»

Ich: «Wie kann ich Ihnen helfen?»

Paula: «Ich weiß es nicht, ich weiß nur, daß ich hier bleiben möchte. Ich möchte die Erregung fühlen, mich diesem Gefühl hingeben, nicht weglaufen.»

Ich: «Sie beginnen jetzt, sich abzuspalten.» Ich folgerte dies aus der Intensität, mit der ich mich selbst in diesem Augenblick fragmentiert fühlte. «Ihre Aufmerksamkeit wandert ab. Versuchen Sie bei der Erregung zu bleiben. Was für eine Phantasie steigt auf?»

Paula nach einer langen Pause: «Es ist schwer, einfach hierzubleiben und mich nicht abzuspalten. Das Wort ‹unartig› drängt sich mir auf – ich darf solche Gefühle für Vater nicht haben.»

Unsere sexuelle Erregung nahm jetzt zu, und die Atmosphäre oder der Raum zwischen uns fing an, sich lebendig und vibrierend anzufühlen. Wir beide bemerkten diese Veränderung; es war ein Beispiel dafür, wie ein Bewußtsein für das somatische Unbewußte oder den feinstofflichen Körper entstand. Der Raum war so strukturiert, daß wir beide innerhalb eines Feldes

zu sein schienen, das gleichzeitig auch zwischen uns war. Dieses aufflackernde Bewußtsein für den feinstofflichen Körper bezog sich nicht auf eine im Raum lokalisierte Sache. Es wurde als eine Veränderung im Raum-(und Zeit-)Gefühl empfunden, das sich jetzt von unserer vorherigen Wahrnehmung unterschied. Diese Veränderung eine Regression zu nennen, wäre völlig unzureichend. Wir waren innerhalb dieses Erlebens und gleichzeitig außerhalb von ihm; wir spürten beide seine Autonomie und unser Einssein mit ihm.

Es gab bei diesem Dialog einen Punkt, auf den wir uns beide unausgesprochen bezogen; als Paula zwischen sechs und dreizehn war, hatte ihr Vater sie oft verprügelt, und sie hatte lebhafte Erinnerungen an seine sexuelle Erregung dabei. Sie erzählte, daß diese Situationen immer eine Eingangsphase hatten, die dadurch eingeleitet wurde, daß sie frech zu ihrer Mutter gewesen war; ihr Vater sagte ihr dann, daß sie in ihr Zimmer gehen und auf ihn warten sollte. Er verprügelte sie dann in einer festgelegten Weise – indem er sie übers Knie legte – und ging dann hinaus, als wäre nichts vorgefallen. Die Intensität dieser sadomasochistischen Energie führte für sie zu einer Schwellenerfahrung; die Prügel von ihrem Vater wurden zu einem tiefgreifenden Ritual.

Dieses Thema war Inhalt unserer vorherigen Sitzung gewesen. Wir hatten das Prügelritual zu der Geschichte ihres sexuellen Ausagierens mit fast allen ihren vorherigen (männlichen) Therapeuten in Verbindung gesetzt. Sie hatte dann auch in den Therapiestunden sexuelles Verlangen nach mir verspürt. Ich deutete ihren Spaltungsmechanismus als Abwehr gegen dieses Verlangen. Sie hatte Angst, dieses Verlangen würde sie überwältigen, sich über jede Kontrolle, die sie haben könnte, hinwegsetzen und zu einer weiteren Episode sexuellen Ausagierens führen.

Durch diese Form des Inzests hatte Paula einen ödipalen Sieg über ihre Mutter errungen. Aber es war ein Pyrrhussieg, der sie höchst verletzlich dafür machte, von Energien emotional über-

flutet zu werden, die normalerweise durch das Inzesttabu und die Mutter unter Kontrolle gehalten werden. Dies sind stark sexuelle, leidenschaftliche, chronische und archetypische Energien, die oft mit Dionysos in Verbindung gebracht werden. Eine richtige Beziehung zu diesem Archetyp kann zu Heilung und zu einer Erneuerung der Persönlichkeit führen. In der Antike wurden diese Energien bei Mysterienkulthandlungen so verwendet. Im *«Rosarium»* stellt das Bild 4, «Das Eintauchen im Bade», das positive Wirken dieser Energien dar. Aber in dem «Vater-Tochter-Ritual» kam es für Paula zu einer Identifikation mit diesen dionysischen Ebenen. Wie in allen Fällen einer unbewußten Identifikation mit einem Archetyp wurde Paula von seiner Macht so sehr überwältigt, daß sie diese Erfahrung so weit abspalten mußte, daß sie deren Existenz verleugnete. Das Ergebnis war eine schizoide Qualität in ihrer Persönlichkeit, die darin bestand, daß sie ständig zwischen präsent sein und Zurückgezogenheit schwankte.

Diese schizoide Qualität breitete sich in Paula aus, als sie die Therapie begann; die jahrelange Arbeit in psychotherapeutischen Behandlungen von verschiedenen Gesichtspunkten aus hatte nicht vermocht, ihre schizoide Charakterstruktur auch nur ein bißchen aufzubrechen. In Paulas gesamter bisheriger Arbeit mit männlichen Therapeuten spielten ihre sexuellen Phantasien von einer unpersönlichen, starken Penetration durch diese Männer eine Rolle. Mit zwei dieser Therapeuten kam es zum sexuellen Ausagieren; beide waren impotent und sadistisch in ihrem Verhalten sowohl während als auch nach dem sexuellen Akt.

Zu der Zeit der Therapiesitzung, die ich beschrieben habe, gab es mehrere Wochen lang in unseren Sitzungen ein relativ stabiles erotisches Feld zwischen uns. Das war eine neue Entwicklung. Davor hatte Paula das Gefühl für diese sexuellen Energien mit ihren Spaltungsmechanismen bekämpft, wodurch es mir schwerfiel, aufmerksam zu bleiben; mein Bewußtsein blendete sich während der Stunde ein und aus. Unser interaktives

Feld hatte dann eine Dynamik, die an Guntrips Vorstellung vom schizoiden «in and out program» (Guntrip, 1969, p. 36) erinnerte: Gefühlskontakt und Rückzug wechselten sich mit einer Geschwindigkeit ab, die wenig Raum für Reflexion ließ. Ich muß noch hinzufügen, daß Paulas Bedürfnis, sexuelle Gefühle abzuwehren, während des ersten Jahres unserer Therapie durch zahlreiche sexuelle Affären, die sie einging, verstärkt wurde. Durch dieses Ausagieren wurde ihr Bewußtsein, von ihrem Vater tatsächlich sexuell mißbraucht worden zu sein, verdeckt, und es zerstreute die Angst, die ihre sexuellen Gefühle in der Therapiesitzung in ihr auslösten.

Ich dachte an Paulas Wunsch, sich nicht zu distanzieren und von mir zurückzuziehen, und brachte unsere vorherige Arbeit in Erinnerung, besonders das, was in einer Beziehung zu dem Prügelritual ihrer Kindheit stand. Unsere Arbeit an diesem Punkt hatte dazu geführt, daß wir ein unbewußtes Übertragungspaar wahrnehmen konnten, das durch den sexuellen Mißbrauch ihres Vaters entstanden war und das aus Paula (im Alter von dreizehn Jahren) und ihrem Vater bestand. Dieses Paar war unsere unbewußte Dyade. Während dieser Stunde begann ich dieses Paar zum ersten Mal zu *sehen,* aber anstatt mich auf das Unbewußte als innere Realität zu konzentrieren, war meine Aufmerksamkeit auf das Unbewußte «draußen» im feinstofflichen Körper oder dem somatischen Unbewußten gerichtet, das sich nun konstellierte. Meine nächste Bemerkung rührte von meiner Wahrnehmung dieses imaginalen Paares her – Paula und ihr Vater in ihrem Prügelritual:

Ich: «Können Sie ein Energiefeld zwischen uns spüren, wie ein imaginäres Paar, das aus Ihnen und Ihrem Vater besteht?»

Paula: «Ich bin mir nicht sicher. Ich habe neulich mit meinem Vater gesprochen. Er war so vergeßlich. Ich spürte seine Impotenz. Ich glaube, das ist der Verlust des ödipalen Vaters. Ich kann das Paar jetzt spüren, mich und meinen Vater.»

Ich: «Ich bin mir nicht sicher, wie Sie und ich und das Paar in Beziehung stehen. Ich spüre die Phantasie nicht deutlich.»

Paula: «Ich liege über Ihrem Schoß auf meinem Bett. Sie verhauen mich. Ich fühle die Anspannung Ihres Arms, der mich schlägt, die Anspannung Ihrer Oberschenkel und Ihres Penis, alles vermischt sich ... die Erregung in ihrem Körper ... Ich weiß nicht, wessen Erregung es ist, meine oder Ihre.»
Meine Aufmerksamkeit war auf das imaginale Paar zwischen uns und auch auf sie gerichtet. Es ist von entscheidender Bedeutung, die Struktur dieser doppelten Wahrnehmung zu erfassen. Es gab zwei getrennte Objekte: ein Paar, das aus der Patientin und mir selbst bestand, und das imaginale Paar, dessen Gegenwart gespürt und dessen Form in dem Raum zwischen uns imaginal gesehen werden konnte. Meine Aufmerksamkeit war auf beide Paare zugleich gerichtet, sie pendelte von dem einen zum anderen oder schwebte zwischen ihnen. Durch das, was sie gesagt hatte, war ich auch erregt und beschloß, ihr das zu sagen. Aber zu meinem eigenen Erstaunen hörte ich mich sagen: «Was möchten Sie tun?»
Diese Frage war die Folge meiner imaginalen Konzentration auf das Übertragungspaar und auf die Triebe und Phantasien dieser Dyade. Ich fühlte mich, als könnte ich meine Abgrenzung verlieren, aber ich wußte auch, daß *nicht* zu sagen, was ich empfand, dazu führen würde, das Feld zwischen uns zu zerstören. Es war ehrlicher, diese scheinbar verführende Frage zu stellen. Gleichzeitig hatte ich durch das Dreieck aus Paula, dem Paar und mir selbst einen stabilisierenden Bezugspunkt.
Paula: «Ich möchte ihre Erregung *sehen.* Ich möchte sie ausziehen, ich möchte es *sehen.*»
An diesem Punkt steigerte sich die Kraft des Feldes, und ich fühlte mich irgendwie mehr und mehr mit der männlichen Figur des Paares identifiziert. Zu meinem Erstaunen tauchte die folgende Phantasie in mir auf; ich teilte sie ihr mit:
Ich: «Ich möchte von hinten in Sie eindringen.»
Paula: «Dann tun Sie es! Ich möchte das auch! Verbergen Sie es nicht!»
Während ich mit meinen eigenen Gefühlen und mit der Vision

von dem Paar beschäftigt war und darauf wartete, was nun auftauchen würde, drängte sich mir der folgende Gedanke auf:
Ich: «Was ist mit Mutter?»
Paula: «Scheißmutter – sie ist mir egal. Nur wir sind wichtig!»
Ich: «Ich habe Angst.»
Paula: «Das glaube ich nicht! Das ist unglaublich! Sie lassen mich mit all' dem allein, weil Sie Angst haben! Gut, ich hab' keine! Sie zählt nicht. Es ist egal, was sie denkt.»
Ich: «Aber ich habe Angst.»
Paula: «Ich fühle Haß, Wut, Entsetzen, Fassungslosigkeit. Sie sind ein gemeines Schwein – Sie können mich damit nicht allein lassen! Ich fühle wahnsinnige Wut, Chaos, als ob mein Denken in zwei Teile gespalten wird. O Gott, ich glaube es einfach nicht! Ich fühle mich innerlich von einem Tornado zerrissen, als ob mein Inneres aus mir herausgerissen würde, aus mir 'rausgesogen. Sie verleugnen ihre Gefühle und ihr Verlangen, und weil wir miteinander verschmolzen sind, muß ich meine verleugnen oder abspalten. Ich hab mein Vertrauen verloren!»
Ich: «Ich glaube, das ist genau das, was zwischen Ihrem Vater und Ihnen geschehen ist.»
Ich sagte dies, weil mir hier ein bißchen Klarheit sinnvoll zu sein schien, aber auch, um zu verhindern, daß wir von diesen stärker werdenden Prozessen überwältigt würden. Paula dachte mehrere Minuten schweigend nach und sagte dann in einer für sie untypischen Art:
Paula: «Also dienten alle seine anderen Verleugnungen (ihrer Krankheiten und ihres Zorns) nur als Deckmantel für diese ursprüngliche Verleugnung. Die einzige Möglichkeit, integriert zu bleiben, hätte für mich also darin gelegen, eine von uns beiden anerkannte sexuelle Beziehung mit ihm zu haben. Das ist stark! Kein Wunder, daß ich es alles ausagiert habe – Mentoren mit ungelösten Mutterkomplexen und ungelösten Vaterkomplexen. Ich erinnere mich an einen Analytiker, mit dem ich nicht gemeinsame Sache machen konnte, und ich rationalisierte, daß er inkompetent wäre. Ich hatte immer Angst in den

Sitzungen, weil es kein beiderseitig anerkanntes Verlangen zwischen uns gab. Mit meinem Verlobten fühle ich mich intakt, solange ich mit ihm zusammen bin, und dann, wenn ich unter der Woche allein bin, bekomme ich wieder Angst. Ich kann meine Kohäsion nur bewahren, wenn ich mich in einer von beiden Seiten gewünschten sexuellen Beziehung befinde. Wenn das nicht so ist, verliere ich mein Denkvermögen. Ich kann nicht denken. Ich kann erst dann wieder denken, wenn ich eine Beziehung habe. Ich habe immer gedacht, daß ich eine Lernstörung hätte oder sogar irgendeinen Gehirnschaden.»

Es ist wichtig, die Merkmale in unserer therapeutischen Arbeit hervorzuheben, die uns dazu befähigten, das erotische Energiefeld in uns zu erfahren und zu halten. Ich belebte dieses Feld – besonders durch die Frage «Was möchten Sie tun?» – erst, nachdem es zu beträchtlicher seelischer Integration bei Paula gekommen war; sie hatte bemerkenswerte Fortschritte dabei gemacht, psychische Einheit zu erreichen. Die Schwierigkeit liegt aber darin, daß psychische Einheit oft erst erreicht wird, *nachdem* es zu Erfahrungen mit dem feinstofflichen Körper gekommen ist.

Jeder, der schizoide Persönlichkeitsanteile behandelt, weiß, wie immun gewisse psychische Teile gegen Integration sind und wieviel des wahren Selbst zugleich in ihnen enthalten ist. Ich glaube, daß die Vorgehensweise, die ich untersuche, eine mögliche Hilfe in einer Behandlung sein kann, bei der ein Modell der Regression in die frühe Kindheit angewandt wird. Aber ich muß betonen, daß, bevor man erfolgreich an solche erotisch-imaginalen Bereiche herangehen kann, sehr viel therapeutische Arbeit auf der Ebene der psychischen Festigung geleistet werden muß, und zwar besonders durch Übertragungsanalyse der projektiven Identifikation und der Spaltung. Schon seit langem weiß man, daß es äußerst gefährlich ist, im therapeutischen Prozeß erotische Begierden zu äußern[19]. Diese Methode sollte von niemand angewendet werden, der sich mit solchem Material nicht sicher fühlt.

Ich muß noch einmal unterstreichen, daß es mir völlig fern liegt, Therapeuten vorzuschlagen, im Erleben des feinstofflichen Körpers erotische Gedanken und Gefühle frei zu äußern. Das ist gefährlich und verstößt gegen das Berufsethos. Ich betone jedoch, daß ein solcher Inhalt spontan innerhalb einer imaginalen *Struktur* auftauchen kann. Ein Teil dieser Struktur ergibt sich aus der persönlichen Geschichte, der andere ist zeitlich nicht faßbar; ein Teil ist durch Entwicklungsfaktoren bestimmt, der andere durch Bilder. Wenn erotische Bilder und Affekte innerhalb einer passenden Struktur auftauchen, können sie dazu führen, daß man in eine tiefere Ebene der Wandlung eintritt, in diesem Fall in das zentrale Ereignis der Coniunctio.

Durch unsere imaginale Begegnung im Bereich des feinstofflichen Körpers entdeckte Paula erstmalig die Wurzeln ihrer starken Ängste und Rückzugstendenzen. Sie hatte chronische Angst vor einem organischen Gehirnschaden gehabt, dem sie den zeitweiligen Verlust ihrer Denkfähigkeit zuschrieb. Sie empfand heftige Wut und Verzweiflung, weil ihr Vater verleugnete, sie mißbraucht zu haben, und diese dienten ihr dann dazu, alle Prozesse zu attackieren, die Verbindungen, insbesondere in ihrem Denken, herstellen könnten. Dadurch daß sie ihr Trauma in der Interaktion mit mir wiedererleben konnte, konnte sie das alles endlich verstehen und ihre dissoziativen Prozesse schließlich in den Griff bekommen.

In diesem Fall, waren wir uns vor der Sitzung, die ich beschrieben habe, über das unbewußte Paar klargeworden, das unsere Sitzungen und alle ihre Beziehungen beherrscht hatte. Dieses Paar war in der Therapie imaginal aktiviert worden. Ich möchte den Unterschied zwischen diesem Geschehen und den Inszenierungen, die in der Gestalttherapie angewandt werden, hervorheben: Ich bin mir darüber im klaren, daß ich das Verlangen, über das ich gesprochen hatte, tatsächlich empfunden hatte. *Aber meine Aufmerksamkeit war gleichzeitig auf zwei Orte gerichtet, mit einer «Linse» auf das Übertragungspaar und einer*

anderen auf die Patientin und mich. Indem ich beiden Paaren meine Aufmerksamkeit widmete – der unbewußten Dyade, die aus einem imaginalen bzw. mythischen Paar bestand, und der Dyade aus der Patientin und mir selbst, ein heutiges, historisches Zweierpaar –, konnten wir die Wahrheit sehen, die unser imaginaler Prozeß hervorgebracht hatte. Vor diesem imaginalen Akt hatten wir zwar die Vergangenheit rekonstruieren können, aber es war uns nicht gelungen, in die Tiefen von Paulas Verzweiflung und Dissoziation vorzudringen. *Die Rekonstruktion beließ uns auf einer ödipalen Ebene; die imaginale Wiederaufführung stieß uns in die schizoide Welt der geistigen Leere, von der sie, seit sie erwachsen war, immer geplagt wurde.*
Der Bereich, in den wir eingetreten waren und in dem dieses Drama in Szene gesetzt wurde, war fraglos ein Übergangsbereich; es war eine Erfahrung des feinstofflichen Körpers. Die Intensität von Paula sexuellen und aggressiven Trieben wurde durch diese Inszenierung zum Vorschein gebracht, aber sie war einer Integrierung dieser Triebe noch nicht sehr viel näher gekommen. Wodurch könnte dieser Prozeß unterstützt werden? Paula neigte immer noch dazu, von ihren sexuellen Energien überwältigt zu werden; Ausagieren blieb ihr Mittel, sie zu kontrollieren. Aber sie hatte jetzt einen passenden Partner und war sich ihrer Geschichte und ihres psychologischen Prozesses um vieles bewußter als jemals zuvor. In den folgenden Stunden gab es weniger Spaltung, aber eine gewisse Fragmentierung blieb bestehen; sie war noch nicht ausreichend mit ihrem Körper verbunden. Paula erkannte die Hartnäckigkeit dieser weniger intensiven «in and out»-Dynamik und fragte sich, wie das anders werden könnte. Zuerst neigte sie zu der Ansicht, ihr Verlobter könne die Lösung sein. Mir fiel der Abwehrcharakter dieser Herangehensweise auf, und ich gab dann meiner Überzeugung Ausdruck, daß dies wohl keine Lösung sei und wahrscheinlich dazu verurteilt wäre, in einer Sackgasse zu enden, in der dann ihr Vater und ihr zukünftiger Ehemann mehr und mehr miteinander verschmolzen sein würden.

Die Wandlungsmöglichkeiten, die sich aus der Coniunctio ergeben, liegen auf der Hand. Paula und ich hatten ein Übertragungspaar wahrgenommen, eine unbewußte Dyade, die dann ins Bewußtsein gebracht wurde. Aber diese Dyade enthielt persönliche Bilder; und man könnte sagen, daß sie aus dem persönlichen Unbewußten stammte. Vier Wochen später wurde das Wesen dieser Dyade archetypischer; diese wurde in dem Bild eines Paares in tantrischer Vereinigung ausgedrückt. Ich werde beschreiben, wie diese gemeinsame Vision des feinstofflichen Körpers zu einer Wandlung geführt hat.

Während dieser Zeit war es zu einer Entwicklung von besonderer Bedeutung gekommen. Paula hatte begonnen, in den Prozeß der aktiven Imagination einzusteigen. Sie versuchte, in ihrer Phantasie in ihr Kinderzimmer zurückzukehren und wiederzuerleben, was dort geschehen war. Dies erwies sich oft als sehr angsterregend; sie mußte ihren Vater durch eine andere männliche Figur ersetzen. Es tauchte auch eine Erkenntnis auf: Paula erkannte, daß sie, wenn sie hungrig war, sexuell erregt wurde. Sie wollte dann einen Penis, jeden Penis, um ihre Leere zu füllen. Später wurde ihr dann klar, daß es der Penis ihres Vaters war, den sie eigentlich wollte. Früher hatte sie in der Regel gegessen, um diese Begierde zu befriedigen; jetzt hatte sie den Mut, nicht zu essen und stattdessen ihre Gefühle und intensiven Ängste zu erleben. Dies erwies sich als wichtiges Experiment, denn wenn sie auch manchmal dem Bedürfnis zu essen, um das schmerzhafte Gefühl der Leere abzuwehren, unterlag, gelang es ihr gewöhnlich, fest zu bleiben und ihre Begierden zu erleben. So konnte Paula mehr und mehr Zugang zu ihren schweren Ängsten und ihrer sexuell-aggressiven Erregung finden; sie fing an, das Bild ihres Vaters während dieses Erlebens ertragen zu können. Sie konnte dann die gleichen Affekte mit mir in unseren Therapiestunden erleben.

In einer folgenden Therapiestunde hatte Paula ungefähr eine Stunde lang vor unserem Termin Hunger, aber sie hatte nicht gegessen. Kurz nachdem sie gekommen war, zeigte sich ein

leichtes «in and out«-Muster. Ich bemerkte das; wir sprachen darüber und sahen darin ein Zeichen, daß sexuelle Bedürfnisse vorhanden waren und daß sie Angst hatte, diese könnten nicht nur sie, sondern uns beide überwältigen. Früher hatte sie vor den Sitzungen gegessen. Jetzt, wo sie diese Bedürfnisse nicht durch Essen ausagiert hatte, waren sie besonders stark. In der vorherigen Sitzung wurden diese Wünsche von dem unbewußten Paar, Paula und ihrem Vater, repräsentiert. Jetzt waren sie nicht mehr auf die unbewußte Dyade beschränkt und sogar noch stärker.

Als wir die Macht dieser Energien fühlten, tauchte eine neue Qualität auf: Paula wurde furchtbar verlegen. Sie empfand eine innere Leere und wollte sie mit meinem Penis füllen, nicht mit mir. Am peinlichsten war ihr die Stärke ihrer Begierde und deren amoralische Qualität; sie hatte große Schwierigkeiten, die Welle der Impulsivität zu beherrschen. Es war von grundlegender Wichtigkeit, daß wir beide in dieser erotisch hoch aufgeladenen Atmosphäre blieben und sie einfach erlebten.

Dieses Stadium ist im «Rosarium» als «Das Eintauchen im Bade», Bild 4, dargestellt. Wir erlebten die sexuellen Energien, die das Feld des feinstofflichen Körpers beherrschen können. Im allgemeinen sind sie höchst unpersönlich und haben einen stark zwanghaften Charakter. Diese hoch aufgeladene Libido soll ein Eintauchen in das Unbewußte bewirken. Das Paar, *in erster Linie seine unbewußte Dyade,* muß gewandelt werden. Jung schreibt:

[Das Eintauchen im Bade] «geschieht hier durch das Heraufkommen des chthonischen, feurigen Mercurius, d. h. einer vermutlich sexuellen Libido, welche das Paar überschwemmt und das offenbare Gegenstück zur himmlischen Taube bildet. [. . .] Im Oberen ist das Paar geeinigt durch das Symbol und durch den Heiligen Geist. Es scheint daher, als ob das Eintauchen im Bad nun auch die Vereinigung im Unteren vollzöge, im Wasser als dem Gegenstück des Geistes. [. . .] Gegensatz und Identität zugleich»(Jung, GW 16, § 455).

Die sexuelle Energie, die wir erlebten, enthielt diese Möglichkeit, die Jung beschreibt, das Entstehen der Coniunctio, «Gegensatz und Identität zugleich», und insofern war es von größter Wichtigkeit, sie nicht als eine Form des Ausagierens oder als einen Abwehrmechanismus zu interpretieren.

Aber diese Korrektive tauchten erst im nachhinein auf und waren keine bewußte Reflexion. Während wir zusammen im «Bad» waren, erinnerte ich mich kaum an das, was vorher geschehen war. Die Hauptkonzentration war auf unser Erleben gerichtet und nicht zum Beispiel auf das unbewußte Paar, mit dem wir vorher gearbeitet hatten. In dieser Therapiestunde hatten wir das Gefühl, diese Sitzung hätte auch unsere erste gewesen sein können. Unser bisheriger Prozeß sickerte nur nach und nach in unser Bewußtsein durch. Paula fing an zu sprechen:

Paula: «Was soll ich damit nur anfangen? Was kann man mit solchen Gefühlen tun? Sie scheinen von allem Menschlichen so abgeschnitten zu sein. Verändern sie sich?»

Ich: «Sie können über sie sprechen. Sie können sie fühlen; fühlen Sie, was diese Gefühle mit ihrem Vater zu tun haben. Sie können sich nicht auflösen, wenn man sie auslebt.»

Mir wurde schnell klar, daß das, was ich sagte, richtig war und daß es irgendwie beruhigend auf sie wirkte. Aber ich erkannte auch, daß ich eine Art Freudsches Rezept für Sublimierung und Verdrängung wiederholte. Was ich sagte, entfernte mich von dem Erleben des «Bades» und vom Gefühlskontakt. Meine Herangehensweise war ein Überichtrick, ein oberflächliches Ausweichen vor ihrer Frage «Verändern sie sich?» Als ich das erkannt hatte, hörte ich auf, das «Problem zu lösen» und wartete stattdessen. Erst da kam mir langsam die Sitzung in den Sinn, in der wir Paula und ihren Vater als ein imaginales Paar erlebt hatten. Ich sagte ihr das.

Es trat nun etwas Neues zwischen uns auf. Wir konnten beide imaginal ein Paar sehen und erleben, aber dieses war anders als die vorherige Dyade. Das Paar schien in dem Raum zwischen uns zu schweben, in einer tantrischen Umarmung, von der das

Energiefeld, das wir erlebten, bestimmt war. Dieses Feld war jetzt durch die «Coniunctio», Bild 5 des *«Rosarium»*, gekennzeichnet; es hatte seine eigene rhythmische Energie. Unsere feinstofflichen Körper wurden durch dieses Feld auf eine Verschmelzung hin, aber nicht in sie hinein gezogen; dann trennten sie sich rhythmisch voneinander. Bevor die Coniunctio erreicht war, waren die Energien, die wir erlebt hatten, in erster Linie sexuell. Jetzt hatte sich etwas verändert. Die Vereinigungserfahrung brachte uns ein Gefühl der Nähe; Jung bezeichnete diese Nähe als «Verwandtschaft» (GW 16, § 445), Turner nennt sie *communitas* (1974). Dabei war es bedeutsam, daß unser Kontakt nicht mehr von Sexualität beherrscht wurde. Es war, als würde die Libido aufwärts steigen und unsere Herzen öffnen. Unser Kontakt bezog sich jetzt in erster Linie auf das Herz.

In der *«Psychologie der Übertragung»* stellt Jung einen Fall vor, der die Erscheinungsform der Übertragung illustriert (Jung, GW 16, § 376 ff.). Als er den Traum einer Frau über ein ganz besonderes sechs Monate altes Kind bearbeitete, fragte Jung, was sechs Monate vor dem Traum geschehen sei. Er fand heraus, daß sie damals einen anderen archetypischen Traum gehabt hatte, und daß die Frau, als sie diesen aufgeschrieben hatte, die Vision eines goldenen Kindes gehabt hatte, das am Fuße eines Baumes lag. Diese Sequenz zeigte, daß im Unbewußten «ein Kind» geformt wurde, und führte zu der nächsten Frage: Was war neun Monate vor dieser Vision geschehen?

[Sie hatte sie ein Bild gemalt, welches] «links im Bilde eine Anhäufung farbiger, geschliffner (Edel-)Steine zeigt, über denen sich eine silberne, geflügelte und gekrönte Schlange erhebt. In der Mitte des Bildes steht eine nackte weibliche Gestalt, *aus deren Genitalregion sich dieselbe Schlange bis zur Herzregion* [Hervorhebung N. S.] erhebt und dort einen fünfzackigen, farbigfunkelnden und goldnen Stern erzeugt.» Und Jung sagt weiter: «Die Schlange stellt die zischend auffahrende Kundalini dar, was im entsprechenden Yoga den Moment bezeichnet, in welchem jener Prozeß beginnt, der mit der Deifikation im göttlichen Selbst (der Syzygie Shiva-Shakti) endet.» Eine Fußnote bemerkt: «Dies

ist keine metaphysische Behauptung sondern eine psychologische Feststellung» (Jung, GW 16, § 380 und Anm. 31).

Das Herz ist der zentrale Punkt im Wandlungsprozeß. Menschen haben vor der heftigen, unpersönlichen Form sexueller Energien oft Angst, *weil* das Öffnen des Herzens verhindert wird, wenn wir uns nach ihnen richten. Wir liegen oft völlig falsch, wenn wir denken, die Angst vor diesen Energien beruhe auf der Befürchtung, emotional überflutet zu werden. Angst vor Überflutung stellt häufig ein manifestes Problem dar, aber tiefer liegt die Angst, ein heiliges Geschehen zu zerstören, das zur Coniunctio und zur Öffnung des Herzens führen kann.
Paulas Frage: «Wie verändern sich die Energien?» war jetzt offensichtlich beantwortet. Sie verändern sich dadurch, daß sie ihre eigene Wandlung bewirken, indem sie das Herz-Chakra öffnen. Beim Erleben der Vereinigung, aber besonders bei einer auf das Herz zentrierten Vision, fühlen beide Menschen immer eine Art Verbindung ihrer Körper, als ob Fleisch und Blut bei dieser Erfahrung des feinstofflichen Körpers ausgetauscht würden.
Ich muß hinzufügen, daß Paulas Erfahrung die Öffnung aller Chakras einschloß, wenn auch ihr (und mein) Herz das wichtigste und energiereichste dieser Zentren war. Sie sprach von einer Energiesäule, die sich an ihrem Rücken und auch durch sie hindurch nach oben bewegte. Das ist das bekannte Bild der aufsteigenden Kundalini[20].
Wir müssen uns von einem klinischen Standpunkt aus nach der Wirkung solcher Erfahrungen mit dem feinstofflichen Körper fragen. Daß es sie gibt, ist allgemein bekannt. Daß Menschen wissen, daß sie gerade etwas erlebt haben, das völlig anders war als je zuvor, ist ebenfalls bekannt. Aber wir hören auch oft davon, daß Menschen Ähnliches unter Drogen erleben, auch wenn diese nachweislich kaum eine Auswirkung auf das Verhalten und das Selbstgefühl dieser Menschen zeigten, sobald sie zum normalen Bewußtsein zurückgekehrt waren. Aus der

Beobachtung des Verhaltens einer Person in den Sitzungen und aus ihren Mitteilungen über Veränderungen in ihrem Leben wissen wir etwas über die tiefe Wirkung der Erfahrungen mit dem feinstofflichen Körper. Die Träume, die auf eine Interaktion der feinstofflichen Körper folgen, sind allerdings besonders diagnostisch für die Tiefenwandlung einer Persönlichkeit. Denn ohne Träume, die die innere strukturelle Veränderung registrieren, fehlt uns die Basis, von der aus wir weiterarbeiten können. Der folgende Traum ist der letzte aus einer Serie von vier Träumen, die die Veränderung von Paulas innerer Beziehung zu einer männlichen Figur zum Inhalt haben:

Ich bin in einem Boot und steuere es. Ich weiß nicht, wie es angetrieben wird, aber es bewegt sich langsam und sanft im Wasser, das tiefblau ist. Um mich herum ist überall Schönheit und Ruhe. Ich kann kein Land sehen, nur Wasser; ich fühle mich sicher, während ich mich so langsam vorwärtsbewege. Ich schaue nach links und sehe einen Mann, der im Wasser neben mir schwimmt. Er sieht aus wie eine Mischung aus meinem Vater und meinem Verlobten, aber seine Augen sind anders als alle, die ich jemals gesehen habe. Er schwimmt sanft und vorsichtig neben mir. Er sieht manchmal aus wie mein Vater, und dann ist er ungefähr 40, in meinem Alter. Ich sehe vorne Land und steuere weiter. Ich denke mir, daß er, wenn wir an Land gehen, wahrscheinlich nicht bei mir bleiben, sondern seinen eigenen Weg weitergehen wird. Das ist ok für mich. Als wir uns dem Land nähern, frage ich ihn das, und er sagt: «Ich komme mit dir.» Ich habe ein Gefühl der Sicherheit, als wäre er mein Partner. Ich wache bei dem Holpern auf, als das Boot gegen die Küste schlägt.

Paula hatte diesen Traum, nachdem ich ihr gesagt hatte, daß ich ihr Material für eine Veröffentlichung benutzen wollte, und ihr in diesem Zusammenhang die Coniunctio erklärt hatte. Nach dem Traum sagte Paula: «Sie haben dem, was geschehen ist, eine kognitive Qualität verliehen.» Es muß festgestellt werden,

daß Paulas Traumfigur nicht nur die Summe der männlichen Figuren aus ihrem Leben darstellte, sondern auch etwas Neues anbot: Er hatte unbekannte Augen.
Die Vereinigungserfahrung führte also letztlich zu der Integration einer inneren Figur, des Animus; dies war keine Synthese von Introjekten und auch kein autonomes Bild der objektiven Psyche, sondern eine Verbindung von beiden. Wenn ihr Verlobter sie jetzt für mehrere Tage allein ließ oder wenn sie die Therapiesitzungen verließ, litt sie aufgrund dieser vom Traum aufgezeigten Veränderungen nicht mehr unter starkem Verlusterleben oder unter dem Gefühl, «ein Loch in ihrem Magen» zu haben, das von fieberhaftem Herumlaufen oder dem Bedürfnis zu schlafen begleitet war. Diese Reaktionen hatten schon seit einer ganzen Weile nachgelassen, und zwar besonders nachdem sie ihren Vaters und sich selbst imaginal als eine unbewußte Dyade erlebt hatte. Aber nach der Vereinigungserfahrung zeigten sich solche Reaktionen plötzlich kaum noch. Nach dem Erleben des feinstofflichen Körpers war ihre Aufmerksamkeit außerdem noch stärker auf die Therapie konzentriert, und Ängste vor sexueller Überflutung waren kein Problem mehr. Schließlich festigte sich Paulas neu gewonnenes Gefühl, in ihrem Körper zu sein. Vor dem Erleben des feinstofflichen Körpers hatte sie sich nur während des Geschlechtsverkehrs mit ihrem Körper verbunden gefühlt. Jetzt konnte sie das allein erleben, während sie alltägliche Dinge tat. Nach dem Animus-/Geburtstraum hatte sie zum ersten Mal einen relativ konstanten inneren Begleiter und die depressive und verfolgende Angst, die sie geplagt hatte, hatte sich weitgehend abgebaut.
Der Traum, den ich hier zitiert habe, stellt den Höhepunkt einer Serie von Träumen dar, in denen sich Paulas Beziehung zu ihrem Animus entwickelte. In den anderen träumte sie einmal von einem Mann und einer Frau, die sich auf einem vereisten Weg gegenseitig Halt gaben, und einmal von einem Mann, der mit dem Bus wegfuhr, ihr dann aber seine Brieftasche und

sein Geld zuwarf, damit sie nachkommen konnte; sie hatte keine panische Verlustangst bei diesem zweiten Traum. Während der vielen Jahre ihrer früheren analytischen Arbeit hatte sie niemals Träume von inneren unterstützenden Figuren gehabt. Nach dem Erleben der Coniunctio durch den feinstofflichen Körper verändern sich häufig die Träume und die Ichintegration. Veränderungen der inneren Strukturen und der Grundlage der bewußten Persönlichkeit führen zu einer weitreichenden Wandlung.

Vision und der heilende Saum des Wahnsinns

«Das Schlachtfeld sind die Herzen der Menschen.»
(Dostojewski, Die Brüder Karamasov)

Einleitung

Auch in diesem Kapitel untersuche ich die unbewußte Dyade in bezug auf Borderline-Zustände. Erfahrungen mit Borderline-Patienten können zwar auch als Übertragungs-Gegenübertragungsprojektionen verstanden werden, mit denen frühe Verletzungen und ein Scheitern in der Entwicklung wiederholt werden (Kahn, 1974); man gerät mit dieser Perspektive allerdings leicht ins Stocken. Man sollte sich diese Erfahrungen auch als eine Felddynamik vorstellen, bei der zeitlich nicht faßbare Formen eingesetzt werden. Solche Felderfahrungen sind umfassender als eine rein persönliche Dynamik, die unsere gegenseitigen Projektionen enthält[21]. Denn auf geheimnisvolle Weise wird durch die therapeutische Interaktion irgendeine «dritte Sache» konstelliert, erschaffen oder entdeckt – es gibt kein Wort, das hier genau trifft. Jungs Beschreibung des alchemistischen Gottes Mercurius ist hier treffend:

> «Der evasive täuschende, schillernde Inhalt, der den Patienten wie ein Dämon possediert, taucht zwischen Arzt und Patient auf und setzt nun als Dritter im Bunde sein [...] Spiel fort» (Jung, GW 16, § 384).

Man kann sagen, daß die archetypische Übertragung durch die Wiederbelebung früher Introjekte in der Übertragung und Gegenübertragung konstelliert wird und daß dieses neue Mate-

rial nach außen projiziert wird, um dann das Bild des wundersamen Hermaphroditen hervorzubringen, d. h. also das verbindende oder doppelseitige Objekt, das in Jungs alchemistischer Forschung erklärt wird. Haben wir es hier aber einfach mit einer Wiederaufführung frühester Beziehungen zwischen Mutter und Kind zu tun, in der die Festlegung und Unterscheidung von «Archetypischem» und «Persönlichem» von geringem Wert ist (Eigen, 1986; 1987, pp. 59 ff.), oder handelt es sich um neue Abläufe und Energiefelder, die nicht auf die Kindheit oder sogar das pränatale Leben zurückzuführen sind? Dies ist eine entscheidende theoretische Frage, denn Therapeuten, die glauben, daß in der Psychotherapie frühe gescheiterte oder abgebrochene Entwicklungserfahrungen wiederholt werden, täten gut daran zu überdenken, ob dieser Zugang dem Wesen der Psyche und ihrer archetypischen und objektiven Dimension entspricht. Die Psychotherapie enthüllt oft verblüffende und bizarre Introjekte, die aus den frühen Kindheitserfahrungen des Patienten stammen. Diese werden vom Therapeuten dann dadurch identifiziert, daß er über Verschmelzungszustände nachdenkt und an der projektiven Identifikation teilhat. Aber mit dieser Herangehensweise werden zu enge Grenzen gesetzt. Damit die Borderline-Persönlichkeit sich wirklich auf den therapeutischen Prozeß einlassen kann, muß ein imaginaler Zugang im Mittelpunkt stehen. Der Therapeut muß beginnen, anders zu denken – das heißt, er muß sich in seiner Vorstellung auf interaktive Felder konzentrieren, die durch zeitlich nicht faßbare Formen strukturiert sind (Levi-Strauss, 1977, p. 223). Das interaktive Feld kann nur als dritte Präsenz begriffen werden, die häufig die Form einer unbewußten Dyade annimmt; man sollte bei diesem Feld nicht von einem sturkturellen Modell von Projektionen, die integriert werden müssen, ausgehen. Das Objektbeziehungsmodell ist nicht unwichtig; sein Wert steht außer Frage. Aber auch wenn es unverzichtbar ist, ist dieses Modell allein ungenügend. Beide Modelle sind nötig: das Projektionsmodell, das sich mit frühen Entwicklungsproble-

men beschäftigt, *und* das imaginale Modell, das die alchemistische Bilderwelt der Coniunctio und die dazugehörigen Phasen in sich enthält[22]. Wir müssen ein Modell anwenden, das zwei Seiten hat: Der eine Aspekt ist auf eine raum-zeitliche Welt gerichtet und der andere auf eine einheitliche Welt, die durch archetypische Prozesse strukturiert ist. Diese Aspekte sind ineinander verschlungen. Wie M. Eigen mit Nachdruck bemerkt hat (1987, p. 61), können und sollten sie nicht in voneinander getrennte und entgegengesetzte Kategorien von «persönlich» und «archetypisch» aufgespalten werden. Man kann die unbewußte Dyade so verstehen, daß sie sowohl auf den Patienten als auch auf den Therapeuten zurückgeht *und außerdem auch* Teil eines größeren, interaktiven Feldes ist. Wenn das unbewußte Paar erst einmal ausreichend gesehen und erfahren wurde, kann es Patient und Therapeut schließlich zu einer Vereinigungserfahrung führen. Diese Erfahrung der Einheit ist genau das, was dem Borderline-Patienten fehlt.

Das Auffinden der unbewußten Dyade des Patienten: Projektionen und Felddynamik

Ed war ein außergewöhnlich intelligenter und vielseitig talentierter achtunddreißigjähriger Mann. Er begab sich aus verschiedenen Gründen in Behandlung. Er setzte seine intellektuellen und kreativen Fähigkeiten in seinem Beruf kaum ein; generell belastete es ihn, daß er auf nichts richtig hinarbeiten und sich für nichts richtig einsetzen konnte. Andere Leute kamen im Leben zurecht, er nicht. Ein Hauptthema in seinem Leben war seine Zwangsvorstellung für das, was andere ihm angetan hatten, was er oft für unmoralisch hielt; er beschäftigte sich auch übermäßig mit seinem eigenen Verhalten, das er scharf kritisierte. Er konnte Stunden allein damit verbringen, sich völlig in die Frage zu vertiefen, warum Leute ihn so behandelten, wie sie es taten, oder warum er emotional so gelähmt war und

unfähig zu einer direkten Auseinandersetzung mit einem anderen, dessen Böswilligkeit ihm dann später völlig klar wurde.
Am Anfang unserer Arbeit schien es, als litte Ed unter einer narzißtischen Charakterstörung. Eine idealisierte Übertragung, verbunden mit der kontrollierenden Dynamik seines grandios-exhibitionistischen Selbst, war sehr präsent, so daß ich mich gezwungen fühlte, auf seine Fragen immer Antworten bereit zu haben (Schwartz-Salant, 1982, pp. 50 ff.). Er nahm meine Antworten im allgemeinen gut auf, aber ich hatte das unangenehme Gefühl, daß er eigentlich bloß höflich war. Es stellte sich schnell heraus, daß seine narzißtische Charakterbildung eine Abwehr gegen einen tiefliegenden und chaotischen Persönlichkeitsanteil war. In seiner Übertragung gab es keine Unterscheidung zwischen idealisierten und grandios-exhibitionistischen Formen, was der Fall gewesen wäre, wenn er einen narzißtischen Charakter gehabt hätte.
Meine Arbeit mit Ed weist ein komplexes, interaktives Feld auf, das außergewöhnlich schwer zu erfassen ist. Wegen meines Zwangs, nach einem bestimmten Muster Beziehungslosigkeit auszuagieren – indem ich nämlich ohne viel Überlegung sprach –, konnte mein und auch sein beobachtendes Ich manchmal fast ausgelöscht werden. In solchen Situationen waren alle meine Versuche, Zusammenhang und Bewußtsein in die Therapiesitzung zu bringen, nur schmerzlich für uns beide und führten lediglich dazu, daß wir unsere Rollen tauschten. Ich fühlte dann einen Druck, «das hinzukriegen»; oft konnte ich mich nicht zurückhalten zu sprechen. Ich versuchte dann Deutungen zu geben, obwohl die kleinste Überlegung mit hätte zeigen können, daß meine Kommentare letztlich hohl waren. Zu diesen Zeiten war ich jedoch nicht zu Selbstreflexion in der Lage, sondern fuhr mit meinen Kommentaren fort, fühlte mich dabei aber die ganze Zeit geistig träge und hoffte, daß das, was ich zu sagen hatte, angenommen würde. Da Ed darauf bedacht war, ehrlich zu sein, akzeptierte er mein Verhalten nicht. Er hatte zu viele Jahre qualvoll darunter gelitten, daß er seine geistigen

und kreativen Fähigkeiten nicht entfalten kann und daß frühere Therapien gescheitert waren, als daß er nun ein Scheitern auch unserer Arbeit zulassen könnte.
Ich hatte oft das Gefühl, daß Ed auf der Suche nach Wahrheit war und ich ein Lügner, dem es nur mit Mühe gelang zu überleben. Was zu überleben? Das ist nicht leicht zu beschreiben, aber ich kann sagen, daß kurz nachdem unsere Arbeit begonnen hatte und die Stärke von Eds narzißtischer Übertragung abgenommen hatte, unsere Psychen sich in einer Weise verzahnten, daß sich ein äußerst quälendes Energiefeld bildete, von dem mein Denk- und Reflexionsvermögen fast zerstört wurde. Jedesmal wenn Ed kam, war ich für eine kurze Zeit optimistisch und hatte das Gefühl, daß wir vielleicht eine gute Beziehung zueinander herstellen und mit unserer Arbeit fortfahren könnten. Aber dann ermattete ich jedesmal emotional und physisch, und ich konnte sogar nur mit Mühe ein Körpergefühl aufrechterhalten und bei ihm sein. Stattdessen fühlte ich mich normalerweise verpflichtet zu sprechen, und damit zu *handeln* statt zu *sein.* Ich konnte oft den Gedanken nicht ertragen, daß sich zwischen uns nichts Wesentliches abspielte, und hatte manchmal Angst vor diesem Mann. Manchmal schien es mir, als wolle er mich angreifen, aber normalerweise belastete mich mein Gefühl, daß er derjenige sei, der sich der Wahrheit verschrieben hatte, und ich ein Betrüger. Dieser Zustand hielt an, obwohl Ed schrecklich darunter litt, seinen eigenen Lügen über sich selbst ausgeliefert zu sein.
Über ein Jahr lang konnten wir kaum miteinander in Beziehung treten, obwohl es viele verzweifelte Versuche gab, ein Gefühl der Verbindung zu schaffen. Während dieser Zeit bestand meine Arbeit mit Ed in erster Linie daraus, ihm zu zeigen, daß ich inmitten seiner Angriffe überleben konnte. Jedes Wort, das ich benutzte, jeder Tonfall, den ich wählte, wurde von ihm einer Prüfung unterzogen. Während dieses Geschehens begann Ed, ein Bündnis mit mir einzugehen, das sich dann nach und nach festigte. Eines Tages sprach er über etwas, das er ge-

lesen hatte, und fragte zu meinem Erstaunen nach dem Wesen unseres unbewußten Paares. Dies stellte eine entscheidende Veränderung in seiner Psyche dar, er nahm jetzt eine kooperativere Haltung in der Therapie ein; ich war dann in der Lage, imaginal darüber zu reflektieren, wodurch unser interaktives Feld strukturiert sein könnte. Ich kam zu einer Hypothese, die uns beiden sinnvoll erschien: daß ein Paar, das keine Vereinigung wollte, unser wichtigstes Hindernis war. Der Zustand der Nicht-Vereinigung (siehe Bild 7 des *«Rosarium»*, «Der Aufstieg der Seele») wird von Jung als ein Seelenverlust beschrieben und hat eine ähnliche Auswirkung wie die schizophrene Dissoziation (GW 16, § 476). Unsere *seelenlose* Interaktion manifestierte sich auf eine Weise, die uns in völlig unterschiedliche Welten zu katapultieren schien. In solchen Zeiten dachte ich, daß wir in einer guten Beziehung zueinander stünden, und doch kommunizierten wir überhaupt nicht miteinander. Als ich darüber nachdachte, wurde mir klar, daß meine Deutungen gekünstelt waren; ich stand mit Ed nicht in Beziehung und hatte nur geredet, um dem Schmerz der Leere und Verzweiflung und dem Gefühl der Machtlosigkeit auszuweichen. Tatsächlich war unsere Absicht zu dissoziieren so tiefgreifend, daß jeder von uns genauso gut mit sich selbst hätte sprechen können.

Das *«Rosarium»* bietet in seinem Kommentar zu Bild 7 das folgende Rezept an, um diesen Zustand der Beziehungslosigkeit zu heilen:

«Nimm das Hirn [. . .] und zerstoße es in schärfstem Essig oder Kinderurin, bis es dunkel geworden ist, wird dies noch einmal begonnen, so wie ich es beschrieben habe, so kann es abgetötet sein wie zuvor [. . .]. Und deshalb wird der, der die Erde schwarz macht, zu seinem Ziel kommen, und es wird ihm Heil daraus erwachsen» (McLean, 1980, p. 45).

Bemerkenswert ist, daß im *«Rosarium»* hinzugefügt wird, daß «viele Männer zugrundegegangen sind» (ibid.), die die schwarze Erde gesucht haben.

«Das Hirn in scharfem Essig zermahlen» ist wirklich keine

schlechte Metapher dafür, wie ich mit diesem Mann funktionierte und er mit mir. Er verbrachte viele Nächte damit zu versuchen, sich von Therapiestunden zu erholen, die sein Denkvermögen zerstört und ihn völlig verwirrt und wütend zurückgelassen hatten. Der Text des *«Rosarium»* läßt darauf schließen, daß diese quälenden seelischen Zustände, die uns beide belasteten, einem Zweck dienen. Dieser Zweck wird durch die Erschaffung des Hermaphroditen angedeutet (Bild 10 «der Rebis»). Der alchemistische Rebis ist ein kombiniertes männlich-weibliches Objekt und repräsentiert die Entstehung eines fruchtbaren und stabilen interaktiven Feldes. Aber Bild 7, «Der Aufstieg der Seele», warnt vor einer großen Gefahr – vielleicht vor dem Tod der Therapie und vielleicht vor der Aktivierung der Selbstzerstörungstendenzen des Patienten; dazu kann es bei Borderline-Patienten immer kommen, wenn Ebenen äußerster Dissoziation und Verzweiflung im Spiel sind. In Eds und meiner gemeinsamen Arbeit gab es einigen Grund zu der Annahme, daß die Zustände, denen wir ausgesetzt waren, einem Zweck dienten; es war genauso klar, daß unser Nigredo nicht fruchtbar werden konnte, solange unser therapeutischer Prozeß von Ausagieren und Unbewußtheit beherrscht wurde.

Im Laufe von vielen aufreibenden Therapiestunden, die in einem Zeitraum von fast zwei Jahren stattfanden, zeigte sich nach und nach, welcher Art unser Problem war. Unsere Beziehung war von einem unbewußten Paar strukturiert, das von dem Wunsch nach Nicht-Vereinigung beherrscht war; jede Hälfte des Paares verlangte danach, die andere durch Lügen und bösartigen Neid zu zerstören. Gleichzeitig waren die Teile, die dieses Paar bildeten, hartnäckig und unlösbar aneinander gebunden. Unsere Interaktion war somit von einer charakteristischen Borderline-Eigenschaft dominiert, nämlich dem gleichzeitig auftretenden Bedürfnis nach Verschmelzung und nach Trennung, die zusammen große Verwirrung hervorriefen.

Als sehr kleines Kind hatte Ed seine Eltern in einer Weise erlebt, die der Dynamik dieser Zweierbeziehung ähnelte. Er

erinnerte sich daran, wie sehr er sich von der unaufrichtigen, ständigen Botschaft verfolgt gefühlt hatte, sie würden ihn wirklich *sehen* und wollten sein Bestes. Er war immer wieder erstaunt über ihr feindseliges Verhalten gegeneinander und ihren Betrug und ihre Täuschungen ihm gegenüber. Offensichtlich hatten sie als ein zweiseitiges Objekt gehandelt, wobei jede Hälfte ihren Beitrag zu einer verfolgenden Dyade leistete. Der kleine, äußerst intelligente und sensible Junge tadelte sie immer wieder wegen ihres Verhaltens und war dann bestürzt und völlig verstört, als er immer mehr begriff, daß er gar nichts bewirken konnte, außer daß dann die Wut des Vaters bzw. das Märtyrertum der Mutter auf ihn zurückprallte.
Ed hatte diese unbewußte elterliche Dyade von seiner ansonsten normal funktionierenden Persönlichkeit abgespalten, damit er überleben konnte. Als Konsequenz entwickelte er die typische Borderline-Spaltung in eine normal-neurotische und eine psychotische Persönlichkeit – eine Spaltung die gleichzeitig auch ein Verschmelzungszustand war. James Grotstein schreibt:

«Bei dem Versuch, eine psychoanalytische Konzeption für die Borderline-Störung zu entwickeln, möchte ich folgenden Verständnisansatz vorschlagen: Was der Borderline-Persönlichkeit (und dem Borderline-Zustand) ihre Einzigartigkeit zu verleihen scheint und sie von der Psychose auf der einen Seite und der Neurose auf der anderen unterscheidet, ist nicht so sehr die Tatsache, daß diese Persönlichkeitsstörung in der Mitte des Spektrums steht, sondern vielmehr ein qualitativer Unterschied. Dieser qualitative Unterschied ist meiner Meinung nach durch die gleichzeitige Präsenz einer psychotischen Persönlichkeitsorganisation und einer normal neurotischen Persönlichkeitsorganisation charakterisiert, die einander in einzigartiger Weise durchdrungen haben, so daß ein neues Gemisch entsteht, das durchaus als ‹in psychotischer Weise neurotisch› oder ‹in neurotischer Weise psychotisch› bezeichnet werden kann. Es ist, als ob zwischen diesen beiden Zwillingspersönlichkeiten eine geheim abgesprochene Symbiose besteht, die im Vergleich zu psychotischen Zuständen im allgemeinen eine ungewöhnliche Beharrlichkeit, Stabilität und Kohärenz ermöglicht» (1979, p. 150).

Als Eds defensiv idealisierte Übertragung abnahm, traten seine psychotischen Persönlichkeitsanteile (weitgehend durch die unbewußte Dyade vermittelt) in den Therapieprozeß ein und rissen diesen fast an sich. Dies führte zu etwas, was als Übertragungs-Gegenübertragungspsychose bezeichnet werden könnte; sie war von extremer Intensität. Doch wenn die Therapie nicht auch Raum für eine Übertragungspsychose hat (und für eine Gegenübertragungspsychose, die aber hoffentlich schwächer ist), gibt es kaum eine Chance, eine Borderline-Persönlichkeit zu heilen. Mit Gegenübertragungspsychose meine ich nicht einen krassen Realitätsverlust oder die Dekompensation des Therapeuten, sondern eher das Auftauchen von unintegrierten Persönlichkeitsanteilen, die dann insofern auch eine Autonomie außerhalb des Organisationsbereichs des Selbst besitzen. Diese «verrückten Anteile» des Therapeuten können sich in der Therapie in subtiler und verschiedenartigster Weise breitmachen; der Patient kann sie introjizieren und anfangen, sich ziemlich verrückt zu verhalten, sogar so weitgehend, daß er sich in gefährliche Situationen begibt. Zum Beispiel träumte ein Borderline-Patient, nachdem sein Therapeut ihm in verführerischer Manier persönliches Material mitgeteilt hatte, er säße in einem Fahrzeug, das von einem Verrückten gelenkt wird. Die Lebenssituation dieses Patienten spiegelte diesen psychischen Zustand wider: Sein irrationales Verhalten hätte fast dazu geführt, daß er von seiner Arbeit rausgeschmissen wurde. Dieser Verlauf war eine Folge davon, daß der Therapeut seine eigenen psychotischen Anteile verleugnet hatte – unintegrierte und zwanghafte Eigenschaften seiner Persönlichkeit – und sie in der Hoffnung, eine «stützende Umgebung» zu schaffen, mit dem Patienten «geteilt hatte».

Anhand von Material aus Therapiestunden, die zwei Jahre nach dem Beginn unserer Arbeit stattfanden, werde ich versuchen zu vermitteln, in welchem Ausmaß Ed und ich von einer unbewußten Dyade beherrscht wurden. Zu dieser Zeit träumte Ed, daß er zwei Frauen zärtlich umarmte; die eine war schwarz,

die andere weiß. Ich verstand dies als ein Bild dafür, wie sich Gegensätze verbinden, ein Bild, das jetzt auch auf mich projiziert werden konnte, denn es hatte von meiner Seite genügend Wiedergutmachung für frühere therapeutische Fehler gegeben (zum Beispiel zu viel zu sprechen und zu handeln, anstatt im Körper zu sein). Ich fühlte, daß Ed mich jetzt für vertrauenswürdiger hielt als vorher; ich hatte den Eindruck, daß er nicht mehr gezwungen war, mich in «gute» und «böse» Teile aufzuspalten, die er dann sowohl aus einem bewußten als auch aus einem unbewußten Blickwinkel genau beobachten mußte.

Dem Traum von den zwei Frauen folgte bald ein anderer, in dem er und ein anderer Mann (mit dem er mich assoziierte) in einem Flugzeug sehr dicht über dem Boden flogen, um die Erde unter sich sehen zu können. Zuerst steuerte der andere Mann das Flugzeug, aber dann lernte der Patient von dem Mann, wie er es selbst steuern konnte. Der Traum schien anzudeuten, daß die Therapie jetzt auf unserer Zusammenarbeit basierte. Das auftauchende Bild eines fruchtbaren, koitierenden Paares deutete auf das Potential unseres interaktiven Feldes hin. Das Traumbild des Flugzeuges symbolisiert ein Gefäß; da dieses Gefäß dicht über der Erde schwebt, können wir sagen, daß das Bild sowohl auf Geistiges als auch auf die Möglichkeit eines soliden therapeutischen Bündnisses hindeutet. Dieses Verständnis hatte während der vorherigen zwei Jahre schmerzlich gefehlt; Ed hatte darunter gelitten und sich große Mühe gegeben, mir zu verstehen zu geben, daß *ich* die Ursache seiner schlimmen Verzweiflung war.

Kurz nach diesem Traum, war ich erstaunt, als Ed wieder in einem Zustand höchster Erregung war und an meiner Rolle als Therapeut und an der Therapie als solcher stark zweifelte. Doch das hätte kein Grund zum Erstaunen sein sollen. Mein Wunsch, Fortschritte in unserem therapeutischen Prozeß zu sehen und nicht mehr Eds scharfer Kritik ausgesetzt zu sein, war etwas, das ihn, wie er sagte, «verrückt machte». Seine Bemerkung brachte mich dazu zu untersuchen, warum ich ihn ver-

rückt machte und ob ich ihm das antun wollte oder nicht. Um seine Worte zu benutzen, die ich in unangenehmer Weise zutreffend fand: Warum «handelte ich (wieder) in böser Absicht»? Aber bevor ich diese Überlegungen weiterführen konnte, kam es zu einem Krach zwischen uns, der uns beide in einem Zustand des Zweifels zurückließ, ob es überhaupt noch möglich war, die Therapie fortzusetzen.

Ich möchte die betreffende Sitzung genau beschreiben. Ed kam pünktlich, und noch bevor er sich hinsetzte, stellte er mir eine Frage zu einer Bemerkung, die ich einmal gemacht hatte. Gefühlsmäßig erlebte ich seine Frage als Angriff, obwohl er sie nicht in einem ärgerlichen Ton gestellt hatte; ich wurde sehr defensiv. Meine Antwort war jedoch sehr viel heftiger als üblicherweise: Ich verlor meine Defensivität aus den Augen, als ich fühlte, wie sich mein Körper mit einer Erregung füllte und es zu einer Desintegration kam, die mich dem Affekt überließ. Ich hatte das Gefühl, einem allumfassenden Angriff ausgeliefert zu sein. Ich hatte Angst, zitterte innerlich, und trotzdem merkte ich, wie ich versuchte, mich so zu verhalten, als sei alles in Ordnung. Tatsächlich verleugnete ich den Zustand der völligen Unbezogenheit, den es sowohl zwischen uns als auch in mir selbst gab. Ich zeigte eindeutig ein Borderline-Verhalten. Ich hatte einen derartigen Zustand schon vorher mit ihm erlebt, jedoch nicht so heftig wie dieses Mal. Ed warf mir immer vor, in böser Absicht zu handeln, wenn ich mich so verhielt. Diese Anschuldigungen wurden im Verlauf der Therapie immer heftiger und traten immer mehr in den Vordergrund.

Die Stunde, die ich beschreibe, kann nicht verstanden werden, wenn man nicht die Entwicklung dieses Phänomens genau kennt. In diesem Fall gehörte die Illusion, daß es jetzt eine lebensfähige und nützliche Verbindung zwischen Ed und mir gab, zu einem Betrug, der unserer Beziehung zugrunde lag; tatsächlich war es nämlich so, daß ich ganz unzweideutig keinen emotionalen Kontakt zu ihm wollte. Ich wurde mir nur sehr

langsam darüber klar, daß ich *keinerlei* Verbindung zu Ed wünschte; rückblickend bin ich verärgert und erstaunt über die Naivität der Taktiken, die ich anwandte, um dies nicht bemerken zu müssen. Es gab hier mit Sicherheit eine subjektive Gegenübertragung, aber in dieser Interaktion tat sich noch sehr viel mehr. Unser Prozeß hatte eine ihm eigene Feldqualität, deren Hauptbestandteil die Nicht-Vereinigung war.

Eine meiner unbewußten Strategien, den Kontakt mit Ed zu vermeiden, war, ängstlich zu bleiben. Durch meine Angst vor dem bösartigen Energiefeld, das sich bildete, wenn wir zusammen waren, wurde *ihm* die Führung beim Verstehen jeglichen Materials überlassen, das der therapeutische Prozeß hervorbrachte. In meinen schlimmsten Zeiten präsentierte ich ihm einen äußerst virulenten «double bind», indem ich den Wahnsinn zwischen uns verleugnete und beschloß, ihn als stark und souverän zu sehen; diese Eigenschaften gehören gewöhnlich zum normal-neurotischen Selbst. Ich stellte häufig fest, daß ich lustlos war und unfähig, klar zu denken. Und was noch schlimmer war, ich war dann in eine imaginative und kreative Leere versunken, in einen bleiernen Zustand, der die drückende saturnische Autorität mit dem Zwang «zu wissen» verband. Ed wirkte dann im Gegensatz dazu aufgeweckt, scharfsinnig und intelligent. Es war, als hätte er diese Eigenschaften völlig für sich vereinnahmt, so daß sie anderen nicht zur Verfügung standen – und zwar vor allem nicht mir. Ich gab dann dem Gefühl nach, jeglichen Scharfsinn und jegliche kreative Energie verloren zu haben. Bei jedem anderen Patienten, den ich zu dieser Zeit behandelte, hätte ich meine Kompetenz genutzt und diese Gegenübertragungsreaktionen synton eingesetzt und dadurch die «andere Seite», nämlich Chaos, Verzweiflung und Hilflosigkeit, zutage gebracht; bei diesem Fall tat ich das nicht. Ich erkannte auch nicht, daß Ed auf meine Fähigkeit angewiesen war, mit ihm, wenn nicht sogar für ihn zu denken. Später wurde mir klar, daß ich mit dieser Gegenübertragung auch eine Wahl getroffen hatte, auch wenn mir dies damals nicht deutlich war.

Leon Grinberg hat den Verlauf dieser Gegenübertragung wie folgt beschrieben:

«Von einem strukturellen Gesichtspunkt aus kann man sagen, daß das, was durch den psychotischen Mechanismus der projektiven Identifikation projiziert wird, im Objekt als ein parasitäres Über-Ich agiert, von dem das Ich des Analytikers in omnipotenter Weise induziert wird, so zu handeln oder zu fühlen, wie es der Patient in seiner Phantasie möchte. Ich denke, daß hierin eine gewisse Ähnlichkeit zu der Dynamik der Hypnose liegt, wie sie von Freud beschrieben wurde. Freud zufolge setzt sich der Hypnotiseur in die Position des Ich-Ideals, und die hypnotische Unterwürfigkeit ist masochistischer Natur. Freud behauptet weiter, daß in der hypnotischen Beziehung durch den Einfluß eines omnipotenten Individuums auf ein machtloses und hilfloses Wesen eine Art von Lähmung eintritt. Ich glaube, daß das gleiche auf den von mir besprochenen Prozeß zutrifft, insofern als der Analytiker, da er sich dessen, was geschieht, nicht bewußt ist, sein Verhalten später rationalisieren mag, wie es auch die hypnotisierte Person tut, nachdem sie den hypnotischen Befehl ausgeführt hat. Durch die Mechanismen der Zwangskontrolle, fährt das induzierende Subjekt fort, das zu kontrollieren, was es auf das induzierte Objekt projiziert hat. Die Allmachtsphantasien des Subjekts nehmen also einige Konsistenz an, da sie durch die Reaktion des Objekts bestätigt zu werden scheinen» (1977, pp. 128–129).

Ich fing an, mich rechtzeitig aus diesem hypnotischen Verhältnis mit dem Patient herauszuschütteln, und konnte den Zustand der Unbezogenheit erkennen. Diese aufkommende Erkenntnis, verbunden mit Eds konzentrierten Bemühungen, mich in sich aufzunehmen, führte dazu, daß die Therapie dann doch noch erfolgreich war.

Ich habe betont, daß ich Unbezogenheit «wählte», weil ich keinen Zweifel daran habe, daß es hier auch um eine Entscheidung ging, auch wenn ich mir darüber zu dieser Zeit nicht im klaren war. Aber die Tatsache, daß es die Möglichkeit sich zu entscheiden gab, bedeutete, daß hier auch ein moralisches Problem mitspielte: Ich hatte Ed belogen, als ich ihm vermittelt hatte, ihn zu verstehen und in demselben psychischen Universum wie er zu sein. Ich muß unterstreichen, daß sein Vorwurf, ich handele in böser Absicht, zutreffend war; zu erkennen, daß

er recht hatte, war schockierend, denn ich hatte mich selbst als jemand gesehen, der die Vereinigung zutiefst wünschte, der ihr sogar allerhöchsten Wert beimaß.

Vor diesem Hintergrund konnte ich schließlich meine Orientierung in dieser Therapie wiedergewinnen. Es war mehr als deutlich, daß Übertragungselemente eine Rolle spielten, und daß mein Verhalten eine Darstellung von Eds Interaktion mit seiner Mutter und seinem Vater war, und zwar im besonderen mit dem elterlichen Paar, das durch ihre Psychen hervorgerufen wurde: ein Paar in intensiver, feindlicher Unverbundenheit, das darauf aus ist, den jeweils anderen durch Neid und Haß zu zerstören. Meine bösen Absichten und Lügen spiegelten wider, wie er seine Eltern erlebt hatte. Dieser Zustand, ausgeliefert zu sein und kaum Gewalt über die eigenen Gedanken zu haben, wiederholte die Gefühle, die Ed gehabt hatte, wenn seine Eltern das verleugneten, was er wahrgenommen hatte. Seine Eltern repräsentierten für ihn auch betrügerisches Verhalten, etwas, zu dem er durchaus auch fähig war – er konnte seine Freunde und Bekannten tatsächlich mit genau dem Mangel an Aufrichtigkeit behandeln, den er bei anderen als so schlimm empfand. Aber auch ich war dazu getrieben, mich unmoralisch zu verhalten; ich kann diesen Zustand zwar einem Ausagieren in der Gegenübertragung zuschreiben, was es mit Sicherheit auch war – insbesondere der Widerstand dagegen, Verzweiflung zu erleben –, aber hier spielte noch etwas anderes mit. Wir hatten beide an einem Geschehen teil, der nicht nur eine Wiederholung seiner persönlichen Geschichte war, sondern auch eine in sich unabhängige Schöpfung.

In meiner therapeutischen Arbeit mit Ed wurde ich oft in eine masochistische Position gestoßen[23]. Teilweise war das von mir auch so gewollt, weil ich davon überzeugt bin, daß die Borderline-Persönlichkeit sowieso das sieht, was der Therapeut gern verbergen möchte. Indem ich Eds Wahrnehmungen bestätigte (zum Beispiel, daß ich beschlossen hatte, mich so zu verhalten, daß ich ihm schadete), war ich gezwungen, mir unbewußte

Schattenaspekte meiner Persönlichkeit einzugestehen, von denen ich mich in meinem Verhalten hatte leiten lassen. Das half ihm, langsam Vertrauen in die Richtigkeit seiner Wahrnehmungen zu gewinnen. Ich hätte seinen Vorwurf leicht als paranoide Verzerrung zurückweisen können, die nur ein kleines Körnchen Wahrheit enthielt. Diese Sichtweise wäre für mich beruhigend gewesen, aber sie hätte Ed den Boden unter den Füßen weggezogen.

Ich möchte auch bemerken, daß es Zeiten gab, wenn auch vielleicht zu wenige, zu denen ich auf Ed nicht masochistisch reagierte. Zum Beispiel sagte ich ihm manchmal, wie sehr ich die Art haßte, in der er mich behandelte, und zwar besonders, wie er das, was ich sagte und tat, gnadenlos kritisierte und als lieblos und inkompetent abstempelte. Es war möglich, diesen Haß zu äußern – und es war dann kein Anschlag auf ihn –, wenn ich fühlen konnte, wie schmerzhaft und angsterregend seine Attacken (auch wenn sie sich auf eine richtige Wahrnehmung stützten) für das kleine Kind in mir waren. Ich trat für dieses kleine Kind ein, wenn ich über meinen Haß sprechen konnte, ohne Ed anzugreifen. Wenn ich so direkt auf Ed reagierte, war das für ihn geradezu erleichternd, weil es ihm zeigte, daß ich wirklich war und vielleicht sogar vertrauenswürdig, trotz der Tatsache, daß vieles, was zwischen uns geschah, von einem starken Bedürfnis, den Kontakt abzubrechen beherrscht war.

Das klinische Material aus der Therapie mit diesem Patienten beschreibt einige der schwierigeren Aspekte, die mir bei der Behandlung von Borderline-Persönlichkeiten begegnet sind. Es ist unmöglich, die persönliche Übertragung und Gegenübertragung klar von der archetypischen Felddynamik zu trennen, die innerhalb dieser Ebenen der Behandlung so reichhaltig konstelliert ist. Der Therapeut, der Borderline-Patienten behandelt, muß die Erfahrung der Unbezogenheit eingestehen. Er muß auch dazu in der Lage sein zu akzeptieren, daß diese Unbezogenheit existiert und sie als einen Zustand anerkennen, der eine Bedeutung in sich trägt, die jenseits dessen

liegt, was durch die unmittelbare Erfahrung ausfindig gemacht werden kann. Der Erfolg der Therapie hängt insofern weitgehend von Vertrauen ab und von der Fähigkeit des Therapeuten, die Fehler wiedergutzumachen, die ihm unterlaufen sind, weil er den Schmerz verleugnet hat, der aus Unbezogenheit erwächst.

Ed und ich setzten ein Übertragungspaar ein, das keine Vereinigung wollte und vom Bewußtsein so abgespalten war, daß keiner von uns eine Ahnung hatte, was der andere überhaupt sagte. Durch eine aktive Kraft fühlten wir uns in zwei verschiedene Welten versetzt. War er für diesen Zustand verantwortlich? War ich es? War er daraus aus, mich zu besiegen oder herauszubekommen, ob ich durch seine Falschheit getäuscht werden könnte? (Geflissentlich verhielt ich mich zum Beispiel so, als ob alles gut liefe, genauso wie er es als Kind oft getan hatte, wenn er seine richtigen Wahrnehmungen abspalten und stattdessen versuchen mußte zu glauben, daß seine Eltern ihr Bestes gaben.) War unsere Interaktion wegen ihrer destruktiven Beschaffenheit zum Scheitern verurteilt oder war sie, wie es im *«Rosarium»* nahegelegt wird, ein Prozeß, bei dem den ein neues Selbst geformt wurde? Unsere therapeutischen Bemühungen schienen oft von einer dämonischen, dem Trickster ähnlichen Macht besessen zu sein, die mit mir spielte, als wäre ich ihr Kind.

Wie kann man diese dämonische Macht verstehen? Kann sie einfach auf die Anteile des Neids reduziert werden, das heißt *meines* Neides, mit dem ich unsere Verbindung angriff, indem ich ihn «mißverstand»? Oder agierte ich sein Introjekt des elterlichen Neides aus? Solche Deutungen haben ihren Wert; andere genauso wertvolle Deutungen könnten auch gegeben werden. Aber wenn wir nicht auch über einen archetypischen Blickwinkel verfügen, können wir leicht die wesentliche Tatsache übersehen, daß hier noch vollkommen andere Kräfte gewirkt haben: ein archetypisches Geschehen, das viel größer ist als wir beide.

In einer folgenden Sitzung wurden andere Aspekte unseres unbewußten Prozesses enthüllt. Am Anfang der Sitzung stellte Ed eine Frage: «Wie ist Ihre Beziehung zu meinem inneren Paar?» Es schien, als wäre all' sein Elend in dieser Frage zusammengefaßt, und ich verhielt mich, als wäre keine Zeit zu verlieren, ich fühlte mich unter Druck und beeilte mich, «es richtig hinzukriegen». Ich begann ihn zu belehren: «Das innere Paar ist auch ein Bild für die Beziehung Ihres Bewußtseins zum Unbewußten. Wenn das Paar nicht in Harmonie ist, sind Sie auch nicht in Harmonie.» Auf diese Ausführung hin reagierte er wie gewöhnlich zornig und sagte nachdrücklich, daß ich unpersönlich wie ein Lehrbuch sei. Und natürlich hatte er recht. Ich versuchte während dieser Sitzung noch mehrere Male, seine Frage auf diese intellektualisierende Weise zu beantworten. Diese Versuche waren diktiert von meiner Hast und meiner Verweigerung, mir die Zeit zu nehmen, ihm zuzuhören – und wirklich zu verstehen, anstatt Verständnis nur vorzutäuschen. Mein Verhalten wurde durch meine falsche Überzeugung, mit ihm in einer Beziehung zu stehen, aufrechtzuerhalten. Wir vertauschten auch unsere Rollen: Zeitweise hatte ich das Bedürfnis, das Tempo zu drosseln und alles genau zu ergründen, während er davon galoppierte und viel zu schnell war, als daß ich ihn vollständig und gründlich hätte verstehen können. Plötzlich kam Ed auf seine Frage zurück: «Wie ist Ihre Beziehung zu meinem inneren Paar?»

Die Tatsache, daß ich mich irgendwie erschöpft fühlte, half mir, mich auf etwas zu besinnen, was uns von Nutzen sein konnte, nämlich darauf, was zwischen uns geschehen war. Ich konnte zulassen, daß ich zentrierter war, mich mehr in meinem Körper spürte, und ich gab viel von meiner Kontrolle auf. Erst als es mir schließlich gelang, zu meinen eigenen Gefühlen zurückzukehren, konnte ich erkennen, daß ich Angst gehabt hatte, physisch verletzt zu werden. Meine Phantasie war gewesen, ich müsse unbedingt die richtigen Antworten bereit haben, weil Ed mich sonst schlagen würde.

Dann begann mir klarzuwerden, daß ich Eds frühe Erfahrungen mit seinen Eltern erlebt und neuinszeniert hatte, denn wenn es ihm nicht gelang, zwischen seinen Eltern Harmonie herzustellen, lief er Gefahr, geschlagen zu werden. Er erlebte die fehlende Harmonie und Feindseligkeit zwischen seinen Eltern als gefährlich für die Einheit der Familie und für sich selbst, und er mußte das in Ordnung bringen, damit er nicht angegriffen wurde. Seine Lösung des Problems lief auf den Versuch hinaus, seine Mutter und seinen Vater zu zwingen, sich anders zu verhalten – sowohl untereinander als auch ihm gegenüber. Es scheint, als hätte ich ein Introjekt seines kindlichen Selbst ausagiert, das zwanghaft versuchte, Vereinigung zu schaffen. In diesem besonderen Fall bestand die dringende Forderung darin, daß ich Harmonie zwischen uns herstellen mußte, indem ich die Frage nach seinem inneren Paar beantwortete. Und der Zwang, dies zu tun, setzte sich über das zugrunde liegende Gefühl hinweg, daß Beziehungslosigkeit – das Vorherrschen einer Nicht-Vereinigung – der beherrschende Faktor in unserer Beziehung war.

Ich teilte Ed diesen Gedanken mit, und es erwies sich, daß diese Deutung irgendwie dabei half, unser Verständnis zu vertiefen. Er zog die Möglichkeit in Betracht, daß er mich angriff, weil ich nicht in Einklang mit mir selbst handelte, und fügte hinzu, daß ich vielleicht sein eigenes Paar, das nicht mit sich in Einklang war, *und* sein kindliches Selbst repräsentierte, das verzweifelt versucht, die Situation zu verändern. Andererseits konnte ich als ein Mensch gesehen werden, der das Potential in sich enthielt, die Disharmonie hervorzurufen, die er als so vernichtend empfand. Immer wenn ich dadurch, daß ich mit mir selbst nicht in Harmonie war, Disharmonie hervorrief, wurde Ed aggressiv und fühlte den Drang, mich zu schlagen. Er wurde von diesem verbal beleidigenden inneren Paar (sein elterliches Paar im Zustand der Nicht-Vereinigung), das in mir konstelliert war, ernsthaft angegriffen.

Es kam zu einer entscheidenden Verbesserung, als wir in dem

interaktiven Feld ein Paar erkennen und benennen konnten, das gegeneinander kämpft, während es paradoxerweise überhaupt keinen Kontakt miteinander haben will. Wir konnten auch wahrnehmen, wie dieses Paar das kleine Kind in jedem von uns verfolgte. In dem Maße, in dem es uns gelang, das Paar imaginal zu identifizieren, konnten wir diese verfolgenden Affekte dann auch zunehmend in Schach halten, und vielleicht war dies das Element, durch das die Therapie fortgesetzt werden und sogar einen Punkt erreichen konnte, an dem sich unser interaktives Feld in ein vereinigtes Feld und ein Arbeitsbündnis verwandelte. An diesem Punkt nahm die Bedeutung der Übertragungs- und Gegenübertragungsdynamik ab, und Ed konnte nun anfangen, sein Leben entscheidend zu verändern. Im *«Rosarium»* folgt auf das Bild 7 ein Erneuerungszustand, der durch fallenden Tau dargestellt wird. Das seelenlose Paar, das von diesem Tau gewaschen und wiederbelebt wird, erscheint dann schließlich in einer neuen Form als der Rebis, der Hermaphrodit (Bild 10). Der Hermaphrodit (wie in den Kapiteln «Die archetypischen Grundlagen der projektiven Identifikation» und «Der feinstoffliche Körper und imaginales Erleben im interaktiven Feld» besprochen) repräsentiert die Erschaffung einer verbindenden Struktur, die dem verwandt ist, was Jung als transzendente Funktion und Winnicott als Übergangsraum bezeichnet. Durch unsere Verbindung gewann die Therapie nun eine spielerische und forschende Qualität, die ihr vorher gefehlt hatte. In einem wichtigen Sinne begann Eds Individuationsprozeß zu diesem Zeitpunkt von neuem, und durch die entscheidenden Veränderungen in seinem Leben, die er vornehmen konnte, wurde seine positive Entwicklung noch weiter unterstützt.

Das folgende Beispiel zeigt, wie eine unbewußte Dyade nicht nur das interaktive Feld strukturiert, sondern auch das eigene leib-seelische Erleben. Es macht auch deutlich, wie die unbewußte Zweierbeziehung in ihrer Form der Nicht-Vereinigung zu einem Feld der Vereinigung führen kann, wenn sie thera-

peutisch erfaßt wird. Mallory, eine fünfunddreißigjährige Frau, erzählte am Anfang einer Sitzung den folgenden Traum:

Ich bin in einem antiken Steinatrium und tanze einen erotischen Tanz mit einem 18jährigen Jungen. Er wußte mehr, als ich jemals wissen werde.

Ich merkte, wie sehr sie eine begeisterte Reaktion auf diesen Traum von mir erwartete und ich fühlte mich unbehaglich, weil ich überhaupt keine Reaktion darauf spürte. Ich dachte über die vorige Stunde nach, in der es darum gegangen war, daß Mallory Angst hatte, ich würde wütend auf sie sein, weil sie emotional distanziert war. Ich hatte keine Beziehung zu diesem Traum, hatte aber auch das Gefühl, daß ich meine Gedanken über die gestrige Sitzung nicht abtun sollte, indem ich ihnen auswich. Ich versuchte, diese Gefühle in einen Zusammenhang zu bringen und sagte: «Da der Tanz mit dem Jungen und das Steinatrium so positive Symbole zu sein scheinen, hatten Sie diesen Traum vielleicht, um zu bestätigen, wie entscheidend wichtig es ist, dem, was gestern geschehen ist, auf der Spur zu bleiben, und um sich zu ermutigen, sich nicht aus Angst vor meinem Ärger zurückzuziehen.»[24] Darauf antwortete Mallory: «Sie müssen mir helfen, ich weiß nicht, wie ich hier weitermachen soll.»

Plötzlich fühlte ich mich träge und kraftlos, als ob jegliche Struktur und Wachsamkeit aus meinem Körper entschwunden wäre. Ich war völlig auf die Situation eingestellt und erwartungsvoll, was nun von ihr oder mir kommen würde. Aber ich konnte dieses Gefühl von Trägheit und Kraftlosigkeit nicht ohne weiteres in den Griff bekommen und fing fast sofort an, von der gestrigen Erfahrung zu sprechen und erinnerte daran, wieviel Angst Mallory gehabt hatte. Da veränderte sich ihr Gesichtsausdruck abrupt und sie machte sich bittere Selbstvorwürfe: «Nie mache ich es richtig. Sie sind kalt und wütend auf mich. Das kann ich fühlen.» Ich hatte in diesem Moment

Schwierigkeiten zwischen «mir» und etwas, was ich als ein «sie» empfand, das heißt ihre Eltern, zu unterscheiden.
Offensichtlich ging hier etwas Wichtiges vor, und mir wurde klar, daß Mallory die Sitzung vielleicht benutzte, um ein Familienmuster zu wiederholen. Ich fragte sie: «Wo sind Sie jetzt mit Ihren Eltern?» «Ich bin am Mittagstisch, sie sitzt links von mir, er rechts. Ich habe Angst und bin die ganze Zeit wachsam; ich suche alles nach Gefahren ab. Ich muß das tun, ich muß sicherstellen, daß alles in Ordnung ist. Sie ist ein bißchen betrunken und stopft sich mit Essen voll; er ist passiv und wartet einfach. Aber ich weiß, daß er jeden Moment explodieren wird. Ich muß das irgendwie verhindern, aber ich weiß nicht wie. Ich versuche sie aufzuheitern, aber das klappt nicht richtig. Ich weiß, daß seine Wut irgendwann rauskommen wird, er wird explodieren. Dann wird sie sich zurückziehen und die Märtyrerin spielen und alle mit ihrem Märtyrertum terrorisieren. Er wird dann Angst haben, und ihr Märtyrertum wird sich in Wut gegen mich verwandeln.»
Durch diese Information konnte ich nun die folgende Möglichkeit durchspielen: Als ich am Beginn der Stunde Mallorys Traum gehört hatte, rührte mein Schweigen daher, daß meine geistigen Prozesse die Lustlosigkeit ihres schweigenden Vaters reproduziert hatten; und mein unbeholfenes und kraftloses Körpergefühl ähnelte wahrscheinlich dem ihrer betrunkenen Mutter. Es schüchterte mich irgendwie ein, daß diese Patientin mich in so unangenehme Zustände zu versetzen vermochte. Ich verspürte keinen erkennbaren Ärger, aber ich konnte mir ja bei der Arbeit mit dieser Patientin noch nicht einmal leichte Gefühle von Verärgerung erlauben, denn ich befürchtete, daß diese eine paranoide Reaktion auslösen würden, die dann zu wahnhafter Übertragung führen könnte, durch die die therapeutische Arbeit mit Sicherheit zum Scheitern verurteilt wäre.
Dieser Aspekt unserer Arbeit war eine Mischung aus neurotischen und psychotischen Persönlichkeitsanteilen von uns beiden. Ich hatte die Wut, die ich empfand, abgespalten und

konnte dadurch die Beschaffenheit des Paares, das ich introjiziert hatte, nicht angemessen erfassen; stattdessen vermied ich den Ärger, der in meine Lustlosigkeit eingebettet war, indem ich ihn innerlich aufnahm, und ich verhielt mich wie ihre märtyrerhafte Mutter. Mir ist klar, daß ich diesen Zustand als eine Reaktion auf eine für Mallory typische Erwartung hätte interpretieren können. Mallorys paranoides Abtasten und Beobachten meiner Person war aber so stark, daß ich eine solche Deutung nicht riskieren konnte; das wäre zu fragmentierend für sie gewesen.

Die beiden Teile, aus denen Mallorys inneres elterliches Paar bestand, waren voneinander abgespalten und bekriegten sich gegenseitig; mein geistiges und mein somatisches Selbst spiegelten diesen Zustand wider. Wenn ich in einer guten Beziehung zu mir selbst stand, fühlte sich Mallory wohl. Sie hielt mich dann in diesem zentrierten Zustand, indem sie mir Geschichten aus ihrem Leben erzählte. Dann konnte Mallory ein vereinigtes, inneres Paar in mir erzeugen, von dem sie nicht terrorisiert wurde. Aber ihre Bemühungen waren immer schon durch ihre Vorahnung belastet, daß die Zukunft ihr weitere Verfolgungszustände bringen würde. Indem sie mich sozusagen «zusammenhielt», konnte Mallory dem Kampf, zu dem es mit Sicherheit kommen würde, nur zeitweise ausweichen. Genauso wie ihre Eltern sich gestritten hatten, obwohl sie sich so sehr bemüht hatte, sie zu unterhalten, würden meine zwei Seiten irgendwann in Konflikt miteinander geraten. In gewisser Weise war das schon geschehen, denn Mallory konnte Kohäsion nur erreichen, wenn wir beide etwas abspalteten – sie ihre Angst und ich die allgegenwärtige Spannung und Unruhe.

Der Gefühlston der Sitzung veränderte sich immer sofort, wenn es zu solchen Momenten der Nicht-Einheit kam. Wenn ich nicht wußte, was ich sagen oder tun sollte oder wenn ich durcheinander war, dachte Mallory, ich sei böse auf sie. Sie erlebte mich dann, als sei ich ihr Vater am Mittagstisch. «Stimmt was nicht?» fragte sie dann; sie hatte dann das Gefühl, mich

nicht «zusammenhalten» zu können, bekam furchtbare Angst und beklagte sich, daß sie «es nie richtig machen würde».

Als ich erkennen konnte, wie mein Unbewußtes von Mallorys innerem, elterlichem Paar beeinflußt und strukturiert wurde, kam es zu einer vorteilhaften Entwicklung. Erstens konnte sie ihr emotionales Erleben korrigieren, und zwar in der Weise, daß sie mich zwar als Verkörperung ihres elterlichen Paars erleben konnte, aber gleichzeitig erkannte, daß ich keine Vergeltung übte. Ich mußte dann auch weniger «zusammengehalten werden» als ihre Eltern, besonders als ich bewußter wurde und die Spaltungsprozesse nicht mehr ausagierte und dadurch dann die Gegensätze aus den Augen verlor. Mallory hatte jetzt die Möglichkeit, seelische Energie freizusetzen, die bis dahin im Dienst eines unaufhörlichen Prozesses des Beobachtens und Abtastens gestanden hatte; dieser Vorgang versorgte ihr negatives, elterliches Paar unbarmherzig mit Energie. Zweitens gewann Mallory die Möglichkeit, eine harmonischere Dyade zu introjizieren, als sie erlebte, wie ich die Einheit zwischen meinem Körper und meinem Geist bewahren konnte, während sie sich in einem Zustand der Nicht-Vereinigung befand.

In den folgenden Sitzungen hatten wir das Gefühl, eine Beziehung zueinander zu haben und gut zusammenzuarbeiten. Mallory sagte, daß es «toll wäre, aber was ist mit dem anderen Zeug?» Sie meinte natürlich die Nicht-Vereinigung, die wir vorher erlebt hatten, aber sie bezog sich auch auf ihre Angst vor meiner Wut. Ich bemerkte, daß sie mich genau beobachtete, denn ich fühlte einen Druck, als ob ihre Art zu sehen etwas Substantielles hätte, von der eine Kraft ausging. Ich ermutigte sie auszusprechen, was sie sah, und sie sagte mir, daß ich abwehrend sei. Es fiel mir sehr schwer, ihren Befund zu akzeptieren, und ich fragte sie, worin sie denn meine defensive Haltung erkennen könne. Mallory antwortete darauf: «Vielleicht sind sie über irgendetwas beunruhigt.» Ich bemerkte, daß ich innerlich verspannt war, und spürte, daß ich meine Gefühle zurückhielt. Mallory dachte laut darüber nach, ob diese Gefühle sexu-

eller Natur wären und sagte: «Das steckt ja gewöhnlich dahinter.» Hier geschah etwas Neues und Wichtiges, denn Mallory hatte sich getraut, mich imaginal zu sehen und ihre Gefühle über mich auszudrücken.

Die Borderline-Persönlichkeit konkretisiert imaginale Wahrnehmungen innerlich. Sie nimmt beispielsweise am Beginn einer Sitzung wahr, daß der Therapeut müde und zurückgezogen ist, sagt aber nichts dazu. Nachdem dann in der Sitzung ein Kontakt hergestellt wurde, sagt der Patient, weil er sich innerlich angegriffen fühlt, etwa, daß er «eine zu große Belastung für Sie, oder überhaupt für jeden» sei. Die Gabe zu sehen, die der Patient hat, kann als ein seelisches Organ oder eine psychische Struktur angesehen werden, die er nicht anerkennen will; sie wird dämonisch, wenn er es nicht wagen kann, sie zur Kommunikation zu nutzen. Mallory hatte sich getraut mitzuteilen, was sie gesehen hatte; ich konnte dann auf ihre Vision antworten und ihr sagen, wo ihre Wahrnehmungen zutreffend waren und ihr auch Bereiche zeigen, die sie nicht wahrnehmen konnte. Ihre imaginale Wahrnehmung wurde also überprüft, und sie konnte sich nun von einem Allmachtsgefühl trennen, nämlich dem, daß das, was sie sah, die Wahrheit war. Bei anderen Gelegenheiten spaltete Mallory das, was sie sehen konnte, ab, indem sie ihre zutreffenden Wahrnehmungen ihrer Verrücktheit zuschrieb. Was man sieht, ist oft sehr beunruhigend. Tatsächlich wird die imaginale Wahrnehmung eines Menschen gewöhnlich sehr früh im Leben abgespalten, denn was das Kind wahrnimmt (zum Beispiel den Haß eines Elternteils), ist zu quälend, als daß es aufgenommen werden könnte. Viele Borderline-Persönlichkeiten beginnen, abgespaltene, psychotische Anteile zu integrieren, wenn sie der Tatsache ins Auge sehen können, daß sie von ihren Eltern gehaßt wurden. Die eigenen, imaginalen Wahrnehmungen mitteilen zu können, ist äußerst wichtig, nur verfügt die Borderline-Persönlichkeit selten über diese Fähigkeit. Die Träume zeigen, wie die Imagination stattdessen gewöhnlich in den Schlamm der Materie gezogen wird.

Der Träumer versucht zum Beispiel, über einen Fluß zu springen, und schafft nur die halbe Strecke, oder er versucht, in einen Raum hineinzukommen, und findet nichts als eine bleiversiegelte Tür. Es gibt unzählige Varianten dieses Themas, wo keine Verbindung zwischen zwei verschiedenen Zuständen hergestellt werden kann.

In Mallorys Fall untersuchten wir ihr genaues Beobachten und Abtasten weiter und hielten alles fest, was sie sah. Sie fing an, die Stärken ihres Sehens zu erleben und sich darüber zu freuen, daß sie diese nicht nur als Abwehr, sondern auch in bezug zu anderen einsetzen konnte, als etwas, das wie eine Art psychisches Radarwarnsystem arbeitete. Sie konnte auch erleben, wie unsere Interaktion dadurch belebt wurde, daß ich sie sah und sie mich sah. Dies ließ sie erleben, wie etwas Autonomes zwischen uns zu entstehen begann: eine Vereinigung mit einem charakteristischen Rhythmus, der uns vereinte und auch wieder trennte. In den folgenden Sitzungen wurden Mallory und mir Aspekte ihres negativen inneren Paars greifbar, und wir konnten nun auch erleben, wie ein positives Paar in ihr freigesetzt wurde, von dem unser interaktiver Raum nun nach und nach strukturiert wurde.

Die Coniunctio ist nicht nur ein Ereignis sondern auch ein Muster; unharmonische Aspekte dieses Musters zeigten sich bald bei Mallory und mir selbst. In der Sitzung nach der Vereinigungserfahrung, war irgendetwas schief; das positive Paar fehlte, wir arbeiteten nicht gut zusammen, und die Atmosphäre war fürchterlich. In dem Versuch, unsere gute Verbindung zueinander wieder herzustellen, sagte ich tatsächlich: «Na, was ist mit uns beiden?» Da sie mich nicht mehr mit ihren paranoiden Abwehrmechanismen passiv genau beobachtete und abtastete, spürte Mallory sofort, was in meiner Bemerkung «daneben» war. «Das ‹uns beiden› hört sich schmierig an» sagte sie. «So war mein Vater, aber er hat es immer verleugnet. Es war nie offen. Wenn Sie gesagt hätten: ‹Was ist mit Ihnen und mir?› wäre das anders gewesen – klar, ehrlich. Das ‹uns beiden› hört

sich schrecklich an!» Durch diese Bemerkung wurden wir der Existenz eines inzestuösen Paares gewahr. Dieses Paar taucht auch im *«Rosarium»* nach der «Coniunctio» auf (Jung, GW 16, § 468). Unsere Coniunctio hatte dazu gedient, noch mehr unbewußtes Material anzuziehen und es zwischen uns zur Verwandtschaftsqualität kommen zu lassen. Durch die Coniunctio erreichte Mallory auch ein neues Stadium der Integration ihrer besonderen Wahrnehmungsgabe.

Die Integration der imaginalen Art zu sehen – dieser Eigenschaft, die in der Regel abgespalten wurde und sich im psychotischen Persönlichkeitsanteil des Patienten niederläßt – wird oft erst dann geleistet, wenn der Therapeut sieht, wie diese Sicht im Patienten arbeitet; tatsächlich ist es so, als würde der Therapeut ausspioniert. Zum Beispiel erkannte ich, nachdem ich sechs Monate mit einem Patienten, John, gearbeitet hatte, daß er mich, während er mich ständig beobachtete, auch idealisierte und das, was er sah oder versuchte zu sehen, dieser Idealisierung opfern würde. Dieses Beobachten und Abtasten war gewöhnlich ein sehr feiner Vorgang, der im Hintergrund ablief und kaum wahrnehmbar war, wenn ich mich nicht besonders darum bemühte, mich in meinen Körper hineinzufühlen und emotional anwesend zu sein. Aber diese Idealisierung bewirkte bei mir, daß ich mich selbstgefällig darin sonnte, was für ein guter Therapeut ich sei, anstatt mich zu bemühen, genügend Kontakt zu ihm zu bekommen, um wahrnehmen zu können, daß er sah.
Erst als ich mich auf diesen Hintergrundprozeß des Abtastens und Beobachtens konzentrieren konnte, begann John über seine Angst vor Frauen zu sprechen. Die Welt sei, so behauptete er, eine «Meute von Piranhas». Immerhin wurde ich aber nicht in diese Beurteilung miteingeschlossen. Ich war anders, ich bot Sicherheit. Wie anders hätte er sich auch seiner Angst stellen können, als dadurch, daß er mich idealisierte? John fragte, ob diese Piranhas wirklich seien, dann bestätigte er schnell ihre Wirklichkeit und ihre Macht, sein Identitätsgefühl

zu zerstören. Es zeigte sich, daß er mich durch seine Idealisierung von destruktiven Energien abtrennte, was ihm ermöglichte, seine negativen, inneren Bilder abzuspalten. Allen Versuchen, die John unternahm, sich mit diesen negativen Bildern zu konfrontieren, haftete eine Als-ob-Qualität an, die die Unaufrichtigkeit seiner Bemühungen enthüllte.

John rückte damit heraus, daß er jedes Mal, wenn ich sah, wie er mich mit seinem inneren Auge abtastete, ein Spannungsgefühl in seiner Brust, seinem Magen und seiner Kehle hatte und wirklich fühlen konnte, wie er innerlich verfolgt wurde. Wenn ich meine imaginale Art zu sehen nicht einsetzte, konnte er seine Spaltungsabwehr der Idealisierung aufrechterhalten. Wenn ich mit ihm über seine Strategie der Idealisierung sprach, trat deren Abwehrfunktion zwar zeitweise in den Hintergrund, wurde dann aber durch eine masochistische Abwehr ersetzt. John stimmte dann allem, was ich sagte, zu und brachte sogar selbst noch Beispiele, um meine Meinung zu untermauern. Er erklärte dann, daß meine Überlegungen ihm große Angst machten. Offensichtlich spaltete er bei diesen anstrengenden Bemühungen, mich «ideal» zu halten, das ab, was er wirklich sah – nämlich sein Wissen darum, daß ich ihn oft nicht *sah* und die Intensität seiner Angst. Immer wieder beklagte er sich darüber, daß sein glattes Äußeres seine wirklichen Gefühle vor allen anderen verbergen würde *außer vor mir;* nur ich wüßte, daß er in Wirklichkeit sehr jung sei und Angst hätte. Er griff mich an und beruhigte mich gleichzeitig: Er sagte mir, daß ich ihn *nicht* sehen würde, spaltete aber dann seine eigenen Wahrnehmungen wieder ab und beharrte darauf, daß ich anders sei als andere Leute.

Der imaginale Blick ist wie aktive Imagination, *aber wenn man imaginales Sehen in der Therapie benutzt, ist es von entscheidender Bedeutung, daß das Unbewußte des Therapeuten durch seine Gegenübertragung konstelliert ist.* Beispielsweise konnte ich meine Gegenübertragungsreaktion erst sinnvoll nutzen, nachdem ich mir meiner Spaltungstendenzen und eines irgendwie flachen Affekts, durch den Johns psychotische Anteile

nicht angesprochen werden konnten, bewußt geworden war. Als ich mich diesem induzierten Gegenübertragungszustand bewußt hingab und mich in meinem Körper spürte, konnte ich mich von meiner Imagination zu einer Wahrnehmung seines Beobachtens und Abtastens im Hintergrund führen lassen.
Der imaginale Bereich manifestiert sich nicht notwendigerweise durch visuelle Bilder: Er kann sich auch über Gefühle und kinästhethisches Empfinden vermitteln. Möglicherweise wird die Beschaffenheit des imaginalen Aktes durch die inferiore Funktion des Analytikers gefärbt, so daß ein Therapeut mit den Augen sieht und ein anderer «fühlend». In jedem Fall erfordert dieser Prozeß die Bereitschaft des Therapeuten, sich vom Material des Patienten beeinflussen zu lassen, ohne sich gleich auf Deutungen zurückzuziehen, die sich bestenfalls als ein Abwehrmanöver erweisen würden.
Imagination wird aus dem Körper geboren. Sie geht aus der Gebärmutter der Verwirrtheit und der Unordnung hervor. Nicht meisterliches Verstehen, sondern Glauben ist ihre Hebamme.

Wahnsinn, Religion und das Selbst bei Borderline-Zuständen

Im Borderline-Patienten gibt es einen Kern von Wahnsinn, der freigelegt werden muß, damit die Behandlung erfolgreich sein kann. Das Selbst oder die Seele des Patienten ist in psychotische Spaltungs- und Verleugnungsmechanismen verstrickt. Das wahre Selbst könnte durch ein Kind dargestellt werden, das in Schmutz lebt, eingeschlossen ist, versteinert oder zu Eis gefroren. Es gibt unzählige Bilder, die diesen Zustand beschreiben. Das folgende klinische Material stammt aus meiner Arbeit mit Amanda, einer achtundvierzigjährigen Frau mit einer Borderline-Störung. Amandas psychotische Persönlichkeitsanteile konnten erst Eingang in die Therapie finden, als ich ihre zwanghafte Kontrolle beenden konnte, die sich darin äußerte, daß sie mir aus einem Notizbuch vorlas. Ihre Erklärung

für dieses kontrollierende Verhalten war, daß sie «sonst ihre Gedanken verlieren» könnte. Amanda funktionierte im täglichen Leben gut; ihr Wahnsinn drängte sich meist nur während der Therapiestunden in eine ansonsten kompetente, funktionierende Persönlichkeit. Eine relativ verdichtete, psychotische Übertragung, in der wahnhafte Prozesse von dem Gefühl eines Bündnisses gehalten werden, ist in der Therapie äußerst wünschenswert (Grotstein, 1979, p. 173).

Amandas Verwirrtheit spielte in unserer therapeutischen Arbeit eine bestimmende Rolle; diese Verwirrtheit war für uns beide desorientierend. Als dreijähriges Kind hatte sie ein überwältigendes Trauma erlitten: Ihr Vater hatte die Familie verlassen[25]. Er hatte sich nicht von Amanda verabschiedet, angeblich weil die Familie glaubte, sie würde damit besser fertig werden, wenn es nicht so einen ausgesprochenen Abschied gäbe. Ihr Vater war für sie jedoch die einzige Quelle der Liebe und Unterstützung gewesen und die einzige Schranke zwischen ihr und ihrer Mutter und den Großeltern, die Amanda als kalt, abweisend und schroff erlebt hatte. Amanda erinnerte sich an eine Begebenheit aus ihrer frühen Kindheit, wo ihre Mutter sie an einem regnerischen Tag zum Spielen nach draußen geschickt hatte. Ihre Mutter hatte ihr neue weiße Schuhe angezogen und sie dann ausgeschimpft, weil sie sie schmutzig gemacht hatte. Diese Erinnerung ist für ihre frühen Individuationserfahrungen beispielhaft: Die Ablösung von der Mutter wurde durch die stillschweigende Forderung, mit dem Narzißmus der Mutter verschmolzen zu bleiben, untergraben. Das beinhaltete auch den Anspruch, sie müsse perfekt sein. Aufgrund dieses mütterlichen Hintergrunds verfügte Amanda nur über minimale innere Ressourcen. Es gab insofern wenig, was ihr unterstützend dabei hätte helfen können, die heftigen Ängste unter Kontrolle zu halten, die in ihr aufbrachen, als ihr Vater sie verließ. Sie hatte ihr einziges Liebesobjekt verloren.

Diese Begebenheit war für Amanda so traumatisch gewesen, daß es mehrere Jahre lang zu keiner therapeutischen Bearbei-

tung ihrer Beziehung zu ihrem Vater kommen konnte. In dieser Zeit hatte Amanda ihn nie erwähnt. Irgendwann begann sie, von ihm als einem «netten Menschen» zu sprechen. Sie sagte bei solchen Gelegenheiten auch: «Er zog meine Mutter vor.» Obwohl er nach einer neunmonatigen Abwesenheit in den Schoß der Familie zurückgekehrt und die nächsten 40 Jahre lang in ihrem Leben anwesend gewesen war, gab es fast nichts, was sie über ihn sagen konnte; ihr Kopf war dann wie leergeblasen.

Nach und nach traten Amandas Verlassenheitsängste in die Übertragung ein, und das Ende der Sitzungen wurde sehr schmerzlich für sie. Zwischen den Sitzungen war Amandas Bild von mir oft ausgelöscht, aber gelegentlich konnte sie bewußt unter meiner Abwesenheit leiden, anstatt sie abzuspalten und manisch zu werden. Wir konnten nun damit beginnen, zu rekonstruieren, was innerlich in ihr vorgegangen war, als ihr Vater sie verlassen hatte. Eine Erinnerung, die sie bergen konnte, war daß sie «hysterisch geworden war und sich unter dem Bett versteckt hatte», nachdem sie herausgefunden hatte, daß er weg war. Ihre bewußten Erinnerungen an dieses Ereignis waren aber auf diese eine Szene begrenzt; sogar dieser Erinnerung war sie sich nicht ganz sicher. Tatsächlich haftete allen Erinnerungen von Amanda eine seltsame Ungewißheit an. Zu unserer Rekonstruktion dessen, was geschehen sein könnte, als ihr Vater neun Monate später wiederkam, gehörte die Hypothese, Amanda habe geglaubt, der wiederkehrende Vater sei ein Betrüger. Außerdem hatte sie sich einen inneren, idealisierten Vater geschaffen, der eines Tages zurückkehren und sie wirklich lieben würde. In der Übertragung spaltete Amanda mich in verschiedene «Väter» auf, zu denen der Schwindler wie auch der idealisierte Vater gehörten. Der letztere existierte nur außerhalb der Therapiestunden in Unterhaltungen, die sie in ihrer Phantasie mit mir führte.

Als der Vater Amanda verlassen hatte, kam es bei ihr zu einer schwerwiegenden Realitätsverzerrung: sie verleugnete ihre

Liebe zu ihm und sogar seine Existenz. Da Amandas positive innere Welt von so geringem Wert war, konnte sie nicht darüber trauern, ihn verloren zu haben. Eine wahnhafte innere Welt entstand in ihr, die durch den idealisierten Vater und seinen abgespaltenen Gegenpol, den Schwindlervater, strukturiert war. Sie erlebte keines dieser Bilder bewußt; das Leben mit ihrem wirklichen Vater ging weiter, als hätte er sie nie verlassen. Amanda sagte, daß er «nett» war. Aber innerlich unterlagen ihre Wahrnehmungen schwerwiegenden Verzerrungen: Ihr Vater war und war nicht der Mann, der zu ihr zurückgekehrt war. Das heißt, er war weder der wirkliche Vater noch ein Schwindler.

In der Übertragung wurde ich anfänglich als der Schwindler angesehen, zu dem Amanda erst eine Beziehung aufbauen mußte. Sie bestand darauf, daß ich die Regeln auflisten müsse, die ein Patient zu befolgen habe. «Was sollen Patienten dem Therapeuten sagen oder mit ihm tun?» fragte Amanda. Ich wurde von ihr entpersonalisiert, allerdings nicht vollständig. Sie konnte immer einen Sinn für Humor bewahren – ihr beobachtendes Ich –, gleichzeitig war sie äußerst ernst.

Als es mir gelang, ihre Spaltung zu deuten, litt sie außerhalb der Therapiestunden unter dem Verlust meines Bildes; eine schmerzhafte Leblosigkeit verfinsterte ihre Vorstellungskraft. «Da draußen lieben Sie mich nicht mehr», sagte sie dann. Es folgte eine lange Periode der Depression und eines akuten Leidens unter Verlassenheitsgefühlen. Zu dieser Zeit wurden Amandas psychotische Anteile belebt, denn sie konnte sich nicht sicher sein, ob der «wirkliche Therapeut» wiederkommen würde.

Nachdem wir eine Zeitlang an Amandas Verlassenheitsgefühlen gearbeitet hatten, zeigte sich, daß es noch einen weiteren «Vater» gab – einen, der die Tiefe ihres Verlassenheitserlebens trug. Dieser «Vater» war mit Geld identifiziert, wenn auch die bloße Erwähnung dieses Themas fast unmittelbar eine hysterische Überflutung auslöste. Sie erinnerte sich daran, daß ihr Va-

ter die Familie verlassen hatte, weil er nicht den Lebensunterhalt verdienen konnte, der dem Standard der Familie entsprochen hätte. Amanda sah die Sache so, daß ihre Mutter und ihre Großeltern ihn wegen seines finanziellen Versagens hinausgeworfen hatten. In ihrem Unbewußten war Geld die Wurzel all ihrer Verlassenheit. Im täglichen Leben tat Amanda alles, was sie konnte, um zu «vergessen», wieviel Geld sie hatte. Eine Erbschaft, die sie machte, war traumatisch, weil sie dadurch dazu gezwungen wurde, über Geld nachzudenken; ihre einzige Zuflucht war, das Geld auf einem Bankkonto zu verstecken und es völlig zu vergessen. Es zu investieren oder sogar Gewinn aus ihrem Kapital zu machen, lag jenseits ihrer Möglichkeiten. Die einzige Realität, die Geld für sie besaß, war seine Verbindung zum Verlassenwerden.

Mehrere Monate lang rief die bloße Erwähnung von Geld solche überwältigenden Verlassenheitsgefühle in ihr hervor, daß die Kontinuität ihrer Erinnerungen und Erkenntnisse unterbrochen wurde. Nachdem ich dieses Problem in vielen Therapiestunden immer wieder angegangen war, steigerte sich langsam Amandas Fähigkeit, sich mit dem Problem Geld auseinanderzusetzen. Als sie in diesem Bereich kompetenter wurde, schien sich ein Nebel zu lichten; es wurde ihr deutlicher, daß sie Geld unbewußt mit ihrem Vater, der sie allein gelassen hatte, identifiziert hatte. Wir konnten dann drei Väter ausmachen: den Schwindlervater, den idealisierten Vater und den verlassenden Vater, der in Amandas Psyche durch Geld repräsentiert wurde.

Amandas Spaltung in den Therapiesitzungen nahm ab, aber sie diente ihr immer noch dazu, ihren Schmerz zu lindern; sie blieb äußerst verwirrt. Es kam oft zu einem «Totalausfall» in ihren geistigen Prozessen. «Der Kopf funktioniert nicht», wie sie es ausdrückte. Jeder Gedanke und jede Erinnerung rief sofort andere hervor, so daß viele Zentren um ihre Aufmerksamkeit konkurrierten, was uns beide völlig verwirrte. Amanda wies dann alle meine Erklärungsversuche zurück. Diese Erfahrun-

gen werden durch Harold Searles Äußerung genau wiedergegeben:

> «Ich habe oft das Gefühl, daß der eine oder andere Patient unbewußt in der Art multipler Identitäten funktioniert, wenn ich mich nämlich nicht einfach eingeschüchtert oder überwältigt [...] sondern sonderbarerweise und genauer gesagt ihm gegenüber in der Minderzahl fühle» [...] (1977, p. 448).

Verwirrtheit, Spaltung und Realitätsverzerrung gehören zur Psyche der Borderline-Persönlichkeit. Es kommt selten zu einer völligen Realitätsverzerrung, obwohl das Verhalten oft eine Autonomie besitzt, die einem Zustand dämonischer Besessenheit ähnelt. Die Qualität des fast-psychotischen Verhaltens wird in der Literatur über die Borderline-Persönlichkeit oft betont. Aber in diesem «Besessenheits»verhalten gibt es eine seltsame Form von Ordnung. Dieses klinische Material kann eine erste Ahnung von dieser Ordnung vermitteln, wenn man die Art betrachtet, in der Amanda Deutungen häufig zurückwies.

Amanda sagte dann immer etwas wie «Das ist es nicht ganz» oder «vielleicht». Ihre Antwort war immer frustrierend, weil ich gewöhnlich sehr viel Mühe darauf verwandt hatte, einige Übereinstimmung für sie und mich zu erlangen. Ihre Ablehnung meiner Deutungen machte mich oft ärgerlich. Manchmal reagierte ich ziemlich heftig; es war häufig deutlich, daß hier projektive Identifikation im Spiel war. Das führte mich dazu, die Wut zu untersuchen, die sie auf mich hatte, weil ich «außerhalb der Sitzungen verschwunden war». Solche Deutungen zeigten irgendwie eine Wirkung. Aber durch dieses Unterfangen konnte ich Amandas psychotische Anteile nicht erreichen.

Es sollte angemerkt werden, daß ich zwar ärgerlich war, wenn Amanda mir immer nur mit einem Vorbehalt antwortete, daß ich aber nicht das Gefühl hatte, meine Deutungen würden vollständig zunichte gemacht. Tatsächlich waren dies häufig Amandas beste Momente, und die Art ihrer Zurückweisung

zeigte kaum die starke Absicht, mich fertigzumachen. Wenn meine Deutungen völlig daneben lagen, wurde sie verwirrt. Dann pflegten «andere Gedanken» ihre Aufmerksamkeit zu zersplittern, was uns beide in einem Durcheinander zurückließ, von dem auch ihre Wut auf mich verdunkelt wurde. Wenn meine Deutungen aber relativ fundiert waren, führten sie bei ihr zu einer Reaktion, die eine Tiefe sehen ließ, die sich sonst in der Regel nicht zeigte. Wenn ich ihr zu einer Deutung die Frage stellte: «Erscheint Ihnen das richtig?» antwortete Amanda: «Nicht ganz.» Wenn ich fragte: «Ist das falsch, ist es daneben?», antwortete sie: «Nein, nicht ganz.» Sie schien dann meine Deutungen zu benutzen, um dicht an etwas heranzukommen. Aber woran? Offensichtlich konnte Amanda ein und dieselbe Deutung ablehnen und gleichzeitig auch einen Wert in ihr sehen. Was ich sagte, wurde von ihr weder für falsch noch für richtig gehalten. Sie schob die Entscheidung hinaus, aber nicht zum Zweck der Abwehr. In ihr war ein Prozeß wirksam, der nur dadurch Ausdruck finden konnte, daß sie Entscheidungen hinausschob. Ich entdeckte, daß sie sich oft an eine Einzelheit aus ihrer Vergangenheit erinnerte oder zu einer neuen Einsicht kam, wenn ich einfach in diesem «Schwebezustand» blieb, ohne zu versuchen, die Deutung zu amplifizieren. Sie mußte jede Äußerung, die sie machte, durch eine zweite ausgleichen, die die Verwirrung oder Unvollständigkeit der ersten enthüllte. Sie konnte nicht sagen: «Das ist richtig», sondern nur: «Das ist weder richtig noch falsch.»

Der französische Psychoanalytiker A. Green, von dessen Denken meine Zugangsweise an dieses klinische Material beeinflußt wurde, beschreibt die «Logik» der Borderline-Persönlichkeit folgendermaßen:

«Dem Realitätsprinzip zufolge muß der psychische Apparat entscheiden, ob ein Objekt da ist oder nicht da ist: ‹*Ja*› oder ‹*Nein*›. Dem Lustprinzip zufolge und da es keine Negation im Primärprozeß des Unbewußten gibt, gibt es nur das ‹Ja›. Winnicott hat den Status des Übergangsobjekts, das das ‹Ja› und das

‹Nein› verbindet, als Übergangs-ist- und -ist-nicht-die-Brust beschrieben. Man kann Vorläufer zu Winnicotts Beobachtungen in Freuds Beschreibung des Garnrollenspiels und in seiner Beschreibung des Fetisch finden. Aber ich denke, es gibt noch eine weitere Möglichkeit, mit dieser entscheidenden Frage, ob das Objekt ist oder nicht, umzugehen, und diese wird durch das Urteil des Borderline-Patienten veranschaulicht. Es gibt eine vierte mögliche Antwort: *Weder ‹Ja› noch ‹Nein›*. Dies *ist* eine Alternative zu der Verweigerung der Entscheidung. Das Übergangsobjekt ist eine *positive Verweigerung;* es ist entweder ein ‹Ja› oder ein ‹Nein›. Die Symptome von Borderline bieten, als Übergangsobjekte, eine *negative Verweigerung der Entscheidung:* Weder ‹Ja› noch ‹Nein›. Man könnte die gleiche Beziehung an Erfahrbarem orientiert durch die Frage ausdrücken: ‹Ist das Objekt tot (verloren) oder lebendig (gefunden)?› oder: ‹Bin ich tot oder lebendig?›, – worauf die Antwort wäre: ‹*Weder Ja noch Nein*›» (1977, p. 41).

Wenn der Borderline-Patient in akuter Verzweiflung ist, kann er sich nie sicher sein, ob der Therapeut wirklich in Fleisch und Blut da ist. Man könnte auch sagen, daß der Patient nicht sicher ist, ob der Therapeut lebendig oder tot ist. Dieser Zustand der Ungewißheit lebt im Unbewußten des Patienten und zeigt sich auf verblüffende Weise, wenn es der Spaltungsabwehr nicht gelingt, die Verlassenheitsängste zu zerstreuen. Der Patient kann also nie die Frage beantworten: *«Lebt der Therapeut oder ist er tot?»,* denn es wäre anscheinend sinnlos und verwirrend, das zu tun. Wenn er oder sie zudem gefragt würde: *«Ist der Therapeut beides, lebendig und tot?»,* dann bliebe der Patient verwirrt, denn das würde bedeuten, daß der Therapeut ein Übergangsobjekt ist, das heißt: sowohl geschaffen als auch gefunden.
Solange er sich in einem solchen Verwirrtheitszustand befindet, kann der Patient die Kreativität des Übergangsraums nicht erfahren. Der Borderline-Patient hat normalerweise nicht die Möglichkeit zu spielen. Da der Therapeut dann dazu neigt, derart in Gegenübertragungsreaktionen hineingezogen zu werden, daß sein vorrangigstes Bedürfnis einfach das ist, jede Begegnung zu überleben, fühlt er sich oft entweder deprimiert und lustlos oder manisch, und der Therapeut wird dann genauso wie der Borderline-Patient *handeln:* Er wird Kommen-

tare abgeben, um den Raum zu füllen, anstatt sich dem Erleben der *Abwesenheit* oder *Leere* (absence, Green, 1977, p. 41) auszusetzen. Dieser Zustand ist schwer zu ertragen; um ihn aushalten zu können, braucht man den unterstützenden Glauben daran, daß der Patient nicht destruktiv werden wird und die Psyche sich beleben wird, wenn man das Handeln aufschiebt und einfach abwartet. In entscheidenden Augenblicken des therapeutischen Geschehens muß der Therapeut den höchsten Akt des Glaubens leisten und im Hinblick auf den Borderline-Patienten vertrauen, daß dieser ihn nicht «töten» wird, was unter anderem dadurch geschehen könnte, daß er den Therapeuten ineffektiv und geistlos machte.

In Amandas Fall ging es nicht darum, daß meine Deutungen für sie nicht stichhaltig genug waren oder daß ich sie noch hätte erweitern und vertiefen müssen. Was Amanda stattdessen brauchte, war, daß ich ihre widersprüchliche Aussage auf- und annehmen konnte. Diese pardoxen Empfindungen konnten sich nur dann zeigen, wenn ich während ihrer Abwesenheit in meinem Körper und aufnahmebereit bleiben konnte. Die Art, in der sie dann mit mir sprach, stand in scharfem Kontrast zu der verwirrten und fragmentierten Art zu reden, die sie gewöhnlich hatte. Für flüchtige Augenblickte durfte ich dann eine Tiefe in ihr erleben, die normalerweise unter ihrer Spaltungsabwehr und einem infantilen Ich, dem es «einfach nur gut gehen wollte», verborgen war. Amanda vermittelte durch ihre Bemerkungen also ein Gespür dafür, daß meine Deutungen nur teilweise befriedigend waren. Ihre Antwort auf meine Deutungen war, daß diese «nicht richtig» *und* «nicht falsch» waren. Auf einer tiefen und subtilen Ebene ging es jedoch nicht darum, ob eine Äußerung richtig oder falsch war, sondern vielmehr darum, daß sie *weder* völlig richtig *noch* völlig falsch war.

Die Feinheiten des Wahnsinns werden oft nur dadurch wahrgenommen, daß wir unsere eigenen Verwirrtheitszustände fühlen und beobachten. In dem vorliegenden Fall wurden jetzt auch offenere Formen des Wahnsinns aufgedeckt. Einige dieser For-

men waren nicht sehr subtil, und sie wahrzunehmen erforderte kaum einen empathischen Beobachter, der sensibel auf die Scham des Patienten reagiert, daß er solche Ängste vor dem Wahnsinn hegt. Bei Amanda zeigte sich beispielsweise eine bemerkenswerte Paranoia, als sie die Angst äußerte, die Bank würde ihr Geld stehlen oder Schecks nur benutzen, um sie zu betrügen. Sie wurde außerdem von der Angst verfolgt, ihre Enkel könnten ihr gestohlen werden, während sie sie zur Schule brachte. Aber Amandas subtilere Formen des Wahnsinns, in dem Verwirrtheit und Realitätsverzerrung als Teil der «Weder-ja-noch-nein»-Logik nebeneinander existierten, waren für mich schwerer zu entschlüsseln; das lag an meiner Neigung, die Existenz solcher Zustände zu verleugnen.

Es gibt viele Gründe, weshalb der Therapeut Gegenübertragungsreaktionen der Verwirrtheit und der Verärgerung haben kann. Erstens wird der Therapeut nicht offen dazu aufgefordert, dem, was er gesagt hat, inhaltlich etwas hinzuzufügen oder etwas davon wegzunehmen, obwohl der Patient diesen Wunsch vielleicht implizit äußert. Entscheidender ist allerdings das frustrierende Gefühl, das aus der Koexistenz von Gegensätzen erwächst: Man hat das Gefühl, sich dem Prozeß im Patienten zu nähern und ihn gleichzeitig nicht zu begreifen. Dieser Prozeß ist nicht die Summe getrennter Teile; er kann nur in seiner Gesamtheit erfahren werden. Im allgemeinen haßt die Borderline-Persönlichkeit Teildeutungen; der Therapeut fühlt sich häufig dafür, daß er nicht perfekt ist, verfolgt und beklagt sich vielleicht sogar (manchmal offen beim Patienten), daß er immer kritisiert werde. Die größten Anstrengungen des Therapeuten werden häufig durch den offenen Ärger und die Zurückweisung des Patienten entwertet.

Amandas Spaltung nahm weiter ab, als sie lernte, ihre Verlassenheitsängste zu erleben; unsere Verwirrtheit ließ nach, und ihre Imagination begann langsam zu funktionieren. Allmählich konnte sie mich außerhalb unserer Sitzungen «finden». Ich wurde jetzt mehr zu einem «realen» Objekt und war weniger

ein «idealisierter Vater». Die Therapie füllte sich mit Leben, obwohl die äußere Welt (in der sie gut funktionierte, aber für die sie sich wenig interessierte) ein Ort blieb, der ihr wenig bedeutete. Amandas ganzes Interesse war darauf konzentriert, zur nächsten Therapiestunde zurückzukommen.

Amandas äußere Objektbeziehungen wurden realistischer. Sie konnte ihren Ehemann, der jahrelang Träger ihrer idealisierten Projektion gewesen war, sie aber durch Affären mit anderen Frauen betrogen hatte, allmählich realistischer sehen. Vorher hatte sie sich von seiner inneren Leblosigkeit verfolgt gefühlt, aber nun, wo sie ihr Gefühl der Wut kennengelernt und respektiert hatte, konnte sie über seine Beziehungslosigkeit schimpfen. Allmählich und ohne dies zwangsläufig als angenehm zu empfinden, konnte Amanda beginnen, ihn so zu akzeptieren, wie er war. Amandas Beziehung zu ihrer Mutter verbesserte sich auch entscheidend. Diese Veränderung resultierte daraus, daß sie lernte zu erkennen, wann sie wütend auf ihre Mutter war. Anfangs konnte sie diesen Ärger nur mit therapeutischer Hilfe fühlen, und oft brauchte es dafür viele Tage. Nach und nach nahm die Zeit ab, die zwischen dem eigentlichen Vorfall und ihrem Ärger verstrich, bis ihre innere Reaktion dann schließlich genau mit der äußeren Provokation zusammenfiel. Amanda konnte mit der Zeit ihrer Mutter mit mehr Bestimmtheit gegenübertreten und auch eine bessere Beziehung zu ihr aufbauen. Das allmähliche Entstehen eines handelnden Selbst verkörperte sich darin, daß ihre Spaltungstendenzen entscheidend abnahmen; ihre imaginativen Fähigkeiten nahmen dagegen zu, und sie vermochte nun auch einen Wert und einen Sinn im Schmerz ihrer Verlassenheitsängste zu finden.

Die Spaltung in die «tote» äußere Welt und die lebendige therapeutische Welt war nicht nur Ausdruck für Amandas Gut-schlecht-Dichotomie, sondern auch für ihren Eintritt in die sogenannte Kleinsche depressive Position, die sie nun in bezug auf ihren Vater erlebte. Vor dieser Entwicklung hatte sich un-

ser Prozeß weitgehend innerhalb eines paranoid-schizoiden Bereichs abgespielt, der von Spaltung und Verfolgungsängsten beherrscht war. Als die Entwicklung die Ebene der depressiven Position erreichte, wurde Amandas Haß auf mich, ihren Übertragungsvater, verschoben: Sie haßte nun die dumpfe äußere Welt, und ihre Liebe zu mir als dem Übertragungsbild des einst geliebten Vaters wurde in unserer gemeinsamen Arbeit voller erlebt. Diese Spaltung war jedoch leichter handhabbar als vorher, und Deutungen konnten jetzt eine größere Wirkung erzielen. Sie konnte sich jetzt der Aufspaltung zwischen Liebe und Haß stellen; mit großer Beklommenheit begann sie, ihren Haß auf mich auszudrücken. Dieser Haß tauchte zum ersten Mal in einer scherzhaften Bemerkung auf: «Da draußen hasse ich Sie.» Allmählich konnte sie sich dann diesen Affekt auch in meinem Beisein stärker zugestehen.

Dieser neugewonnene Mut zeigte eine bleibende, positive Wirkung. Amanda hatte vorher nur in sehr begrenztem Maße über die Fähigkeit, ihre Imagination spielen zu lassen, verfügt, und sie hatte sehr dazu geneigt, ihr emotionales Leben zwischen Gefühlen des Hasses und der Liebe aufzuspalten. Diese Spaltung ließ jetzt nach, und sie erwarb ein Imaginationsvermögen, das sie mir auch vermitteln konnte und das vielseitiger war als ihr früherer Phantasiefluß, der sich fast ausschließlich um die idealisierte Vaterprojektion gedreht hatte. Es ist wichtig, diese Unterscheidung vorzunehmen; sie erfaßt den Unterschied, zwischen dem, was die Alchemisten echte und phantastische Imagination nannten (Jung, GW 12, § 360). Die Borderline-Persönlichkeit erlebt häufig entweder eine imaginative Leere oder einen sintflutartigen Bilder- und Affektfluß in unzähligen passiven Phantasien, von dem *das Vermögen, Gefühle zu erleben, zerstört wird.* Durch die falsche Imagination wird ein Mensch von seinen Gefühlen abgespalten; sie fördert auch die Aufspaltung zwischen Körper und Seele und äußert sich oft in körperlichen Beschwerden. Echte Imagination ist der alchemistischen Metapher zufolge jedoch viel realistischer; bei ihr werden Ge-

fühle eingesetzt, das Bewußtsein wird erweitert, und das Empfinden für das Leiden der eigenen Seele nimmt durch sie zu.

Ein weiterer wichtiger Punkt sollte im Zusammenhang mit diesem Fall erwähnt werden: Ungefähr ein Jahr bevor Amandas Verlassenheitsängste und die Imagination in den Mittelpunkt der Behandlung traten, träumte sie von einem kleinen Mädchen, das in Eis eingefroren war. Das Eis begann zu tauen und das Mädchen wurde lebendig. Dieser Traum stellte einen entscheidenden Wendepunkt in unserer Arbeit dar, und ihm ging ein seltsamer Vorfall voraus. Am Ende einer Sitzung drehte sich Amanda plötzlich um und sprach französisch mit mir, was sie vorher noch nie getan hatte. In der nächsten Sitzung fragte Amanda mich nach «Unter-Persönlichkeiten», weil ihr klargeworden war, daß «jemand anders» französisch mit mir gesprochen hatte. Wir entdeckten, daß diese Persönlichkeit für sie ihre Sexualität trug. Zum ersten Mal gab es ein erotisches Gefühl zwischen uns. Ich glaube, daß die «Unter-Persönlichkeit» in ihrem Traummaterial das erste Auftauchen einer Selbststruktur bedeutete; ihr Auftauchen hatte eine verbindende Wirkung, durch die die Dissoziation überwunden werden konnte. Vorher war diese Persönlichkeit abgespalten und hatte in einem festgefrorenen schizoiden Stadium existiert.

Diese liebevolle und erotische Qualität blieb mehrere Monate zwischen uns erhalten und verschwand dann mit dem Auftauchen ihrer Verlassenheitsängste und ihrer Depression. Anscheinend mußte die Patientin erst dazu fähig sein, akute Gefühle der Verlassenheit zu erleben und zu ertragen, bevor sich das Selbst in ihr verkörpern und Teil des raum-zeitlichen Lebens werden konnte. Schizoide Teile des Selbst sind in einer Borderline-Persönlichkeit immer vorhanden, und ihre Integration ist von entscheidender Bedeutung für das Entstehen eines positiven Selbst.

Das entstehende Selbst der Borderline-Persönlichkeit macht

sich Deutungen in einer Weise zunutze, die für den Therapeuten verblüffend ist. Wenn eine Deutung angenommen wurde, zeigt der Patient in der nächsten Stunde häufig Reaktionen, die diese Deutung für nichtig zu erklären scheinen. Der Therapeut ist dann vielleicht verwirrt oder ärgerlich und wird häufig intervenierend *handeln* oder sich zurückziehen.

«Handeln», wie A. Green sagt, «ist das eigentliche Abbild der Psyche (mind) [. . .] Handeln ist nicht auf Handlungen, Phantasien und Träume begrenzt, sondern auch Worte können die Funktion einer Handlung haben. Handeln nimmt Raum ein und läßt keinen Aufschub für Erfahrung zu» (Green, 1977, p. 41).

Der Therapeut hat vielleicht das Gefühl, der Patient verleugne, was vorher mitgeteilt wurde, aber diese vermeintliche «Wahrnehmung» blockiert in Wirklichkeit die Wahrnehmung des eigenen aufkommenden Verwirrtheitszustands und der Unfähigkeit, die psychische Abwesenheit zu ertragen.
An diesem Punkt ist es aufschlußreich, die einzelnen Teile dieses Vorgangs zu untersuchen. Wenn der Therapeut den Schmerz über die Abwesenheit des Patienten in sich halten kann und etwa sagt: «Aber letztes Mal sind wir doch zu einem Verständnis des Problems gekommen, und jetzt scheinen Sie das wieder abzulehnen», kann es sein, daß der Patient antwortet: «Woraus entnehmen Sie das denn? Habe ich das gesagt?» Der Therapeut wird dann vielleicht ärgerlich, weil sein Realitätssinn in Frage gestellt wird. Der Therapeut hat jedoch nicht verstanden, was der Patient ihm mitteilen wollte, und nur gesehen, daß seine Deutung zunichte gemacht wurde. Der Therapeut ist tatsächlich davon ausgegangen, daß eine Einigung erreicht wurde: Dies hat er vorausgesetzt, um seine eigene Verwirrtheit zu zerstreuen und den Aufschub der Erfahrung zu vermeiden. Wenn dann der Patient sagt: «Wie kommen Sie denn darauf, daß ich das, was wir letztes Mal gemacht haben, ablehne?», löst sich das Gefühl der Verwirrtheit oft auf, und der Therapeut bleibt mit der Empfindung zurück, daß er

schlecht daran getan hatte zu denken, der Patient würde die schon gewonnenen Einsichten jetzt ablehnen.
Dem Therapeuten kommt es dann so vor, als hätte der Patient nur nachgedacht und dabei das, was schon deutlich geworden war, beiseite geschoben. Der Therapeut hatte dieses «Beiseite-Schieben» jedoch als Angriff auf die Arbeit der letzten Stunde verstanden; er sieht dies dann möglicherweise als eine «negative therapeutische Reaktion». Tatsächlich hat der Patient aber versucht, sich diese Interpretation zunutze zu machen, indem er *sie zeitweise verleugnete,* was aber als eine vollständige Verleugnung erscheinen kann. Der Therapeut wird in seinem Narzißmus angegriffen, denn er möchte, daß eine einmal gegebene Deutung endgültig ist; er will nicht, daß sie nur als Sprungbrett zu einer tieferen Ebene dient. Man muß begreifen, daß der Patient mit dieser «Weder-noch»-Logik versucht, sich von dem Narzißmuß des Therapeuten zu lösen. Darin liegt ein hohes Risiko für den Patienten, weil er damit mehr von seinem wahren Selbst zeigt und es insofern wagt, die narzißtischen Bedürfnisse des Therapeuten zu ignorieren.
Die negative Logik des Borderline-Patienten, die Green so zutreffend beschrieben hat, kann begrifflich auch anhand des System der *via negativa* des Klerikers und Mystikers Nikolaus von Kues aus dem 15. Jahrhundert, erfaßt werden. Die *via negativa* ist ein metaphysisches System, das uns eine bestimmte Art des Erkennens liefert, mit dem wir das Wesen und das Ziel dessen erfassen können, wie die Borderline-Persönlichkeit Negation als einen Weg zum Selbst-Werden einsetzt. In diesem System steht jeder positiven Feststellung eine andere gegenüber, die deren Endlichkeit oder Unvollständigkeit beweist; jede Feststellung zieht also eine andere nach sich, die der vorherigen hinzugefügt werden kann. Gott, das unerkennbare Objekt dieser Dialektik, ist vereinigt; er ist eine *coincidentia oppositorum.* Das Stadium, in dem Gegensätze vereinigt sind und schmerzliche und betrügerische Spaltung schließlich überwunden werden kann, stellt also das unbewußte Ziel der Borderline-Per-

sönlichkeit dar. Um dieses Ziel zu erreichen, ist eine Reise durch das Gebiet des Wahnsinns erforderlich. In diesem Gebiet des Wahnsinns leidet das Innenleben unter Fragmentierung und Verwirrtheit; mit anderen Worten: Dieser Bereich ist die absolute Antithese zur Einheit und Harmonie der Gegensätze. Zudem scheint sich der Wahnsinn selbst vor dem psychischen Eindringen anderer zu schützen. Wahnsinn ist ein Prozeß, der zu einem Selbst gehört, das Verfolgung überlebt hat und das sich, wenn auch schwach, im Paradoxon manifestiert. Diese paradoxe Modalität ist der Angelpunkt der sonderbaren Logik der Borderline-Persönlichkeit.

Außerdem kann der Therapeut Fehler machen, wenn es ihm mißlingt, die «Weder-noch»-Logik des Borderline-Patienten zu erfassen. Er versucht vielleicht, die Bedeutung einer Mitteilung des Patienten zu verstehen, indem er seine eigenen Gegenübertragungsgefühle interpretiert, zum Beispiel: «Die Angst, die ich empfinde, wenn ich mit diesem Menschen zusammen bin, sagt mir, daß er von Verlassenheitsängsten beherrscht sein könnte.» Das entspricht dem, was Frederick Copleston als die Ebene der Empfindungen beschreibt, die einfach nur bestätigen (Copleston, 1985, p. 237). Oder der Therapeut versucht vielleicht, etwas über den Patienten zu erfahren, indem er festlegt, was *ist* und was *nicht ist,* zum Beispiel: «Sie befindet sich in einem manischen Zustand, aber das muß nicht das Kernproblem sein; die Manie kann vielmehr eine Abwehr gegen ihre Verlassenheitsdepression sein.» Copleston bezeichnet dies als eine Art des Denkens, in dem «es beides gibt, Bestätigung und Verleugnung» (ibid.). Man muß sich dem Wahnsinn des Patienten stellen; der Therapeut muß lernen, zu *sein,* ohne unbedingt zu *wissen.* Auf diese Weise respektiert der Therapeut das Unfaßbare.

In Nikolaus' Denken entsprechen Sinneswahrnehmungen dem, was Green primärprozeßhaftes Denken nennt, und diskursives logisches Denken (ratio) entspricht dem Realitätsprinzip. Die Logik der Borderline-Persönlichkeit, die dem

Modell des *weder Ja noch Nein* folgt, entspricht in Nikolaus' System dem *intellectus*.

> «Während sinnliche Wahrnehmung bestätigt und der Verstand bestätigt und bestreitet, bestreitet der Intellekt die Gegensätze des Verstandes. Der Verstand bestätigt X und bestreitet Y, aber der Intellekt bestreitet X und Y sowohl disjunktiv als auch zusammen; er begreift Gott als die *coincidentia oppositorum*. Diese Erkenntnis oder Intuition kann aber durch die Sprache nicht völlig ausgedrückt werden, die eher das Instrument des Verstandes ist als das des Intellekts. *In ihrer Aktivität als Intellekt benutzt die Psyche Sprache mehr, um eine Bedeutung vorzuschlagen, als um sie festzulegen*» (Copleston, 1985, p. 237; [Hervorhebung N. S.]).

Man kann die wahnsinnigen Persönlichkeitsanteile eines Menschen nie ganz *verstehen, aber man kann wissen, daß man nicht weiß*. Den Zustand des Wahnsinns in einen diskursiven Prozeß zu übersetzen (wie zum Beispiel ursächliche Folgen nicht durchlaufener Entwicklungsstadien), hieße, das Wesen des Wahnsinns nicht zu verstehen und der Borderline-Persönlichkeit ein symbolisches Empfinden des Enthaltenseins vorzuenthalten. Ein solches reduktives Denken macht den Wahnsinn der Borderline-Persönlichkeit zu einer *Sache*, die in Ordnung gebracht werden muß, statt anzuerkennen, daß er so lebenswichtig und lebendig und charakteristisch für das Selbst ist wie andere «akzeptablere» Eigenschaften. Durch die reduktive Methode kann das Phänomen des Wahnsinns nicht erfaßt werden, denn es liegt jenseits des Bereichs rationalen Wissens.

Das einzige Wissen, das bei der Behandlung von Borderline-Störungen von Nutzen ist, ist das Wissen, das durch eine negative Logik erworben wird. Der Wahnsinn des Patienten hat die Kraft, seine eigenen Wahrnehmungen und die des Therapeuten so zu verzerren und zu zerstören, daß scheinbar wohltuende Interaktionen oder Interpretationen, die vorher vom Patienten angenommen und introjiziert worden sind, sich in Verfolger verwandeln. Aber es sollte klar sein, daß dieser Wechsel vom Wohltuenden zum Verfolgenden nicht daher rührt, daß der Pa-

tient Verlassenheitsängste abspaltet; denn das Erleben der Verlassenheit ist *weder der Grund noch nicht der Grund* für den Wahnsinn des Menschen. Wir müssen den Schwebezustand des *Nicht-Wissens* ertragen können und zugleich zugeben, daß wir wissen wollen. Durch diese Art des Wartens kann man die psychotischen Persönlichkeitsanteile eines Menschen in ihrer Tiefe erfahren, auch wenn man sich nicht wirklich wohlfühlen wird in den Gefühlen von Merkwürdigkeit und panischer Angst, von Abwesenheit und geistiger Leere, die dabei hervorgerufen werden.

Wahnsinn: persönlich oder unpersönlich?

Ist der Wahnsinn, den man bei einer anderen Person erlebt, persönlich oder unpersönlich? Wahnsinn kann sicherlich als eine seelenlose Sache empfunden werden, die Subjekt und Objekt durch ihre absolute Formlosigkeit und durch die Erfahrung der Leere, die zu ihr gehört, in Schrecken versetzt. Denn Wahnsinn ist eher mit *Abwesenheit* oder *Leere* erfüllt als mit der bestätigenden Gegenwart von etwas. In der Therapie erscheint der Wahnsinn, den man allmählich sieht, als ein fremdes Anderes, das nichts mit dem Patienten, *mit dem man zusammen sein möchte,* zu tun hat. Es ist sicherlich schwierig, die wahnsinnigen Persönlichkeitsanteile, die ein Patient mit in den Raum bringt, anzunehmen. Um diesen Anteilen auszuweichen, neigen wir dazu, uns an Erklärungen zu klammern, die sich an der Dynamik der projektiven Identifikation orientieren, und Deutungen zu bringen, in denen sogar die Verlassenheitsängste des Therapeuten stecken könnten. Aber dies sind alles Abwehrstrategien, die eine Leere füllen sollen, eine Abwesenheit von Erfahrung, einen Raum, der keine Gedanken und keine Erfahrung kennt.

Es passiert leicht, daß man den Wahnsinn als eine Sache ansieht, die geordnet werden muß. Ein Therapeut kann zum Bei-

spiel das folgende mitteilen: «Sie fliehen vor einer Verlassenheitsangst und befürchten, daß auch ich Sie dabei verlassen werde.» Dies kann zwar zutreffen, aber darin liegt auch eine Abwehr, eine Möglichkeit, der Abwesenheit und Leere aus dem Weg zu gehen, von der Wahnsinn charakterisiert sein kann. Doch der Patient, der sich von den wohlmeinenden Deutungen angegriffen fühlt, flieht schnell in extreme Stadien der Aufspaltung zwischen Geist und Körper, und so bleibt das Eindringen des Therapeuten unbemerkt. Der Patient ist sogar genauso glücklich wie der Therapeut, etwas zu haben, an dem er sich festklammern kann – in diesem Fall die Deutung eines Angstzustandes. Die Angst des Patienten wird eine Sache, die in Ordnung gebracht und verstanden werden muß. Sie wird ein Ersatz für den Wahnsinn und reduziert ihn auf eine unpersönliche Energie.

Wie kann Wahnsinn als etwas Persönliches angesehen werden? Kann ich oder muß ich den Wahnsinn meines Patienten lieben? Das Bild der Heiligen Theresa, die den Eiter ihrer kranken Patienten trinkt, ist in seiner Exzessivität aufschlußreich. Wie kann dieser Wahnsinn, dem es oft gelingt, beide Personen in Automaten zu verwandeln, Teil sein des eigenen Menschseins? Wenn man dem Wahnsinn gegenüber die Haltung eines Heiligen einnimmt, wenn man der «verletzte Heiler» (wounded healer) ist oder der Arzt, der sich in den Mantel des Leidens hüllt, so wird der Patient das nicht als etwas erleben, daß seinen Prozeß umfassen und tragen kann. Wenn der Therapeut sich mit diesem heiligen Bild des verletzten Heilers identifiziert, wird es sogar mit Sicherheit zu einer Trennung von Patient und Therapeut kommen.

Eine ganz andere Situation entsteht, wenn es dem Therapeuten gelingt, einen Patienten, der jetzt seinen Wahnsinn offenlegt, wirklich ganz zu sehen. Der Patient hat schreckliche Angst, diesen Wahnsinn bloßzulegen. Der Bereich des Wahnsinns ist ein Niemandsland, ein Ort, an dem Bedeutung, Metaphorik und jegliches Beziehungspotential zerstört wird[26]. Wenn der

Therapeut den Wahnsinn als eine Seite des Patienten verstehen und den Patienten und seinen Wahnsinn persönlich und menschlich erleben kann, kann es zu einer Veränderung kommen: sobald man in das fremde Reich des Wahnsinns eines Patienten eintritt, versagt die eigene persönliche Orientierung. Durch eine rein persönliche Beziehung zu diesem Phänomen kann dieses nicht völlig erfaßt werden. Man hat das Gefühl, daß Wahnsinn nur aus einer ganzheitlicheren Perspektive begriffen werden kann. Wird dem Wahnsinn ein größerer Raum zugestanden, so verstärkt sich das Gefühl für eine unpersönliche Dimension. Der Wahnsinn des Patienten scheint autonom zu sein; er kann als Maschine oder Gottheit auftreten, als eine eigenständige Kraft, die nicht nur den Patienten, sondern auch die Begegnung zwischen Therapeut und Patient beherrschen kann. Die unpersönliche/archetypische Perspektive kann zu extrem werden und zu weit vom Menschlichen abweichen. Man muß dann zu dem kleineren persönlichen Rahmen zurückkehren, auch wenn man dies schnell als zu eingrenzend empfindet und eine erneute Expansion erforderlich wird.

So schwankt unsere Wahrnehmung des Wahnsinns zwischen den Gegensätzen von persönlich und unpersönlich bzw. persönlich und archetypisch. Ich kann nicht sagen, daß ich auf persönliche Weise mit dem Wahnsinn des Patienten in Beziehung stehe, aber genauso wenig kann ich sagen, daß ich in einer unpersönlichen Beziehung zu ihm stehe. Wenn ich aber sage, daß die Beziehung persönlich *und* unpersönlich ist, so habe ich mein Erleben selbst intellektuell abstrahiert, wodurch das Erleben des Wahnsinns verhindert wird. Ich widerstehe der Versuchung, die seltsame und sogar ehrfurchtgebietende Art, in der persönliche und unpersönliche Qualitäten miteinander verbunden sind, zu zerstören – eine Verbindung, die anscheinend nur sichtbar wird, wenn das Phänomen des Wahnsinns *als Teil des Patienten* tiefgreifend berührt und aktiviert wurde. Was ich jedoch mit Sicherheit sagen kann, ist, daß der Wahnsinn des Patienten *weder persönlich noch unpersönlich* ist.

Die Unterscheidung zwischen der persönlichen Ebene und einer unpersönlichen, transzendenten Ebene wird auch deutlich, wenn dem Mystiker die Frage gestellt wird: Ist der Gott, den du erfährst, persönlich oder unpersönlich? Der Mystiker wird antworten, daß die Gotteserfahrung zutiefst persönlich ist. Wenn er dies ausgesprochen hat, wird es ihm sogleich unrichtig erscheinen; der Mystiker wird dann von Gott als dem erhabenen Anderen sprechen und sagen, daß seine Gotteserfahrung zu einem Bereich gehört, der höchst unpersönlich ist. Es genügt nicht zu sagen, daß das Gotteserleben sowohl persönlich als auch unpersönlich ist. Dies würde die Erfahrung festschreiben und verfälschen. Man kann nur sagen, daß die Gotteserfahrung des Mystikers weder persönlich noch unpersönlich ist.

Diese paradoxe Aussage drückt das Erleben des Mystikers umfassend aus. Das *weder ja noch nein* der Borderline-Persönlichkeit besitzt kaum das Fließende des Paradoxons sondern karikiert es vielmehr. Das Paradoxon des Mystikers vermittelt ein Gefühl der Ganzheit, während die paradoxe Logik des Borderline-Patienten – wenn deren schwer faßbare und zugrundeliegende Wahrheit nicht begriffen wird – Gefühle der Leere und Verwirrtheit im Therapeuten auslösen kann.

Das *weder ja noch nein* der Borderline-Persönlichkeit scheint alles, was schon erreicht worden ist, auszulöschen. So kann man zum Beispiel in einer Sitzung über etwas Klarheit gewinnen und das Gefühl der Verwirrtheit hinter sich lassen. Die darauf folgende Sitzung kann dann mit einem Angriff beginnen. Angriff ist das Mittel des Patienten, sich vor der Tendenz des Therapeuten, nicht auf paradoxe Weise zu sehen, zu schützen. Der Patient würde dem Therapeuten damit gern sagen – vorausgesetzt, daß der Therapeut nicht jegliche Möglichkeit zur Kommunikation durch überstürztes Reden oder Handeln verstellt hat –, daß die Erkenntnisse, die in der vorherigen Stunde erzielt wurden, weder richtig noch falsch sind. Wenn der Patient den Therapeuten angreift, so ist dies einfach ein Ausdruck

seiner Unfähigkeit, das paradoxe Wesen des therapeutischen Erlebens zu erfassen. Wenn der Therapeut Handeln aufschieben kann und einen Raum für Verwirrtheit und Nicht-Wissen schaffen kann, *dann* wird der Patient vielleicht fähig sein, zu sagen, daß die vorherige Deutung weder vollständig noch unvollständig war.

Die Seele des Borderline-Patienten und Nikolaus von Kues scheinen einen gemeinsamen Zugang zum Numinosen zu haben. Es ist, als ob die Person sagen würde: «Du kannst mich nicht ganz kennen. Ich bin jenseits jeglichen rationalen Verstehens. Du kannst nur wissen, daß du nicht weißt. Wenn das Wissen, das du besitzt, authentisch und hart erarbeitet ist, werde ich dir erlauben, dich meiner Seele zu nähern, aber nur, wenn du immer weißt, daß du nicht weißt. Dein Bedürfnis zu wissen und deine Arroganz sind die größte Bedrohung für mich, genauso wie es mich bedroht, wenn du nicht dein Allerbestes gibst, während du versuchst, mich zu verstehen.» Wenn man sich der Seele der Borderline-Persönlichkeit nähert, durchquert man das Reich des Wahnsinns. Jacque Lacan schreibt:

> «Das Sein des Menschen kann ohne den Wahnsinn nicht nur nicht verstanden werden, es wäre auch nicht des Menschen Sein, wenn es nicht den Wahnsinn in sich trüge als die Grenze seiner Freiheit» (1977, p. 215; für eine genauere Betrachtung dieses Themas siehe Eigen, 1986a).

Nur wenn man sich in den Wahnsinn der Borderline-Persönlichkeit vertiefen kann, kann man sie wirklich verstehen.

Der Wahnsinn der Borderline-Persönlichkeit erwächst aus der Erfahrung extremen Schmerzes, der Verwirrtheit und der Bestürzung. Zu einem Teil wird der Wahnsinn (obwohl er auch ein *A-priori*-Zustand ist, wie das Chaos des Mythos und der Alchemie) durch Verleugnung, Spaltung, projektive Identifikation und eine Identifikation des Ich mit archetypischen Bildern erzeugt. Wahnsinn ist ein Schutzwall gegen den Schmerz, gehaßt und zum Sündenbock gemacht zu werden, und gegen den

Schmerz, für jede Bemühung um Individuation von elterlichen Schuld- und Neidgefühlen angegriffen zu werden. Wahnsinn dient auch dazu, den Schmerz zu dämpfen. Die Seele wird, wenn sie das Gebiet des Wahnsinns verläßt (wenn sie zum Beispiel *sieht* und *wagt, gesehen zu werden*), immer von dem Schmerz begleitet, der zu dem Prozeß, die Spaltung zu überwinden, gehört.

Die Borderline-Persönlichkeit verhält sich oft in einer Weise, die verrückt erscheint, weil ihr Schmerz so tief ist und das Risiko, daß daran gerührt wird, so groß, daß alle Straßen zu ihrer Seele voller Straßensperren, Umleitungen und Warnschilder sind. Die Borderline-Persönlichkeit unterzieht andere ständig einem Test, indem sie zum Beispiel eine «angreifende» Frage stellt. Wenn man sich dem Borderline-Bereich in einem Individuum nähert, schaltet sich das Warnlicht an. Die Coniunctio mit ihrer Kraft, die Spaltung zu heilen, rührt immer an den innersten unerträglichen Schmerz. Dieser Schmerz und der ihn begleitende Wahnsinn liegen im innersten Wesen der Borderline-Persönlichkeit. Der Patient ist in «Alarmbereitschaft», um sicherzustellen, daß der Therapeut sich über die Tiefe seines Schmerzes und seiner Empfindlichkeit im klaren ist und mit ihr umgehen kann. Wenn der Therapeut mit Bestimmtheit behauptet, daß er den Patienten versteht, während der Patient diese Beteuerung als unvollständig, wenn nicht gar als falsch ansieht, muß ein Umweg genommen werden, bis das Risiko sich bloßzustellen nicht mehr so hoch ist. Diese Umwege aktivieren den Wahnsinn und führen zu einem «Nichts» – zu einem Zustand der Schwebe und des Wartens; der Patient beobachtet, ob sein Schmerz diesmal erfaßt und verstanden wird.

Gibt es eine Beziehung zwischen den Denkprozessen der Borderline-Persönlichkeit und echten Erfahrungen des Numinosen, wie z. B. im mystischen Erleben oder in Nikolaus von Kues' *via negativa?* Ein Mystiker erlebt die Vereinigung mit der Gottheit als eine *complexio oppositorum.* Das Eintauchen der Seele in Gott und die darauffolgende Trennung von ihm sind eine Realität, und diese Vereinigung lebt dann in der Seele des Mystikers fort. Aber für die Borderline-Persönlichkeit ist der Verlust der Vereinigung der kritische Punkt. Welche Vereinigungserfahrungen mit dem Numinosen es auch immer gegeben haben mag, besonders während der ersten Lebensmonate, und welche Vereinigungserfahrungen auch immer in späteren Entwicklungsstadien stattgefunden haben mögen, die Borderline-Persönlichkeit hat sie nie in ausreichendem Maße besitzen und verwirklichen können.

Oft können Borderline-Persönlichkeiten für andere Menschen eine Verbindung zum Numinosen darstellen, etwa weil sie für übersinnliche Kräfte empfänglich oder Therapeuten sind. Das Numinose kann lebendig und außergewöhnlich heilsam für andere sein, wenn die Borderline-Persönlichkeit die Verbindung herstellt. Aber *für sie selbst* verwirklicht sich das Numinose nicht. Wenn sie allein ist, verschwindet das Numinose, es wird nicht mehr als heilender Anderer erlebt, sondern gemahnt dann stattdessen an schmerzliche Abwesenheit und Verlassenheit, die kaum ertragen werden kann. Somatisierungen und Aufspaltungen zwischen Geist und Körper schalten die Fähigkeit aus, Gefühle zu unterscheiden und widersprüchliche Gegensätze zu erfahren; eine verwirrende Gleichzeitigkeit von widersprüchlichen Gefühlszuständen tritt ein.

Es gibt eine Verbindung zwischen Borderline-Zuständen und einer authentischen Erfahrung des Numinosen. Die Manifestation psychischer Borderline-Zustände in religiösen Erfahrungen ist allgemein bekannt. Der Heilige Johannes vom Kreuz litt

zum Beispiel unter einem schrecklichen Gefühl der Leere und Depression. Bei seinem Erleben der «dunklen Nacht» war sein Geist oft leer und seine Gedanken zersplittert; er lebte in Verzweiflung und fühlte sich von Gott und den Menschen verlassen. Er machte äußerst schwierige Erfahrungen, die ihm tiefes Leiden brachten. Er wurde aus seiner Gemeinschaft ausgeschlossen und inhaftiert. Und doch war er in der Lage, ruhig zu bleiben, sogar heiter in dem Glauben, daß all' sein Leiden der Reinigung diene, durch die er Gott dann empfangen könnte (Williams, 1980, pp. 159–179).

Die Lebensgeschichte des Heiligen Johannes ruft diagnostische Überlegungen zum Phänomen Borderline wach. Die Wirkung von Johannes' «psychotischem Zwilling» zeigt sich in seiner geistigen Leere. Die Verfolgungsängste, unter denen er litt, zeigen die Reaktionen der Welt, die er durch sein Verhalten bei anderen hervorrief. Borderline-Persönlichkeiten tragen ihren Wahnsinn im allgemeinen in ihre Umgebung. Johannes' schwere Verlassenheitszustände sind für Borderline-Persönlichkeiten charakteristisch, ebenso sein Gefühl der Leere und seine Vorliebe dafür, den Schmerz zu suchen. Johannes sah im Leiden einen Weg zu Gott; auch dies kann als ein Symptom für eine Aufspaltung in gut und böse und für manische und omnipotente Abwehrmechanismen angesehen werden; diese Zustände wären dann eine Abwehr gegen sein Gefühl der Wertlosigkeit. Johannes mag eine Borderline-Persönlichkeit gewesen sein, aber sein Einfluß auf die Spiritualität und sein Verständnis vielfältiger, meditativer Geisteszustände haben ihn zu einer unschätzbaren Quelle der Weisheit gemacht.

Aber es ist nicht nötig, die Borderline-Logik und ihre Beziehung zu den verschiedenen mystischen Systemen zu untersuchen, um die Verbindung zwischen dem Erscheinungsbild des Borderline und religiösem Streben zu erkennen. Das *«DSM III» («Diagnostisches und Statistisches Manual Psychischer Störungen»,* 1984)[27] nennt die folgenden acht diagnostischen Kriterien für die Borderline-Persönlichkeitsstörung:

«1. Impulsivität oder Unberechenbarkeit in mindestens zwei Bereichen, die potentiell selbstschädigend sind, z. B. Verschwendung, Sexualität, Glücksspiel, Gebrauch psychotroper Drogen, Ladendiebstahl, zu viel essen, Selbstbeschädigungshandlungen;
2. ein Muster von instabilen, aber intensiven zwischenmenschlichen Beziehungen, z. B. ausgeprägte Sprünge in den Einstellungen, Idealisierung, Abwertung, Manipulation (durchgängig andere Menschen für die eigenen Ziele benutzen);
3. unangemessener, heftiger Zorn oder unzureichende Kontrolle über den Zorn, z. B. häufiges Zeichen von Gereiztheit, dauerndes Zornigsein;
4. Identitätsunsicherheit, die sich in Schwierigkeiten in verschiedenen Bereichen, die mit der Identität zusammenhängen, äußert, etwa im Selbstbild, in der Geschlechtszugehörigkeit, hinsichtlich langfristiger Ziele, der Berufswahl, Freundschaftsbeziehungen sowie Werte und Loyalität, z. B. ‹Wer bin ich?›, ‹Ich komme mir vor wie meine Schwester, wenn ich gut bin›;
5. affektive Instabilität: deutliches Schwanken von normaler Stimmung zu Depression, Reizbarkeit oder Ängstlichkeit, die gewöhnlich einige Stunden lang und nur selten länger als einige Tage andauern, mit Rückkehr zu normaler Stimmung;
6. Alleinsein wird schwer ertragen, es gibt z. B. heftige Bemühungen, Alleinsein zu vermeiden, niedergeschlagen, wenn allein;
7. körperliche Selbstschädigungshandlungen, z. B. suizidale Gesten, Selbstverstümmelungen, wiederholte Unfälle oder Schlägereien;
8. chronische Gefühle von Leere oder Langeweile» (DSM III, p. 335).

Mit diesen Kriterien läßt sich auch der Schöpfergott Jahwe aus dem Alten Testament beschreiben, auf den mit Sicherheit mindestens fünf der genannten Kriterien zutreffen! Er war impulsiv und unberechenbar in einer Weise, die selbstschädigend war. Seine Beziehung zu seinem Volk, Israel, war instabil und durch Idealisierung und Abwertung gekennzeichnet. Seine Wut war intensiv und oft unkontrolliert, und er konnte sich rücksichtslos verhalten bis hin zur völligen Mißachtung seines auserwählten Volkes. Er zerstörte seine eigene Schöpfung durch eine Sintflut. Seine Identität war diffus, da er auf ständige Spiegelung angewiesen war. Seine Stimmungen änderten sich oft launenhaft.

Diagnostisch gesehen, ist Jahwe eine Borderline-Persönlichkeit. Diese Tatsache ist aufschlußreich: Jahwe mag zwar eine

Borderline-Persönlichkeit sein, aber er ist auch das höchste Licht, die Quelle des Numinosen. Das Alte Testament zeigt uns in Jahwe eine Persönlichkeit, die nicht nur Numinosität, Kreativität und eine Weisheit besitzt, die größer ist als die der Sterblichen, sondern zu seiner Persönlichkeit gehören *auch* Borderline-Eigenschaften. Vielleicht können Menschen eine Kreativität, die an Göttliches heranreicht, nur tragen, wenn sie zugleich unter Borderline-Störungen leiden. In der Gestalt Jahwes sind Licht und Dunkel vereinigt, wenn auch auf verwirrende Weise. Die Verbindung des positiven Numinosen mit Borderline-Merkmalen bezeugt jedoch den kreativen Genius des Alten Testaments. Dies sollte nicht in Vergessenheit geraten bei unseren Bemühungen, die lichten und dunklen Eigenschaften des Numinosen voneinander zu trennen, eine Trennung, die geleistet werden muß, damit das Lichte sich verwirklichen kann.

Der Therapeut lernt, das leere oder tote Selbst der Borderline-Persönlichkeit zu sehen und die Angriffe zu überleben, mit denen sofort jede Form der Verbindung verfolgt wird, und er wird fähig, die Aufhebung geistiger Prozesse zu ertragen, die von der Weder-noch-Logik der Borderline-Persönlichkeit ausgelöst wird. Wenn es auch bei der Arbeit mit Borderline-Persönlichkeiten wichtig ist, chronische Zustände der Verlassenheit aufzudecken, so ist dies doch nur ein erster Schritt auf diesem Weg einer Begegnung mit psychischen Zuständen, die von Leere und einer Wut charakterisiert sind, die die Psyche zu zerstören vermag. *Die Qual der Verlassenheit kann also als ein Übergangsritus bei der Verwirklichung des Selbst betrachtet werden.* Aber allein mit Verlassenheitsproblemen kann der Borderline-Zustand nicht ausreichend erklärt werden. Wenn man sich auf Kosten der tieferen Schichten des Numinosen auf diese Probleme konzentriert, wird letztlich nur die Fähigkeit des Patienten für Verdrängung verbessert, aber die Verwirklichung des Selbst als ein Zentrum, das in Beziehung zum Numinosen steht, wird nicht gefördert.

Fragen der Behandlung

Bei den folgenden Betrachtungen zur Psyche des Borderline und zu Behandlungsfragen beziehe ich mich auf verschiedene Quellen: auf Bions Konzept, demzufolge jede Persönlichkeit normale und psychotische Anteile hat; auf Jungs Untersuchungen zur alchemistischen Symbolik; auf meine eigene klinische Erfahrung zu positiven und negativen Manifestationen des Numinosen und auf die besondere Bedeutung, die ich der unbewußten Dyade beimesse. Man kann sich den psychotischen Persönlichkeitsanteil so vorstellen, daß er das Bild eines Kindes enthält, das das wahre Selbst oder die Seele repräsentiert. Dieses Bild zeigt das Kind oft in einem erschöpften oder hilflosen Zustand; es ist ein *totes Selbst,* sehr ähnlich dem toten Osiris, der in der Unterwelt schmachtete und angegriffen wurde, wenn er wagte, sich zu erheben. Ein anderes Bild, durch das der psychotische Persönlichkeitsanteil dargestellt werden kann, ist das eines Paares, das miteinander verschmolzen ist und sich dennoch in einem Zustand radikaler Nicht-Vereinigung befindet. Dieses Paar wehrt sich leidenschaftlich gegen Trennung, und doch haben die beiden Teile des Paares gleichzeitig keinen wirklichen Kontakt zueinander. Bei meiner klinischen Arbeit mit Patienten habe ich festgestellt, daß das unbewußte Paar häufig eine gewalttätige Form annimmt, wobei dann jeder der beiden Teile danach strebt, den anderen anzugreifen, der weibliche Teil hat oft einen mächtigen Phallus, und der männliche Teil ist verschlingend und verstümmelnd. Dieses unbewußte Paar manifestiert sich oft in zwischenmenschlichen Beziehungen und erzeugt Verwirrtheit oder eine sadomasochistische Interaktion zwischen Therapeut und Patient. Diese Interaktion dient jedoch einer Abwehr, die Patient und Therapeut einsetzen, um das eigentliche Wesen des unbewußten Paares nicht erfahren zu müssen, das sich der Seele gegenüber besonders abscheulich verhält. Dieses Paar, das unlösbar in einen tödlichen und grausamen Kampf verwickelt ist, ist eigentlich

ein Objekt mit zwei Seiten (Green, 1977, p. 40), das sich zutiefst feindselig gegen das Kind zeigt, das es auf seinem Territorium gefangen hält.

Der psychotische Persönlichkeitsanteil eines Menschen enthält also sowohl die Seele als auch eine äußerst verfolgende Dyade, ein Paar, das «vor der Schöpfung» und früher als die Trennung der Gegensätze existiert. Innerhalb dieser Dyade ist eine komplexe Dynamik wirksam; Jungs Untersuchung der alchemistischen Symbolik liefert uns jedoch einen Leitfaden, um sie zu verstehen. Sollten die äußerst destruktiven Affekte, die zu dem psychotischen Persönlichkeitsanteil eines Menschen gehören, die Folge von Traumata in der Entwicklung sein oder möglicherweise eher eine Folge von Vereinigungserfahrungen, die zwar zur persönlichen Vorgeschichte gehören, aber nicht einfach auf sie zurückgeführt werden können? Jung amplifiziert alchemistische Texte, die illustrieren, wie Vereinigungserfahrungen zuerst sehr destruktive Inhalte erzeugen; in der alchemistischen Sprache werden diese Inhalte Dieb oder Teufel genannt, und häufig nehmen sie die Gestalt von Tieren an, etwa die des wilden Hundes, der Schlange, des Basilisken, der Kröte oder des Raben (Jung, GW 14 I, § 172). Der Schatten der Borderline-Persönlichkeit, der diese destruktiven Inhalte beherbergt, zeigt sich häufig in der Form des Abtrünnigen, der versucht, alles Positive und Lebensspendende zu zerstören. Eine andere Konfiguration, die der Schatten vornehmlich annimmt, ist die des verführerischen Todesdämons (nach Neumann der uroborische Inzest), der die Seele in eine regressive Verschmelzung lockt und geschickt die Erinnerung der Seele an ihre ursprüngliche Erfahrung des Numinosen ausnutzt.

Für ein Verständnis dieser Schattenelemente ist es wichtig, sie unter zwei Gesichtspunkten zu sehen. Auf der einen Seite können sie als Teil einer introjektiven Struktur betrachtet werden, die aus dem fortdauernden Bedürfnis des Patienten entstanden ist, den Schrecken seiner ersten Wahrnehmungen zu verleugnen. Dadurch wird eine Art innere fünfte Kolonne geschaffen –

was Bion das lügende *Ungeheuer* nennt (Meltzer, 1978, pp. 106ff.). Dieses Bild des Ungeheuers ist eindeutig identisch mit dem des Teufels, der in vielen Religionen Träger der destruktiven Funktion ist. Auf der anderen Seite können *äußerst destruktive, psychische Zustände durch die Vereinigungserfahrung geschaffen werden;* diese dunklen Schöpfungen sind darauf angelegt, die Erinnerung an Vereinigungserfahrungen mit dem positiven Numinosen auszulöschen. Man kann diese sogenannte negative therapeutische Reaktion in den Griff bekommen, wenn sich Patient und Therapeut der Tatsache bewußt werden, daß vorher, wenn auch kaum wahrnehmbar, eine Vereinigungserfahrung stattgefunden hat. Solche Vereinigungserfahrungen zeigen sich in den Träumen und können auch als ein Prozeß, der zwischen zwei Menschen abläuft, erfahren werden. Der Vereinigungserfahrung kommt bei der Arbeit mit Borderline-Patienten eine besondere Bedeutung zu. Der Therapeut introjiziert durch sie das vorher abgespaltene, hilflose Selbst des Patienten, das, wie ich schon ausgeführt habe, häufig die Form eines verletzten oder gequälten kleinen Kindes hat. Durch solche Vereinigungserfahrungen und das aus ihnen stammende Dämonische kann der unaufhörliche, innere Kampf des Patienten ans Licht kommen: ein Kampf auf Leben und Tod, bei dem sich Gott und der Satan als feindliche Kräfte gegenüberstehen. Wenn dieser Konflikt unbewußt ist, wird er sich in sadomasochistischen Dyaden manifestieren, von denen dann das Innenleben und die Beziehungen des Patienten strukturiert werden. Durch den sadomasochistischen Lebensstil wird ein relativ sicheres Territorium für den Patienten geschaffen, auch wenn er teuer dafür zahlen muß. Der Preis, den er entrichten muß, sind gescheiterte Beziehungen, eine gebrochene Kreativität und alle Formen der Selbstüberschätzung.

Wenn die wirklich dämonischen Persönlichkeitsanteile eines Menschen bewußt werden, entsteht eine neue Situation, in der Tod durch Selbstmord, Krankheit oder einen Unfall zu einer ernsthaften Bedrohung wird. In diesem Stadium wird der The-

rapeut sich oft fragen, ob die Dinge nicht vorher besser standen, als der Patient noch unbewußt Spaltungsmechanismen eingesetzt hat! Wenn aber dem Patienten dabei geholfen werden kann, sich mit dem Todestrieb im Kontext der Vereinigung zu konfrontieren – indem er also dessen Beziehung zu positiven Erfahrungen sieht –, kann er neue Selbstbilder und damit einen Lebenssinn entdecken. In der Alchemie werden Formen die gefährlich sind (wie der «wilde Hund» und der «Dieb») später zu Beschützern des «Kindes», das das neue Selbst repräsentiert, in geheimnisvoller Weise können dämonische Aspekte für die Zerstörung von Strukturen der alten Persönlichkeit notwendig sein, deren Nützlichkeit sich überlebt haben.

Während dieses Geschehens liegt eine große Gefahr in dem Kontrollbedürfnis des Therapeuten, denn wenn dieses Bedürfnis nicht aufgegeben wird, wird er sich an dem «alten König» ausrichten, der über die normale, kompetente Persönlichkeit herrscht. Durch dieses neurotische Bedürfnis kann der Heilungsprozeß ernsthaft untergraben werden, da es beim Patienten und zwischen Patient und Therapeut zu weiterer Spaltung führt. *Man ist auf die Hilfe des Patienten angewiesen,* ohne die sich der Heilungsprozeß nicht gegen die mächtigen Kräfte des Todes und der Zerstörung durchsetzen kann, die aus den psychotischen Anteilen des Patienten und des Therapeuten auftauchen.

Man muß *sehen* können, daß der psychotische Persönlichkeitsanteil auch die Verbindung zum Numinosen in der Borderline-Persönlichkeit ist, damit der Heilungsprozeß eingeleitet werden kann. Aber wenn der Wahnsinn eines Menschen sich immer mehr in seiner Fülle offenbart und von beiden anerkannt wird, dann kann man dem Numinosen als dem transzendenten Selbst direkt begegnen. Ich denke, es ist diese Erfahrung, die Grotstein als «Hintergrundsobjekt» bezeichnet[28]. Man würde kaum erwarten, das Numinose inmitten der Verwirrtheit, Spaltung und Verleugnung, von denen die Behandlung beherrscht werden kann, zu entdecken. Aber das Numinose ist dennoch

anwesend. Das transzendente Selbst entsteht nicht durch zwischenmenschliche Beziehungen, es ist vielmehr ein *increatum* (ein *a priori*) und das Geburtsrecht für den Patienten. Wenn sich das Numinose verwirklicht, ist die Heilung nahe.

Aber die Kräfte des Todes und der Zerstörung dürfen niemals unterschätzt werden. Der Teufel arbeitet in diesem Stadium möglicher Heilung als ein Trickster, der den Therapeuten zu der Annahme verlockt, alles sei in Ordnung, und der ihn oft von einer Begegnung mit dem Wahnsinn des Patienten weglockt. Wenn das Numinose Teil der funktionierenden (normal-neurotischen) Persönlichkeit des Patienten wird, treten wir in eine Phase ein, in welcher der Patient sich mit dem Leben gegen den Tod verbündet.

Die Verknüpfung des normal-neurotischen mit dem psychotischen Anteil des Patienten ist ein äußerst wichtiges Behandlungsproblem. Ich habe die Bedeutung der imaginalen Sichtweise bei diesem Prozeß hervorgehoben. Der Therapeut muß allerdings auch wachsam bleiben; er muß sich davor hüten, den Patienten in voneinander getrennte, funktionierende und psychotische Anteile aufzuspalten. Die Spaltung und Verleugnung des Patienten kann so stark sein, daß der «normale» Persönlichkeitsanteil vom Therapeuten vorgezogen wird. Aber beide Teile müssen als Fragmente eines Ganzen gesehen werden.

Wenn man die Existenz der unbewußten Dyade aufdeckt und in den imaginalen Prozeß, der durch sie erzeugt wird, einritt, kann dies zu einer Wandlung des interaktiven Felds führen, so daß sich die Fähigkeit zu spielen entwickeln kann und ein Erleben der transzendenten Funktion (Jung, GW 8) möglich wird. Dieser gewandelte Raum ist von entscheidender Bedeutung, weil er dem Patienten und dem Therapeuten die Möglichkeit eröffnet, eine Verbindung zwischen den normalen und den psychotischen Persönlichkeitsanteilen herzustellen, was durch Deutungen nicht erreicht werden könnte (Grotstein, 1979, p. 175).

Der Borderline-Persönlichkeit fehlt eine transzendente Funk-

tion. Das heißt nicht, daß es zwischen Bewußtem und Unbewußtem keine Verbindung gibt; tatsächlich kann die Borderline-Persönlichkeit über einen Verbindungskanal verfügen, durch den Unbewußtes ungehemmt ins Bewußtsein gebracht werden kann. Nach A. Green und anderen (siehe Meissner, 1984, pp. 55 ff.) weisen Borderline-Persönlichkeiten keine *funktionalen* Übergangsphänomene auf:

«Borderline-Patienten sind dadurch charakterisiert, daß sie keine funktionalen Nebenprodukte des potentiellen Raums schaffen können; anstatt Übergangsphänomene zu manifestieren, schaffen sie Symptome, die dann die Funktion der Übergangsphänomene übernehmen. Damit möchte ich nicht sagen, daß Borderline-Patienten unfähig sind, Übergangsobjekte oder -phänomene zu schaffen. Würde man dies behaupten, ließe man außer acht, daß viele Künstler Borderline-Persönlichkeiten sind. Tatsächlich kann nur gesagt werden, daß vom Gesichtspunkt des psychischen Apparates solcher Individuen Übergangsobjekte oder -phänomene nicht den funktionalen Wert haben, den sie für andere haben» (Green, 1977, p. 38).

Die Borderline-Persönlichkeit hat nur in äußerst begrenztem Maße die Fähigkeit, mit dem Unbewußten zu spielen, es durch das Bewußtsein zu beeinflussen oder zuzulassen, daß die bewußte Persönlichkeit vom Unbewußten angesprochen wird. Stattdessen wird das Unbewußte sich so äußern, daß es dem Patienten entweder höchst konkrete Assoziationen zu Träumen liefert, die kaum zu weiteren Assoziationen führen, oder eine wahllose Flut von Ideen; oder es manifestiert sich im Gegensatz dazu in einer totalen Unfähigkeit, frei zu assoziieren oder zu imaginieren. Die Borderline-Persönlichkeit mag für Übersinnliches empfänglich oder kreativ und talentiert sein, aber in der Regel ist sie nur «Empfänger» solcher Information und kann kaum sinnvoll mit ihr umgehen. Borderline-Persönlichkeiten können ihre übersinnlichen Gaben oft dazu benutzen, anderen zu helfen, aber zu ihrer eigenen Hilfe können sie wenig tun. Da sie dem Unbewußten ausgeliefert sind, fühlen sie sich völlig hilflos, wenn sie mit seinen Inhalten konfrontiert werden. Des-

wegen kommt der transzendenten Funktion eine solch entscheidende Bedeutung bei der Behandlung von Borderline-Persönlichkeiten zu.

Ich stelle mir den psychotischen Persönlichkeitsanteil eines Menschen so vor, daß er ein elterliches Paar enthält, das ein einzelnes Objekt ist (ein negatives Stadium des Hermaphroditen); darin wird die Seele von der Todeskraft heftig bedrängt (die sich als Renegat verkörpert). Wenn man jedoch mit der unbewußten Dyade, die sich zwischen Patient und Therapeut manifestiert, imaginal arbeitet, kann eine transzendente Funktion entstehen, durch die dann die normal-neurotischen und die psychotischen Anteile des Patienten miteinander verbunden werden. Während dieses ganzen Geschehens wird die Gabe zu sehen stark beeinträchtigt, es sei denn das Numinose wird in seiner ganzen Tiefe erkannt. Dieses nicht erschaffene Element – das oft im Hintergrund wahrgenommen wird oder mit der normalen Persönlichkeit verschmilzt, wodurch dann ein verunreinigter Zustand erzeugt wird – muß als das Geburtsrecht des Patienten und als eine wesentliche Quelle der Heilung betrachtet werden.

Passion und Erlösung im «Goldenen Esel» von Apuleius

«Es scheint mir ein unheilvolles Mißverständnis zu sein, die menschliche Psyche als eine bloß persönliche Angelegenheit zu betrachten und sie ausschließlich von einem persönlichen Gesichtspunkt aus zu erklären.»
(Jung, GW 11, § 24)

Einleitung

Im Vorwort zu *«Die Psychologie der Übertragung»* erklärt Jung, daß er bei der Erforschung der Übertragung das System der Arkansymbolik herangezogen habe, weil

«die richtige Erkenntnis und Bewertung eines Problems zeitgenössischer Psychologie nur dann möglich ist, wenn es uns gelingt, einen Punkt außerhalb unserer Zeit aufzufinden, von welchem aus wir dasselbe betrachten können. Diese Zeit außerhalb kann nur eine vergangene Epoche sein, die sich mit derselben Problematik, aber unter anderen Voraussetzungen und in anderen Formen beschäftigt hat» (Jung, GW 16, p. 170).

In diesem Buch habe ich mit der alchemistischen Symbolik gearbeitet und Borderline-Zustände als Aspekte des archetypischen Musters der Coniunctio betrachtet; aus dieser Sicht wird die Borderline-Störung in ein umfassenderes archetypisches Muster eingebettet, das die persönliche Perspektive mit einbezieht (Jung, GW 11, § 24). *«Der Goldene Esel»* liefert uns einen weiteren aufschlußreichen Kontext für die Betrachtung von Borderline-Zuständen.

«Der Goldene Esel» wurde im zweiten Jahrhundert nach Christus geschrieben[29]. Jack Lindsay, dessen Übersetzung ich folge, faßt die Erzählung folgendermaßen zusammen:

«Apuleius erzählt die Geschichte eines gewissen Lucius, der durch seine maßlose Neugier und seine dilettantischen Zaubereien in einen Esel verwandelt wird. Lucius macht eine Odyssee von Mißgeschicken und Leiden durch, bis er schließlich die erlösenden Rosenblätter ißt und seine menschliche Gestalt wiedergewinnt. Das Motiv des gequälten Menschen-im-Esel (das Lasttier, das das Gewicht der nicht verstehbaren Welt trägt, wie Christus eine erdrückende Last trug, bis er den Fuß des Kreuzes erreichte) gibt Apuleius die Möglichkeit zu einer neuen und überraschenden Perspektive, aus der er menschliche Handlungen betrachten und beurteilen kann. Lucius war begierig, die verbotenen Überlieferungen und Praktiken zu begreifen, die ihn hinter die Erscheinung der Dinge führen würden; dabei wird er aber zum Opfer der dunklen Mächte, die er heraufbeschworen hatte. Seine Odyssee ist ein langandauernder Kampf, der ihn schließlich zu einer neuen Ebene führt, zu einer ganzheitlichen Gestaltung seines Lebens, in der seine alten Sehnsüchte und innere Zwangsmechanismen überwunden werden» (Lindsay, 1960, p. 13).

Im *«Goldenen Esel»* wurden die Qualen, die der Held Lucius erleidet, von der Göttin Isis verursacht; durch diese Qualen soll seine aufgeblähte Persönlichkeit gewandelt werden; er soll lernen, archetypische Kräfte zu achten. Auch in entwicklungspsychologischen Theorien können wir die heilende Funktion des Leidens erkennen. Wenn die Borderline-Persönlichkeit die archetypische Wirklichkeit, die hinter ihrem Leiden liegt, erfahren kann, wird nicht nur die Identifikation ihres Ich mit archetypischen Prozessen aufgelöst, sondern sie kann auch eine neue Einstellung zu diesen Prozessen entwickeln. Die Frage, mit der wir uns hier befassen, ist ihrem Wesen nach religiös; durch «Verehrung der Göttin», d. h. dadurch, daß man die religiöse Seite des Weiblichen und besonders des verkörperten Lebens anerkennt, kann eine Verbindung zum Numinosen gewonnen werden.

Lucius ist ein selbstbeherrschter und selbstbezogener junger Mann aus gutem Hause. Wir begegnen ihm, als er sich auf eine Reise begibt; er will die Geheimnisse der Magie erlernen. Lucius hat einen gut entwickelten Intellekt, ein solares Bewußtsein und ein heroisches, wenn auch ein wenig arrogantes Auftreten. Sein Narzißmus hält ihn fern von Gefühlen anderer. Er

neigt dazu, projektive Identifikation und Spaltungsmechanismen exzessiv einzusetzen, was durch seine zahlreichen Begegnungen mit Personen deutlich wird, die nacheinander Geschichten erzählen, in denen sich Vorgänge sadomasochistischer Prägung, dämonische Besessenheit, Spaltung in gut und böse, sexuelle Perversionen und furchterregende Episoden von Verlassenheit nur so häufen. Lucius' eigenes Selbst weist alle diese Facetten auf, und er wird im Laufe der Geschichte gezwungenermaßen mit ihnen konfrontiert werden. Schon in der allerersten Geschichte stößt er auf ein Porträt seiner eigenen Psyche.

In dieser Episode werden Lucius Teile seiner eigenen Psyche vor Augen gestellt, die er bisher verleugnet hat. Er trifft zwei Reisegefährten, der erste ist ein Rationalist, der vehement den Ansichten seines Begleiters Aristomenes widerspricht. Aristomenes war ursprünglich auch Rationalist und hatte sich mit aller Macht gegen die Göttin gewehrt; jetzt aber glaubt er an ihre Macht. Aristomenes' Geschichte handelt von seinem Freund «Sokrates», der von den dunklen Kräften der Seele, von Verführung und Verfolgung, vollständig überwältigt wurde. Dieses Bild von dem Rationalisten auf der einen Seite und Aristomenes (und Sokrates) auf der anderen stellt eine Aufspaltung zwischen zwei Verhaltensmustern dar, nämlich Verleugnen und Verschlingen; es entspricht damit den gegensätzlichen Aspekten der Grundstruktur von Lucius' Ich. In diesem Stadium seiner Entwicklung gewährt ihm seine «Als-ob»-Persönlichkeit einen funktionalen Abstand von den tieferliegenden Schrekken, die zu dieser elementaren Spaltung geführt haben. Der Ursprung dieser überwältigenden Affekte ist die dunkle Seite der Göttin (die in dieser Geschichte in der Gestalt der Hexe Meroe erscheint), sie bildet das vierte Element einer Quaternio, die aus Lucius (das zentrale Ich oder das Realitätsich) und dem Gegensatzpaar Verleugnen und Verschlingen besteht.

Lucius bleibt gefühlsmäßig unberührt von Aristomenes' Erzählung, die von elender Besessenheit, Brutalität und Verlassen-

heit handelt. Diese Geschichte ist eine Ankündigung dessen, was ihm selbst schließlich widerfahren soll, wenn er sich der Macht der dunklen Seite der Göttin beugt; jedoch nimmt er die in dieser Geschichte enthaltene Warnung nicht ernst. Diese «Als-ob»-Eigenschaft seiner Persönlichkeit wird uns so am Anfang des Romans vorgestellt, und sein mangelndes Mitgefühl und Engagement bleiben in den nachfolgenden Geschichten seine vorherrschenden Charaktereigenschaften. Er ist unfähig, ein Gefühl für die Realität zu entwickeln oder die wahre Bedeutung der Geschichten, die er hört, zu erkennen. Als wir ihm zuerst in seinem Streben nach dem Wissen, das in der schwarzen Magie weiblicher Kräfte enthalten ist, begegnen, ist er äußerst intensiv mit der Idee der Macht beschäftigt. Seine «heroische» Arroganz bringt ihn dazu, überstürzt zu handeln, und wie in allen solchen Fällen bekommt er dann das, was er zu wollen glaubt. Wünsche werden wahr, obwohl sie gewöhnlich nicht so erfüllt werden, wie es das Ich erwartet.
Lucius, der sich wie ein Mensch verhält, der unter einer Borderline-Persönlichkeitsstörung leidet, wird von tiefsitzenden Verfolgungsängsten überschwemmt, die durch die Reaktionen anderer auf sein sexuell-aggressives Verlangen in ihm ausgelöst werden. Durch seine Affäre mit Photis, der Sklavin Pamphiles (eine Beziehung, die typische Borderline-Züge aufweist durch ihren stark prägenitalen Charakter und dem Mangel an persönlicher Beziehung), wird seine Abwehr zunichte gemacht. Photis wendet sich in subtiler Weise gegen ihn, indem sie ihm «irrtümlich» den falschen Trank gibt. Er verwandelt sich dadurch in einen Esel und nicht in einen Vogel, wie er gehofft hatte. Lucius' Schwierigkeiten beginnen, als er feststellt, daß er nicht in seine menschliche Gestalt zurückkehren kann. Sein Borderline-Charakter tritt jetzt deutlich zutage: Seine Spaltung, die sich schon in den vorhergehenden Episoden gezeigt hatte, wird jetzt durch seinen geschwächten Zustand veranschaulicht. Er ist ein Mensch in einem Esel; sein menschliches Bewußtsein ist vollkommen von seiner animalischen Seite abgespalten.

Lucius' Verlangen, die Mysterien der dunklen Seite des weiblichen Prinzips zu verstehen, ist in seinem Wunsch enthalten, seine Gestalt zu wechseln und andere mit Zaubersprüchen in seinen Bann zu ziehen. Das läßt auf die Fähigkeit schließen, Zustände von projektiver Identifikation bewußt herzustellen und lenken zu können. Was im Altertum als Mysterium der Göttin bekannt war, schließt auch den *Prozeß* ein, durch den Imagination in Gang gesetzt wird, die wiederum andere (durch projektive Identifikation) beeinflußt.

Im *«Goldenen Esel»* werden Haltungen dargestellt, gesunde und pathologische, die die Menschen im Altertum gegenüber psychologischen Prozessen wie projektiver Identifikation und Imagination einnahmen. In dieser Erzählung sind die Imagination wie auch der Körper ein Medium für die Wahrnehmung des Numinosen und die Beziehung zu ihm. Im Zentrum der Geschichte steht die präarianische Magie, die in Thessalien praktiziert wurde. Die Problematik dieser Form magischer Praxis – nämlich die Neigung des einzelnen, sich mit den Kräften, die er erworben hat, zu identifizieren, anstatt ihre Andersartigkeit zu respektieren – wird in diesem Werk betont; ebenso wird die Beziehung des Zaubers zum *Numinosen als körperlichem Erleben* hervorgehoben. Eine Entwicklungsform magischer Praxis dieses Typs erscheint im «Pfad zur linken Hand» des Tantrismus und im *«Rosarium Philosophorum»*, das Jung für sein Modell der Übertragung verwendete. Vom heutigen klinischen Standpunkt aus kann *«Der Goldene Esel»* als ein Dokument betrachtet werden, das Borderline-Zustände in ihren Grundzügen herausstellt. Hier werden Verhaltensweisen und Einstellungen wiedergegeben, die viele Menschen jener Zeit gegenüber den psychischen und physischen Energien hatten, die mit dem zentralen Geheimnis der Einheit, der Coniunctio, in Verbindung stehen. Diese Beziehung zur Coniunctio beschreibt Marie-Louise von Franz, die einzige jungianische Autorin, die eine umfassende psychologische Interpretation des *«Goldenen Esels»* geschrieben hat:

«Wenn man Vergleiche mit der Inkarnation des Vatergottes in Christo anstellt, ergeben sich verschiedene Bilder. Gott steigt herab aus der himmlischen Sphäre in einen menschlichen, sorgfältig von jeder ‹macula pecati› gereinigten Körper und nimmt menschliche Gestalt an. Bei der Parallele unserer Geschichte, der Inkarnation der Göttin, ist es nicht dasselbe. Venus kommt nicht herunter und inkarniert sich in einem weiblichen Wesen, sondern ein gewöhnliches weibliches Wesen wird als Personifizierung der Venus angesehen und steigt langsam zum Olymp auf. Auch in der Entwicklung der katholischen Lehre ist die Jungfrau Maria zuerst ein gewöhnliches weibliches Wesen, das langsam im Verlauf des historischen Prozesses zu nahezu göttlichem Rang erhoben wurde. Also findet bei der Inkarnation des männlichen Gottes ein Herabsteigen in einen Menschen und in die Materie statt und bei der Inkarnation der weiblichen Gottheit ein Aufsteigen eines gewöhnlichen menschlichen Wesens in nahezu göttlichen Bereich. (Ich kann nicht sagen, ob dies ein allgemeines Gesetz ist, aber ich denke, es ist wert darüber nachzudenken.)» (1980, p. 119f.)

Obwohl es in einigen Kulturen Göttinnen gibt, die herabsteigen (z. B. die Sonnengöttin im Schinto), und obwohl auch manche patriarchalen Gottesbilder menschlich waren, bevor sie göttlich wurden (z. B. Gautama Buddha), ist Marie Louise von Franz' Unterscheidung zwischen der männlichen und der weiblichen Beziehung zum Numinosen von Nutzen. Ihre Analyse sollte jedoch nicht als eine endgültige Aussage über die Art, in der Männer und Frauen sich auf das Heilige beziehen, betrachtet werden. Man muß zwischen einer «erdhaft-lunaren» und einer «himmlisch-solaren» Beziehung zum Numinosen unterscheiden. Männer und Frauen können im Grunde beide Formen der Beziehung zum Numinosen erfahren, aber seit mehreren tausend Jahren beherrscht die patriarchale Kultur mit ihrer Betonung der «himmlisch-solaren» Form sowohl Männer als auch Frauen. Die «erdhaft-lunare» Form wurde von den Männern als Abwehr gegen «den Pfad zur linken Hand» auf die Frauen projiziert. Diese Projektion ist aber mehr als ein Abwehrmanöver, sie ist auch ein Weg für die «Wiederkehr des Verdrängten». Daß das körperliche Erleben des Numinosen den Frauen zugewiesen wird, ist kulturell bedingt; diese beson-

dere Beziehung zum Numinosen kann aber auch in der Natur des Weiblichen selbst wurzeln. Das Numinose kann auf zwei Arten erfahren werden: Man kann es als etwas erleben, das von oben ausgeht und sich schließlich in einem abwärtsgerichteten Pfad inkarniert, oder als etwas, das sich von unten nach oben verkörpert. Es ist vollkommen nutzlos, diese beiden Formen der Beziehung zum Göttlichen den jeweiligen Geschlechtern zuzuschreiben.

Zu der Zeit, als Apuleius den *«Goldenen Esel»* schrieb, gewann die patriarchale Form der Verdrängung an Kraft, der linke «Pfad» sollte bald verdrängt werden, und rationale Haltungen traten immer mehr in den Vordergrund. Diese Haltungen förderten die Unterdrückung der «weiblichen» Beziehung zum Numinosen und zur Coniunctio.

Wenn das Numinose als etwas erlebt wird, das durch den Körper emporsteigt, dann kann ein Wandlungsraum betreten werden, welcher der patriarchalen Weltsicht unbekannt ist, die der Unordnung die Ordnung aufzwingt. Ob die Quelle dieser Ordnung in göttlichen Erleuchtungen aus ekstatischen Visionen zu suchen ist oder in Wissenschaftsprinzipien und daraus abgeleiteten linearen Systemen oder in entwicklungspsychologischen Individuationstheorien: Das patriarchale Modell benutzt diese Ordnung immer, um zu bändigen, was als Unordnung angesehen wird. Der Unordnung wird also ein zu geringer Wert beigemessen; sie wird als ein Zustand betrachtet, der bezwungen und nicht um seines eigenen Geheimnisses willen akzeptiert werden muß[30].

Vom Standpunkt des *«Goldenen Esels»* her gesehen wird das Borderline-Dilemma durch eine falsche machtorientierte Einstellung gegenüber den Energien der Göttin hervorgerufen, die sich auf den «Pfad zur linken Hand» beziehen. Bei diesem Machtmißbrauch werden imaginale Energien und Körperenergien subtil eingesetzt; so kann ein Mensch z. B. andere durch Manipulation kontrollieren oder unbewußt damit drohen, einen Menschen zu verlassen, was er dann durch projektive

Identifikation vermittelt. Er kann auch seine sexuell aggressiven Bedürfnisse zum Zweck der Manipulation ausagieren. Lucius' Spaltung, seine sadomasochistischen Verfolgungsängste und Perversionen und seine intensiven Verlassenheitserfahrungen werden so lange andauern, bis er lernt, die dionysischen Energien dieses «Pfades» zu erkennen und zu respektieren. Durch diese Energien erlebt er den Tod seines Machtkomplexes und ebenso den Untergang seines solar-heroischen Ich, das Schmerz und Leiden verleugnet.

Der negative Aspekt des Pfades zur linken Hand ist ein Verlangen nach dauernder Verschmelzung und nach der Macht, die diese Verschmelzung hervorbringt. Man muß sich von Verschmelzungszuständen lösen, aber kann man dies tun, ohne gleichzeitig auch das Wertvolle dieses Pfades und seine Einstimmung auf das Numinose (so wie es körperlich erlebt wird) abzulehnen? Lucius' «Lösung», die in der Eingangserzählung von Aristomenes widergespiegelt wird, liegt darin, eine wahnhafte Beziehung zu der Göttin aufzunehmen, eine Beziehung, die ihre dunklen und irdischen Qualitäten bzw. ihre Menschlichkeit weder erkennt noch schätzt. Wenn die Göttin so gesehen wird, werden Teile von ihr verleugnet, sie wird zur «nurguten» Mutter. Es wird gezeigt, daß die Lösung, die Lucius wählt, nämlich Spaltung und Verleugnung, destruktiv ist. Er veranschaulicht beispielhaft das Dilemma von Verschmelzung und Distanz, in dem sich die Borderline-Persönlichkeit befindet. Einerseits wird er dazu getrieben, sich der magischen Kräfte zu bemächtigen, die mit den weiblichen Energien verbunden sind, und andererseits nähert er sich den Geheimnissen der Göttin durch ein unangemessenes Verhalten, das von Ichkontrolle und Macht bestimmt ist.

Kommentare zu den Geschichten im «Goldenen Esel»

Die erste Geschichte beschreibt archetypische Aspekte, die der Borderline-Persönlichkeit zugrundeliegen. Der Käse- und Honighändler Aristomenes findet seinen alten Freund «Sokrates» völlig verarmt und zerlumpt vor. Aristomenes ist ein Mensch mit einem «positiven Mutterkomplex». Er hat eine Haltung, die die negativen Seiten des Weiblichen verleugnet[31]. Dies wird in der Geschichte dadurch veranschaulicht, daß er dazu neigt, die Qualen des Sokrates zu verharmlosen. Sokrates erzählt ihm, daß er von Räubern überfallen wurde und nur knapp mit dem Leben davon gekommen ist. Danach hatte ihn sein Weg zum Hause einer alten Frau namens Meroe geführt. Meroe hatte Besitz von Sokrates ergriffen, der ihr Tag und Nacht ihre Lust befriedigen mußte. Er hatte versucht zu fliehen und dabei Meroes dunkle Identität entdeckt:

«Eine Zauberin [...] ist sie, eine Fee! Sie kann den Himmel herniederlassen, die Erde emporhangen, die Quellen versteinern, die Felsen zerflößen, die Manen hinauf, die Götter hinabbannen, die Gestirne verdunkeln, den Tartarus selbst erleuchten» (Rode, 1920, p. 9).

Sokrates liefert uns eine klassische Beschreibung der Hexe des Altertums. Diese Hexe kann überwältigende Verwirrung und Katastrophen hervorrufen und das Spiel der Gegensätze aufhalten oder umkehren (von Franz, 1980, p. 39). Von besonderem Interesse ist ihr Zugriff auf das Spiel der Gegensätze; der psychische Zustand der Borderline-Persönlichkeit wird durch Verwirrtheit, Spaltung und Schwanken zwischen Selbst und Objekt charakterisiert. Von einem Moment zum anderen verschieben sich Gegensätze von «innen» nach «außen» und von «gut» zu «böse».

Meroe tötete Sokrates und schob Aristomenes den Mord unter. Am Ende der Geschichte sagt Aristomenes:

«[Ich] floh schüchtern und bebend durch abgelegene, unwegsame Einöden davon, als wäre ich eines Menschenmordes schuldig, verließ ich Vaterland und Haus und Hof und begab mich freiwillig ins Elend. Jetzt bin ich nun wieder verheiratet und in Ätolien ansässig» (Rode, 1920, p. 19).

Voller Angst, daß er für den Mord an Sokrates schuldig gesprochen werden könnte, beschreibt Aristomenes seine eigene Verlassenheit und die seiner Familie und bricht unter der Last, zum Sündenbock gemacht zu werden, nahezu zusammen. Die Folge seiner Begegnung mit der negativen Mutter ist Verlassenheit und eine Fluchtreaktion des «heroischen» Aristomenes. Dies ist mit Sicherheit kein positives Ende, allerdings nehmen viele Borderline-Persönlichkeiten solch ein tragisches Ende, d. h. sie stehen ständig unter der Bedrohung, verlassen zu werden, und müssen mit dem Schmerz leben, immer zum Sündenbock gemacht zu werden.

Nachdem er diese Geschichte gehört hatte, setzte Lucius seine Reise fort. Auf seinem Weg macht er Halt, um eine alte Frau nach dem Weg zu Milos Haus zu fragen. Sie antwortet, das Haus finde er

«am Zwinger zu Anfang der Stadt [...]. Sehen Sie da ganz unten nicht die Fenster, [...] die zur Stadt hinausgehen? und auf der anderen Seite die Tür dem kleinen nahen Gäßchen gegenüber? Allda wohnt Milo, ein steinreicher, überaus wohlhabender Mann, der aber bei aller Welt als der abscheulichste, schmutzigste Geizhals verschrien ist. [... Er] steckt wie eingeschlossen in seiner Hütte und brütet überm Geldkasten, und ungeachtet er seine Frau zur Mitgenossin seines kümmerlichen Lebens hat, so hält er doch nur eine einzige Magd und zieht nicht ein Haar anders einher als ein Bettler» (Rode, 1920, p. 20f.).

Der Standort des Hauses ist erwähnenswert. Es liegt in der Nähe einer Sackgasse und außerhalb der Stadtgrenze. Milo selbst wird als schmutzig, ungepflegt und geizig beschrieben. Sein Haus, ein Ort von dem Lucius angezogen wird und das der Schauplatz für den Ausbruch seiner Borderline-Störung sein wird – seine Verwandlung in einen Esel –, ist eine meisterhafte

Darstellung des Zustands der analen Fixierung, in dem sich Borderline-Persönlichkeiten sehr häufig befinden. Analität ist mit überwältigenden Energien besetzt, weil sie eine Brücke zwischen den persönlichen und den archetypischen Polaritäten bildet (siehe Milners Abhandlung über Analität und Kreativität, 1957). Milos Haus liegt auf der «Grenze» (border), d. h. zwischen individuellen und kollektiven Schichten des Unbewußten. Der Borderline-Patient, ein Patient im Grenzbereich, sitzt zwischen diesen Schichten fest.

Milo verkörpert negative Merkmale, die mit vielen Borderline-Persönlichkeiten assoziiert werden; sie empfinden sich selbst oft als schmutzig, und um ihr anales Selbstbild zu unterstützen, sind sie dann tatsächlich auch oft insgeheim körperlich schmutzig. Solche Menschen sind häufig Außenseiter, die in Gruppen nicht wirklich integriert sind oder sogar am Rande der Gesellschaft leben. Sie können sich oft nur dadurch entfalten, daß sie andere unglücklich machen, und zuweilen haben sie entsetzlich wenig Interesse an anderen. Milo fürchtet, aus Neid angegriffen zu werden, was aus seiner Bekleidung, seinem Bedürfnis, Besitztümer zu horten, und seiner tiefsitzenden Frauenfeindlichkeit geschlossen werden kann. Seine Geldgier deutet an, daß er seine Energie verbirgt, um nichts von seiner kostbaren Libido zu verlieren. Dieses Verhalten zeigen Borderline-Persönlichkeiten häufig, obwohl wir manchmal auch auf eine gegenteilige Tendenz stoßen, wo dann die Energie der Borderline-Persönlichkeit andere überschwemmt.

Als Lucius Pamphile (die eine mächtige Hexe ist) zum ersten Mal begegnet, sitzt sie zu Milos Füßen. Das bedeutet, daß die Hexe eine Position einnimmt, die der männlichen, von Macht bestimmten Haltung unterworfen ist. Durch solche zwanghaft-analen, von Macht bestimmten Haltungen wird die Hexe verleugnet: Mit dieser Haltung kann dem Leben und den Menschen nur ein Minimum an Libido gegeben werden. Milos Haus steht für zwanghafte Kontrolle und Rückzug; diese Abwehrmechanismen bieten Lucius die Illusion einer Zuflucht vor dem

furchterregenden Reich der Hexe, einem Reich, dem er zuvor in Aristomenes' Erzählung von Meroe und Sokrates begegnet war. An diesem Punkt funktioniert Lucius' Abwehrmechanismus also noch, und er kann die verfolgenden Energien der dunklen Seite des Weiblichen auf Distanz halten. Aber seine Abwehrmechanismen beginnen zu zerbröckeln. Aufgrund narzißtischer und zwanghafter Charakterstrukturen können Borderline-Persönlichkeiten Verfolgungsängste häufig von sich fernhalten, auch wenn diese Abwehrmechanismen letztlich versagen müssen.

Am nächsten Tag wacht Lucius auf und erkundet Thessalien. Seine Beschreibung ist typisch für den Borderline-Zustand, in dem Archetypen die Realität stark beeinflussen:

> «Es war in ganz Hypata nichts, das ich für das, was es war, angesehen hätte. Alles und jedes mußte durch Hexerei in eine andere Gestalt verwandelt worden sein. Die Steine sogar, die ich antraf, hielt ich für vormalige Menschen. Die Vögel, die ich singen hörte, die Bäume, die im Zwinger standen, die Brunnen in den Gassen schienen mir alle ebenso befiederte, belaubte, zu Wasser zerflossene Menschen. Ja, ich erwartete, daß Bilder und Statuen einherspazierten, Wände reden [. . .] sollten» (Rode, 1920, p. 26).

Lucius ist durch dieses Eindringen des Unbewußten völlig verwirrt, kann es aber abwehren: An diesem Punkt seiner Reise ist er noch fähig, der Gefahr auszuweichen, vom Unbewußten verschlungen zu werden.

Im Hause von Milo und Pamphile hat Lucius eine Affäre mit dem Sklavenmädchen Photis. Sein Mangel an Gefühlen für sie ist bezeichnend für die manchmal rücksichtslose Teilnahmslosigkeit, die Borderline-Persönlichkeiten anderen gegenüber an den Tag legen können. Jung sagt, daß *concupiscentia,* unkontrolliertes Verlangen, die Öffnung für eine Psychose bewirke (von Franz, 1980, p. 269). In Lucius' Affäre gibt es keine Anhaltspunkte dafür, daß er die Quelle erotischer Energien respektiert, er lebt sie lediglich bis zur Erschöpfung aus. Es ist gefährlich und kann nur zu Schwierigkeiten führen, wenn man

das Numinose so außer acht läßt. Photis fühlt sich durch Lucius gekränkt und handelt dann später, in der Episode, in der er ein Esel wird, unbewußt gegen seine Wünsche.
So zeigt die Erzählung, wie Lucius durch sein unkontrolliertes, erotisches Verlangen hinab in die Qualen geführt wird, die zur Welt der Borderline-Persönlichkeit gehören. Auch im weiteren Verlauf der Geschichte wird aufgedeckt, wie sich Strukturen entfalten, die für Borderline-Persönlichkeiten typisch sind. Lucius verläßt jetzt Milos Haus, um seiner Tante Byrhaena einen Besuch zu machen. Im Gegensatz zu Milos armseliger Hütte ist Byrhaenas Haus ein pompöser Wohnsitz. Dort sieht Lucius ein Basrelief, auf dem Actaeon Diana heimlich beobachtet, als sie gerade im Wald ein Bad nimmt. Das Relief deutet die ernsten Gefahren an, die Lucius erwarten, weil er, wie Actaeon, der Göttin keinen Respekt zollt. Das Bild zeigt, wie Actaeon Dianas heiligen Hain betritt und wie die erschreckenden Nymphen, die sie begleiten, versuchen, Diana vor seinem Blick zu schützen. Ovid beschreibt in den *«Metamorphosen»* die Macht der Göttin und ihren Zorn:

«Doch höher als sie (die Nymphen) ist die Göttin selber und überragt bis zum Halse die anderen alle [. . .] und wie sie zur Hand gern hätte gehabt die Geschosse, schöpfte sie Flut, die sie hatte zur Hand, und goß sie dem Manne über das Haupt, und das Haar ihm bespritzend mit rächenden Wellen sprach sie die Worte dazu, Vorboten des nahen Verderbens: ‹Magst du es jetzt kund thun, daß ohne Gewand du mich schautest, wenn du es kund thun kannst.› Nicht weiteres drohend verleiht sie seinem begossenen Haupt das Geweih zählebenden Hirsches, [. . .] und überzieht mit fleckigem Fell den Körper. Furcht auch ist ihm verliehn. [. . .] Wie er jedoch das Gesicht und die Hörner im Wasser erblickte, wollt' er rufen entsetzt: ‹Weh mir!› Nicht folgte die Stimme [. . .] Während er schwankt, ersehn ihn die Hund' [. . .] Die stürmen nach Beute begierig [. . .] Selbst nun fliehet er dort, wo oft er Verfolger gewesen; Ach er flieht vor dem eigenen Gefolg! Gern hätt' er gerufen: ‹Ich, Actaeon ja bin's! Erkennt doch euren Gebieter!› Worte gebrechen dem Wunsch. [. . .] drängt sich die Meute herzu und schlägt in den Körper die Zähne. Schon zu Wunden gebricht es an Raum. [. . .] Ringsum stehen sie gedrängt, in den Leib einsenkend die Schnauzen, und zerfleischen den Herrn im Bilde des trügenden Hirsches. Erst,

wie am Ende geflohn durch vielfache Wunden das Leben, ward der Zorn der köchergeschmückten Göttin gestillet» (Ovid, p. 83 ff.).

Mangelnde Achtung für archetypische Kräfte kann verheerend sein, weil sich das Numinose in eine lebensvernichtende Macht verwandelt, wenn man ihm leichtsinnig begegnet, sei es in geistiger oder in körperlich-erotischer Weise, wie es Borderline-Persönlichkeiten häufig tun. Marie-Louise von Franz sagt:

«Die Hunde würden für den dissoziierenden Aspekt animalischer Leidenschaft stehen. Dieses Motiv weist tatsächlich sehr in die Tiefe, denn wenn der Mensch seine Grenzen überschreitet, sich hinaus zu den Göttern oder hinab ins Reich der Tiere begibt, so handelt es sich letztlich um ein und dasselbe. [...] Wir können also sehen, daß das Bild, dem Lucius beim Eintritt in das Haus der Byrrhena gegenübersteht, sein ganzes Problem vorwegnimmt: [...] Du betrittst das Reich der Großen Mutter und das Reich animalischen Lebens; Du wirst in der klassischen Form dafür zahlen müssen» (1980, S. 53).

Eine positive Darstellung des Hundemotivs findet sich in einem ägyptischen Mythos, in dem Hunde Isis helfen, die zerstreuten Glieder von Osiris zu finden (Harding, 1949; Mead, 1906, Bd. 1, p. 197 f.). In diesem Mythos repräsentieren die Hunde das Körperbewußtsein, und sie bilden einen scharfen Gegensatz zu Actaeons blutdürstigen Bestien. Die ägyptische Religion durchdringt Apuleius' Erzählung und wird besonders in der Episode deutlich, als Lucius in die Mysterien von Isis und Osiris eingeweiht wird. Dieser Mythos kann uns über einen Prozeß Aufschluß geben, der für die Erlösung von Lucius unabdingbar ist[32].

In diesem Mythos sammelt Isis die zerstreuten Teile von Osiris ein (der von dem Teufel Seth zerstückelt worden war). Seth kann als die Personifikation der Affektstürme gesehen werden, von denen eine Borderline-Persönlichkeit heimgesucht und bedroht wird und dabei Gefahr läuft, daß jegliches Gefühl von Kohärenz, das sich möglicherweise schon entwickelt hatte, zerstört wird. Wenn die Komplexe des Borderline-Patienten konstelliert sind, sei es durch eine eingebildete oder auch eine tat-

sächliche Bedrohung, verlassen zu werden, dann wird er von negativen Affekten überflutet, und das endet dann in einem Zustand von beinahe chronischer seelischer Dissoziation. Die Komplexe des Borderline-Patienten haben einen beharrenden Charakter, weil es ihm an Festigkeit mangelt, und dies wiederum ist die Folge einer fehlenden funktionierenden Ichstruktur. Der zerstückelte Osiris versinnbildlicht das Ich in seinem hilflosen, zerrissenen Zustand. Isis, Osiris Frau und Schwester, kommt ihm schließlich zu Hilfe. Sie wird zuerst von plappernden Kindern geführt, danach von Hunden und schließlich von dem Unterweltgeist Anubis.

Die plappernden Kinder können als die vielen unterschiedlichen Gedanken und unzusammenhängenden Ideen begriffen werden, von denen eine Therapiesitzung so leicht beherrscht werden kann. Wenn wir der Logik des Mythos folgen, können wir sehen, daß diese Fragmente nicht für interpretative, interventive oder sogar empathische Zwecke bestimmt sind. Stattdessen kann der Therapeut sie dazu nutzen, Assoziationen zu wecken, und kann sie als Anzeichen für eine Verwirrtheit sehen, die keinesfalls dadurch unterdrückt werden sollte, daß man seinen Verstand gebraucht. Die Kinder stehen auch für die Fähigkeit mitten im Chaos zu spielen; und durch sie kann sich der Therapeut von einer Machtposition lösen, die auf Wissen beruht. Die Kinder sind aber auch verwundbar im Gegensatz zu Seth, der von Gefühlen unberührt bleibt und durch dessen Zorn der Therapieprozeß leicht durcheinandergebracht werden kann.

Die Hunde, weitere Figuren, von denen Isis geleitet wird, stehen für die Fähigkeit, auf den Körper zu hören. Der Borderline-Patient setzt die Aufspaltung zwischen Geist und Körper ein, und deshalb ist es sehr wichtig für die Heilung, daß man auf seinen eigenen Körper hört und dem Patienten dabei hilft, das gleiche zu tun. Wenn der Therapeut eine tiefe Verbundenheit mit seinem eigenen Körper zulassen kann (etwas, das mit Borderline-Persönlichkeiten nicht leicht ist, weil Spaltung immer

ansteckend wirkt), dann kann die *Beziehung,* in der der Therapeut zu seinem Körper steht, vom Patienten introjiziert werden. Wenn der Therapeut den Körper als Bezugssystem einsetzt, wird er auf Wahrnehmungen warten, die mit den verschiedenen somatischen Zuständen einhergehen. Diese Wahrnehmungen führen uns zu den dissoziierten Bereichen des Patienten. Wenn der Therapeut seine Körpergefühle einsetzen und reflektieren kann, anstatt sie wegzudrängen, indem er das Material des Patienten deutet, wird er häufig abgespaltene Ängste und auch Furcht entdecken, die sonst unerkannt geblieben wären. So kann man den Körper dazu benutzen, imaginale Sehweisen in Gang zu setzen und damit die Entwicklung des Patienten mitvollziehen, während man gleichzeitig die verschiedenen Klagen, Phantasien und anderes «Geplapper» bedenkt. Aus diesem Gemisch von Wahrnehmungen kann eine Synthese entstehen, eine Idee oder ein Bild, die dann alle Teile zusammenbringen können. Diese Synthese findet ihre mythische Entsprechung im Bild des Anubis, der in der ägyptischen Unterwelt die Seelen der Toten geleitet.

Es gibt eine besondere Logik in diesem Prozeß (Schwartz-Salant, 1982), die mit Gegensätzen spielt, sie miteinander verwebt und allen Interpretationen widersteht, die über sie hinausführen. Zu einer rational-diskursiven oder zu einer auf Problemlösung ausgerichteten Annäherungsweise gehört die Interpretation, mythisches Bewußtsein aber wartet auf eine Synthese. Im Isismythos ist es Anubis, der zum Entstehen von Kohärenz beiträgt. Die Wichtigkeit spontaner Körpererfahrungen wird durch sein Erscheinen unterstrichen[33].

Im *«Goldenen Esel»* wird beschrieben, wie die positive Qualität der Körperwahrnehmung verloren geht, wenn das Ich mit den Leidenschaften verschmilzt, statt eine achtungsvolle Beziehung zu ihnen aufrechtzuerhalten. Lucius bekommt aber Gelegenheit, Wissen zu erlangen, und zwar als Byrhaena ihn vor Pamphile warnt, die eine Hexe und Nymphomanin ist und danach trachtet, jeden jungen Mann zu besitzen:

«Sie gilt in der ganzen Stadt für eine Erzzauberin, eine recht ausgelernte Meisterin der Schwarzkünstelei, die durch das bloße Anhauchen gewisser Kräuter und Steinchen und solcherlei Kleinigkeiten imstande ist, das Licht des Sternenhimmels in die Tiefen des Tartarus zu versenken und hinwiederum das alte Chaos hervorzurufen. [...] Ist ihr Bestreben aber umsonst, und bleibt der Gegenstand ihrer Zuneigung unbeweglich, oder entspricht er in seiner Leidenschaft nicht der von ihr gefaßten Erwartung, so verwandelt sie ihn voller Unwillen in einen Stein, ein Tier oder was ihr sonst einfällt» (Rode, 1920, p. 29f.).

Aber als Lucius diese Warnung hört, ist er sogar höchst entzückt und noch begieriger, Pamphiles Zauber zu erlernen:

«Also Byrrhena zu mir in aufrichtiger Besorgnis. Inzwischen wollte die Standrede bei mir nicht verfangen. Vielmehr ging mir das Herz auf, sobald ich nur ein Wort von Magie hörte, und weit gefehlt, Pamphilen darum zu meiden, stach mich erst der Kitzel recht, zu ihr, es koste was es wolle, in die Lehre zu gehen und also geraden Weges in den Abgrund des Verderbens hineinzurennen.
Kurz ich mache mich in dem Schwindel eiligst von der Hand Byrrhenens wie von einer Kette, die mich zurückhielt, los [...] Unterwegs sprach ich bei mir selbst, während ich wie ein Unsinniger lief: ‹Jetzt, Lucius, aufgeweckt und fein bei Dir! So eine erwünschte Gelegenheit bekommst Du nicht wieder›» (p. 30).

Die Borderline-Persönlichkeit spricht nicht gut auf Deutungen an, auch wenn diese Einsichten enthalten, die tatsächlich den Konflikt des Patienten betreffen. Träume können zwar angemessen gedeutet werden, und auch wenn der Patient sich ernsthaft bemüht, die Einsichten des Therapeuten zu akzeptieren, wird er sich so verhalten, daß er die Deutungen des Therapeuten vollständig zunichte macht. Es scheint, als gäbe es einen Weg, den die Borderline-Persönlichkeit gehen muß, und ein intellektuell formuliertes Verständnis wird diesen Weg nur verdunkeln, auch wenn es überzeugend ist. Dieser Weg ist immer auch qualvoll. Die Handlungen der Borderline-Persönlichkeit deuten oft auf ein verborgenes Wissen hin, das aber impulsiv jede analytische Einsicht abweist. Dies trifft sicherlich auch auf Lucius zu. *Die Borderline-Persönlichkeit muß die Fähigkeit entwickeln, aus Erfahrung zu lernen.* Nur dann kann sie ein umfassenderes Wissen um das Unbewußte zulassen.

In einer weiteren Vignette erzählt Telyphron, ein Gast im Hause Byrhaenas, eine Geschichte über sich selbst. Als junger Mann hatte er in Thessalien die Aufgabe übernommen, einen Leichnam in der Nacht vor der Beisetzung zu bewachen und vor den Hexen zu schützen. Als ein Wiesel hereinkriecht, fordert Thelyphron es zwar auf zu gehen, fällt dann aber in einen tiefen Schlaf. Er wacht auf und findet den Leichnam unbeschadet, darauf bekommt er seinen Lohn. Am nächsten Tag wird die Witwe des Toten beschuldigt, ihren Mann vergiftet zu haben. Der alte Mann, der sie anklagt, bringt einen ägyptischen Priester herbei, der den Leichnam wieder zum Leben erweckt. Der vormals Tote bestätigt, daß er wirklich vergiftet wurde und daß eine Hexe, als Wiesel getarnt, die Totenstätte betreten hatte, obgleich sein Körper angeblich bewacht wurde. Telyphron erkennt jetzt mit Schrecken, daß er während seiner Nachtwache eingeschlafen war und daß die Hexe seine Nase und seine Ohren abgebissen hatte, weil sie sie für ihre magischen Rituale brauchte. Thelyphrons großes Vertrauen in seine Fähigkeit, während der Nacht wachzubleiben, bezeugt seine «solare» Einstellung; er ist sich weder der Macht der Dunkelheit bewußt noch bringt er ihr Respekt entgegen.
Das Wiesel ist ein großartiges Bild für die negative und furchterregende Art der Gerissenheit (von Franz, 1980, pp. 61f.), von der sowohl die Borderline-Persönlichkeit geschwächt wird als auch diejenigen, mit denen sie zu tun hat. Das Wiesel ist dem Fuchs ähnlich, aber sehr viel grausamer als er. Es wurde als ein Tier der Hexe betrachtet, und man glaubte, es verfüge über eine gnadenlose und unmenschliche Gerissenheit. Der Wieselaspekt des Unbewußten kann den Instinkt eines Menschen untergraben, der von der Nase und den Ohren symbolisiert wird – Organe, die für einen Menschen lebenswichtig sind. Diese Organe zu verlieren, bedeutet, was gehört wurde, nicht richtig beachtet zu haben. Diese Sinnesorgane werden durch die negativen Aspekte des Unbewußten geschwächt, die hier durch das Wiesel versinnbildlicht werden. Sie werden zu Kanä-

len für paranoide Wahrnehmungen, wenn in diesen auch immer ein Körnchen Wahrheit enthalten ist.

Das Wiesel macht Jagd auf Beute unter der Erdoberfläche, und der Wieselaspekt des Unbewußten macht Jagd auf das, was den Abwehrmechanismen eines Menschen zugrunde liegt. Demnach repräsentiert das Wiesel im allgemeinen eine Funktion des Unbewußten, die dem Ich ermöglicht, negative Aspekte des Lebens wahrzunehmen, d. h. Lügen, pervertierte Sexualität und Verführung (von Franz, ibid.). Von diesen nekrophilen Geheimnissen kann eine Beziehung untergraben werden. Statt sich dieser dunklen Seite des Seins zu stellen, spaltet die Borderline-Persönlichkeit sie ab und verbannt ihre Ansprüche in einen Bereich geheimer Phantasien und Verhaltensweisen, die die «normale» Persönlichkeit des Individuums abstoßend findet; die Borderline-Persönlichkeit verliert dadurch das instinktive Wissen, das das Wiesel auch bereithält.

Der Wieselaspekt des Unbewußten wird in Interaktionen mit Borderline-Persönlichkeiten besonders deutlich. Ein Patient kann beispielsweise am Anfang einer Therapiesitzung die Frage stellen: «Was kann mir die Therapie eigentlich nützen?» Das ist eine interessante Frage, aber sie kann den Therapeuten auch leicht verunsichern. Vielleicht antwortet der Therapeut darauf, vielleicht auch nicht. Beides scheint unangemessen zu sein. Wenn er die Frage beantwortet, wird dies bei ihm eine Aufspaltung zwischen Geist und Körper auslösen. Antwortet er aber nicht, so kann das sadistisch wirken. Wie er sich auch immer entscheidet, er wird seine Reaktion als feige empfinden. *Wenn sich jemand in diesem Zwiespalt befindet, neigt er dazu, die Körpergefühle zu ignorieren und der Intuition und Imagination zu mißtrauen.* Aber durch eine solche Reaktion wird nur bezeugt, wie schlau das Wiesel vorgeht, das unser Vertrauen in unser Körperbewußtsein und unseren Instinkt auffrißt. Wenn der Therapeut von dem Wieselaspekt des Unbewußten beeinflußt ist, wird er gewöhnlich Körpergefühle außer acht lassen und bekenntnishafte Erklärungen abgeben, etwa: «Ich fühle mich

jetzt verwirrt» oder: «Hier gibt es eine sehr aggressive Energie», und er wird glauben, daß er und der Patient ihre Gefühle tatsächlich teilen. Wenn der Therapeut so etwas sagt, schiebt er insgeheim dem Patienten die Schuld zu. Wenn der Therapeut die Frage des Patienten beantwortet, ohne zu versuchen, auch *imaginal zu sehen,* und ohne auf seinen Körper zu hören, wird er die Verwirrtheit nur verstärken. Durch so ein Verhalten kann der therapeutische Prozeß zerstört werden, und was der Therapeut gesagt hat, läßt dann möglicherweise beide, Patient und Therapeut, nicht mehr los und kann sogar zum Abbruch der Behandlung führen. Wenn die Sitzung vom Wieselkomplex dominiert wird, ist es sogar schwierig, eine einfache Frage zu beantworten, weil der Patient dann Seiten des Therapeuten intuitiv erfaßt, von denen der Therapeut lieber nichts wissen würde. Dies sind meist Eigenschaften des Therapeuten, die zu seinem Schatten gehören und die er abgespalten hat. Im günstigsten Fall ist ein Therapeut eigentlich in der Lage, solche Inhalte seiner Psyche zu verarbeiten, aber unter dem schonungslosen Angriff der negativen Sichtweise des Wiesels kann der Gegenübertragungswiderstand des Therapeuten sehr schnell eskalieren. Davon kann der Therapieverlauf entscheidend beeinträchtigt werden. Das Wiesel ist jedoch nur eine dunkle Seite der Göttin; die Kunst der Therapie liegt darin, in diesen negativen Manifestationen der dunklen Seite den wahren Gehalt dessen, was gesehen und instinktiv erfaßt wird, aufzudecken.

Lucius ist taub für die warnenden Hinweise, die in der Welt um ihn herum so reichlich vorhanden sind und die ihn auf Gefahren aufmerksam machen sollen, die den Mächten innewohnen, die er herausfordert. Die Geschichte des Wiesels vermag ihn nicht aufzurütteln. Es folgt dann eine brillante Vignette, die ihre Schatten auf Lucius' Schicksal vorauswirft und in der viele Motive auftauchen, die in der weiteren Erzählung ausgeführt werden.

Die Hexe Pamphile fühlt sich zu einem gewissen jungen Mann hingezogen und schickt Photis aus, um für sie eine Locke von

seinem Haupthaar zu beschaffen, damit sie eine magische Beschwörungsformel aussprechen kann, die in ihm ein Begehren entflammen soll, das ihn dann zu ihrer Tür führt. Photis kann diese Locke nicht erwerben und bringt Pamphile stattdessen Ziegenhaare, die sie von Häuten genommen hat, aus denen Weinschläuche gemacht werden sollten. Unterdessen verläßt Lucius in betrunkenem Zustand Byrhaenas Haus, ohne aus der Geschichte von dem Wiesel etwas gelernt zu haben. Lucius hatte seinen Wunsch angemeldet, bei den Festlichkeiten mitzuwirken, die am folgenden Morgen stattfinden sollten und die dem Gott des Lachens geweiht waren. Er stößt dann zufällig auf die Ziegenhäute. Inzwischen hat Pamphiles mächtiger Zauber zu wirken begonnen, und Lucius glaubt in seinem betrunkenen Zustand, daß die Weinschläuche Räuber seien, die sich Einlaß verschaffen wollten. Er zieht sein Schwert und überwältigt sie, stolpert dann in sein Zimmer und wird ohnmächtig.
Am nächsten Morgen finden wir Lucius, wie er sein Schicksal beklagt. Sein heroischer Heldenmut ist verschwunden, und statt wie ein Mann zu handeln, der stolz auf seine Taten ist, winselt er vor Furcht und Feigheit. Er ist vollkommen von seiner Furcht überwältigt, wegen seines brutalen Mordes geschmäht zu werden, und in erbärmlicher Weise flüchtet er sich in ohnmächtige Abwehrmaßnahmen. Lucius hat seinen aggressiven Schatten in einem *abaissement du niveau mental* ausgelebt, aber sobald sein «normales» Bewußtsein zurückgekehrt ist, kann er seine chthonische Männlichkeit nicht mehr aufrechterhalten und verfällt in den Wahn, der Sündenbock zu sein, eine Vorstellung, von der jede Borderline-Persönlichkeit gequält wird (Perera, 1987).
Die Geschichte von den Feierlichkeiten nimmt jetzt ihren Lauf: Lucius' Unfähigkeit, über sich selbst zu lachen, steht in direktem Bezug zu seinem mangelnden Vorstellungsvermögen. Zuerst ist er nicht argwöhnisch und begreift trotz der offensichtlichen Hinweise der anderen nicht, was wirklich geschieht. Seine Erkenntnisfähigkeit ist offenbar davon verdun-

kelt, daß er von dem Gedanken, «wie schlecht seine Situation ist», völlig absorbiert ist. Der Tradition des Risusfestes entsprechend wird er des Mordes angeklagt, aber als er der Wahrheit gegenübersteht – daß er drei Weinschläuche abgestochen und getötet hat und nicht drei Räuber –, entgeht ihm die Komik der Situation; er ist zu sehr in Gefühle von Demütigung und Angst verstrickt. Seine begrenzte Wahrnehmungsfähigkeit bringt Lucius in eine bedenkliche Lage, als er darauf besteht, einen Standpunkt beizubehalten, von dem aus er nur seine eigenen schlechten Gefühle sieht, und er dadurch Eros, dem Gott des Festes, die Ehrerbietung verweigert und die Ehre, die ihm als dem Mittelpunkt der festlichen Heiterkeit zuteil wird, zurückweist.

Lucius Verhalten stellt eine Konkretisierung der Imagination dar. Er kann nicht zwischen imaginaler und wirklicher Realität unterscheiden. Die Erzählung legt die Wurzeln dieses Dilemmas frei, das für Borderline-Persönlichkeiten typisch ist: Die Kraft der imaginalen Welt, die von Pamphile verkörpert wird, ist Lucius versperrt. Wenn er Sinn für Humor gehabt hätte, hätte er eine Gelegenheit zur Selbstentdeckung gehabt. Aber Lucius bleibt in seinem Bedürfnis nach Macht und Kontrolle stecken. Er ist unfähig, Eros zu respektieren, folglich verfügt sein Ich nicht über genügend Vorstellungskraft, um ihn von seiner Krankhaftigkeit zu befreien. Durch Lucius Verhalten wird hier schon seine Verwandlung in einen Esel angekündigt. Er *ist* tatsächlich ein Esel; wegen seiner narzißtischen Kurzsichtigkeit verhält er sich wie ein Esel. Dieser Zustand muß sich einfach zuspitzen, und genau das passiert in der folgenden Szene.

Borderline-Patienten, die Sinn für Humor haben, können die Qualen ihres Leidens leichter überstehen. Mangelnder Humor kann den therapeutischen Prozeß negativ beeinflussen. Ein Patient kann eine Sitzung beispielsweise mit einer Klage beginnen, die so haarsträubend erscheint, daß es schwerfällt, nicht in den Fehler zu verfallen, eine scherzhafte Bemerkung darüber zu machen. Z. B. könnte der Therapeut sagen: «Das ist doch

kein Weltuntergang.» Der Patient wird seine Klage mit größter Ernsthaftigkeit so vorbringen (auch wenn der Therapeut den Eindruck hat, es ginge um eine relative Kleinigkeit), als ob er eine Sünde gegen einen Gott zu beklagen hätte. Tatsächlich müßte er über diese Übertreibung lachen können, stattdessen wird aber häufig der Therapeut veranlaßt, dies zu tun, was sich dann in seiner Heiterkeit und seinen Scherzen äußert. Monate später überrascht der Patient den Therapeuten oft damit, daß er sagt: «Letztes Mal, als ich über meine Gefühle gesprochen habe, haben Sie sich über mich lustig gemacht!» Es steht außer Frage, daß der Patient wirklich unter der Bemerkung des Therapeuten gelitten hat und immer noch darunter leidet.
Therapeuten neigen dazu, sich selbst viel zu ernst zu nehmen, wenn sie mit Borderline-Patienten zu tun haben. Oft können sie gar nicht wahrnehmen, wie absurd man sein kann, sie neigen dazu, Fehler allzu ernst zu nehmen und sich übermäßig mit ihnen zu beschäftigen. Wenn man sich hauptsächlich mit der eigenen Fehlbarkeit beschäftigt und die eigene Absurdität ignoriert, kann man nicht begreifen, daß Heilung, wenn sie überhaupt eintritt, aus tieferen Schichten kommen wird.
Die Geschichte geht mit der eigentlichen Verwandlung des Lucius in einen Esel weiter. Photis erzählt Lucius, daß sie für sein Elend verantwortlich ist, und verspricht ihm, alles wiedergutzumachen, indem sie ihm Pamphiles Zauberkünste zeigt. Heimlich beobachten sie Pamphile, wie sie sich mit einer Salbe einreibt und sich in einen Vogel verwandelt. Lucius sehnt sich nach der gleichen Erfahrung. Er bittet Photis, die Salbe für ihn zu besorgen: «Mache, daß ich befiedert hier neben Dir stehe wie die Venus zur Seite Kupido!» (Rode, 1920, p. 71). Photis gibt ihm etwas von der Salbe, und er reibt seinen Körper damit ein. Aber sie hatte einen «Fehler» gemacht und ihm die falsche Salbe gegeben. Statt zum Vogel zu werden, verwandelt sich Lucius in einen Esel. Photis beteuert, daß es ihr schrecklich leid tue und verordnet ein einfaches Gegenmittel: Lucius brauche nur Rosen zu essen, dann würde er in seine menschliche Gestalt

zurückkehren. Aber es gibt keine Rosen in der Nähe, und sie haben keine Zeit, welche zu suchen, deshalb verbringt Lucius die Nacht im Stall.

Hier fangen nun Lucius eigentliche Schwierigkeiten an; Räuber dringen in Milos Haus ein und nehmen Lucius, den Esel, mit. Er wagt die Rosen, die er jetzt sieht, nicht zu essen, denn es würde seinen sicheren Tod bedeuten, jetzt, in den Händen der Räuber, in seine menschliche Gestalt zurückzukehren. Tatsächlich würde Lucius getötet werden, wenn er wieder er selbst würde; dieser Teil der Erzählung kommentiert die bedenkliche Beziehung, die Borderline-Persönlichkeiten zu ihrem Exhibitionismus haben. Lucius muß jetzt in einem Zustand leben, der weit hinter seinen menschlichen Möglichkeiten zurückbleibt, als Esel. Dieser geschwächte Zustand stellt ein großes Problem für die Borderline-Persönlichkeit dar, deren einzig mögliche Sicherheit darin zu liegen scheint, geringer zu sein, als sie sein könnte, andernfalls ist sie Attacken von Neid und Verlassenheit ausgesetzt.

Zur Zeit, als Apuleius sein Werk schrieb, hatte ein «Esel» zu sein, bestimmte symbolische Nebentöne (von Franz, 1980, p. 473 ff.). Zum einen symbolisierte der Esel die Concupiscentia, d. h. die unkontrollierbare sexuelle Begierde. Der Esel war außerdem ein Symbol für den ägyptischen Teufel, Seth, der Osiris zerstückelte. Ein Esel zu werden, bedeutete also gleichzeitig, mit Seth identifiziert zu sein, dem Gott der überwältigenden aggressiven und zwanghaften Emotionen. Der Esel war auch Dionysos geweiht. Mit Affekten zu verschmelzen, die zu diesen Unterweltgöttern gehören, heißt Qualen und Dissoziation erleiden zu müssen, weil diese Affekte viel zu stark für einen Menschen sind, als daß er sie ertragen könnte. Eine solche Inflationierung ist eine der Faktoren, die der Psychose zugrundeliegen.

Ist es ein Anzeichen für eine Psychose, in einen Esel verwandelt zu werden? Einige Menschen, die eine psychotische Periode überwunden haben, erzählen davon, daß sie sich während

ihrer psychotischen Episode als Tiere gefühlt hatten. Lucius jedoch verliert seinen Realitätssinn nicht, er verfolgt aufmerksam, was in seinem Leben geschieht, und verzerrt die Wirklichkeit nicht. Man kann zwar nicht sagen, daß er sich in einem psychotischen Zustand befindet, aber sicherlich hat ein Komplex von ihm Besitz ergriffen, der durch hemmungslose Gefühle charakterisiert ist.

Durch Lucius' Erlebnisse können wir einen Eindruck davon gewinnen, wie man sich fühlt, wenn man sich in einem Borderline-Zustand befindet. Allegorisch ausgedrückt macht die Borderline-Persönlichkeit oft einen Esel aus sich selbst. Solche Menschen werden selten ihren wirklichen Fähigkeiten gerecht; wenn die Borderline-Persönlichkeit ihre Fähigkeiten und ihre Stärke richtig nutzen würde, würde sie sich so fühlen, als setze sie ihr Leben aufs Spiel. Dieses Phänomen wird uns durch Lucius' Abenteuer vor Augen geführt. Darüberhinaus wird ein Mensch, der sich in einem Borderline-Zustand befindet, oft von sehr starken sexuellen und aggressiven Affekten überrannt (oder er ist vollkommen von ihnen abgespalten). Wie bei Lucius sind es die Affekte, die eine Borderline-Persönlichkeit ausmachen. In ihrem Inneren können diese häufig sehen, was wirklich vor sich geht, aber es ist ihnen unmöglich, aus ihrem qualvollen Zustand herauszukommen.

Im Altertum wurde der Esel mit dem Planeten Saturn in Zusammenhang gebracht, dem Planeten, der für Depression, Gefangenschaft und Einschränkungen aller Art steht. So liegt ein weiterer Aspekt der Verwandlung in einen Esel darin, daß man in Verlassenheitsdepressionen gefangen ist. Die Borderline-Persönlichkeit ist nicht nur der Verlassenheit ausgeliefert, sondern sie ist auch ständig in Depressionen gefangen. Das ganze Leben wird oft darauf ausgerichtet, diese Verfolgungszustände zu vermeiden.

Lucius, der Esel, wird von den Räubern gequält und fällt in tiefste Verlassenheitsdepressionen, aus denen es kein Entrinnen zu geben scheint. Tatsächlich beginnt die Spaltung zwischen

seiner normal-neurotischen Persönlichkeit und seiner psychotischen Seite abzunehmen. In dieser Phase der Erzählung wird die Auflösung von Lucius' narzißtischen und zwanghaften Abwehrmechanismen (die sich so offen auf dem Risusfest gezeigt haben) und das Auftauchen seiner zugrundeliegenden Verlassenheitsdepression dargestellt.
Bei einer Neurose werden die Energien einer Person von einem Komplex ausgelaugt, der über das Ich herfällt und einige seiner Funktionen erobert, aber es relativ funktional beläßt. Bei Borderline-Zuständen erobert ein Komplex jedoch das ganze Ich und kapselt es ab. Der betreffende Mensch verliert sich nicht in Wahnvorstellungen, wie es bei einer Psychose der Fall wäre, aber wie Lucius igelt er sich in seine Abwehrmechanismen ein, die ihn dann gefangen halten; er ist dann gewissermaßen innen und schaut nach draußen. Dem beiläufigen Beobachter kann ein Mensch, der unter Borderline-Störungen leidet, normal erscheinen, aber das trifft bestimmt nicht zu. Der Borderline-Patient ist besessen.
Es eröffnet sich eine weitere Dimension, wenn wir den *«Goldenen Esel»* als Medium für die Betrachtung von Borderline-Bedingungen heranziehen: Die Erlösung liegt für Lucius darin, Rosen zu essen, die Blumen, die der Göttin Isis geweiht sind. Dieser Weg zur Erlösung ist seinem Wesen nach religiös. Marie-Louise von Franz schreibt, daß Lucius vornehmlich seine irdisch religiöse Emotionalität verdrängte (1980, p. 76). Die Rose, die Lucius essen muß, ein Symbol der Göttin, steht für die Energie der Liebe, *die keinem einzelnen Individuum gehört.* Stattdessen symbolisiert sie eine Stufe erotischer und aggressiver Energien (die Rose hat auch Dornen), die überpersönlich sind. Diese Kräfte können sich niemals vollständig verwirklichen, noch können sie jemals in menschlichen Begegnungen erschöpft werden. Wenn man dem Verlangen nachgibt, mit ihnen zu verschmelzen und sie zu besitzen, führt dies zu endlosen sadomasochistischen Verwicklungen. Eine Alternative zur Verschmelzung mit diesen Energien liegt darin, das Mysterium

der *coniunctio,* der heiligen Hochzeit der Gegensätze, zu achten. Wie ich betont habe, verbindet die Coniunctio-Erfahrung die Gegensätze von Verschmelzung und Distanz, Zustände, von denen die Borderline-Persönlichkeit sehr gequält wird. Die Coniunctio ist ein zentrales, archetypisches Bild der Heilung; es ist nicht überraschend, dieses Bild im *«Goldenen Esel»* zu finden. Lucius' Weg zur Heilung ist eine emotionale Reise durch religiöse Strukturen, die mit Vereinigung zu tun haben und im Altertum mit der Göttin assoziiert wurden.

Aber Lucius' Ich ist mit den Energien verschmolzen, die für eine Vereinigung nötig sind, so ist die Inflationierung, der verunreinigte Zustand einer Identifikation mit unmenschlichen Kräften, sein großes Problem. Er will ein Gott sein. In einer Episode wird Lucius in seiner Eselsgestalt von einer Schar von Leuten gekauft, die ein Abbild der syrischen Göttin Kybele mit sich tragen. Diese Leute scheinen tanzende Derwische zu sein, und sie bieten Weissagungen feil, die ihnen angeblich vom himmlischen Odem der Kybele eingehaucht wurden; in Wirklichkeit sind sie Schwindler, die nur vortäuschen, in einem Zustand der Ekstase zu sein.

Borderline-Persönlichkeiten fühlen sich oft von charismatischen Menschen angezogen, die mit dem Spirituellen in Verbindung stehen und von höheren Mächten, als bloßen Machttrieben, geleitet zu sein scheinen. Die religiösen Führer, zu denen sich Borderline-Persönlichkeiten hingezogen fühlen, können authentisch sein, aber ihre (Borderline-)Anhänger können selten geistige Werte in sich aufnehmen und fixieren sich stattdessen auf ein Idealbild, das dann oft zusammenbricht, wenn sie einen Makel in der Persönlichkeit des Führers entdecken. Die Suche nach einer spirituellen Dimension im Leben wird zum Ersatz für religiöse Erfahrung. Bei einer echten religiösen Erfahrung wird das Ich überwältigt und von einer größeren Macht zur Seite gedrängt, die Bilder hervorruft, die üblicherweise mit dem Numinosen assoziiert werden – dies sind Bilder von Ehrfurcht, panischer Angst, Schönheit, Licht und

Unendlichkeit. Bei einer pseudoreligiösen Suche findet das Ich einen heiligen Ort, zu dem es sich flüchten kann, aber die Mühen des täglichen Lebens, einschließlich der Erfahrung von Leere und von Qualen der Verlassenheit, bleiben. Die Borderline-Persönlichkeit kann bei dieser Suche nach dem Geistigen eine kindliche Unschuld an den Tag legen, die die dunklen Schattenseiten des Lebens völlig unberücksichtigt läßt. Einige Zeit kann man diese dunklen Kräfte niederhalten, aber schließlich werden sie die Unschuld verfinstern.

In Extremfällen manifestiert sich die Tatsache, daß Borderline-Persönlichkeiten die dunklen Seiten der Psyche abspalten, in einer Verstümmelung des Körpers. Wenn der Therapeut dem Patienten gegenüber äußert, daß eine solche Selbstverstümmelung eine symbolische Handlung darstelle, wird er auf Widerstand stoßen. Der Patient wird häufig auf eine Weise antworten, die zeigt, daß ihn die Haltung des Therapeuten sehr verwirrt: «Warum sollte ich mich nicht schneiden? Weshalb sollte das symbolisch sein?» Der Patient scheint sich in einer Welt von archaischen Überzeugungen zu bewegen, als ob er auf eine primitive Kulturstufe zurückversetzt worden wäre, in der Verstümmelung eine heilige Bedeutung hatte. Wir müssen uns darüber im klaren sein, daß das Phänomen, das sich hier zeigt, völlig jenseits heutiger kollektiver Wertvorstellungen liegt. Die Selbstverstümmelungen des Borderline-Patienten können nicht einfach als Perversionen verstanden werden; Akte der Selbstverstümmelung können oft eine lebensrettende Funktion haben. Wenn der Patient sie nicht inszeniert, verliert er sich möglicherweise in einer schizoiden Wildnis. Tatsächlich scheinen Akte der Selbstverstümmelung oft das einzige Mittel zu sein, durch das der Patient in Kontakt mit seinem Körper bleiben und sein Leben weiterführen kann. Diese Akte können sogar eine noch größere Tragweite haben, sie sind oft ein «Container» für das Leiden des Patienten. Diese Handlungen der Selbstverstümmelung entziehen sich einer genauen Deutung und bleiben in ihrem Wesen ein Geheimnis.

Verstümmelung ist ein extremes Stadium im Spektrum des Borderline-Verhaltens. Weit verbreiteter ist ein starker Wunsch nach Vereinigung, nach der Coniunctio. Jene Leidenschaft, die auf ein sadomasochistisches Niveau fixiert und mit unpersönlichen und archetypischen Energien verschmolzen ist, macht sicherlich eine Seite von Lucius' Persönlichkeit aus. Die religiöse Ebene kann in Lucius' heftigem Verlangen nach einer Vereinigung gefunden werden, die nicht bloß fleischlicher Natur ist. Im Altertum wurde die Coniunctio als ein Mysterium betrachtet, sie hat diese Qualität bis heute behalten, wenn sie auch von vielen Leuten erfahren wird.

In einer Telefonsitzung mit einer Patientin deutete ich einen Traum, in dem es Bilder von Vereinigung gab, und spürte dabei eine qualitative Veränderung der Gefühle zwischen uns; es war, als ob eine Art Energiefluß zu spüren war. Diese Energie war erotisch, aber auch fremd und numinos, und ich fühlte die Einzigartigkeit der Kommunikation, die keinesfalls durch den Umstand eingeschränkt wurde, daß wir am Telefon miteinander sprachen und mehr als tausend Meilen voneinander entfernt waren. Ich fragte die Patientin, ob auch sie in dieser Zeit irgendeine Veränderung bemerkt habe; sie beschrieb ähnliche Empfindungen. Ich ging dieser Sache nach und fragte sie, ob sie jemals zuvor eine ähnliche Erfahrung gemacht habe. Sie erinnerte sich, daß sie etwa zwanzig Jahre zuvor, als sie an ihrer Dissertation gearbeitet hatte, eine Liebe zu ihrer Arbeit erlebt hatte, die einer Vereinigungserfahrung gleichkam; sie hatte diese Liebe zwischen sich selbst und ihrer Arbeit so empfunden, als führe diese Liebe ein Eigenleben. Seitdem hatte sie so etwas nie mehr erlebt, und sie sagte, daß sie zu der Ansicht gekommen sei, es habe sich hierbei wohl um eine Erfahrung gehandelt, die man nur einmal im Leben mache und die sie nie wieder haben werde.

In der Nacht nach diesem Erlebnis hatte sie den folgenden Traum: *Die Königin der Kakerlaken und ihr Gemahl kehrten aus dem Weltraum auf die Erde zurück.* Ihre Assoziation zu Ka-

kerlaken war, daß sie alles überleben. Aufgrund unseres Telefongesprächs und der Traumerfahrung wurde das Bild der Einheit zum Mittelpunkt unserer Arbeit. Vor dieser Begegnung hatte ich nicht gedacht, daß diese Frau mit solchen Ebenen in irgendeiner Weise vertraut wäre. Sie hatte auf mich einen leicht schizoiden, eifrigen, willfährigen und intelligenten Eindruck gemacht und schien daran interessiert, bewußter zu werden. Sie war im Großen und Ganzen eine Patientin, für die eine Therapie nützlich und angemessen zu sein schien. Sie hatte auch dadurch Fortschritte gemacht, daß sie Traumdeutungen angenommen und sich zu eigen gemacht hatte. Aber erst nach dieser Vereinigungserfahrung begann sie wirklich aufzublühen und ein Gefühl für ihre Stärke zu entwickeln. Ihre tief verwurzelten weiblichen Werte zeigten sich allmählich, und erst dann begriff ich, daß ich mit einem Menschen zusammenarbeitete, von dem ich viel lernen konnte.

So verbirgt sich die Coniunctio, wenn sie auch immer bereitsteht, um aus dem Hintergrund hervorzutreten. Sie hat Jahrhunderte von patriarchaler Unterdrückung und die Überbewertung geistiger Erleuchtung überlebt.

Ich möchte nochmals ein entscheidendes Schattenproblem hervorheben. Niemand kann dieses Bild der Coniunctio und ihre Energien *besitzen.* Es ist weder rein archetypisch noch rein menschlich. Es gehört zu einem Schwellen- oder «Zwischen»-Reich. Im *«Goldenen Esel»* liegt das Hauptproblem immer in Lucius' Verlangen, die Energien besitzen zu wollen, die zu Vereinigungszuständen führen. Jung sagt, daß Gier die Coniunctio unmöglich macht (von Franz, 1980, p. 88). In einer anderen Geschichte wird ein junges Mädchen, Charite, die von denselben Räubern gefangen genommen worden war, die auch Lucius entführt hatten, von ihrem Geliebten Tlepolemus befreit. Aber Tlepolemus wird brutal von Thrasyllus ermordet, dessen Name «Unbesonnenheit oder die Ehrfurchtslosigkeit, die aus Überheblichkeit und Neid entsteht», bedeutet (G. Knight, 1985, p. 122). Im Gegenzug wird Thrasyllus von Cha-

rite ermordet, die dann Selbstmord begeht. So stirbt diese Coniunctio wegen der nicht integrierten chthonischen Triebe der Charaktere; es sind deren brutale neidvolle Begierden, die Coniunctio entweder zu besitzen oder sie zu zerstören. Lucius' Verwandlung in einen Esel ist das Schicksal eines jeden, der sich mit einem Archetyp identifiziert. Eigentlich ist er es, der von diesem Archetyp verschlungen wird. Lucius' Qual bietet die Möglichkeit zu einer Reinigung, sehr ähnlich der «dunklen Nacht der Seele» des Johannes vom Kreuz, denn Lucius hatte in einem Zustand der Unreinheit gelebt, da er mit Kräften verschmolzen war, die er als das Andere hätte erkennen und anerkennen müssen. Die oben erwähnte Geschichte handelt von den tragischen Folgen einer Identifikation des Ich mit archetypischen Kräften, die sonst verfügbar wären, um zu der Erschaffung der Coniunctio beizutragen.

Nur wenn der Therapeut den chthonischen Schatten genügend integriert hat, wird er die Atmosphäre des Enthaltenseins schaffen können, die der Patient braucht. Ich glaube nicht, daß es Fortschritte geben kann, wenn man sich mit der dämonischen Todeskraft, von der ein Borderline besessen ist, ohne einen integrierten und «gewitzten» Schatten auseinandersetzt, der ein innerer Spiegel und eine Quelle der Kraft für den Therapeuten sein kann. Die dämonische Kraft sonnt sich in Deutungen und Betrachtungen, die den direkten Kontakt zum instinktiven Fühlen ausschließen. Wenn der Therapeut gegen die rabiate Macht der Todeskraft ausgespielt wird, verliert er ziemlich leicht die Beziehung zu seinem Körper und wird vergeistigt. Er ist versucht, den Patienten so zu behandeln, als sei er ihm gleich, als ob sich beide zusammen eine Strategie ausdächten, um mit diesem Todestrieb fertig zu werden. Der Todesdämon (oder Geistgeliebte [ghostly lover], Vampir, Satansgeist usw.) schafft ein interaktives Feld, dem das Selbst des Therapeuten so begegnen muß, daß es sich vor Verschmelzung hütet und auch nicht intellektuell argumentiert, sondern die Seele des Patienten stützt, wenn dieser es selbst nicht kann.

Eine solch umsichtige Aufmerksamkeit kann nicht mit Mitteln behutsamer Reflexion scharfer Intelligenz erreicht werden. Es ist ein Zustand stiller Wachsamkeit, der mit Hilfe unserer stärksten chthonischen Eigenschaften aufrechterhalten wird – Zustände, die in Träumen manchmal als bedrohliche Gestalten auftauchen. Als Seth von Horus überwältigt wird, trägt er Osiris auf seinen Schultern: Nur wenn der chthonische Schatten integriert ist, kann das Selbst als ein stabiler Kern existieren.
Ich werde auf den Mythos von Amor und Psyche nicht detailliert eingehen, denn das hieße, vieles zu wiederholen, was schon Marie-Louise von Franz (1980), Neumann (1990) und Hillman (1972) ausgeführt haben. Jeder dieser Autoren sieht diesen Mythos unter einem anderen Gesichtspunkt, und es erscheinen auch weiterhin Arbeiten, die wichtige neue Ansätze zu diesem bemerkenswerten Mythos liefern (z. B. Ross, 1988). Ich möchte nur hervorheben, daß der Mythos von Amor und Psyche ein Kernstück des *«Goldenen Esels»* ist und ein bemerkenswertes archetypisches Muster darstellt, das in dem Erscheinungsbild, das als Borderline-Störung bezeichnet wird, zur vollen Entfaltung kommt. Alle Aufgaben, die Psyche bewältigen muß, stehen für Gemütszustände und Probleme, die für die Behandlung von Borderline-Patienten typisch sind. Psyches Verzweiflung wird, wenn sie sich im Rahmen der Therapie zeigt, selten als das Elend der leidenden Seele erkannt. Psyches Aufgabe, eine nahezu endlose Zahl von Samen sortieren zu müssen, ist ein treffendes Bild für die Verwirrtheit, die sich in der Behandlung häufig so deutlich zeigt. Und ihr Auftrag, vom goldenen Vlies der gefährlichen Schafe eine Flocke zu holen, könnte nicht nur ein Hinweis auf unkontrollierte Impulsivität sein, sondern auch auf die allgemeine therapeutische Dynamik spontaner, rationaler Deutungen, die nicht zum Tragen kommen darf. (Psyche wird von einem Schilfrohr geraten, mit dem Sammeln des Vlieses bis nach Sonnenuntergang zu warten.) Psyche kann ihre Aufgabe, etwas Wasser aus dem Fluß Styx zu holen, nur mit Hilfe Jupiters erfolgreich bewältigen; dies

könnte bedeuten, daß Patient und/oder Therapeut sich in der therapeutischen Begegnung der kreativen Inspiration überlassen sollen. Psyches letzte Aufgabe besteht darin, zu Persephone in die Unterwelt hinabzusteigen, um sich deren Schönheitskästchen zu verschaffen. In bezug auf die Bedeutung dieser Aufgabe und den darauf folgenden Aufstieg von Amor und Psyche, die nun vereinigt sind, in den Himmel, weichen die verschiedenen, kritischen Interpretationen dieses Mythos am stärksten voneinander ab. Ich möchte die folgenden Überlegungen zu Psyches Abstieg zu Persephone zur Diskussion stellen, denn sie erscheinen mir von Belang dafür zu sein, wie in diesem Teil der Geschichte der archetypische Hintergrund der Heilung einer Borderline-Persönlichkeit erhellt wird.

Persephone, die Entsprechung von Aphrodite/Venus in der Unterwelt, deutet auf eine starke Verbindung zwischen der Göttin der Unterwelt und der Göttin der Liebe hin. Persephone ist am bekanntesten als die Jungfrau oder Kore, die von Hades entführt und später Königin der Unterwelt wurde. Demnach ist Persephone die entführte Göttin, die den Verlust ihrer Mutter überwinden muß, indem sie die niederen Energien des Hades erlebt; dadurch gewinnt sie ihre eigene weibliche Macht. Hades wurde im Altertum mit Dionysos gleichgesetzt, folglich könnte man in Persephone das Bild einer Figur sehen, die von den ekstatischen Kräften des Lebens entführt wurde, und zwar besonders von jenen Kräften, die die Imagination zu entfachen vermögen. Der Dionysoskult, besonders in seiner frühen minoischen Form, war visionär. Persephone erschien den Initianten der Eleusischen Mysterien in einer flimmernden Vision, die die Griechen *elampsis,* «Aufflammen» nannten (Kerényi, 1941, p. 145ff.). Die folgenden Attribute Persephones und ihres Reiches sind beachtenswert: eine dionysische Vision, die durch sexuell verwurzelte Ekstase erlebt wird, eine weibliche Gottheit, die das somatische Unbewußte (die Unterwelt) regiert und die von dionysischer Kraft durchdrungen ist; eine psychische Realität, die durch eine «aufflammende» Vision erfahren

wird. Persephones Reich wird als Teil des somatischen Unbewußten angesehen, und die Visionen, die durch erotische Energien vermittelt werden, gehören zu den Kulten des «Pfades zur linken Hand». Persephones Domäne ist das Reich des Todes, der Verfolgung, des Verlustes, der Sexualität und der *Vision.*
Man kann sich Persephones Reich, analog zu den «niederen Wassern» des *«Rosarium»,* nur angemessen durch die Coniunctio-Erfahrung nähern. Ein Mensch kann diese Erfahrung in der Interaktion mit einem anderen Menschen oder durch einen Akt der Introversion kennenlernen, bei dem er von inneren Selbstbildern geleitet wird. Eine solche tiefe Bezogenheit zu dem anderen ist nötig, damit Persephones Energien nicht in zerstörerischer Weise als eine Überwältigung erfahren werden. Der Mythos von Amor und Psyche gibt uns ein Mittel an die Hand, um in einen Raum einzutreten, in dem *Beziehungen* das Wesentliche sind. Persephones Schönheitskästchen enthält die lebensspendende Substanz, die die träge Materie zum Leben erwecken kann. Diese Substanz hat die Macht, eine Form des Seins auszulöschen und eine andere zu schaffen. Aber erst wenn ihre potentiell todbringende Seite verstanden und geachtet wird, kann man sich ihr überhaupt nähern. Solche Probleme sind höchst relevant bei der Behandlung von Borderline-Persönlichkeiten, deren zentrales Problem die Wiederbelebung eines toten Selbst ist.
Wir könnten die Substanz in Persephones Schönheitskästchen als die Fülle der Emotionalität beschreiben, die unser gewohntes Gefühl für Raum und Zeit auslöscht und uns für einen zeitlosen Raum öffnet, in dem die Coniunctio stattfinden kann. Wir befinden uns in einem geheimnisvollen Bereich der Transsubstantiation, die sich zwischen zwei Menschen abspielt. Denn innerhalb der Energien der Coniunctio wird der interaktive Raum lebendig und erhält Struktur, und seine Prozesse und Energien, die vorher jenseits des Wahrnehmbaren lagen, werden jetzt dem Bewußtsein zugänglich. Die «niederen Wasser» sind notwendig, damit dieser Prozeß stattfinden kann; dio-

nysische Sexualität und mystische Freude sind in der Dynamik der Coniunctio als ein «Drittes» enthalten, das aus und zwischen zwei Menschen besteht. Das Ergebnis dieser Erfahrung ist der Tod eines alten Bewußtseins und die Geburt eines neuen, in dem *Beziehung*, symbolisiert durch die Coniunctio, das zentrale Element ist.

Der *«Goldene Esel»* hilft uns, Borderline-Zustände zu verstehen; durch seinen Handlungsablauf wird uns ein Weg gewiesen, die Borderline-Bedingungen in einem größeren Zusammenhang zu sehen, der mit entwicklungspsychologischen Modellen nicht hergestellt werden könnte. Lucius wird erst dann erlöst, als er sich Isis, der Großen Göttin, unterwirft und bereit ist zu sterben. Aber erst nach vielen Qualen wendet er sich schließlich der weiblichen Qualität der transzendenten Dimension zu. Er wendet sich dem Numinosen zu, wie es sich von unten durch den Körper manifestiert, und liefert sich einer Macht aus, die größer ist als er selbst. Es gibt ein schönes Gebet am Ende des Buches, ein Auszug daraus lautet:

«Königin des Himmels! Du seist nun die allernährende Ceres, des Getreides erste Erfinderin [. . .] Oder du seiest endlich die dreigestaltige Proserpina, die nachts mit grausigem Geheul angerufen wird, den tobenden Gespenstern gebietet und unter der Erde sie einkerkert [. . .] die Du mit jungfräulichem Scheine alle Regionen erleuchtest [. . .] unter welchem Namen, unter welchen Gebräuchen, unter welcher Gestalt Dir die Anrufung immer am wohlgefälligsten sein mag! Hilf mir in meinem äußersten Elende! [. . .] Nimm von mir hinweg die schändliche Tiergestalt! Laß mich wieder werden, was ich war; laß mich Lucius werden und gib mich den Meinigen wieder! Oder habe ich ja irgendeine unversöhnliche Gottheit ohne mein Wissen beleidigt: Ach, so sei mir lieber erlaubt, zu sterben denn also zu leben, o Göttin!» (Rode, 1920, p. 284).

Die Annäherung an die weibliche Seite des Numinosen ist von zentraler Bedeutung für Lucius' Weg der Heilung, und dafür, daß ich das interaktive Feld hervorhebe, das seine eigene archetypische Dynamik besitzt. Diese Zugangsweise erfordert die Bereitschaft des Therapeuten, Deutungen und Einsichten zu opfern. Die solaren Wahrnehmungen sollten dem Ziel geop-

fert werden, ein interaktives Feld zu beleben, in dem zwei Menschen zusammen die imaginale Welt entdecken können, von der ihre Arbeit so stark beeinflußt wird.

Das Leiden der Borderline-Persönlichkeit kann nur durch die Entdeckung des imaginalen Bereiches und durch eine besondere Konzentration auf die Coniunctio aufgelöst werden. Jung schreibt:

«Die Neurose ist innigst mit dem Problem der Zeit verknüpft und stellt eigentlich einen mißglückten Versuch des Individuums dar, in sich selber das allgemeine Problem zu lösen» (GW 7, § 18).

Das Leben der Borderline-Persönlichkeit «ist innigst mit dem Problem der Zeit verknüpft». Solange das Leben dieser Persönlichkeit nicht durch die Energien der Coniunctio erlöst wird, wird sie von Zuständen der Verschmelzung und Distanz gequält, die «ein mißglückter Versuch» des Individuums sind, «in sich selber das allgemeine Problem zu lösen». Die Coniunctio ist ein komplexer Prozeß, zu dem nicht nur das Stadium der Vereinigung gehört, sondern auch Zustände von Verzweiflung, Chaos und geistiger Leere – der Wahnsinn der «dunklen Nacht der Seele». Erlösung ist nur möglich, wenn Patient und Therapeut die Fähigkeit besitzen, den Bereich der imaginalen Wahrheit (wieder)zuentdecken, der von der jüdisch-christlichen Haltung gegenüber dem weiblichen Aspekt des Numinosen stark unterdrückt worden ist. Wenn die Macht des Imaginalen in den zwischenmenschlichen Beziehungen wiederbelebt wird und interaktive Felder eröffnet werden, deren grundlegende Einheit *Beziehung per se* ist, dann orientieren wir uns an weiblichen Haltungen und Werten, im Leben wie auch in der Psychotherapie. Das Leiden der Borderline-Persönlichkeit hat ein Telos, und diese Bestimmung, die sich einigen offenbart, sich aber anderen auf tragische Weise entzieht, ist auch das Telos der Menschheit.

Anmerkungen

1 Man muß die ägyptische Mythologie nicht kennen, um Borderline-Strukturen zu verstehen, auch wenn ich sie vorzugsweise dafür heranziehe, wie es auch Jung getan hat. Natürlich können auch andere Mythologien und sehr viele literarische Quellen benutzt werden, um die Borderline-Persönlichkeit in einem archetypischen Zusammenhang zu zeigen. Die Bedeutung der Grenze (border) in Shakespeares *«Othello»* kann in diesem Zusammenhang erwähnt werden, und auch die Hauptfigur aus Apuleius' Roman *«Der goldene Esel»*, Lucius, weist viele Eigenschaften einer Borderline-Persönlichkeit auf (siehe Kapitel «Passion und Erlösung im ‹Goldenen Esel› von Apuleius»).

2 In der Objektbeziehungstheorie werden diese Aspekte des negativen Mutterarchetyps bei der Borderline-Persönlichkeit als abgespaltene innere Strukturen bezeichnet. Ein gutes Beispiel findet sich im Masterson-Rinsley-Modell (Masterson, 1980), das eine entziehende Objektbeziehungsteileinheit (EOT) und eine belohnende Objektbeziehungsteileinheit (BOT) umfaßt, die jeweils analog zu der angreifenden bzw. der verführenden Eigenschaft der Hexe sind.

3 Für eine weitergehende Auseinandersetzung mit Jahwe und Borderline-Affekten siehe das Kapitel «Vision und der heilende Saum des Wahnsinns».

4 Für eine genauere Betrachtung dieses Themas vgl. das Kapitel «Menschen als Götter. Realitätsverzerrungen und das Selbst».

5 Die Schilderung dieser Sitzungen wirft viele Fragen auf. Es liegt nahe, den Spaltungsvorgang in der Patientin als einen durch meine Gegenübertragung verursachten Prozeß anzusehen. Es ist auch möglich, daß die Wandlung des sadistischen Bruderbildes (siehe p. 74) einfach etwas über die Übertragung aussagt, nämlich daß sie die Antwort der Patientin darauf darstellt, daß ich sie

nicht mit Deutungen ihres Spaltungsprozesses angegriffen habe. Es bietet sich auch an, nach Grenzen zu fragen: Ist die Dissoziation einfach ein Ergebnis einer zu lockeren Abgrenzung meinerseits, einer Angst der Patientin vor meinem Eindringen? Oder wurde sie durch die Angst hervorgerufen, daß ich schlecht abgegrenzt und somit der therapeutische «Container» unsicher sei? Bei der Arbeit mit diesem klinischen Material war ich mir dieser Probleme durchaus bewußt. Der Ansatz von W. Goodheart (1984), der Robert Langs Methode aufgegriffen hat, könnte auf meine Arbeit mit dieser Patientin angewendet werden und zu recht interessanten Ergebnissen führen. Wir haben hier jedoch mit grundlegenden Problemen zu tun, die sich direkt an das Subjekt psychologischer Heilung und die Rolle des Numinosen dabei richten. Ein großes Maß an Scharfsinn kann auf die Beobachtung der klinischen Interaktion verwandt werden unter besonderer Beachtung der destruktiven Auswirkung der Spaltung des Therapeuten. Dieser Ansatz ist zwar wichtig, er kann aber auch negative Auswirkungen haben; alles, was im Patienten und zwischen Therapeut und Patient geschieht, wird als Ergebnis einer Intervention, Deutung oder eines Verhaltens des Analytikers gesehen. Bei einer solchen Orientierung wird die Heilungskraft der archetypischen Faktoren übersehen. Unsere Aufmerksamkeit wird dann in einer Weise gebunden, die nicht auf die symbolischen und numinosen Hervorbringungen der Psyche eingestimmt ist. Die letzteren werden, insbesondere beim synchronistischen Auftreten der Coniunctio, sogar noch leichter übersehen oder abgeblockt. Also kann ich zwar über mein Verhalten in diesem Fall nachdenken und erkennen, daß die Patientin von mir in einer Weise, über die ich mir nicht im klaren war, nachteilig affiziert worden sein mag, aber ich ziehe den von mir gewählten Verständnisansatz bei weitem vor, da er auf das Numinose abgestimmt ist und diesen heilenden Faktor nicht zugunsten einer mikroskopischen Analyse der therapeutischen Interaktion vernachlässigt.

6 Die innere Welt des Borderline-Patienten ist oft in verfolgende und wahnhaft geschaffene «positive» Strukturen gespalten, die Bündnisse mit dem Ich hervorbringen (Fairbairns «libidinöses Ich», Masterson und Rinsleys «belohnende Objektbeziehungs-Teileinheit»; siehe das Kapitel «Menschen als Götter. Realitätsverzerrungen und das Selbst»). Aber ich glaube, daß diese inneren Bündnisse des Ichs und anderer Teile auch eine positive, archetypische Komponente haben können, wie bei Charlottes Verbindung zum Geistarchetyp, der sie mit einem friedlichen und reichen Innenleben versorgte, mit einer transzendenten Verbindung, die nicht auf Vorstellungen von schizoiden Rückzug reduziert werden sollten.

7 Eine Ausnahme bildet R. Fairbairn, der ein ursprünglich einheitliches Objekt postulierte (1952).

8 Das ist z. B. teilweise der Fall bei der Himmelsgöttin Nut der ägyptischen Mythologie und der Sonnengöttin des Schinto.

9 Das interaktive Feld ist in H. Corbins Worten ein mundus imaginalis (Corbin 1972; Samuels 1985).

10 Das *«Rosarium»* ist das bekannteste alchemistische Werk und wurde von Jung häufiger zitiert als alle anderen. Seit seiner Untersuchung der ersten zehn Holzschnitte (zu denen er auch den elften hinzurechnete, den er für ein Analogon des fünften hielt) hat es andere Versuche gegeben, diese Bilder zu analysieren. Bemerkenswert sind die Untersuchungen aller zwanzig Bilder in den Werken von J. Fabricius (1976) und A. McLean (1980). Fabricius untersucht das *«Rosarium»* aus einem entwicklungspsychologischen Kontext heraus und betrachtet die Serie der Holzschnitte in genialer Weise als Darstellung der Lebensabschnitte, von ihren pränatalen Formen durch die Individuation bis zum Alter. Er zieht eine Vielzahl von Modellen von Klein, Mahler und auch von LSD-Erfahrungen heran, um seine These, daß diese Holzschnitte letztlich den Lebenszyklus darstellen, zu untermauern. Teilweise ist seine Analyse überzeugend, teilweise erscheint sie recht gezwungen. McLean betont, daß er Jungs Untersuchung viel verdankt und geht auf die Bedeutung der tantrischen Metaphorik in den Holzschnitten ein. Seine Analyse ist äußerst nützlich, besonders in bezug darauf, wie er die ersten zehn Holzschnitte des *«Rosarium»* mit den zweiten zehn in Verbindung setzt. Ich werde mich auch auf seine wertvolle Analyse des zehnten Bildes, des Hermaphroditen, beziehen. Dieser Holzschnitt hat eine besondere Bedeutung in bezug auf die Art, in der interaktive Felder, denen man bei Borderline-Patienten begegnet, sich wandeln können.

Ich werde mich im wesentlichen mit den ersten zehn Holzschnitten befassen und sie als Modell benutzen, um die projektive Identifikation und die interaktiven Felder, auf die man bei Borderline-Zuständen trifft, zu untersuchen. Ich habe schon auf mehrere Bilder von den letzten zehn Holzschnitten Bezug genommen und z. B. festgestellt, daß das zwölfte und achtzehnte als Hinweise auf das Opfern des solaren Bewußtseins gesehen werden können. Grundsätzlich arbeitet die Bilderwelt der Illustration 11 bis 20 den früheren Prozeß weiter aus.

11 [Sofern nicht anders erwähnt, handelt es sich bei den zitierten Texten und Hinweisen um Angaben aus Jungs *«Die Psychologie der Übertragung»* (GW 16, § 402 ff.).] Bild 11–20 des *«Rosarium»* sind am Ende dieses Kapitels zusammengestellt.

12 Dieses Phänomen wird in der okkulten Literatur mit der Kommunikation auf der astralen Ebene verbunden.

13 Ich muß betonen, daß dieser Prozeß nicht notwendigerweise beinhaltet, dem Patienten seine Gefühle mitzuteilen, sondern es heißt eher, daß Äußerungen des Therapeuten erst erfolgen sollten, nachdem die imaginale Präsenz des dritten Bereichs hergestellt ist. Das soll nicht heißen, daß es nicht auch manchmal wertvoll sein kann, dem Patienten affektive Zustände ohne einen solchen Bezug zu einem interaktiven Feld direkt mitzuteilen. Manche Therapeuten haben ein besonderes Talent für diese Art der direkten Interaktion, die auch extrem wichtig ist, wenn man mit Borderline-Zuständen umgeht.

14 Ich möchte den Leser in diesem Zusammenhang auf A. Mindells Buch *«Dreambody»* (1985) verweisen. Mindell beschäftigt sich in gewisser Weise mit Jungs Unterscheidung zwischen dem seelischen und dem körperlichen Unbewußten. Insbesondere die Vorlesungen über Nietzsches *«Also sprach Zarathustra»* (Jung, 1988) zeigen, wie die seelische Bilderwelt vom körperlichen Unbewußten widergespiegelt werden kann.

15 Andrew Samuels (1985, pp. 58–59) hat überzeugend den Standpunkt vertreten, daß «es einen Zwei-Personen- bzw. gemeinsamen mundus imaginalis gibt, der in der Analyse konstelliert ist».

16 Man beschäftigt sich jetzt auch mehr mit dem Körper (Whitmont, 1972, pp. 5–16), und dieses Interesse hat in der letzten Zeit sogar noch zugenommen (Green, 1984, pp. 2–24; Woodman, 1984, pp. 25–37; Chodorow, 1984, pp. 39–48).

17 Jung wies diese Körperreaktionen in seinen Wort-Assoziationsexperimenten nach (GW 2).

18 Jung erklärt seine Bedeutung in der Alchemie und legt dabei eine Goldader von Informationen über dieses Thema frei.

19 Folglich habe ich mich nur mit einigem Vorbehalt zu der Publikation des wortwörtlichen Materials aus Paulas Fall entschlossen. Es wird ganz sicher einige Leute schockieren und vielleicht nicht überall gut aufgenommen. Außerdem wird es unvermeidlicherweise Projektionen auf mich ziehen, und das ist eine unangenehme Perspektive. Aber es wäre unehrlich, dieses Material zurückzuhalten, besonders da es von entscheidender Wichtigkeit für den Erfolg der Behandlung war.

20 Dieses Bild wurde wahrscheinlich durch meinen früheren Wunsch, sie von hinten zu penetrieren, angekündigt.

21 Die folgende Aussage von Claude Levi-Strauss beschreibt eine Herangehensweise an psychisches Material, die Jungs Modell, und mein eigenes, genau widerspiegelt: «In der Tat würden sich viele Psychoanalytiker weigern, zuzugeben, daß die psychischen Konstellationen, die im Bewußtsein des Kranken wiederauftauchen, einen Mythos darstellen: sie sagen, es handle sich dabei um tatsächliche Ereignisse, die sich mitunter zeitlich festlegen lassen [...] Tatsachen stellen wir nicht in Zweifel. Die Frage, die man sich stellen muß, ist die: hängt der therapeutische Wert des Heilverfahrens vom tatsächlichen Charakter der ins Gedächtnis zurückgerufenen Situationen ab, oder kommt die traumatisierende Kraft dieser Situationen nicht vielmehr daher, daß der Patient diese Situationen – in dem Augenblick, in dem sie sich ihm darstellen – unmittelbar in Form eines erlebten Mythos erfährt? Damit wollen wir sagen, daß sich die traumatisierende Kraft einer beliebigen Situation nicht aus den zugehörigen Merkmalen ergeben kann, sondern daraus, daß bestimmte Ereignisse [...] eine affektive Kristallisierung herbeiführen können, die in der Form einer vorher bestehenden Struktur erfolgt [...] diese Strukturgesetze sind wirklich zeitlos» (1977, p. 222f.).

22 André Greens Abhandlung über das, was er «tertiäre Prozesse» nennt, ist hier relevant. Er beschreibt diese Prozesse als nicht materialisiert, sondern als solche, die «aus konjunktiven und disjunktiven Mechanismen bestehen, um als Mittler zwischen Primär- und Sekundärprozessen zu wirken. Das ist die effizienteste Art, ein flexibles geistiges Gleichgewicht zu schaffen, und das beste Mittel, um Kreativität zu wecken, und es bewahrt vor den Unbilden der Spaltung, die im Exzeß zu psychischem Tod führt. Und doch ist Spaltung von entscheidender Bedeutung, da sie einen Weg aus der Verwirrtheit zeigen kann. Das ist das Schicksal menschlicher Sklaverei, daß sie zwei entgegengesetzten Herren dienen muß – Trennung und Wiedervereinigung – einem oder dem anderen oder beiden» (1977, pp. 41–42).

Greens «tertiäre Prozesse» tauchen in den interaktiven Feldern, die ich in den Kapiteln «Die archetypischen Grundlagen der projektiven Identifikation» und «Der feinstoffliche Körper und imaginales Erleben im interaktiven Feld» beschrieben habe, auf. Dieser Prozeß verbindet, wie er sagt «konjunktive und disjunktive Mechanismen» oder in meinen Worten, die trennenden und verbindenden Aspekte der Coniunctio. Das Bedürfnis nach Interpretation, das immer einen gewissen Grad an Spaltung einschließt, sollte auch beachtet werden.

[23] Eine wichtige Auseinandersetzung mit dem Masochismus findet sich bei R. Gordon, 1987.

[24] Dieser Deutungsversuch war ungeschickt, brachte meiner Patientin überhaupt nichts und diente in erster Linie dazu, mir mein eigenes Unbehagen zu nehmen.

[25] In dieser Darstellung konzentriere ich mich nicht auf die Erfahrungen der Patientin mit ihrer Mutter, die sicherlich zu ihren Spaltungsmechanismen beigetragen haben. Mein Eindruck ist, daß sie wahrscheinlich weniger Bedeutung für ihre Entwicklung hatten als das Verlassenwerden durch den Vater.

[26] Eine ausgezeichnete Abhandlung über die Psychose ist M. Eigens *«The Psychotic Core»* (1987). Ich möchte seine Studie über Unterscheidung und Einheit als Grundstruktur des Selbst besonders hervorheben (pp. 306–312 und Kapitel 4).

[27] Durch die Kriterien für eine Borderline-Persönlichkeit, die in der aktuellen Version aufgelistet sind, DSM III, verändert sich an der folgenden These nichts.

[28] Er schreibt, daß dies «dem archaischen inneren Organisationsobjekt entspricht, das Hintergrundunterstützung für die Entwicklung des Kindes bietet [...] es ist ehrfurchtsgebietend, majestätisch, unsichtbar und hinter uns. Es ‹zieht uns groß› und schickt uns in die Welt. In Momenten des Ausruhens sitzen wir metaphorisch gesprochen auf seinem Schoß. Bei psychotischen Erkrankungen und Borderline-Zuständen ist es schwer zu Schaden gekommen oder gefährdet» (1979, p. 154, Anm.).

[29] «Es ist eines der drei großen Werke imaginativer Prosaerzählung, das uns aus dem Altertum überliefert ist. Das *Satyricon* des Petronius ist das erste mit seinem turbulenten, realistisch ironischen und poetischen Bild der philiströsen Welt des ersten Jahrhunderts A. D. [...] Das zweite ist *Der Goldene Esel.* Das dritte ist Longus' *Daphne und Chloe,* (in dem) der griechische Geist wehmütig auf seine verpaßten Chancen zurückblickt und ein Bild des ‹wiedergewonnenen Paradieses› schafft [...] aus der Poesie der Fruchtbarkeitskulte» (Lindsay, 1960, p. 13). «*Der Goldene Esel* [...] gibt einen Überblick über seine Epoche und bleibt gleichzeitig eine zeitlose Phantasie, zu der die Menschen immer zurückkehren können, wenn sie nach Bildern und Symbolen für ihr irdisches Leben suchen. In gewisser Hinsicht dokumentiert er den Zusammenbruch der griechisch-römischen Zivilisation, aber er blickt auch prophetisch auf den Wie-

deraufbau im vierten Jahrhundert [...] abgesehen von diesen konkreten Bezügen erhält er durch seine innere Lebendigkeit einen Symbolwert für das Leben der Menschen heute im zwanzigsten oder auch jedem anderen Jahrhundert» (Lindsay, 1960, p. 28). [Ich folge hier der deutschen Übersetzung von August Rode (Anm. d. Übers.).]

30 In den bedeutenden weiblichen Mysterien von Eleusis wurde das Ereignis der Geburt, Folge der Vereinigung zwischen Persephone und Dionysos, angekündigt als «Brimo entbindet Brimos!» (Kerényi, 1941, p. 200). Brimo ist eine Gestalt der Gottheit, ihr Name bedeutet «die Macht, Schrecken zur Raserei zu erwecken» (ibid., p. 198). Sie wurde eng mit Pluto und Dionysos in Verbindung gebracht, und ihr Bild verweist auf eine Haltung, die der imaginalen Art zu sehen und dem Körperbewußtsein einen hohen Wert beimißt. Im Verständnis der Eingeweihten war die Erfahrung des Schreckens und des Chaos untrennbar von der Geburt eines neuen Bewußtseins.

31 Mit dieser Jungianischen Terminologie wird dasselbe Phänomen erfaßt, das im Modell der Borderline-Persönlichkeit von Masterson-Rinsley als belohnende Objektbeziehungs-Teileinheit (BOT) bezeichnet wird (Masterson 1980).

32 Ich habe dies an anderer Stelle als Prozesse des somatischen Unbewußten beschrieben (Schwartz-Salant, 1982). Wie ich im Kapitel «Der feinstoffliche Körper und imaginales Erleben im interaktiven Feld» beschrieben habe, verwendet Jung den Begriff «somatisches Unbewußtes», um Erfahrungen des Unbewußten zu beschreiben, zu denen es kommt, wenn man sich tief in den Körper einfühlt. Damit unterscheidet er diesen Prozeß von geistig-psychischen Wahrnehmungen, zu denen man durch Reflexion, Intuition und sogar durch ekstatische Zustände gelangt; dabei kann aber auch ein minimales Körperbewußtsein vorhanden sein.

33 In diesem Zusammenhang wird von der Beckenpanzerung, die mit der analen Fixierung des Borderline-Patienten in Verbindung gebracht werden kann, leicht eine Rigidität im Therapeuten bewirkt, die es ihm dann schwer macht, sich offen und im Körper verankert zu fühlen und aufmerksam zu sein gegenüber imaginalen Prozessen, die durch das Körpergefühl entstehen.

Literaturverzeichnis

Advances in Psychotherapy of the Borderline Patient (1979), ed. J. Le Boit u. A. Capponi. New York: Jason Aronson.

American Psychiatric Association (1980/1984): siehe *DSM III*.

Apuleius (1920): Der Goldene Esel, übers. von A. Rode. Berlin: Propyläen.

Bamford, C. (1981): Introduction: Homage to Pythagoras. In: Lindisfarne Letter 14. West Stockbridge, Mass.: Lindisfarne Press.

Beebe, J. (1988): Primary ambivalance toward the self: Its nature in treatment. In: Borderline Personality in Analysis. Wilmette, Ill.: Chiron Publications.

Bion, W. R. (1967): Second Thoughts. London: Heinemann.

– (1970): Attention and Interpretation. London: Maresfield Reprints.

Bly, R. (1985): A third body. In: Loving a Woman in Two Worlds. Garden City, N. Y.: The Dial Press, Doubleday.

Bohm, D. (1980): Wholeness and the Implicate Order. London: Routledge and Kegan Paul.

Borderline Personality Disorders. The Concept, the Syndrom, the Patient (1977), ed. P. Hartocollis. New York: International Universities Press.

The Borderline Personality in Analysis (1988), ed. N. Schwartz-Salant u. M. Stein. Wilmette, Ill.: Chiron Publications.

Brown, N. O. (1959): Life against Death. Middletown: Wesleyan.

Bychowski, G. (1953): The problem of latent psychosis. In: Journal of the American Psychoanalytic Association 1, 484–503.

Charlton, R. (1988): Lines and shadows. In: The Borderline Personality in Analysis. Wilmette, Ill.: Chiron Publications.

Chiron. A Review of Jungian Analysis. Wilmette, Ill: Chiron Publications.

Chodorow, J. (1984): To move and be moved. In: Quadrant 17/2.

Comfort, A. (1984): Reality and Empathy. Albany, N. Y.: State University of New York Press.

Copleston, F. (1985): A History of Philosophy. Vol. 3. New York: Doubleday/Image.
Corbin, H. (1969): Creative Imagination in the Sufism of Ibn Arabi. Princeton: Princeton University Press.
– (1972): Mundus Imaginalis, Or the Imaginary and the Imaginal. Dallas: Spring Publications.

Damrosch, L. (1980): Symbol and Truth in Blake's Myth. Princeton, N. J.: Princeton University Press.
Deri, S. (1978): Transitional phenomena: Vicissitudes of symbolization and creativity. In: Between Reality and Fantasy, ed. Simon Grolnik and Leonard Barkin, New York: Jason Aronson.
DSM III (1984): Diagnostisches und Statistisches Manual Psychischer Störungen. Übers. n. d. dritten Auflage d. Diagnostic and Statistical Manual of Mental Disorders d. American Psychiatric Association (1980). Weinheim u. Basel: Beltz.

Edinger, E. (1985): Anatomy of the Psyche. La Salle, Ill.: Open Court.
Eigen, M. (1981): The area of faith in Winnicott, Lacan and Bion. In: International Journal of Psycho-Analysis 62.
– (1983): Dual union or undifferentiation? A critique of Marion Milner's view of the sense of psychic creativeness. In: International Review of Psycho-Analysis 10.
– (1985): Toward Bion's starting point: Between catastrophe and faith. In: International Journal of Psycho-Analysis 66.
– (1986a): On human madness. In: Pilgrimage 12/4.
– (1986b): The personal and anonymus ‹I›. In: Voices 21/3 u. 4.
– (1987): The Psychotic Core. New York: Jason Aronson.
Eliade, M. (1986): Interview [mit C. G. Jung] für die Zeitschrift Combat (1952). In: C. G. Jung im Gespräch. Interviews, Reden, Begegnungen. Zürich: Daimon.
Elkin, H. (1972): On selfhood and the development of ego structures in infancy. In: The Psychoanalytic Review 59/3.
Epstein, L. and *A. Feiner*, eds. (1979): Countertransference. New York: Jason Aronson.

Fabricius, J. (1971): The individuation process as reflected by ‹The rosary of the philosophers› (1550). In: The Journal of Analytical Psychology 16/1.
– (1976): Alchemy. Copenhagen: Rosenkilde and Bager.
Fairbairn, W. R. D. (1952): An Object Relations Theory of Personality. New York: Basic Books.

Federn, P. (1953): Ego Psychology and the Psychoses. London: Maresfield Reprints.
Ferguson, M. (1982). In: The Holographic Paradigm, ed. Ken Wilburg. Boulder, Colo.: Shambala Press.
Fordham, M. (1976): The Self and Autism. London: William Heinemann Medical Books Ltd.
– (1986): Abandonment in infancy. In: Chiron: A Review of Jungian Analysis. Wilmette, Ill.: Chiron Publications.
von Franz, M.-L. (1970): Zahl und Zeit. Psychologische Überlegungen zu einer Annäherung von Tiefenpsychologie und Physik. Stuttgart: Klett.
– (1980): Die Erlösung des Weiblichen im Manne. Der goldene Esel von Apuleius in tiefenpsychologischer Sicht. Frankfurt/M.: Insel.
Freud, S. (1923): Das Ich und das Es. In: S. Freud: Gesammelte Werke XIII. Frankfurt/M.: S. Fischer 1969.
Frosch, J. (1964): The psychotic character: Clinical psychiatric considerations. In: Psychiatric Quarterly 38, 91–96.

Giovacchini, P. (1979): Treatment of Primitive Mental States. New York: Jason Aronson.
Goodheart, W. (1982): Successful and unsuccessful interventions in Jungian analysis: The construction and destruction of the spellbinding circle. In: Chiron: A Review of Jungian Analysis. Wilmette, Ill.: Chiron Publications.
Gordon, R. (1989): Das Konzept der projektiven Identifikation. In: Analytische Psychologie 20/2.
– (1987): Masochism: The shadow side of the archetypal need to venerate and worship. In: Journal of Analytical Psychology 32/3.
Green, André (1975): The analyst, symbolization and absence in the analytic setting (On changes in analytic practice and experience). In: International Journal of Psycho-Analysis 56/1.
– (1977): The borderline concept. In: Borderline Personality Disorders. New York: International Universities Press.
Green, Anita (1984): Giving the body its due. In: Quadrant 17/2.
Grinberg, L. (1977): An approach to understanding borderline disorders. In: Borderline Pesonality Disorders. New York: International Universities Press.
Grotstein, J. (1979): The psychoanalytic concept of the borderline organization. In: Advances in Psychotherapy of the Borderline Patient. New York: Jason Aronson.
– (1981): Splitting and Projective Identifications. New York: Jason Aronson.
Guntrip, H. (1969): Schizoid Phenomena, Object Relations and the Self. New York: International Universities Press.

Harding, E. (1949): Frauen-Mysterien. Einst und Jetzt. Mit einem Geleitwort von C. G. Jung. Zürich: Rascher.
Hillman, J. (1972): The Myth of Analysis. New York: Harper and Row.
– (1979): The thought of the heart. In: Eranos Yearbook 48. Frankfurt/M.: Insel.
Hoch, P. H., and *J. P. Cattell* (1959): The diagnosis of pseudoneurotic schizophrenia. In: Psychiatric Quarterly 33, 17–43.
Hubback, J. (1983): Depressed patients and the coniunctio. In: Journal of Analytical Psychology 28/4.

Jacobson, E. (1978): Das Selbst und die Welt der Objekte. Frankfurt/M.: Suhrkamp.
Jung, C. G.: Gesammelte Werke [= GW], 20 Bde., hrsg. von L. Jung-Merker, E. Rüf u. L. Zander. Olten: Walter, bes.:
– GW 2: Experimentelle Untersuchungen. 2. Aufl. 1987, daraus bes. zur Wortassoziation.
– GW 6: Psychologische Typen. 7. Aufl. 1989.
– GW 7: Zwei Schriften über Analytische Psychologie. 4. Aufl. 1989, daraus bes.: Über die Psychologie des Unbewußten; Die Beziehung zwischen dem Ich und dem Unbewußten.
– GW 8: Die Dynamik des Unbewußten. 5. Aufl. 1987, daraus bes.: Die transzendente Funktion.
– GW 9 I: Die Archetypen und das kollektive Unbewußte. 7. Aufl. 1989, daraus bes.: Zur Psychologie des Kindarchetypus.
– GW 9 II: Aion; Beiträge zur Symbolik des Selbst. 7. Aufl. 1989.
– GW 11: Zur Psychologie westlicher und östlicher Religion. 5. Aufl. 1988, daraus bes.: Psychologie und Religion; Versuch einer psychologischen Deutung des Trinitätsdogmas; Antwort auf Hiob.
– GW 12: Psychologie und Alchemie. 5. Aufl. 1987.
– GW 13: Studien über alchemistische Vorstellungen. 3. Aufl. 1988, daraus bes.: Kommentar zu «Das Geheimnis der Goldenen Blüte»; Die Visionen des Zosimos; Der Geist Mercurius.
– GW 14 I u. II: Mysterium Coniunctionis. Untersuchungen über die Trennung und Zusammensetzung der seelischen Gegensätze in der Alchemie.
– GW 16: Praxis der Psychotherapie. Beiträge zum Problem der Psychotherapie und zur Psychologie der Übertragung. 5. Aufl. 1990, daraus bes.: Die Psychologie der Übertragung.
– Briefe I–III. 1972–1973.
– 1988. Nietzsche's Zarathustra. Notes of the Seminar given in 1934–1939, ed. by James L. Jarrett. 2 Bde. Princeton: Princeton University Press (= Bollingen Series XCIX).

Kahn, M. M. (1974): The Privacy of the Self. London: Hogarth.
Kerényi, K. [mit *C. G. Jung.*] (1941): Einführung in das Wesen der Mythologie. Gottkindmythos. Eleusinische Mysterien. Zürich: Rascher.
Kernberg, O. (1990a): Borderline-Störungen und pathologischer Narzißmus. Frankfurt/M.: Suhrkamp.
– (1990b): Schwere Persönlichkeitsstörungen. Theorie, Diagnose, Behandlungsstrategien. Stuttgart: Klett-Cotta.
Klein, M. (1983): Das Seelenleben des Kleinkindes. Stuttgart: Klett-Cotta.
Knight, G. (1985): The Rose Cross and the Goddess. New York: Destiny Books.
Knight, R. P. (1953): Borderline states. In: Psychoanalytic Psychiatry and Psychology. New York: International Universities Press.
Kohut, H. (1971): The Analysis of the Self. New York: International Universities Press [dt.: Narzißmus. Frankfurt/M.: Suhrkamp 1971].

Lacan, J. (1977): Ecrits. New York: Norton.
Lévi-Strauss, C. (1977): Strukturale Anthropologie I. Frankfurt/M.: Suhrkamp.

Mahler, M. et al. (1975): The Psychological Birth of the Human Infant. Symbiosis and Individuation. New York: Basic Books [dt.: Die psychische Geburt des Kindes. Symbiose und Individuation. Frankfurt/M.: Fischer 1988].
Mahler, M. (1980): Rapprochement subphase of the separation-individuation process. In: Rapprochement, ed. R. Lax et al. New York: Jason Aronson.
Masterson, J. (1980): Psychotherapie bei Borderline-Patienten. Stuttgart: Klett-Cotta.
– (1981): The Narcissistic and Borderline Disorders. New York: Brunner Mazel.
Matoon, Mary Ann, ed. (1988): The Archetype of Shadow in a Split World. Tenth International Conference of Analytical Psychology, Berlin, 1986. Zürich: Daimon.
McLean, A. (1980): The Rosary of the Philosophers. Edinburgh: Magnum Opus Hermetic Sourceworks Number 6.
Mead, G. R. S. (1906): Thrice Greatest Hermes. London: Watkins, 1964.
– (1919): The Doctrine of the Subtle Body in Western Tradition. London: Stuart and Watkins.
Meissner, W. (1984): The Borderline Spectrum. New York: Jason Aronson.
Meltzer, D. (1973): Sexual States of Mind. Perthshire, England: Clunie Press.
– (1978): The Clinical Significance of the Work of Bion. In: The Kleinian Development. Part III. Perthshire, England: Clunie Press.
Milner, M. (1957): On Not Being Able to Paint. New York: International Universities Press.
Mindell, A. (1985): Dreambody [dt.]. Fellbach: Bonz.

Neumann, E. (1974): Ursprungsgeschichte des Bewußtseins. München: Kindler.
– (1985): Das Kind. Struktur und Dynamik der werdenden Persönlichkeit. Fellbach: Bonz.
– (1990): Amor und Psyche. Deutung eines Märchens. Ein Beitrag zur seelischen Entwicklung des Weiblichen. Mit d. Text des Märchens von Apuleius in d. Übers. v. A. Schaeffer. Olten: Walter.

Otto, R. (1987): Das Heilige. Über das Irrationale in der Idee des Göttlichen und sein Verhältnis zum Rationalen. Stuttgart: Beck.
Ovid (1861): Metamorphosen. Berlin: Langenscheidt.

Perera, S. (1987): Der Sündenbock-Komplex. Die Erlösung von Schuld und Schatten. Interlaken: Ansata.

Raine, K. (1982): The Human Face of God. London: Thames and Hudson.
Rinsley, D. (1982): Borderline and Other Self Disorders. New York: Jason Aronson.
Rode, A. (1920): siehe *Apuleius*.
Rosenfeld, H. (1979): Difficulties in the psychoanalytic treatment of borderline patients. In: Advances in Psychotherapy of the Borderline Patient. New York: Jason Aronson.
Rundle Clark, R. T. (1959): Myth and Symbol in Ancient Egypt. London: Thames and Hudson.

Samuels, A. (1985): Countertransference, the mundus imaginalis, and a research project. In: Journal of Analytical Psychology 30/1.
Scholem, G. (1988): Die jüdische Mystik in ihren Hauptströmungen. Frankfurt/M.: Suhrkamp.
Schwartz-Salant, N. (1982): Narcissism and Character Transformation. Toronto: Inner City Books.
– (1984): Archetypical factors underlying sexual acting-out in the transference/countertransference process. In: Chiron: A Review of Jungian Analysis. Wilmette, Ill.: Chiron Publications.
– (1986): On the subtle body concept in analytical practice. Chiron: The Body in Analysis, ed. N. Schwartz-Salant u. M. Stein. Wilmette, Ill.: Chiron Publications.
– (1987a): Patriarchy in transformation: Judaic, Christian and clinical perspectives. In: Jung's Challenge to Contemporary Religion, ed. M. Stein u. R. Moore. Wilmette, Ill.: Chiron Publications.
– (1987b): The dead self in borderline personality disorders. In: Pathologies of the Modern Self, ed. D. M. Levin, New York: New York University Press.

– (1988): Archetypal foundations of projective identification. In: Journal of Analytical Psychology 33, 39–64.
Searles, H. (1977): Dual- and multiple-identity processes in borderline ego-functioning. In: Borderline Personality Disorders. New York: International Universities Press.
Segal, H. (1974): Melanie Klein. Eine Einführung in ihr Werk. Frankfurt/M.: Fischer Taschenbuch-Verlag.
Stern, A. (1938): Psychoanalytic investigation of and therapy in the borderline group of neuroses. In: Psychoanalytical Quarterly 7, 467–489.

Turner, V. (1974): Dramas, Fields, and Metaphors. Ithaca, N. Y.: Cornell University Press.

Ulman, R. and *R. Stolorow* (1985): The transference-countertransference neurosis in psychoanalysis. In: Bulletin of the Menninger Clinic 49/1.

Whitmont, E. C. (1972): Body experience and psychological awareness. In: Quadrant 12, 5–16.
Williams, R. (1980): Christian Spirituality: A Theological History from the New Testament to Luther and St. John of the Cross. Atlanta: John Knox Press. (British title: The Wound of Knowledge.)
Winnicott, D. W. (1974): Vom Spiel zur Kreativität. Stuttgart: Klett-Cotta.
Woodman, M. (1984): Psyche/soma awareness. In: Quadrant 17/2.

Zilboorg, G. (1941): Ambulatory schizophrenias. In: Psychiatry 4, 149–155.

Index

Nathan Schwartz-Salant

Die Borderline-Persönlichkeit